KB021941

- 기초에서 활용까지 -

실전 사주풍수 정석

감마등이(甘磨登羡) 황국현 저

뱅크북

<저자 소개>

감마등이(甘磨登羨) 황국현(黃局炫)은 대한역술인협회(大韓易術人協會) 정회원(正會員)으로서 명리상담사(命理相談士) 및 풍수지리상담사(風水地理相談士) 자격증(資格證)을 취득하였고, 전(前) 감마등이(인성)사주·풍수·작명연구소장(甘磨登羨四柱·風水·作名硏究所長) 및 전(前) 감마등이(인성)태원오행(甘磨登羨胎元五行)건강동호회장 등 비영리 활동을 하였으며, 현재 인천정보과학고등학교 교사로 재직 중이다.

저서 활동으로 사주(四柱) 풍수(風水) 부분에서는 실전 사주·풍수 정석(2022년, 뱅크북), 사주·풍수 교과서(2021년, 뱅크북), 사주-풍수 자습서(2018년, 뱅크북) 및 셀프사주(2016년, 오후의 책)가 있으며, 그 외 아이의 성적경영 초등3년부터 시작하라(밀리언하우스) 및 상위1% 공부전략(평민사) 등이 있다.

머리말

추명학(推命學)인 사주(四柱)와 풍수(風水)의 핵심 요체는 격국(格局)과 용신(用神)이며, 나경(패철)은 1층과 2층이다.

그 이유는 사주의 격국과 용신은 양대 산맥으로 육체(肉體)가 격국이라면, 정신(精神)은 용신이기 때문이다.

또한 풍수지리(風水地理)는 나경(패철) 1~2층의 사용법을 알고 적용할 수 있는 능력(能力)을 갖추어야만 혈(穴)을 찾게 된다.

이러한 구조적인 문제점을 해결할 수 있도록 집필된 책이 ≪실전 사주·풍수 정석≫이다. 따라서 본 책의 특징은,

기초(基礎)부터 활용(活用)까지 실전 위주로 완성하였고, 격국(格局)과 용신(用神)을 통하여 사람의 성향(性向)은 물론 유, 무정 사주에 따른 등급(等級)을 판단할 수 있는 방법을 제시하였으며, 풍수(風水) 부분에서는 핵심 요체인 나경(패철) 1, 2층의 정확한 사용법을 보기와 예제를 들어 누구나 쉽게 익히고 활용할 수 있도록 구성하였다.

이제 독자들은 ≪실전 사주·풍수 정석≫을 통하여 사주·풍수를 일상에 활용할 수 있는 능력(能力)을 마음껏 배양해 주길 바란다.

2022년 5월 10일
계절은 가고, 또 오는 것 율목교정에서…

감마등이(甘磨登羡)   황국현(黃局炫)

목 차

사주(四柱)

[기초 편] ·································· 9

·60 갑자(甲子)표/12 ·사주 세우는 법 ·천간(天干)과 지지(地支) ·오행(五行)과 육친(六親)관계 ·절기(節氣) ·시지(時支) ·서머타임 ·시간(時干) 조견표 ·대운수(大運數) 세우기 ·육십갑자(六十甲子) 와 남음오행(納音五行) ·오행(五行)의 기능 ·윤월(閏月) ·지장간(支藏干)과 월별 지장간 활동 기간표 ·천간 육친(六親) 조견표 ·지지 육친(六親) 조견표 ·육친 판단법 ·육친(六親) 관계 ·육친(六親)의 성격 ·천간 합(合), 방합(方合), 삼합(三合), 육합(六合), 반합(半合), 충(沖), 형(刑), 파(破), 해(害) ·공망(空亡) ·십이신살(十二神殺) ·년지(年支)에서 흉성(凶星) ·월지(月支)에서 길흉성(吉凶星) ·일간(日干)에서 길흉성(吉凶星) ·교록(交錄) ·삼붕격(三朋格)의 길성(吉星) ·평두살(平頭殺) ·탕화살(湯火殺) ·오귀살(五鬼殺) ·농아살(聾啞殺) ·상문조객살(喪門弔客殺) ·격각살(隔角殺) ·천도살(天屠殺) ·현침살(懸針殺) ·천라지망살(天羅地網殺) ·묘(墓)의 길흉성(吉凶星)

[격국, 용신 편]·················103
· 격국 · 용신

[해석 편]·····················211

· 일간(日干)의 강약(强弱)으로 해석(解析)하자(용신과 격국). · 오행(五行)의 강약(强弱)으로 해석(解析)하자. · 육친(六親)관계로 해석(解析)하자. · 합(合) 작용으로 변화(化)되는 기운(氣運)을 해석(解析)하자. · 무더운 조열(燥熱)과 추운 한습(寒濕) 사주로 해석(解析)하자. · 궁(宮)으로 해석(解析)하자. · 신살(神殺)을 적용시켜 해석하자. · 물상(物像)으로 해석하자. · 사주 구성과 대운(大運)을 상호 비교 판단하자. · 용신(用神), 방합(方合), 시지(時支)로 대운(大運)과 세운(歲運)을 판단하자. · 일주론(日柱論)으로 해석하자. · 십간 희기론(喜忌論)으로 해석하자. · 주류무체(周流無體)와 생생불식(生生不息) 사주로 판단하자. · 간여지동(干與支同), 인성과대(印星過大), 수다목부(水多木浮), 토다매금(土多埋金), 양권(楊圈)과 음권(陰圈) 판단으로 해석하자. · 재물운(財物運), 관운(官運), 법관(法官), 관성(정관, 편관 즉 관살) 사주를 판단하자. · 상부(喪夫) 및 상처(喪妻) 판단 및 피하는 법을 알자. · 좋은 사주와 나쁜 사주 판단법을 알자. · 자식 복(福)을 판단하자. · 자살(自殺), 단명(短命), 극빈(極貧), 승진(昇進)탈락자 판단법 · 취업(就業), 승진(昇進), 소송(訴訟), 사기(詐欺), 이사(移徙), 매매(賣買), 가난(家難), 금전손실(金錢損失), 암(癌), 질병(疾病), 수

술(手術), 장수(長壽), 사망(死亡), 직장(職場) 이동 등을 판단하자. ▪유, 무정한 사람을 판단하고 해석하자. ▪유, 무정 사주(四柱) 판단, 용신(用神), 격국(格局)의 고저(高低)에 따른 등급(等級)을 판단하고 해석하자. ▪사주해석 종합편

[나경(패철) 사용법]‥‥‥‥‥373

▪ 처음 접하는 독자들에게 ▪ 동사택(東四宅)과 서사택(西四宅) 판단법 ▪ 가택구성법(家宅九星法) 판단법

▪ 양택(陽宅)과 음택(陰宅)에서 나경 사용법 【1층(황천살, 황천수, 황천풍 판단), 2층(팔로사로황천살, 팔로사로황천수, 팔로사로황천풍 판단), 3층(삼합오행 확인), 4층(지반정침 확인), 5층(천산72룡 확인), 6층(인반중침 확인), 7층(투지60룡 확인), 8층(천반봉침 확인), ▪ 9층(120분금 확인)】

※참고사항【<참고1> 입, 하관시 피해야될 사람(회도살 판단법), <참고2> 취토(取土), <참고3> 이장(移葬)시 주의점, <참고4> 부부 합장(合葬), 쌍분(雙墳) 판단법, <참고5> 역장(逆葬) 및 묘지와 집의 방향, <참고6> 장례(葬禮), 이장(移葬), 합장(合葬), 가족묘(家族墓), 납골당(納骨堂) 택일시 주의점, <참고7> 회두극좌(回頭剋坐) 방향 판단법, <참고8> 동총운(動塚運) 판단법】

기초 편

[사주(四柱)]

기초 편

사주(四柱)를 해석하는데 있어서 무엇보다 중요한 사항은 사주 구성에 대한 기초적인 지식과 이들의 활용이다.

여기서는 이러한 기초적인 내용을 바탕으로 사주를 해석하고 응용할 수 있는 능력 배양의 조건을 제시하였다.

특히 기초적인 사주 구성을 통하여 장차 통변할 수 있는 힘을 기를 수 있도록 하였고, 중요한 부분은 보기를 들고 예제를 제시함으로써 누구나 사주 구성을 이해하고 사주 해석 즉 통변(通辯)할 수 있는 기초적인 능력 향상에 주안점을 두었다.

〔기초 편〕

> 기초편에서는 꼭 알아야 될 사항을 바탕으로 보기와 예제를 들어 쉽게 설명하였다. 독자들은 기초편에서 제시된 내용을 바탕으로 사주 해석(解析) 즉 통변술(通辯術)의 기초 능력(能力)을 길러나가길 바란다.

1. 60 갑자(甲子)표

甲子 1924 1984 2044	乙丑 1925 1985 2045	丙寅 1926 1986 2046	丁卯 1927 1987 2047	戊辰 1928 1988 2048	己巳 1929 1989 2049	庚午 1930 1990 2050	辛未 1931 1991 2051	壬申 1932 1992 2052	癸酉 1933 1993 2053
甲戌 1934 1994 2054	乙亥 1935 1995 2055	丙子 1936 1996 2056	丁丑 1937 1997 2057	戊寅 1938 1998 2058	己卯 1939 1999 2059	庚辰 1940 2000 2060	辛巳 1941 2001 2061	壬午 1942 2002 2062	癸未 1943 2003 2063
甲申 1944 2004 2064	乙酉 1945 2005 2065	丙戌 1946 2006 2066	丁亥 1947 2007 2067	戊子 1948 2008 2068	己丑 1949 2009 2069	庚寅 1950 2010 2070	辛卯 1951 2011 2071	壬辰 1952 2012 2072	癸巳 1953 2013 2073
甲午 1954 2014 2074	乙未 1955 2015 2075	丙申 1956 2016 2076	丁酉 1957 2017 2077	戊戌 1958 2018 2078	己亥 1959 2019 2079	庚子 1960 2020 2080	辛丑 1961 2021 2081	壬寅 1962 2022 2082	癸卯 1963 2023 2083
甲辰 1964 2024 2084	乙巳 1965 2025 2085	丙午 1966 2026 2086	丁未 1967 2027 2087	戊申 1968 2028 2088	己酉 1969 2029 2089	庚戌 1970 2030 2090	辛亥 1971 2031 2091	壬子 1972 2032 2092	癸丑 1973 2033 2093
甲寅 1974 2034 2094	乙卯 1975 2035 2095	丙辰 1976 2036 2096	丁巳 1977 2037 2097	戊午 1978 2038 2098	己未 1979 2039 2099	庚申 1980 2040 2100	辛酉 1981 2041 2101	壬戌 1982 2042 2102	癸亥 1983 2043 2103

2. 사주 세우는 법

사주에서 가장 먼저 해야 하는 기초 작업은 사주를 세우는 것이다. 이렇게 처음 사주를 세우는 과정을 사주에서는 명식(命式)이라고 한다. 숙달자의 경우 곧바로 세울 수 있지만, 비 숙달자인 독자들은 스마트 시대를 맞이하여 옛날 방식을 적용하여 사주를 세운다는 것은 올바른 방법이 아니라고 본다. 그 이유는 요즘 인터

넷 검색창을 이용하여 사주 프로그램으로 생년월일만 입력하면 즉시 사주 구성을 확인할 수 있다.

> ※<참고1> 사주 프로그램을 이용한 사주 구성을 확인하는 방법은 컴퓨터(핸드폰 포함) 구글(www.google.co.kr)에서 '만세력'을 입력 후 생년월일시로 확인할 수 있으니, 독자들은 참고해주길 바란다.
>
> ※<참고2> 사주 구성

구분＼사주	기둥	천간(天干)	지지(地支)	시기	계절	하루
년(年)	년주(年柱)	①年干(할아버지)	①年支(할머니)	유년기	봄	아침
월(月)	월주(月柱)	②月干(부, 형제)	②月支(모, 형제)	청년기	여름	점심
일(日)	일주(日柱)	③日干(본인)	③日支(배우자)	장년기	가을	저녁
시(時)	시주(時柱)	④時干(아들)	④時支(딸)	노년기	겨울	밤

3. 천간(天干)과 지지(地支)

천간(10개)	甲(갑)	乙(을)	丙(병)	丁(정)	戊(무)	己(기)	庚(경)	辛(신)	壬(임)	癸(계)
	+	-	+	-	+	-	+	-	+	-
	木		火		土		金		水	

지지(12개)	子(자)쥐	丑(축)소	寅(인)범	卯(묘)토끼	辰(진)용	巳(사)뱀	午(오)말	未(미)양	申(신)원숭이	酉(유)닭	戌(술)개	亥(해)돼지
	-	-	+	-	+	+	-	-	+	-	+	+
	水	土	木		土	火		土	金		土	水

4. 오행(五行)과 육친(六親)관계

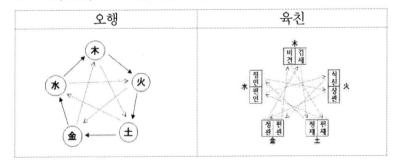

<상생(相生) 관계>

1. 목생화(木生火), 2. 화생토(火生土), 3. 토생금(土生金), 4. 금생수(金生水),
   5. 수생목(水生木)

<상극(相剋) 관계>

1. 목극토(木剋土), 2. 토극수(土剋水), 3. 수극화(水剋火), 4. 화극금(火剋金),
   5. 금극목(金剋木)

<상비(相比) 관계>

1. 토토(土土), 2. 수수(水水), 3. 금금(金金), 4. 목목(木木), 5. 화화(火火)

※火와 火는 서로 만나면 둘 다 불에 타 없어지므로 상비 관계 중 나쁜 관계
로 본다.

<육친 관계>

1. 비겁(木 비견<比肩>, 겁재<劫財>), 2. 식상(火 식신<食神>, 상관<傷
   官>),
3. 재성(土 편재<偏財>, 정재<正財>), 4. 관성=관살(金 편관<偏官>, 정관
   <正官>),
5. 인성(水 편인<偏印>, 인수<印綬>=정인<正印>)

5. 절기(節氣)

월	1	2	3	4	5	6	7	8	9	10	11	12
절기	입춘 立春	경칩 驚蟄	청명 淸明	입하 立夏	망종 芒種	소서 小暑	입추 立秋	백로 白露	한로 寒露	입동 立冬	대설 大雪	소한 小寒

6. 시지(時支)

시지	시간	비고
조자시	24시 30분~01시 29분까지	※다음날 적용
축시(丑時)	01시 30분~03시 29분까지	
인시(寅時)	03시 30분~05시 29분까지	
묘시(卯時)	05시 30분~07시 29분까지	
진시(辰時)	07시 30분~09시 29분까지	
사시(巳時)	09시 30분~11시 29분까지	
오시(午時)	11시 30분~13시 29분까지	
미시(未時)	13시 30분~15시 29분까지	
신시(申時)	15시 30분~17시 29분까지	
유시(酉時)	17시 30분~19시 29분까지	
술시(戌時)	19시 30분~21시 29분까지	
해시(亥時)	21시 30분~23시 29분까지	
야자시	23시 30분~24시 29분까지	※당일날 적용

※<참고1> 우리나라는 과거에는 영국 크리니찌 첨문대로부터 적용된 동경 135도의 시간을 사주 시지표로 사용하였다. 이 경우 시지표가 맞지 않았다. 우리나라는 동경 127.5도 이므로 약 7.5도 차이가 나기 때문이다.

경도 1도는 4분 이므로 7.5도(7.5도×4=30분)는 30분 차이가 난다. 따라서, 예전의 시지표에서 30분 빠르게 적용해야 된다.

여기서 좀 더 정확한 시간으로 접근하려면 인천 쪽의 서북 지역은 약 2분 빠르게 적용해야 하고, 춘천 쪽의 동쪽 방향은 약 2분 정도 늦게 적용해야 맞는 출생 시간이 된다. 이렇게 본다면 시지표가 변화되는 시간에 출생한 경우 지역에 따라 다소 시간 변화가 있다. 독자들은 이러한 상황을 알고, 자신의 사주를 볼 때 사주에서 태어난 시간 전, 후의 시지표를 한번 쯤 활용해 보는 것도 좋은 방법이라고 본다.

또한, 본 책에서는 독자들을 위하여, 자(子)시(23시 30분~01시 29분)의 경우 야자시(夜子時)와 조자시(朝子時)로 구분해 놓았다.

야자시(23시 30분~24시 29분까지)인 경우 그날의 사주를 적용시키고, 조자시(24시 30분~01시 29분까지)는 그 다음날 사주를 적용시키는 것이다.

사실 야자시와 조자시의 경우도 한번쯤 고려 대상이기도 하다. 이 경우 일부 국가에서 구분하여 사용하기도 하지만, 사실 명리학(命理學)으로 본다면 자시(子時)를 구분하는 경우는 없다. 그렇지만 우리나라의 경우 서울(127.5도)을 기준으로 하기 때문에 출생 지역별 이를 감안하여 출생 시간을 판단하고 적용하는 것이 현명한 방법이기도 하다. 따라서 독자들은 이러한 사실을 알고 자신의 사주를 볼 때 야자시 혹은 조자시 그리고 일반적으로 적용되는 자시(23시 30분~01시 29분)를 구분하여 사주를 확인해 보는 것도 좋은 방법이다.

※<참고2> 예전의 경우 태어난 시간을 알 수 없는 관계로 닭 울 때, 해 뜰 때 등으로 태어난 시간을 표현하기도 하였다. 이 경우 다음 사항을 참조하여 2개 이상인 경우 출생 시간을 추측할 수 있다.

◦ 子, 寅, 辰, 午, 申, 戌의 양시(陽時) 출생자는 활동성이 좋고, 丑, 卯, 巳, 未, 酉, 亥의 음시(陰時)에 출생자는 소극적이다.
◦ 子, 午, 卯, 酉시 생은 반듯하게 잠자고, 寅, 申, 巳, 亥시 생은 옆

으로 잠을 자고, 辰, 戌, 丑, 未시 생은 엎치락뒤치락하면서 잠
을 자는 습관이 있다.
▫ 양시(陽時)에 출생한 경우 아버지가 먼저 죽는다. 반대로 음시
(陰時)에 출생한 경우 어머니가 먼저 죽는다. 이러한 내용을 참
고해서 태어난 시간을 추측할 수 있다.

7. 서머타임

순	서머타임 적용 시간(양력)
1	1948.06.01. 00:00 ~ 1948.09.13. 00:00
2	1949.04.03. 00:00 ~ 1949.09.11. 00:00
3	1950.04.01. 00:00 ~ 1950.09.10. 00:00
4	1951.05.06. 00:00 ~ 1951.09.09. 00:00
5	1955.05.05. 00:00 ~ 1955.09.09. 00:00
6	1956.05.20. 00:00 ~ 1956.09.90. 00:00
7	1957.05.05. 00:00 ~ 1957.09.22. 00:00
8	1958.05.04. 00:00 ~ 1958.09.21. 00:00
9	1959.05.03. 00:00 ~ 1959.09.20. 00:00
10	1960.05.01. 00:00 ~ 1960.09.18. 00:00
11	1987.05.10. 02:00 ~ 1987.10.11. 03:00
12	1988.05.08. 02:00 ~ 1988.10.09. 03:00

※ <참고> 서머타임이란? 여름철은 해가 일찍 뜨기 때문에 1시간
일찍 업무를 시작하기 위하여 1시간 빨리 적용한 시간이다.
만약 사주에서 생년월일이 이러한 서버타임을 적용한 시기에 태
어난 사람이라면, 1시간 앞 당긴 시간을 태어난 시간으로 적용시
켜야 한다.
예를 들면, 1956년 8월 30일 오전 11시 35분 출생자라면, 서머타임
적용시간에 해당되므로 오시(午時, 11시 30분~13시 29분까지)가
아니라, 1시간 앞으로 당긴 시간이어야 하므로 오전 10시 35분이
출생 시간이 된다.
즉, 사시(巳時, 09시 30분~11시 29분까지)가 된다.

8. 시간(時干) 조견표

일간 시지	甲, 己일	乙, 庚일	丙, 辛일	丁, 壬일	戊, 癸일
조子시	甲子	丙子	戊子	庚子	壬子
丑	乙丑	丁丑	己丑	辛丑	癸丑
寅	丙寅	戊寅	庚寅	壬寅	甲寅
卯	丁卯	己卯	辛卯	癸卯	乙卯
辰	戊辰	庚辰	壬辰	甲辰	丙辰
巳	己巳	辛巳	癸巳	乙巳	丁巳
午	庚午	壬午	甲午	丙午	戊午
未	辛未	癸未	乙未	丁未	己未
申	壬申	甲申	丙申	戊申	庚申
酉	癸酉	乙酉	丁酉	己酉	辛酉
戌	甲戌	丙戌	戊戌	庚戌	壬戌
亥	乙亥	丁亥	己亥	辛亥	癸亥
야子시	丙子	戊子	庚子	壬子	甲子

※<참고1> 입춘(立春) 절기 때 사주 세우기

사람은, 자연 분만이든지 혹은 제왕 수술이든지 인간이 태어나면서 첫 호흡을 하는 순간 오행(五行)의 기운으로 사람의 운명이 결정된다. 동일한 시간에 출생한 경우라도 사주의 주체 즉 성장에 따른 환경이 서로서로 다르게 적용되므로 사주는 다르다.

사주학이든 혹은 성명학 그리고 풍수지리학 모두 이러한 오행들이 작용하는 기상학(氣象學)에 속한다.

사주에서 입춘(立春) 절기는 중요한 의미가 있다. 그것은 입춘 절기가 지나야만 다음 년으로 넘어가는 기준이 되기 때문이다.

즉, 사주에서 입춘 절기를 넘어서지 않았다면 다음 연도의 사주가 아니라, 전년도의 사주를 사용해야 하는데, 이때 년, 월, 일, 시 모두가 해당되는 것이 아니라, 년(年)만 전년도의 년주(年柱)를 사용하고 나머지 월(月), 일(日), 시(時)는 실질적으로 태어난 년의 월, 일, 시를 사용하는 것을 독자들은 알길 바란다.

예를 들어 양력 1961년 1월 22일 08시 30분 출생자를 보자.

만세력에서 양력으로 1961년 1월 22일은 아직 입춘(立春, 1961년 2월 4일) 절기가 지나지 않았기 때문에 1961년이 아니라 1960년(庚子年)에 해당된다.

그 이유는 여러 절기(節氣)중 입춘 절기를 지나야만 다음 년도가
되기 때문이다.

따라서, 사주 세우기에서 년주만 1960년생(경자년(庚子年) => 庚
子로 하고, 나머지 월주와 일주는 만세력에 표기된 1961년(辛丑年)
의 1월 22일(양력)의 것으로 적용해야 한다.

양력으로 1961년 1월 22일 08시 30분에 출생한 사람의 사주를 세
워보면 아래와 같다.

1.년주 : 1960년의 경자년(庚子年) => 庚子

2.월주 : 1961년의 1월 기축월(己丑月) => 己丑

3.일주 : 1961년의 1월 22일(양력)의 을묘일(乙卯日) => 乙卯

4.시주 : 시주는 08시 30분에 태어났으므로 진시(辰時, 07시 30분
～09시 29분 까지)에 해당되고, 일주의 일간(日刊)이 乙이
므로 <시간(時干) 조견표>에서 乙과 진시(辰時)와의 만
나는 것은 庚辰이므로 시주는 庚辰이 된다 => 庚辰

※<참고2> 기타 절기(節氣) 때 사주 세우기

태어난 시점이 절기(節氣) 날 태어난 경우가 있다.

이 경우는 만세력에 표시된 절기날의 시작 시간(時間)을 보고 판
단한다.

예를 들어 음력 1959년 5월 1일 오전 12시 30분에 출생한 사람을
보자.

이 경우 만세력을 보면 음력으로 5월 1일은 망종(芒種) 절기에 해
당되고, 만종 절기의 시작 시간은 밤 20:00이다(※만세력에 표기
된 시간 참조).

즉, 망종 절기는 음력으로 5월 1일 밤 20:00가 넘어야만 실질적인
망종 절기가 되는 것이다.

사주를 보고자 하는 사람은 1959년도에 서머타임 적용했던 년도
가 되므로 출생 시간을 1시간 앞당긴 시간이어야 한다.

따라서, 실제 출생 시간은 오전 11시 30분이다.

이 경우는 아직 망종 절기날 출생이 아니라, 망종 절기 하루 전날
인 음력으로 4월 29일 출생이 된다.

이러한 조건 때문에 월주(月柱)는 음력 5월의 庚午가 아니라, 음력
4월의 己巳를 사용해야 하고, 일주(日柱)는 실질적으로 태어난 음
력 1959년 5월 1일의 己未를 사용해야 한다. 사주를 세워보면 아
래와 같다.

1. 년주 : 1959년은 기해년(己亥年) 이므로 => 己亥
2. 월주 : 음력으로 1959년의 5월 1일은 망종 절기의 시간과 출생 시간을 비교해 보면 망종전에 태어났으므로 월주는 음력 5월이 아니라, 음력 4월의 기사월(己巳月) => 己巳
3. 일주 : 1959년의 5월 1일(음력)의 기미일(己未日) => 己未
4. 시주 : 태어난 시간이 12 : 30분이고, 이때 서머타임을 적용한 시점이므로 실제 태어난 시간은 11 : 30분이 된다. 따라서 오시(午時, 11시 30분~13시 29분까지)이며, <시간(時干) 조견표>에서 일주의 일간 己와 오시가 만나는 것은 庚午이므로 => 庚午

9. 대운수(大運數) 세우기

사주에서 대운수(大運數)란?

사람이 살아가는 10년 간격으로 행운(幸運)과 불행(不幸)을 판단하는 잣대가 대운수로서 사주에서 미치는 영향력은 절대적이다. 사주가 아무리 좋아도 절대적 운(運)을 판가름하는 대운(大運)이 좋아야만 좋은 팔자이지, 반대로 대운이 나쁘면 나쁜 사주가 된다. 대운수(大運數)를 찾는 방법은 사람이 수작업으로 직접 계산(計算)하는 방법이 있고, 다른 하나는 만세력(萬歲曆)에 표시되어있는 대운수를 활용하는 방법이 있다. 물론 사주 프로그램을 이용하면 금방 확인할 수 있다. 하지만 사주 추명학을 공부하는 사람이라면 대운수를 찾을 수 있는 능력을 갖추어야만 명리학자(命理學者)로서 사주를 이해 할 것이다. 독자들은 스마트시대를 맞이해서 처음은 대운과 세운 세우는 방법을 숙달 후 사주 프로그램을 활용해 주는 것이 좋겠다.

이제 대운수를 계산으로 찾는 방법을 알아보자.

1. 출생년의 년간(年干)을 보고 양(陽)과 음(陰)을 판단한다.
2. 년간이 甲, 丙, 戊, 庚, 壬이면 양(陽)이고, 년간이 乙, 丁, 己, 辛, 癸이면 음(陰)이다.
3. 년간에서 양(陽)과 음(陰)을 알았으면 아래와 같이 남자와 여자를 구분하여 적용한다.

		절기까지 환산 날짜 결정	출생일 기준 다음 절기까지로 한다.
남자	양(陽)	절기까지 환산 날짜 결정	출생일 기준 다음 절기까지로 한다.
		대운년 결정	월주(月柱)기준 순행으로 이동하여 결정한다.
	음(陰)	절기까지 환산 날짜 결정	출생일 기준 지나간 절기까지로 한다.
		대운년 결정	월주(月柱)기준 역행으로 이동하여 결정한다.
여자	양(陽)	절기까지 환산 날짜 결정	출생일 기준 다음 절기까지로 한다.
		대운년 결정	월주(月柱)기준 순행으로 이동하여 결정한다.
	음(陰)	절기까지 환산 날짜 결정	출생일 기준 지나간 절기까지로 한다.
		대운년 결정	월주(月柱)기준 역행으로 이동하여 결정한다.

4. 절기까지 환산 날짜를 알았으면, 이것에 3으로 나눈 몫이 대운수가 되며, 나머지가 0이나 1이면 버리지만 2이면 몫에 +1을 더한 값이 대운수가 된다.
※<주의점> 절기까지의 환산 날짜를 정할 때 절기 시작 시간과 출생일간 시간에 따라서 3을 나누는 값이 약간의 변동이 있을 수 있음을 알고 독자들은 정확한 절기 시간을 고려하여 적용 날짜를 계산해 주길 바란다.
예를 들어 남자이고 양력으로 1986년 6월 11일 22:50에 출생된 이길동의 대운수(大運數)를 확인해 보자.
1986년은 병인년(丙寅年)이므로 년간(年干)은 丙이므로 양(陽)이다.
출생일인 6월 11일 22:50 기준으로 다음 절기인 소서(小暑)까지는 26일이다. 3으로 26을 나누면 몫은 8이고 나머지는 2가 된다. 나머지가 2이므로 몫에 +1을 더하면 8+1=9 즉 9가 이길동의 대운수 이다.
(※ 만약 3으로 나눈 나머지가 0이나 1이면 몫 값이 대운수이다)
대운년(大運年) 결정은 이길동 사주에서 월주(月柱)가 갑오(甲午)이므로 60갑자에서 갑오(甲午)를 기준으로 순행하며 적용하면 된다. 따라서 대운년은 을미(乙未), 병신(丙申), 정유(丁酉), 무술(戊戌)…이 된다.

만약, 이길동이가 여자라면 대운수는 2가 된다.
이제 대운수를 찾았으니, 이길동은 최초 9부터(9세) 10년 단위(19세, 29세, 39세, 49세, 59세, 69세, 79세, 89세, 99세)로 10년 단위로 대운수를 적용해 주면 된다.
이제는 대운수에 적용되는 천간(天干)과 지지(地支)를 찾아서 대운(大運)을 완료해보자. 독자들에게 보다 쉽게 설명하기 위하여, 양력으로 1986년 6월 11일 22:50에 태어난 이길동의 사주를 보자.

구분	천간	지지
년주(年柱)	丙	寅
월주(月柱)	(甲)	(午)
일주(日柱)	丙	戌
시주(時柱)	己	亥

사주에서 월주(月柱)의 간지가 60갑자(甲子)에서 기준이 되고, 년간(年干)에서 순행과 역행을 찾아서 천간(天干)과 지지(地支)를 결정한다.

<대운수 조견표>

60갑자 기준 태어난 년간	<남자>	<여자>
갑(甲), 병(丙), 무(戊), 경(庚), 임(壬)	순행	역행
을(乙), 정(丁), 기(己), 신(辛), 계(癸)	역행	순행

이길동은 병인년(丙寅年)에 태어났으므로 년간이 병(丙)이고, 남자이므로 순행으로 이동한다. 이때, 60갑자의 출발점은 이길동의 월주(月柱)의 갑오(甲午)가 된다. 즉, 60갑자에서 월주의 갑오(甲午)에서 순행으로 이동하면서 대운수의 천간(天干)과 지지(地支)를 결정한다. 만약 여자라면 역행으로 이동한다.

지금까지 설명된 이길동의 대운수 찾기를 정리해 보자.

◦ 이길동은 1986년(丙寅年) 출생이므로, 년간이 병(丙)이고, 남자이므로 60갑자 (甲子)에서 순행을 한다.

◦ 사주의 월주(月柱)가 갑오(甲午)이므로 60갑자(甲子)에서 최초 출발점은 갑오년 (甲午年)이 된다.

◦ 최초 출발점의 갑오년(甲午年)은 제외하고, 순행으로 60갑자의 乙未, 丙申, 丁 酉, 戊戌, 己亥, 庚子, 辛丑, 壬寅, 癸卯를 연속해서 적용한다.

만약 여자라면 역행으로 60갑자의 癸巳, 壬辰, 辛卯, 庚寅, 己丑, 戊子, 丁亥, 丙 戌를 연속해서 적용하면 된다.

◦ 따라서, 이길동의 대운수에 적용된 천간(天干)과 지지(地支)를 이용하여 대운 (大運) 세우기를 완성해 보면 아래와 같다.

89	79	69	59	49	39	29	19	9
癸	壬	辛	庚	己	戊	丁	丙	乙
卯	寅	丑	子	亥	戌	酉	申	未

참고로 우리 주위에서 말하는 아홉수란?

자신의 사주에서 10년간 적용하는 대운수(大運數)에서 9년째 해당되는 나이를 말한다. 즉, 이길동이의 아홉수는 대운수가 9세, 19세, 29세…이므로 8세, 18세, 28세, 38세…가 되는 년도가 아홉수가 된다.

만약, 대운수가 6세, 16세, 26세, 36세, 46세…라고 하면, 이 사람의 아홉수는 5세, 15세, 25세, 36세, 45세…가 된다.

사주에서 아홉수는 다소 넘기기 어려운 년(年)으로 보기 때문에 이때는 나쁜 흉성(凶星)이 없는데도 불구하고 되는 일이 없고, 파멸(破滅)되는 경우가 많이 발생되기 때문에 결혼, 사업, 투자, 이사 등에 하지 않는 경우도 있다.

10. 육십갑자(六十甲子) 와 납음오행(納音五行)

甲子 乙丑	•해중금 (海中金) -바다 속 에 감추 어진 금 으로 이 름만 있	丙寅 丁卯	•노중화 (爐中火) -큰 화로 불	戊辰 己巳	•대림 목 (大林木) -울창한 숲을 이 룬	庚午 辛未	•노방토 (路傍土) -길기에 넓게 퍼 진 흙 (※木을 만나면	壬申 癸酉	•검봉금 (劍鋒金) -칼과 창의 금(※火를 만나면 길)

	고 형체가 없기 때문에 시작을 의미함				큰 나무(※金을 만나면 길)		길)		
甲戌 乙亥	▪산두화(山頭火)-산꼭대기에 타오르는 불(※水를 만나면 길)	丙子 丁丑	▪간하수(澗下水)-산골짝이 좁은 틈 사이로 흐르는 물	戊寅 己卯	▪성두토(城頭土)-성(城)꼭대기 흙(※평지목을 만나면 길)	庚辰 辛巳	▪백납금(白蠟金)-땜납하는 금(※火를 만나면 길)	壬午 癸未	▪양류목(楊柳木)-강가의 작은 버드나무(※사중토를 만나면 길)
甲申 乙酉	▪천중수(泉中水)-샘 가운데 솟아나는 물	丙戌 丁亥	▪옥상토(屋上土)-지붕의 흙(※평지목과 대림목을 만나면 길)	戊子 己丑	▪벽력화(霹靂火)-벼락의 큰 불(※水를 만나면 길)	庚寅 辛卯	▪송백목(松柏木)-산에 홀로 서있는 소나무와 잣나무	壬辰 癸巳	▪장류수(長流水)-넓은 대지를 가로지르며 흐르는 큰 강물
甲午 乙未	▪사중금(砂中金)-모래 속에 작은 금(※火를 만나면 길)	丙申 丁酉	▪산하화(山下火)-산 아래서 타오르는 작은 불	戊戌 己亥	▪평지목(平地木)-들판에 서있는 큰 나무(※金을 만나면 길)	庚子 辛丑	▪벽상토(壁上土)-벽에 붙어 있는 흙(※평지목을 만나면 길)	壬寅 癸卯	▪금박금(金箔金)-표면에 붙은 작은 금(※금기운이 미약하여 木이 있어야하며, 火를 만나면 길하지만, 노중화는 크게 꺼린다)
甲辰 乙巳	▪복등화(覆燈火)-호롱불, 촛불(※대해수, 천하수	丙午 丁未	▪천하수(天河水)-하늘위에 존	戊申 己酉	▪대역토(大驛土)-큰길에 존재하	庚戌 辛亥	▪채천금(釵釧金)-비녀 속에 존재하는 작은 금	壬子 癸丑	▪상자목(桑柘木)-산뽕나무처럼 작은 잡목(※사중

甲寅 乙卯	丙辰 丁巳	戊午 己未	庚申 辛酉	壬戌 癸亥
를 만나면 흉)	재하는 모든 이슬과 비(※土를 만나면 길)	는 단단한 흙(※木을 만나면 길)	(※火를 만나면 길)	토, 노방토, 대역토를 만나면 길
▪대계수(大溪水)-큰 계곡에 흐르는 물	▪사중토(沙中土)-모래 속의 은 흙(※木을 만나면 길)	▪천상화(天上火)-태양 같은 큰 불(※水를 만나면 길)	▪석류목(石榴木)-작고 질기고 매운 나무(※성두토와 옥상토를 만나면 길)	▪대해수(大海水)-바다의 큰 물(※土를 만나면 길)

11. 오행(五行)의 기능

오행	천간		지지		신체	천간 선	천간 후	지지 선	지지 후	자연수	계절	방향	색	맛	체질	음(音)
목(木)	양	甲(갑)	양	寅(인)	담(쓸개)	9	3	7	3	1	봄(1월~3월)	동	청색	신맛	태양인(간소폐대)	ㄱ,ㅋ,ㄲ
	음	乙(을)	음	卯(묘)	간	8	8	6	8	2						
화(火)	양	丙(병)	양	巳(사)	소장,삼초	7	7	4	2	3	여름(4월~6월)	남	적색	쓴맛		ㄴ,ㄷ,ㄹ,ㅌ
	음	丁(정)	음	午(오)	심장	6	2	9	7	4						
토(土)	양	戊(무)	양	辰(진),戌(술)	위	5	5	5	5	5	사계절(3, 6, 9, 12월)	사방	노랑색	단맛	소음인(비소신대)	ㅇ,ㅎ
	음	己(기)	음	丑(축),未(미)	비장(지라)	9	10	8	10	6						
금(金)	양	庚(경)	양	申(신)	대장	8	9	7	9	7	가을(7월	서	백색	매운	태음인	ㅅ,ㅈ,

	음	辛(신)	음	酉(유)	폐	7	4	6	4	8	~9월			맛	(간대 폐소)	ㅊ
水(水)	양	壬(임)	양	亥(해)	방광	6	1	4	6	9	겨울(10월~12월)	북	흑색	짠맛	소양인(비대 신소)	ㅁ,ㅂ,ㅍ
	음	癸(계)	음	子(자)	신장	5	6	9	1	10	~12월					

*<선천수> ; 주역의 괘효, 납음오행, 육효
*<후천수 및 자연수> ; 사주명리, 작명, 택일, 행운수, 후천적 개운

12. 윤월(閏月)

윤월은 윤달이라 하며, 태음력과 태양력의 역일(曆日)이 어긋나는 것을 막기 위해 끼워 넣은 달을 말한다. 태음력에서 1달은 29일~30일이지만, 태양력의 1달은 28일~31일로서 1년 365일을 기준으로 계산해 보면 약 10일~12일 정도 차이가 난다. 이러한 태음력과 태양력의 불일치를 해소하기 위해서 보통 2~3년 주기에 치윤법(置閏法)으로 만든 것을 윤월(閏月) 혹은 윤달이다.
윤달을 정리하면 아래와 같다.

년도	윤월	년도	윤월	년도	윤월	년도	윤월
1930년	6월	1963년	4월	1995년	8월	2028년	5월
1933년	5월	1966년	3월	1998년	5월	2031년	3월
1936년	3월	1968년	7월	2001년	4월	2033년	11월
1938년	7월	1971년	5월	2004년	2월	2036년	6월
1941년	6월	1974년	4월	2006년	7월	2039년	5월
1944년	4월	1976년	8월	2009년	5월	2042년	2월
1947년	2월	1979년	6월	2012년	3월	2044년	7월
1949년	7월	1982년	4월	2014년	9월	2047년	5월
1952년	5월	1984년	10월	2017년	5월	2050년	3월
1955년	3월	1987년	6월	2020년	4월	2052년	8월
1957년	8월	1990년	5월	2023년	2월	2055년	6월
1960년	6월	1993년	3월	2025년	6월	2058년	4월

일반적인 달(월)은 12지신이 관장하지만, 윤월은 추가된 공달 또는 덤 달로서 12지신이 없는 달이기 때문에 손 없는 달이라고 하여 집수리, 이사(移徙), 조상(祖上)의 묘지(墓地) 단장 혹은 이장(移葬)하거나 혹은 수의(壽衣)를 만들어 사용하기도 한다. 그러나 결

혼식(結婚式)에서의 윤달(월)은 12지신의 보살핌을 받지 못한다는 의미에서 꺼리는 경향이 있다.

윤월에 있는 생일날, 제삿날의 경우 매년 윤월이 돌아오지 않기 때문에 이때는 윤월을 평 달로 취급하여 사용하면 된다. 윤월의 사주는 어떻게 세울까? 윤월은 만세력(萬歲曆)에 표시되어있는 윤월의 오행 그대로 적용하여 사주를 세우면 된다.

참고로 윤년(閏年)이란? 지구가 태양을 한 바퀴 도는데 정확히 1년은 365.2422일 걸리는데 이것을 365일로 계산 한다면 오차가 발생하게 된다. 이것의 균형을 맞추기 위해서 28일로 되어있는 2월을 1일 추가하여 29일로 만들었다. 이렇게 2월이 29일인 년을 윤년이라고 한다. 윤년의 주기는 4년에 1번씩 되풀이된다. 윤일(閏日)은 윤년이 존재하는 2월 29일을 말한다.

13. 지장간(支藏干)과 월별 지장간 활동 기간표

사주(四柱)는 지장간을 알아야만 사주 해석(解析)을 할 수 있다. 즉 지장간이란? 천간(天干)과 지지(地支)를 나무줄기라고 한다면, 땅속에 묻어 있는 뿌리를 지장간이라고 한다. 따라서 지장간은 눈에 보이지는 않지만 뿌리가 없으면 나무줄기가 살수 없고, 설사 나무줄기가 죽었을 경우 뿌리가 존재한다면 다시 살아날 수 있는 것이 지장간이다.

사주 구성에서 지장간이 없는 사람을 무근(無根)이라고 하며, 이런 사람들은 절대 성공할 수 없는 사람으로 판단한다. 독자들은 아래 지장간의 중요성을 감안해서 사주 해석 즉 통변(通辯)에 꼭 활용해 주길 바란다.

<지장간(支藏干)표>

지지	지장간	지지	지장간
자(子)	壬, 癸(水 水)	오(午)	丙, 己, 丁(火, 土, 火)
축(丑)	癸, 辛, 己(水 金, 土)	미(未)	丁, 乙, 己(火, 木, 土)
인(寅)	戊, 丙, 甲(土, 火, 木)	신(申)	戊, 壬, 庚(土, 水, 金)
묘(卯)	甲, 乙(木 木)	유(酉)	庚, 辛(金, 金)

진(辰)	乙, 癸, 戊(木, 水, 土)	술(戌)	辛, 丁, 戊(金, 火, 土)
사(巳)	戊, 庚, 丙(土, 金, 火)	해(亥)	戊, 甲, 壬(土, 木, 水)

지장간에서 30일 즉 1개월간의 기후 변화에 따라 초기(여기), 중기, 정기(본기)를 30일 동안 일정별로 배분해서 활동 기간을 표시한 것을 아래와 같이 월령용사(月令用事) 혹은 월률분야도(月律分野圖)라고 한다. 이들의 크기는 정기>>여기>>중기 순이다.

<월별 지장간 활동 기간표>

지지	초기(여기)		중기		정기(본기)	
자(子)	壬水	1일~10일 3분 5	·	·	癸水	11일~30일 6분 5
축(丑)	癸水	1일~9일 3분	辛金	10일~12일 1분	己土	13일~30일 6분
인(寅)	戊土	1일~7일 2분 3	丙火	8일~14일 2분 3	甲木	15일~30일 5분 4
묘(卯)	甲木	1일~10일 3분 5	·	·	乙木	11일~30일 6분 5
진(辰)	乙木	1일~9일 3분	癸水	10일~12일 1분	戊土	13일~30일 6분
사(巳)	戊土	1일~7일 1분 7	庚金	8일~14일 3분	丙火	15일~30일 5분 3
오(午)	丙火	1일~10일 5분 5	己土	11일~19일 3분	丁火	20일~30일 3분 15
미(未)	丁火	1일~9일 3분	乙木	10일~12일 1분	己土	13일~30일 6분
신(申)	己土	1일~7일 2분	壬水	11일~13일 1분	庚金	14일~30일 6분
	戊土	8일~10일 1분				
유(酉)	庚金	1일~10일 3분 5	·	·	辛金	11일~30일 6분 5
술(戌)	辛金	1일~9일 3분	丁火	10일~12일 1분	戊土	13일~30일 6분
해(亥)	戊土	1일~7일 2분 3	甲木	8일~14일 1분 7	壬水	15일~30일 6분

※<<참고1>> 천간, 지지, 지장관 관계

천간	甲 (갑)	乙 (을)	丙 (병)	丁 (정)	戊 (무)		己 (기)		庚 (경)	辛 (신)	壬 (임)	癸 (계)
지지	寅 (인)	卯 (묘)	巳 (사)	午 (오)	辰 (진)	戌 (술)	丑 (축)	未 (미)	申 (신)	酉 (유)	亥 (해)	子 (자)
지장간	戊丙甲	甲乙	戊庚丙	丙己丁	乙癸戊	辛丁戊	癸辛己	丁乙己	戊壬庚	庚辛	戊甲壬	壬癸

※<<참고2>> 통근(通根), 득령(得令), 득지(得地), 득세(得勢) 및

투출(透出), 투간(透干)이란?

이들은 사주 구성에서 천간(天干)과 지지(地支) 그리고 지장간(支藏干)의 연결고리에 따른 오행(五行)들의 상호 작용을 말한다. 사주에서 이들의 작용을 알아야만 오행(五行)들의 강약(强弱)을 판단할 수 있고, 이것을 바탕으로 사주를 해석(解析)하는 것이며, 용신(用神)을 판단할 수 있다. 이러한 오행들의 작용을 무시한 사주 해석은 빈 쭉정이 오행(五行)을 판단하는 것과 같다. 사주 명리학(命理學)에서 이들의 개념을 아무리 강조해도 지나치지 않는다. 이러한 오행들의 작용관계를 실전에 적용하고 활용하는 사람일수록 사주대가(四柱大家)로서 자리매김하게 된다.

통근(通根) 즉 사주 뿌리란? 일간(日干) 혹은 천간(天干)과 지지(地支) 그리고 지장간(支藏干)과의 관계에서 음양(陰陽)에 상관없이 동일한 오행(五行)들의 작용을 말한다. 판단 방법은 약식으로 본인에 해당되는 일간(日干)을 기준으로 간단하게 판단하는 방법이 있고, 4개 천간(天干) 모두를 바탕으로 지지(地支) 및 지장간(支藏干)과의 관계를 판단하는 방법이 있다.

이제 천간(天干)과 지지 및 지장간과의 관계에서 통근 즉 사주 뿌리를 아래 사주에서 알아보자.

구분	천간	지지	지장간(支藏干)
年	①庚(금)	⑤子(수)	⑨壬(수), ⑩癸(수)
月	②辛(금)	⑥未(토)	⑪丁(화), ⑫乙(목), ⑬己(토)
日	③戊(토)	⑦戌(토)	⑭辛(금), ⑮丁(화), ⑯戊(토)
時	④乙(목)	⑧巳(화)	⑰戊(토), ⑱庚(금), ⑲丙(화)

천간(天干) ①庚과 ②辛은 지장간 ⑭辛(금)과 ⑱庚(금)과 사주 뿌리 즉 통근(通根) 관계이다. 그 이유는 천간 ①금(庚, 辛)은 지장간에 존재하는 오행 중 음양(陰陽)에 상관없이 동일한 금(⑭辛)이 존재하기 때문이다(※지지 ⑧巳는 사주에서 공망(空亡)이 성립되므로 ⑱庚은 통근이 성립되지 않는다). 이때 지장간을 안고 있는 지지 ⑦戌(토)은 본인에 해당되는 ③戊(토)와는 같은 토(土)의 통근이 성립되므로 ⑦戌(토) 역시 힘을 갖는다.

천간 ③戊는 토(土)이므로 같은 토(土) 오행인 지지(地支)의 ⑥未
(토)와 ⑦戌(토)은 물론 지장간(支藏干) ⑬己(토), ⑯戊(토), ⑰戊(토)
와 통근 관계이다. 이때 지지 ⑥未(토), ⑦戌(토)은 본인에 해당되
는 ③戊(토)와는 통근(通根)은 물론 득지(得地)와 득세(得勢)가 성
립되므로 ⑥未(토), ⑦戌(토) 역시 힘을 갖는다.

또한 천간 ④乙은 지장간 ⑫乙(목)과 동일한 목(木)임으로 통근 관
계이다. 그렇지만 지지 ⑧巳가 공망이므로 천간 ④乙의 힘이 다소
약해지는 것은 사실이다.

이렇게 사주 구성에서 음양(陰陽)에 상관없이 천간과 지지 그리고
지장간을 비교하여 같은 오행(五行)들로 연결된 것을 통근(通根)
즉 뿌리라고 한다. 이때 천간에서 통근이 이루어지지 않는 것을
무근(無根)이라고 한다. 무근(無根)은 사주 구성에서 연결고리 작
용이 약(弱)한 관계이므로 사주 해석에서 큰 의미를 두지 않는다.

위 사주를 보자. 천간 ①庚(금), ②辛(금), ③戊(토), ④乙(목)은 지지
와 지장간과 통근이 이루어지기 때문에 실질적인 힘을 갖춘 오행
이 되고, 아울러 통근의 연결 통로로서 지장간을 안고 있는 지지
⑥未와 ⑦戌의 경우도 본인에 해당되는 일간 ③戊(토)와는 같은
오행간의 상호 작용이 이루어짐에 따라 이들도 실질적인 힘을 갖
는다.

이때 구체적으로 힘의 구성력은 월지(月支)에 뿌리를 두고 있는
천간(天干)이 가장 힘이 강하다. 그 이유는 사주 구성에서 월지의
힘이 가장 강하게 작용되기 때문이다.

따라서, 위 사주에서 천간 ④乙(목)은 월지의 지장간 ⑫乙(목)과
통근되는 관계로 강한 뿌리를 가지고 있다.

천간이 사주 구성에서 작용되는 뿌리 힘의 순서는 月支>時支>日
支>年支의 순이며, 이때 관련 오행이 충(沖)이나 공망(空亡) 그리
고 합(合)작용으로 인하여 변화되거나, 혹은 나쁜 흉성(凶星) 등이
작용되면 힘이 없어지거나 약해진다(※위의 보기 사주에서 ⑧巳
는 공망이므로 지장간 ⑰戊(토), ⑱庚(금), ⑲丙(화) 작용은 없다).

독자들은 이렇게 실질적으로 작용되는 오행(五行)들을 선별하여

판독하는 것이 사주 해석이 된다.

만약 위의 사주에서 천간 ④乙(정관)이 통근(通根) 즉 사주 뿌리 관계가 성립되지 않았다면, 정관은 딸이므로 딸의 영향력은 거의 없는 유명무실한 사람으로 판단하고 해석하면 된다.

다음은 투출(透出)을 알아보자.

투출(透出)이란? 지장간(支藏干)과 천간(天干)의 오행이 같은 것을 말한다.

이때 관계되는 오행(五行)은 반드시 음양(陰陽)이 서로 동일한 오행(五行)이어야 한다.

예를 들면, 지장간의 庚(금)은 음양(陰陽)이 같은 천간의 庚(금)이 어야 투출이 성립되는 것이지 음양이 다른 辛(금)은 투출(透出) 작용에 성립되지 않는다.

위 사주에서는 지장간 ⑫乙(목), ⑭辛(금), ⑯戊(토), ⑰戊(토), ⑱庚(금)은 천간 ④乙(목), ②辛(금), ③戊(토), ③戊(토), ①庚(금)과 각각 음양(陰陽)이 서로 동일한 오행이므로 투출(透出) 관계이다.

즉, ⑫乙(목)과 ④乙(목), ⑭辛(금)과 ②辛(금), ⑯戊(토)와 ③戊(토), ⑱庚(금)과 ①庚(금)은 각각 투출(透出) 관계이다. 이때 ⑱庚(금)과 ①庚(금)은 지지 ⑧巳(화)가 공망(空亡)이므로 투출(透出) 관계가 성립되지 않는다.

독자들은 여기서 알아야될 사항은 통근(通根)은 위에서(천간) 아래로(지장간) 보고 판단하는 것이고, 투출(透出)은 아래(지장간)에서 위(천간)를 보고 판단하는 것이므로 통근과 투출은 같은 개념으로 볼 수도 있지만, 통근(通根)은 같은 오행(五行)이면 성립되나, 투출(透出)은 같은 오행(五行) 중에서 음양(陰陽)이 서로 같은 오행이어야 성립된다는 점이 다르다.

지금까지 독자들은 사주 원국에서 작용되는 투출 관계를 확인해 보았다.

투출은 세운(歲運) 판단 즉 운세(運勢) 판단에서 가장 많이 활용되며, 사주 원국의 지장간(支藏干)은 물론 사주 원국의 천간(天干)과의 관계에서도 이루어진다. 이러한 관계를 설명하기 위하여 아래 사주에서 투출(透出) 관계를 판단해 보자.

<사주>				<년운>
구분	천간	지지	지장간	○○年
年柱	乙	○	戊, ②(甲), 壬	③甲
月柱	①甲	○	壬, 癸	○
日柱	丙	○	戊, 庚, 丙	
時柱	丁	○	戊, 壬, 庚	

위 사주는 년운 천간 ③甲(목)은 사주 원국의 지장간과 음양(陰陽)이 동일한 甲(목) 즉 ②(甲)가 존재하므로 당연히 투출(透出) 관계가 성립된다. 만약에 ②(甲)이 지장간에 없는 경우를 보자.

이 경우는 ③甲(목)은 음양(陰陽)이 동일한 甲(목) 오행이 지장간에 없기 때문에 투출(透出) 관계가 성립되는 않는다. 하지만 사주 원국의 천간 ①甲(목)은 년운 천간 ③甲(목)과 음양(陰陽)이 동일한 오행(五行)이 존재하므로 투출(透出) 관계가 성립된다. 즉, 년운 ③甲(목)은 사주 원국의 천간에 음양이 동일한 오행 즉 ①甲(목)이 존재하므로 사주 원국과 투출(透出) 관계가 성립되는 것이다.

만약 이러한 연결 통로 즉 투출 관계가 성립되지 않는 대운(大運)이나 년운(年運)은 중간 허리가 잘려 나갔다는 뜻이 되므로 이때는 불운(不運)이 찾아오기 마련이다. 즉 외부에서 들어오는 나쁜 운을 방어할 수 있는 능력이 상실된 시기이기도 하다.

독자들은 자신의 사주를 보고 투출(透出) 관계가 성립되지 않는 대운(大運), 년운(年運), 월운(月運)은 없는지 이것을 확인해 보고 2개 이상 투출(透出) 관계가 성립되지 않는 운세(運勢)는 나쁜 운(運)이 작용된다는 사실을 알길 바란다.

이제 나머지 투간(透干)을 알아보자.

투간은 월지(月支)의 지장간(支藏干)에 존재하는 오행이 사주 원국의 천간(天干)에도 음양(陰陽)이 동일한 오행(五行)이 존재하는 것을 투간이라고 한다.

위의 사주에서 월지(月支) 지장간 ⑫乙(목)은 시간(時干) ④乙와는 투간(透干) 관계이다. 그 이유는 ⑫乙(목)은 시간(時干) ④乙와 乙(목)으로서 음양(陰陽)이 동일한 오행으로 구성되어 있기 때문이다.

사주에서 통근(通根), 투출(透出), 투간(透干)의 작용 관계는 상생(相生)과 상극(相剋)의 생극제화(生剋制化) 관계가 아니라 같은 오행(五行)들이나 혹은 음양(陰陽)이 같은 오행(五行)들의 작용이다. 독자들은 사주에서 오행(五行)들의 상호 연결고리 즉 통근(通根), 투출(透出), 투간(透干)의 관계를 사주 원국은 물론 지장간(支藏干)과의 상호 관계를 적용하고 판단할 수 있는 능력이 되어야만 된다.

※<<참고3>> 진(辰), 술(戌), 축(丑), 미(未)의 지장간

지장간은 <월별 지장간 활동 기간표>에서 초기의 영향은 물론 방합과 삼합은 각각 중간 오행의 영향을 받게 된다. 따라서 진(辰), 술(戌), 축(丑), 미(未)의 지장간(支藏干)은 아래와 같은 오행(五行)으로 변화(化)된다.

지장간	영향		작용		변화된 오행
진(辰)	초기	乙(木)	방합	寅(卯)辰	木으로 변화(化) 된다.
	중기	癸(水)	삼합	申(子)辰	水으로 변화(化) 된다.
술(戌)	초기	辛(金)	방합	申(酉)戌	金으로 변화(化) 된다.
	중기	丁(火)	삼합	寅(午)戌	火으로 변화(化) 된다.
축(丑)	초기	癸(水)	방합	亥(子)丑	水으로 변화(化) 된다.
	중기	辛(金)	삼합	巳(酉)丑	金으로 변화(化) 된다.
미(未)	초기	丁(火)	방합	巳(午)未	火으로 변화(化) 된다.
	중기	乙(木)	삼합	亥(卯)未	木으로 변화(化) 된다.

※<<참고4>> 지장간 활용 예1

아래 사주에서 시간(時干)에 해당되는 ④己를 판단해 보자.
위 사주에서 시간(時干) ④己는 토(土)로서 지장간에 존재하는

구분	천간	지지	지장간(支藏干)
년주(年柱)	①丙	⑤寅	⑨戊, ⑩丙, ⑪甲
월주(月柱)	②甲	⑥午	⑫丙, ⑬己, ⑭丁
일주(日柱)	③丙	⑦戌	⑮辛, ⑯丁, ⑰戊
시주(時柱)	④己	⑧亥	⑱戊, ⑲甲, ⑳壬

⑨戊(土), ⑬己(土), ⑰戊(土), ⑱戊(土)와 같은 토(土)의 오행이므로 ④己는 이들 4개에 통근(通根) 즉 뿌리는 내린 것이 된다. 이런 경우 사주 해석은 ④己는 육친(六親)으로 보면 상관(傷官)에 해당되는 것이므로 손녀 혹은 조모와는 깊은 관련이 있고, 성격으로는 예술 활동에 소질은 물론 조사 활동과 연구심이 좋고 강단이 있으나 자식과 배우자 복(福)은 약한 사람이다.

그렇지만, 통근이 성립되는 지장간을 품고 있는 지지(地支) ⑤寅, ⑥午, ⑦戌, ⑧亥 중 ⑤, ⑥, ⑦은 인오술(寅午戌)의 합(合)이 성립되지만, ⑤과 ⑧은 해인파(亥寅破)가 성립되고, ⑥午와 ⑦戌는 공망(空亡)과 3대 악살(惡殺)에 해당되는 양인살(陽刃殺) 그리고 백호대살(白狐大殺)이 성립되어 손녀와 할머니와는 인연이 없거나 일찍 사망했다는 것을 알 수 있다.

또한 본인에 해당되는 일간 ③丙(화)과 손녀와 할머니의 ④己(토)는 화(火)와 토(土)의 관계이므로 득지(得地), 득세(得勢)가 성립되지 못하고, 화생토(火生土)의 작용이 되어 손녀와 할머니에게 도움을 받지 못하고 오히려 도움을 주어야될 사람이 된다. 이러한 사주 판단에는 길흉(吉凶)을 적용하는 형충회합(刑沖會合)인데 이것들은 이어서 배우게 된다.

사주 해석이란? 천간(天干)과 지지(地支) 그리고 지장간(支藏干)과의 관계에서 유정(有情)과 무정(無情)을 따져보고 판단하는 것인데, 독자들은 여기서 지장간(支臟干)을 배웠으니, 위 사주에서 처럼 ①~④은 천간(天干), ⑤~⑧은 지지(地支), ⑨~⑳은 지장간(支藏干)의 상호 관계를 더욱 심도 있게 적용하고 판단해 주면 된다.

※<<참고5>> 지장간 활용 예2

아래 사주를 확인해 보자.			
구분	천간	지지	지장간(支藏干)

년주(年柱)	①壬	⑤辰	⑨乙, ⑩癸, ⑪戊
월주(月柱)	②壬	⑥子	⑫壬, ⑬癸
일주(日柱)	③丁	⑦酉	⑭庚, ⑮申
시주(時柱)	④戊	⑧申	⑯戊, ⑰

위 사주는 본인에 해당되는 일간(日干)은 ③丁(화)이다. 그러나 지장간에 일간과 같은 화(火) 기운에 해당되는 화(丙) 혹은 화(丁)가 없기 때문에 뿌리가 없는 무근(無根) 사주가 된다. 이런 사람은 통근(通根)되지 못했기 때문에 어떤 일을 해도 실패하게 된다. 또한 화(火) 기운의 비겁에 해당 되는 형제, 동료, 친구들에 대한 복(福)을 기대할 수 없다. 뿐만아니라, 대운(大運)이나 세운(歲運)에서 화(火) 기운이 들어온다고 해도, 위 사주는 관성 기운 즉 ①壬②壬⑥子의 추운 물(水) 기운이 강(强)한 사주이므로 수극화(水剋火)가 되어 관성의 화(火)기운은 소멸되고 만다.

14. 천간 육친(六親) 조건표

일간 천간	甲	乙	丙	丁	戊	己	庚	辛	壬	癸
甲	비견	겁재	편인	인수	편관	정관	편재	정재	식신	상관
乙	겁재	비견	인수	편인	정관	편관	정재	편재	상관	식신
丙	식신	상관	비견	겁재	편인	인수	편관	정관	편재	정재
丁	상관	식신	겁재	비견	인수	편인	정관	편관	정재	편재
戊	편재	정재	식신	상관	비견	겁재	편인	인수	편관	정관
己	정재	편재	상관	식신	겁재	비견	인수	편인	정관	편관
庚	편관	정관	편재	정재	식신	상관	비견	겁재	편인	인수
辛	정관	편관	정재	편재	상관	식신	겁재	비견	인수	편인
壬	편인	인수	편재	정재	편재	정재	식신	상관	비견	겁재
癸	인수	편인	정관	편관	정재	편재	상관	식신	겁재	비견

15. 지지 육친(六親) 조견표

일간 지지	甲	乙	丙	丁	戊	己	庚	辛	壬	癸
子	인수	편인	정관	편관	정재	편재	상관	식신	겁재	비견
丑	정재	편재	상관	식신	겁재	비견	인수	편인	정관	편관
寅	비견	겁재	편인	인수	편관	정관	편재	정재	식신	상관
卯	겁재	비견	인수	편인	정관	편관	정재	편재	상관	식신
辰	편재	정재	식신	상관	비견	겁재	편인	인수	편관	정관
巳	식신	상관	비견	겁재	편인	인수	편관	정관	편재	정재
午	상관	식신	겁재	비견	인수	편인	정관	편관	정재	편재
未	정재	편재	상관	식신	겁재	비견	인수	편인	정관	편관
申	편관	정관	편재	정재	식신	상관	비견	겁재	편인	인수
酉	정관	편관	정재	편재	상관	식신	겁재	비견	인수	편인
戌	편재	정재	식신	상관	비견	겁재	편인	인수	편관	정관
亥	편인	인수	편관	정관	편재	정재	식신	상관	비견	겁재

16. 육친 판단법

- 일간(日干)을 극(剋)하는 오행이면 => 관성(편관, 정관)이 된다.
  <편관> 일간과 음양이 같다. <정관> 일간과 음양이 다르다.
- 일간(日干)이 극(剋)하는 오행이면 => 재성(편재, 정재)이 된다.
  <편재> 일간과 음양이 같다. <정재> 일간과 음양이 다르다.
- 일간(日干)이 생(生)해주는 오행이면 => 식상(식신, 상관)이 된다.
  <식신> 일간과 음양이 같다. <상관> 일간과 음양이 다르다.
- 일간(日干)을 생(生)해주는 오행이면 => 인성(편인, 인수)이 된다.
  <편인> 일간과 음양이 같다. <인수> 일간과 음양이 다르다.
- 일간(日干)과 동일한 오행이면 => 비겁(비견, 겁재)이 된다.
  <비견> 일간과 음양이 같다. <겁재> 일간과 음양이 다르다.

17. 육친(六親) 관계

가족 성별	아버지	어머니	형제	배우자	자식	기타
남자	• 편재 첩(妾), 애인	• 정인 (인수)	• 비견 (형제, 친구) • 겁재(이복형제, 친구, 며느리)	• 정재	• 편관 (아들) • 정관 (딸)	• 식신(장모, 사위, 손자) • 편인(조부, 장인, 양모) • 상관(손녀, 조모)
여자	• 편재 시어머니	• 정인 (인수)	• 비견 (형제, 친구) • 겁재 (이복형제, 남편 첩, 시아버지)	• 정관	• 상관 (아들) • 식신 (딸)	• 정재(고모) • 편인(계모, 양모) • 편관(애인, 정부)

18. 육친(六親)의 성격

육친 (六親)		직업/성격
비견 (比肩)	뜻	어깨를 나란히 한다는 뜻으로 형제를 나타낸다.
	직업	나눔과 의리가 강하기 때문에 동업은 불리하고, 비견이 사주 구성에서 강한 사람은 뚜렷한 직업이 없다(※상대방과 지지 합(合)이 많거나 용신이 상생관계이면 동업해도 무방하다).
		<공통> • 남 밑에 있기를 꺼리고 자유업, 독립업 전문 직종이 좋다. • 형제간 재산으로 다툼과 불화가 많고, 분가 및 고향을 지킬 수 없다. 또한 자존심이 강하여 동업을 못하고, 대인관계가 나쁘다. • 비견이 많으면 자존심이 강하고 비사교적이며, 양보심이 적고, 비사교적이며 시비를 좋아하고 아버지와 인연이 없다. • 비견이 많은데 재성(財星, 편재와 정재)이 하나만 있으면 형제간 분쟁이 일어난다. • 비견이 많은데 식신이 하나면 식복이 약하다. • 남녀 모두 일지(日支)에 비겁(비견, 겁재)이나 상관이 존재하면 배우자 복(福)은 없다. • 비견이 삼형살에 해당되면 신체에 이상이 있다. • 사주에 비견이 없으면, 독립심과 실천력이 없고 리더 되기가 어렵다. • 사주에 비견과 겁재가 동주하면 결혼이 늦고, 부친과 사별하며, 부부간 정이 없고, 형제간 불화가 발생된다. • 사주에 비겁(비견, 겁재)이 많으면 형제 복이 없지만, 비견이 많은 경

<table>
<tr>
<td rowspan="2"></td>
<td colspan="2">
우라도 관성(편관, 정관)이 비겁을 극(剋)하면 형제복은 있다. 그러나 사주에 비겁이 없어도 형제의 도움을 받지 못한다.

• 용신에 의해 비겁이 극(剋)이나 충(沖)을 당하면, 자신은 흥하지만 형제는 망한다. 이와 반대로 비겁이 용신을 극(剋)하거나 충(沖)하면, 형제는 흥하고 자신은 망한다.

• 사주에 비겁(비견, 겁재)이 양인살인 경우 죽은 형제자매가 있다.

• 사주에 비겁(비견, 겁재)이 년주에 있으면 형이 있고 부모 유산을 받을 수 없다. 또한 월주에 있으면 본인이 장남이거나 장남이 아닌 경우 장남 역할을 한다.

<남자>

• 남자는 배우자 및 자식과 인연이 없고, 비견에 공망되면 부친, 자식, 형제 덕과 인연이 없다.

• 시주(時柱)에 비견이 많으면 양자가 상속한다.

<여자>

• 비견이 많으면, 여자는 남편 복이 없고, 이혼하거나 독신으로 지내는 경우가 있고, 색정이 강하다.
</td>
</tr>
</table>

겁재(劫財)	뜻	나와 남의 재물을 겁탈한다는 뜻이다.
	직업	독수리가 물고기를 길목에서 낚아채듯, 남의 재물을 겁탈하고 현금을 챙기는 사람으로 동업은 불리하고(※상대방과 지지 합(合)이 많거나 용신이 상생관계이면 동업해도 무방하다), 비생산적인 활동에 능통하기 때문에 남의 돈을 챙기는 알바, 운명 상담자 혹은 점원 업무 혹은 카운셀러 직업이 맞다.

<공통>

• 솔직하고 투쟁심이 강하다.

• 재물을 잃는 경우가 많고, 동업을 못하고, 불화, 이별, 파산이 많다.

• 형제간 화합보다는 투쟁과 싸움, 교만불손(驕慢不遜)이 많다.

• 식상, 재성, 관성이 많은 신약 사주에서는 겁재가 있으면 길하다.

• 남, 녀공히 배우자, 자녀를 극하며 형제, 자매, 친구간 불화가 많다.

• 겁재와 상관과 인성이 동주하면 단명하는 경우가 많다.

• 겁재와 양인(陽刃)이 동주하면 자녀를 극하거나 재난이 있다.

• 겁재와 양인(陽刃)이 있는 사주에 관성이 없으면 빈천(貧賤)하다.

• 모험적, 적극적, 자주적, 독립적인 성격을 갖는다.

• 사주에 겁재가 많으면 형제간 정이 없고, 투쟁심이 강하고 교만하다. 다만 군인 검(경)찰 직업은 오히려 더 좋다.

<남자>

• 겁재가 많으면 배우자와 사별한다.

• 년, 월주(月柱)에 겁재가 있으면 장자(長子)는 못된다.

• 남자 사주에서 일지(日支)에 겁재가 있으면, 상처(喪妻)할 팔자이나, 겁재를 극하는 정관이 있으면 괜찮다.

• 겁재와 양인이 많은데 관성이 없으면 상처(喪妻)한다.

• 남자의 경우 비견과 겁재가 많으면 화류계의 여성을 처로 삼는다.

		<여자> • 신강 사주에서 겁재가 많으면 남편과 사이가 나쁘다. • 여가의 경우 겁재가 없으면 성격이 부드럽고 남들과 잘 동화된다.
식 신 (食 神)	뜻	밥그릇을 의미하며 평생 의식주가 풍부하고 직위가 있고 장수한 다는 뜻이다.
	직 업	육영사업, 식당, 체육인, 예술, 종교, 서비스업, 교사, 교수, 직위가 있는 사람, 금융업, 학원 업종이 맞다.

		<공통>
		• 직위와 부하직원이 있다.
		• 결혼, 활동, 진출을 뜻한다.
		• 의식주, 소득, 자산이 풍부하다.
		• 남에게 베품이 많고, 성격이 온화하고, 복이 있다.
		• 큰 사업 경영은 어렵지만 식신이 편관을 극(剋)하면 식신제살이 되어
		  길(吉)하다.
		• 식신이 너무 많으면 자식복과 부모덕이 없고, 주색에 빠지며, 신체가
		  허약하다.
		• 월주(月柱)에 식신이 있고, 시주(時柱)에 정관이 있으면 크게 출세한
		  다.
		• 식신이 많은 경우 신약 사주에서는 나쁘지만 신강 사주에서는 좋다.
		• 식신이 사주에 없는 경우는 재치가 없고 고독하다. 여자의 경우 상관
		  이 없는 경우 자식 두기가 어렵다.
		<남자>
		• 식신이 있고, 희신이면 처복이 있다.
		• 식신은 있는데 관성이 없거나 약하면 자식이 없는 경우가 생긴다.
		<여자>
		• 식신과 재성이 있으면 남편과 자식이 출세한다.
		• 사주에 식신이 너무 많으면 과부나 호색가이다.
		• 식신이 많고, 편인이 없으면 색정이 강하고 남편을 극한다.

상 관 (傷 官)	뜻	자신의 관록(官祿)을 해친다는 뜻이다.
	직 업	예술에 소질이 있고 연구심이 좋으며, 투쟁과 반항 그리고 말하는 것을 좋아하는 사람으로 직장생활은 맞지 않으며 연예인, 연구가, 예술가, 군인, 종교가, 재야단체인, 조폭, 변호사, 수리업종, 작가, 골동품 이 맞다.

		<공통>
		• 예술적 소질이 있고 영리하며 조사 관찰 등의 연구심이 좋다.
		• 총명하고, 구속을 싫어하고, 투쟁성이 있으며, 언변력이 좋아 말소리
		  와 관련된 직업을 갖는다.
		• 솔직하나 사치성이 있고, 사람을 얕보는 경향이 있으며 남들과 투쟁
		  하기를 좋아한다.
		• 상관이 많으면 반항심으로 인하여 출세가 어렵고, 자식을 극하고, 주
		  색이 있다.

		• 상관과 겁재가 같이 있으면 재산 목적으로 결혼을 한다. • 신약 사주에서는 좋지 않다. • 년간(年干)이 상관이면 부모덕이 없고, 시주(時柱)에 있으면 자손이 해롭다. • 년주(年柱)와 시주(時柱)에 모두 상관이면 형제, 자식에게 버림받고, 부부 이별한다. • 상관과 편인이 동주하면 자식과 남편복이 없다. • 사주에 상관이 많은 경우 두뇌는 명석하나 투쟁심이 강하고, 윗자리에 서는 기풍이 강하다. 하지만 신약 사주에서는 나쁘다. 여자의 경우 자식운이 나쁘다. 반대로 상관이 없는 경우 윗자리에 서는 경우가 드물고, 겁재가 없다면 남들에게 이용당하는 경우가 많다. <남자> • 상관은 있는데 정관이 없거나 약하면 노후에 자식복이 없다. 그러나 재성이나 정인이 있으면 괜찮다. • 연간에 상관이 있으면 재가한 어머니의 양육을 받게 된다. • 일주(日柱)나 시주(時柱)에 상관이 있으면 배우자를 극한다. • 정인이나 재성이 없는 사주에 상관이 시주(時柱)에 있으면 자식이 없거나 자식을 잃는다. <여자> • 상관이 많고, 정관이 약하면 남편과 사별한다. • 여자 사주에서 일지(日支)에 상관이 있으면, 상부(喪夫)할 팔자이나, 상관을 극하는 정인이 있으면 괜찮다. • 상관이 많고, 관성(편관, 정관)이 없으면, 정조관념이 강하여 수절하는 경향이 있다.
편재 (偏財)	뜻	노력 없이 얻어진 재물을 뜻하는 것으로 중인(衆人) 즉 자기 돈은 아니지만 여러 사람들의 돈을 많이 만지는 사람을 뜻한다.
	직업	이동(移動)이 잦고 투기와 투자에 활발하고 시원시원한 성격으로 부동산, 증권, 은행원, 상공업, 투기, 금융, 약품업종, 유통업종, 무역업, 수금업종이 맞다.
		<공통> • 물려 받은 재산이 있고, 씀씀이가 헤프고, 욕심이 많다. • 재성이 많으면 아버지와 일찍 이별한다. • 활동적이고, 한곳에 오래 근무하지 못하며, 편법적 투기를 좋아하고, 돈을 쓸 줄도 안다. • 년주(年柱)에 편재가 있으면 재산이 들어오며 가업을 계승하고, 조상덕이 많다. • 상업적 소질이 맞고, 역마살이 있으면 타향에 나가서 상업적으로 크게 출세한다. • 신강이면서 편재가 있으면 큰돈을 만진다. • 신왕에서 편재가 있으면 사업가로서 성공한다. • 편재가 희신이면 돈을 벌지만, 기신이면 파산한다.

		• 사주에 편재가 2개 이상 존재하면 바람기가 있고, 아버지와 인연이 없으며, 아버지가 일찍 돌아갔거나, 알코올 중독, 두 집 살림을 한다. <남자> • 일지(日支)에 재성이 있고, 희신이면 처덕이 있다. • 솔직하고 호색이 있으며, 풍류와 외첩을 둔다. • 편재와 정재가 가로든 세로든 나란하게 있으면 여자 관계가 복잡하다. • 남자의 경우 정재는 처(妻), 편재는 첩(妾)으로 보기 때문에 편재가 강(强)하면 처(妻)보다 첩(妾)을 좋아하고, 소실이 본처를 누른다. 또한 편재가 천간에 있고 정재가 지지에 있는 경우도 소실이 본처를 누른다. 그렇지만 정재가 강(强)하면 본처는 소실을 용납하지 않는다. • 편재와 편관이 동주하거나 편재와 비견이 동주하면, 아버지 덕이 없고 여자 때문에 재산을 잃는다. • 편재와 정재가 동주한 재성혼잡(財星混雜)도 여자와의 악연은 물론 순탄치 못한 결혼생활을 한다. <여자> • 편재가 많으면 재복이 없고, 남편과 사별한다. • 편재와 편관이 동주하면 부친덕이 없고, 여자에게 해를 입는다.
정 재 (正 財)	뜻	노력하여 얻은 나의 재물을 뜻한다.
	직 업	정착된 곳에서 검소하고 인색하며 자린고비로서 소심하고 자산을 추구하는 사람으로 봉급생활, 기업경영, 공무원, 사업, 공업, 세무, 경리직업이 맞다.
		• <공통> • 낭비를 싫어하고, 한 푼씩 모아서 성공하는 재물형이다. • 근면, 성실 및 부지런하고 금전에 집착이 많고, 고지식하고, 소심하고 구두쇠 소리를 듣는다. • 정재가 너무 많으면 게으르고 결단력이 부족하며, 정으로 인하여 손해를 본다. • 정재와 겁재가 동주하면 부친의 덕이 없고 빈곤하다. • 정재가 너무 많으면 어머니와 사별한다. • 사주에서 정재 혹은 편재가 서로 서로 좌, 우 혹은 상, 하로 동주하면 정부 혹은 애첩을 둔다. • 사주에서 정재가 많으면 신강 사주에서는 돈과 여자를 누리지만, 신약 사주에서는 여자 때문에 오히려 가난하게 산다. • 사주에 정재가 없으면, 신강사주에서는 금전 운이 없으나, 신약 사주에서는 오히려 좋은 운세가 된다. • 사주에 정재가 홍염살이면 부인이 미인이다. • 사주에 재성(정재, 편재)이 년, 월주에 있으면 조상의 상속을 받고 결혼을 일찍 하며 시주(時柱)에 있으면 늦게 풀리고 결혼을 늦게 한다. • 남자 사주에 정재와 비견이 합(合)이 되면 처가 간통하고, 여자 사주에서 정관과 비견이 합(合)이 되면 남편이 소실을 두거나 외도를 한

다.

<남자>

- 일지(日支)에 정재가 있거나 식신이 있으면 처의 내조가 좋다.
- 월지에 정재가 있고, 사주에 정인이 있으면 부모덕이 있다.
- 정재와 편재가 혼잡하게 있고, 정인이 있으면 고부(姑婦)간에 갈등이 있다.
- 간(干)이 겁재이고, 지(支)가 정재이면 처가 불행한 일이 생긴다.
- 정재가 강하면 신강 사주에서는 재물과 여자 관리는 잘하지만, 신약에서는 빈천을 면치 못한다.
- 정재가 월지에 있으면 명문가 아내를 맞는다.

<여자>

- 여자 사주에 정재가 많으면 빈천(貧賤)하고, 음란하다.

편관(偏官)칠살(七殺)	뜻	관록(官祿)과 재앙(災殃)의 양면성이 작용한다는 뜻이다. (권력 기관)
	직업	자신에게 주어진 특출한 재능이 있고, 관록(官祿)을 얻으며, 배짱이 있고 획일성을 좋아하는 사람으로 군인, 경찰, 검찰, 변호사, 조폭, 중개인, 관리책임자, 새로운 사업, 용역사업이 맞다.

<공통>

- 형제간에 인연이 없고, 남을 이기려고 하고, 획일성을 좋아하고 의협심이 강하다.
- 성급하고 저돌적이며 포악하며, 획일성을 좋아한다.
- 신약 사주는 가난, 질병, 고통, 허세가 있고, 신왕 사주에서는 권세와 명예가 있다.
- 년주(年柱)와 월주(月柱)에 편관이 있으면, 부모와 이별하거나 불리하다.
- 시주에 편관이 있으면 강직하고 불굴의 정신이 있다.
- 편관과 양인(陽刃) 그리고 괴강(魁罡)이 동주하면 군인이나 법조계에서 성공한다.
- 편관과 정관이 동주하면 관살혼잡으로 나쁘며, 편관이 없으면 조직성이 없다.
- 사주에 편관과 인수가 있으면 큰일을 할 팔자다.
- 사주에 편관이 있고 인수가 강하면 문관(文官)으로 출세하고, 편관이 강하고 인수가 있으면 무관(武官)으로 출세한다.
- 사주에 편관이 많으면 투쟁심이 강하기 때문에 군인, 검(경)찰 직업으로는 길성으로 작용하지만, 집안이 조용할 날이 없고 빈천하다. 반대로 사주에 편관이 없는 경우 공직이나 출세는 어렵지만 일반 직장이나 상업적으로는 길하다.

<남자>

- 신약 사주에서 재성과 관성이 섞여 있고, 재성이 관성을 도와 주면 재난을 당하고, 처로 인하여 문제가 생긴다.

<여자>

		• 여자의 경우 사주에 편관이 많고, 재성(편재와 정재)이 있으면 밀부를 두고, 재가할 팔자이며, 부모덕이 희박하다. • 편관과 정관이 섞여 있으면 다른 남자에게도 정을 준다. • 사주에 편관이 1개이면 좋은 남편을 얻는다.
정 관 (正 官)	뜻	국가 관록(官祿)을 얻는다는 뜻이다(행정 기관).
	직 업	국가에 관록을 먹고 승진(昇進), 출세(出世)하는 사람(공무원)으로 모든 공직자(공무원), 교수, 교사, 정치가, 그룹 회장이 맞다.
		<공통> • 정직하고, 총명하며, 권세, 신용과 명예심이 강한 국가 공무원 • 승진, 취업, 합격, 통솔력, 지배력, 재물을 의미 한다. • 월지(月支)에 정관이나 인수가 있으면 부귀하고, 시주(時柱)에 있으면 좋은 아들을 둔다. • 사주에 정재와 편재가 있으면 길조가 생기나, 상관과 편관이 있으면 명예가 손상되고 자식에게 해롭다. • 정관이 약하고, 상관이 강하면 자식이 일찍 죽거나 무능하여 손자가 가업을 잇는다. • 정관이 사주에 너무 많으면 재산이 없고, 화를 당한다. • 사주에 정관이 많으면 남자의 경우 배다른 자식이 있고, 여자의 경우 다른 남자를 곁에 두고 생활한다. 이와 반대로 사주에 정관이 없으면, 남자는 훌륭한 자식 두기가 어렵고, 여자는 좋은 남편을 만나가 어렵다. • 년주와 월주에 관성(편관, 정관)이 있으면 직위가 높다. 그러나 이것이 일주와 시주에 있으면 직위가 낮고 늦게 풀린다. <남자> • 남자는 정관이 많으면 배다른 자식이 있다. • 일지(日支)에 정관이 있으면 자수성가하며 현처와 인연이 있다. • 년주(年柱)에 정관이 있으면, 장남 차남 모두 후계자가 된다. <여자> • 여자가 정관이 많으면 남편을 바꾼다. • 일지(日支)에 재성이 있으면 남편복이 있다. • 관성(편관, 정관)이 2개인 여자 사주에서 1개가 공망 되면 이혼이나 재혼 한다.
편 인 (偏 印)	뜻	계모를 뜻하며, 나의 밥그릇을 빼앗긴다는 뜻으로, 불효의 효신살(梟神殺) 즉 올빼미(梟)가 어미를 잡아먹는 살(殺)과 놀고먹는 도식(徒食)한다는 의미이다(식신을 극한다).
	직 업	소속감을 싫어하고, 주어진 재능을 순간순간 사용하는 사람으로 의사, 간호사, 약사, 한의사 등의 다른 사람을 치료(治療)하거나 언론인, 종교가, 기자, 승려, 여관, 언론, 기자, 역술인, 운명상담가 등의 비생산자 및 자신의 특기를 순간순간 활용하는 임시, 계약직 직원 및 자유업종이 맞다.
		<공통>

		• 편인이 많으면, 재난, 불효, 고독, 학업중단, 고독, 이별을 뜻한다. • 사주에 편인이 많으면 변덕이 심하고, 어학과 예술은 뛰어나지만 주위에 쓸데없는 사람들이 많고, 고독하고 이별, 불행이 많다. 반대로 사주에 편인이 없으면 재치가 없고, 언변력이 약하다. • 사주에 정인(인수)와 편인이 동주하면 2가지 직업을 갖는다. • 눈치가 빠르고, 직장 이동이 많고, 처음 시작은 강하나 마지막은 용두사미(龍頭蛇尾)격이다. • 사주에 편인이 있거나, 월지에 편인이 있으면 의사, 배우, 역술, 이발사가 적합하다. • 편인이 식신을 극(剋)하면 편인도식이 되어 가난을 면치 못한다. • 사주에 식신이 있으면 윗사람의 방해 및 신체가 허약하다. • 일지(日支)에 인성이 있으면 고부(姑婦) 갈등과 결혼운이 나쁘고, 겁재와 동주하면 실패가 많다. • 편인과 건록이 동주하면 부친과 이별하고, 가족과 헤어진다. <여자> • 여자는 편인이 많거나, 편인이 있고 식신이 약(弱)하면 불효자식을 둔다. • 관성이 약하면 남편복이 약하다. • 시주(時柱)에 편인이 있으면 자식복이 없다.
인수 (印綬) = 정인 (正印)	뜻	친어머니를 뜻하며, 문서에 도장을 찍는 직업을 갖고, 자신을 아름답게 꾸민다는 뜻이다. 인수가 많으면 인성과다가 되어 오히려 나쁘다.
	직 업	교육자, 학자, 학원, 법조인, 도서관, 세무, 회계 공무원, 종교, 문화인, 미용업종이 맞다.
		<공통> • 학식, 문서, 승진, 표창을 의미하고 이기적이며 금전관계는 인색하다. • 재물에 큰 관심이 없고, 지혜롭고 총명하며 온화하고 자비롭다. • 윗사람을 공경하며, 여성의 경우 현모양처 상이다. • 인수와 식신이 동주하면 타인에게 존경을 받는다. • 인수와 건록이 동주하면 가운이 좋다. • 정인이 너무 많으면 게으르고 부부 이별과 불효자식을 둔다. • 월주(月柱)에 인수가 있으면 문학자로서 명성이 있고, 총명하다. • 정인이 너무 많으면 아들을 극하고 단명한다. 즉 모자멸자(母慈滅子)한다. • 정인이 년주(年柱)에 있으면 가업을 계승하지 못하고, 일주(日柱)와 시주(時柱)에 있으면 자수성가한다. • 사주에 정인(인수)가 많으면 사람이 지나치게 좋아서 바보 취급을 당하게 되거나 인색해서 구두쇠가 되기 쉽다. 반대로 정인(인수)가 없으면 자수성가하기 어렵고 말년에 고독하다. 그러나 인성이 일주와 시주에 있으면 남편과 자식복이 없고 자수성가한 사람이다. 또한 인성(편인, 정인)이 너무 많은 사람을 인성과대(印星過大)라고 하여 아

들은 버르장머리가 없고, 자립(自立)하지 못하고 약(弱)하다. 특히 인성이 강(强)하면 토다매금(토다埋金), 화염토조(火炎土燥), 수다목부(水多木浮) 등이 되어 뜻을 이루지 못하고, 무자식(無子息) 팔자가 된다.

<남자>

• 월지에 정인이 있고, 일지에 재성이 있으면 처로 인하여 하는 일이 안 된다.

• 사주에 정인이 너무 많으면 처와 이별하고 자식이 불효한다.

<여자>

• 아름답게 꾸미는 습관이 있다.

• 여자 사주에 인수와 상관 그리고 양인이 동주하면 돈과 인연이 없고 여승이 된다.

19. 천간 합(合), 방합(方合), 삼합(三合), 육합(六合), 반합(半合), 충(沖), 형(刑), 파(破), 해(害)

사주에서 합(合)은 서로의 기운이 합하여 다른 기운으로 변화(化)되거나 혹은 힘이 강(强)해지는 뜻이다. 따라서 합(合)이 이루어지면 성사 되거나 혹은 전혀 다른 기운으로 변화(化)되어 좋은 길성(吉星)과 나쁜 흉성(凶星)으로 작용 된다. 합(合)은 이러한 특징을 가지고 있기 때문에 합이 이루어지는 오행(五行)과 육친(六親)은 본래의 기능이 아닌 변화(化)된 기운(氣運)을 적용하고 판단해 주어야만 사주 해석(解析) 즉 통변(通辯)이 된다. 이러한 조건 때문에 어쯤 사주 통변이 어렵다고 하는 것이기도 하다. 종류로는 천간합(天干合), 방합(方合), 삼합(三合), 반합, 육합(六合)이 있다. 그러나 변화(化)된 합(合)의 기운(氣運)을 판단할 때는 전체 사주 작용을 보고 판단해야 한다.

▣ 천간합이란?

천간합은 아래와 같이 천간끼리 양(陽)과 음(陰)으로 만나 합(合)을 이루는 것을 말하며 천간합이 성립되려면 상호 붙어 있어야 성립되며 이때 본래 오행의 성격이 변화(化)되어 다른 기능으로 된다.

- 甲과 己가 만나면 = 土가 된다.
- 乙과 庚이 만나면 = 金이 된다.
- 丙과 辛이 만나면 = 水가 된다.
- 丁과 壬이 만나면 = 木이 된다.
- 戊과 癸가 만나면 = 火가 된다.

예를 들어보자, 양력으로 1986년 6월 11일 밤 22:50분에 태어난 남자 이길동의 사주에 천간합에 따른 변화(化)되는 내용을 알아보자.

구분	천간(天干)	지지(地支)	육친(六親)	
년주(年柱)	丙	③寅	비견	편인
월주(月柱)	①甲	④午	편인	겁재
일주(日柱)	㉮丙	⑤戌	·	식신
시주(時柱)	②己	⑥亥	상관	편관

이길동은 월지가 오(午)이므로 무더운 5월에 출생되었지만, 출생 시간은 해시(亥時)이므로 서늘한 한밤중에 해당되는 저녁 10시경에 태어났다. 만약 이길동이가 무더운 오시(11시~13시)에 태어났다면 매우 심한 무더운 조열(燥熱) 사주에 해당되므로 살아가는데 큰 장애물이 많게 된다. 일단 이길동은 일간의 힘이 강(强)한 신강 사주이므로 일간의 힘을 빼주는 오행이나 육친일 때 좋은 운로(運路)가 된다.

이제 이길동에게 작용되는 천간합은 월간(月干)의 ①갑(甲)과 시간(時干)의 ②기(己)가 존재하므로 이것들은 甲己의 천간합이 작용되고 이것은 토(土)기운으로 변화(化)되지만, 문제는 ①갑(甲)과 시간(時干)의 ②기(己)는 붙어 있지 못하고 중간에 일간 ㉮丙이 있기에 천간합으로는 성립되지 못한다.

만약 ①갑(甲)과 시간(時干)의 ②기(己)는 붙어 있어 천간 갑기(甲己) 합(合)으로 성립이 된다면 이것은 토(土)기운으로 변화(化)되기 때문에 이길동으로 보면 토(土)기운은 식상(식신과 상관)기운에 해당되고 이것은 본인에 해당되는 일간 丙(화)와는 화생토(火生土)의 기능이 성립되므로 신강 사주에서 강(强)한 일간 화(火)기운의 힘을 약(弱)하게 빼주는 역할을 하니 식신과 상관의 기운은 이길동에게 유익한 운로(運路)가 된다.

그렇지만 이길동의 전체적인 사주는 수(水)가 약(弱)한 상태에서 식상에 해당되는 토(土)기운은 토극수(土剋水)가 되어 편관의 수(水)기운을 극(剋)하기 때문에 수(水)기운에 해당되는 편관을 약(弱)하게 만드는 꼴이 되어 이길동에게 주어진 관운(官運)을 없애는 역할을 하게 되므로 크게 도움을 주지 못하는 것임을 알 수 있다. 따라서 편관 수(水)기운은 이길동의 아들을 판단하는 척도가 되는 것이므로 이길동은 자식복을 크게 기대할 수 없다는 것을 알 수 있다.

원래 이길동 사주는 비견과 겁재가 사주 구성에 공존하는 비겁혼잡(比劫混雜) 혹은 군겁쟁재(群劫爭財) 또는 군비쟁재(群比爭財) 사주가 되어 형제, 동료 복(福)이 없고, 식신과 상관 역시 사주 구성에서 존재하기 때문에 식상혼잡(食傷混雜) 사주가 되어 관록(官祿)을 손상시키고 자식복이 약(弱)하다는 것을 알 수 있다.

이번에는 지지(地支)의 작용을 통하여 알아보자.

이길동의 사주 구성을 확인해 보면 화(火)기운으로 편중되어 비겁이 강(强)한 군겁쟁재(群比爭財) 사주이기 때문에 형제난이 발생되고 서로 싸우는 사주이다.

화(火)기운으로 편중된 경우 대운(大運)과 세운(歲運)에서 다시 화(火)기운의 비겁운이 들어오는 경우 이러한 나쁜 운에 가중 된다. 또한 지지(地支)의 ③寅, ④午, ⑤戌은 인오술(寅午戌)의 삼합(三合)이 성립되어 화(火)기운으로 변화(化)되기 때문에 이길동으로 본다면 화(火)기운은 비겁에 해당되고 이것은 신강(身强) 사주에서 일간(日干) 병(丙)의 화(火)기운을 더욱 강(强)하게 만들어 주는 것이 되므로 형제들과 투쟁이 심하고 가득이나 무더운 조열사주에서 전혀 도움이 되지 않는 실패하는 운로(運路)가 된다.

또한 앞절 지장간에서 배운 지지(地支)에 존재하는 지장간(支藏干) 힘의 변화(化)로 판단해 보아도 ③寅은 인오술(寅午戌)의 화(火)기운으로, ④午는 화, 토(火, 土)의 기운으로, ⑤戌역시 인오술(寅午戌)의 화(火)기운으로 변화(化)되니 이것들 역시 화(火)의 비겁운이 강(強)하게 작용된다. 또한 ⑥亥는 해묘미(亥卯未)의 목(木)기운으로 변화(化)되기 때문에 이길동으로 본다면 인성운이 작용되고, 이것 역시 일간(日干) 병(丙)과의 관계는 목생화(木生火)가 성립되므로 일간의 힘을 더욱 강(強)하게 만들어 주는 것이 되므로 이길동에게는 도움이 되지 않는다.

물론 ③寅과 ⑥亥은 나쁜 해인파(亥寅破)가 성립되나 거리가 멀리 떨어진 관계로 성립이 어려우나, ④午와 ⑤戌은 공망과 양인, 백호대살이 작용되므로 지지(地支)에 존재하는 편인, 겁재, 식신, 편관들은 이길동에게는 크게 도움을 주지 못하고 나쁘게 작용되는 것임을 알 수 있다.

지금까지 이길동에게 작용되는 천간 합기(甲己)의 합(合) 작용과 지지(地支) 작용에 대한 운로(運路)에 따른 사주 흐름을 판단해 보았다.

이어서 독자들에게 이길동 사주를 보고 사주 해석(解析) 즉 통변술(通辯術) 대하여 구체적으로 판단하는 방법을 제시하겠는데 독자들은 이러한 과정을 꼭 확인하고 활용해서 통변술에 자신감(自信感)을 갖기 바란다.

우선 이길동에게 길성(吉星)과 흉성(凶星)으로 작용되는 오행과 육친을 판단해야 하는데 이길동은 신강(身強) 사주이므로 일간(日干) 丙(화)의 힘을 빼주는 오행과 육친이 길성이 된다. 즉 일간의 화(火)기운을 약(弱)하게 하는 것들은 길성이 되는 것이다. 따라서 토(土)와 수(水)는 화생토(火生土) 및 수극화(水剋火)가 되어 일간 丙(화)의 힘을 빼주는 역할을 하니 길성(吉星)으로 작용되는 것이다. 그러나 이와는 반대로 화(火), 목(木), 금(金)의 경우는 화생화(火生火), 목생화(木生火), 화극금(火剋金)이 되어 일간 화(火)의 힘이 더욱 강(強)하게 만들기 때문에 신강 사주인 이길동에게는 이들 오행들은 나쁜 흉성(凶星)이 된다.

만약 반대로 이길동이 처럼 일간의 힘이 강(強)한 신강 사주가 아니라, 일간의 힘이 약(弱)한 신약(身弱) 사주라면 일간의 힘을 더해주는 오행이 길성(吉星)이 된다.

물론 이들 오행들도 전체적인 사주의 구성과 흐름을 보고 판단해야하고, 또한 이들에게 나쁜 살(殺) 등이 작용되지 말아야 한다. 우선 독자들에게 신강 사주와 신약 사주를 판단하는 방법을 핵심적으로 간단하게 소개하면 다음과 같으니 참고해 주길 바란다. 신강(身强)과 신약(身弱) 사주의 판단법은 일간(日干)을 기준으로 비겁(비견, 겁재)과 인성(편인, 인수)이 강(强)하게 작용되면 신강 사주로 판단하는데 더 쉽게 설명하면 즉 일간을 기준으로 비겁이나 인성이 많은 오행들이 존재하면 신강 사주 판단하고 그 외는 신약 사주로 판단하면 된다. 이것과 같은 논리지만 또 다른 신강과 신약 사주 판단법은 일간(日干)을 기준으로 약 3배의 힘을 가지고 있는 가장 강한 월지(月支)와의 관계로 판단한다. 예를 들면 이길동 처럼 일간이 丙(화)이고 월지가 午(화)인 경우 화(火)와 화(火)의 만남은 강(强)한 화(火)기운이 성립되어 일간의 힘이 강(强)해지므로 신강 사주가 된다. 또한 월지가 목(木)의 경우 일간과의 관계는 목생화(木生火)가 성립되므로 일간 화(火)기운이 강(强)해지므로 이것 역시 신강 사주가 된다. 반대로 이길동의 경우 월지가 수(水)이거나 토(土)인 경우는 수극화(水剋火) 및 화생토(火生土)가 성립되어 이때는 일간의 힘이 약(弱)해지므로 신약 사주가 되는 것이다.

이렇게 신약(身弱)과 신강(身强) 사주가 결정되었다면, 이들에게 작용되는 길성(吉星)과 흉성(凶星)이 되는 오행은 물론 이에 따른 육친(六親)을 결정하여 판독하는 것이 사주 해석(解析)이 되는 것이다.

다른 사주에서 신강과 신약 사주 판단법은 동일하며 이것은 용신(用神)을 선택하는 방법이기도 하다. 여기에 대한 자세한 설명은 '용신(用神)'에서 자세히 설명되어 있으니 독자들은 참조해 주길 바란다.

여기서 독자들이 알아야될 사항은 육친(六親)을 사주에서 해석(解析)하고 통변(通辯)할 때는 반드시 개인 사주에서 길성(吉星)과 흉성(凶星)을 선별하고 이에 따른 육친을 적용해 주어야 된다. 예를 들면 사주 원국은 물론 대운(大運)과 세운(歲運) 판단에서 투쟁, 싸움, 질투 등으로 주로 나쁜 뜻으로 해석되는 비겁(비견, 겁재)이 길성(吉星)으로 작용되는 사주에서 운로(運路) 판단 방법은 '주위 반대로 인하여 투쟁이 발생되나 어렵게 합격한다'라고 해석(解析) 해 주어야 하고, 이와는 반대로 재물과 성공 운(運)으로 분류되는 식신과 정재가 흉성(凶星)으로 작용되는 사주에서 사주 해석은 '큰 상황 변동은 없지만 합격은 어렵다'라고 해석해야 한다.

물론 좋은 육친(六親)에 해당되는 정관이나 정재 그리고 식식 등이 사주 작용에서 길성(吉星)으로 작용되는 경우에 사주 해석은 큰 행운이 찾아오는 것이 된다.

또한 사주 구성에서 해당 육친(六親)이 충(沖)이나 형(刑) 공망 등의 흉살(凶殺)이 작용되면 그 사람에 대한 복(福)은 없는 것이다. 예를 들면 어머니에 해당되는 인수가 충(沖) 등의 흉살이 성립되면 어머니는 단명했거나 혹은 어머니 복(福)은 없고 어머니와 사이는 나쁜 것으로 판단해 주면 되고, 귀문관살(鬼門關殺), 천도살(天屠殺) 오귀살(五鬼殺) 및 평두살(平頭殺) 등이 작용되면 우울증은 물론 정신질환에 취약하다고 판단해 주면 되는 것이다. 다른 흉살이나 길성 적용도 동일하다.

그리고 사주 구성에서 이러한 작용들이 발생 되는 시기 판단은 사주 원국에서는 년주에 작용 되면 초년기, 월주에 작용 되면 청년기, 일주에 작용되면 장년기, 시주에 작용 되면 노년기에 발생되며 아울러 대운(大運, 10년운)이나 세운(歲運, 1년운)에서 구체적으로 발생 시기를 판단할 수 있다.

따라서 이런 과정을 확인하고 판단하는 것이 사주 해석(解析) 즉 통변술(通辯術)이 되는 것임을 잊지 말길 바란다.

사주 구성에서 작용되는 합(合), 충(沖), 파(破), 공망(空亡), 형(刑), 묘(墓) 등의 형충회합(刑沖會合) 등은 운(運)을 단절시키거나 나쁜 살(殺)을 해소 시키는 역할을 한다. 대표적으로 사주에서 작용되는 합(合) 작용에 따른 영향은 아래와 같다.

- 합(合)이 성립되면 변화(化)된 오행 작용으로 사주를 해석해야 한다.
- 사주 구성에서 변화(化)된 오행 작용은 사주 구성에 따라 길성(吉星)으로 작용되는 기운이라면 발복(發福)하고, 반대로 흉(凶)으로 작용되는 기운(氣運)이라면 나쁜 흉성(凶星)으로 작용 된다.
- 변화된 합(合)의 작용은 사주 원국은 물론 대운(大運)과 년운(年運) 등의 세운(歲運)에도 동일하게 작용한다.
- 합(合)의 작용에도 형충회합(刑沖會合)의 기능 작용이 성립되기 때문에 오행과 거리가 멀리 떨어진 것이나 혹은 나쁜 충(沖)이나 공망(空亡) 등이 작용되면 기능이 소멸되거나 약(弱)해진다.

합(合) 작용으로 인하여 변화(化)되는 여자 사주를 확인해 보자.

구분	천간	지지	육친	
년주(年柱)	乙	·	식신	·
월주(月柱)	②戊	·	정관	·
일주(日柱)	①癸	·	·	·
시주(時柱)	乙	·	식신	·

위의 사주는 천간 ①癸와 ②戊는 같이 붙어 있어 천간합(合)으로 화(火)기운으로 변화(化)된다. 즉, 본인(癸)과 정관(戊, 배우자)이 합(合)이 되어 재성의 화(火)기운으로 변화되는 사주이므로 이 경우 재물(財物)은 들어 오지만 정관(배우자)이 변화되는 사주가 된다. 따라서 배우자에 해당되는 정관이 변화가 되는 경우이므로 이런 사람은 부부 사이가 원만하지 못하고 불화나 이혼(離婚)할 사주가 된다. 남자의 경우는 정재(배우자)가 합(合)의 작용이 성립되면 이것 역시 부인과 사이가 좋지 못하고 부인은 부정하게 된다.

합(合)이 되어 변화되는 내용은 배우자뿐만 아니라, 편재, 식신, 상관, 인수 등의 아버지, 아들, 딸, 형제 등에게도 작용된다.

배우자와 이혼 등의 변화(化)되는 사건들은 비록 본인에 해당되는 일간(日干)에서 작용되는 합(合)의 작용뿐만 아니라, 일간이 포함되지 않는 천간(天干)이나 혹은 지지(地支)에서 작용되는 합(合)작용에서도 배우자 육친이 합(合)을 이루면 동일하게 작용된다. 이것은 아래 사주에서 판단해 보자.

구분	천간	지지	육친	
년주(年柱)	戊	①申	정재	정관
월주(月柱)	丁	②巳	식신	상관
일주(日柱)	乙	酉	·	편관
시주(時柱)	丙	子	상관	편인

위 사주는 여자 사주로 배우자(남편)에 해당되는 년지 ①申은 정관으로 월지 ②巳와는 사신합(巳申合)이 성립되고 이것은 인성의 수(水)기운으로 변화(化)되기 때문에 이 경우도 이혼(離婚)사주로 본다.

또한 남자와 여자의 일간(日干)에 서로 합(合)이 성립되어 변화(化)된 오행(五行)이 기신(忌神)이거나 구신(仇神)일 경우에도 이혼하게 된다.

이어서 길흉성(吉凶星)에서 형(刑)을 제외한 합(合), 충(沖)의 상호작용은 어떻게 성립되는가? 구체적으로 확인해보자. 아래 사주를 보자.

천간 A(투합)	천간 B(쟁합)
③己	③甲
②己	②己
①甲	①甲
○	○

천간 A는 갑기합(甲己合)이 ①甲 1개가 ②와 ③의 己 2개에 성립되어 있고, 천간 B는 ①과 ③의 甲 2개가 ③의 己 1개에 갑기합(甲己合)이 성립된 경우이다.

즉, 음간(-)과 양간(+)이 합을 이루는 것으로 이는 남자 1명이 여자 2명을 혹은 남자 2명이 여자 1명을 두고 쟁탈전을 벌이는 것이 된다.

A를 투합(妬合), B를 쟁합(爭合)이라고 하며, 투합과 쟁합은 천간합(天干合)은 물론, 반합(半合), 육합(六合) 등의 합(合)은 물론 충(沖)

등의 나쁜 작용에도 성립되지 않는다.

또한 보이지 않는 지장간(支藏干)과 천간(天干) 그리고 지장간끼리 합(合)을 이루는 것을 암합(暗合)이라고 한다. 사주가 어렵다는 것은 깜빡 놓치기 쉬운 합(合) 등의 작용으로 변화(化)된 기운들을 반영해서 판단하는데 있다.

■ 방합(方合)이란?

방합은 방향(方向)과 계절(季節)을 동시에 나타내는 것으로 방합의 원리를 지장간(支藏干)과 표시해 보면 아래와 같다,

		남(南) 여름				
	戊庚丙	丙己丁	丁乙己			
	巳	**午**	**未**			
		화(火)				
	乙癸戊	**辰**			**申**	戊壬庚
동 (東) 봄	甲乙	**卯**	목(木) 토(土) 금(金)		**酉**	庚辛	서 (西) 가을
	戊丙甲	**寅**			**戌**	辛丁戊
		수(水)				
	丑	**子**	**亥**			
	癸辛己	壬癸	戊甲壬			
		북(北) 겨울				

방합은 방향(方向)과 계절(季節)을 동시에 나타내는 것으로 이들

역시 상호간 붙어 있어야 방합이 성립된다. 이들은 3개는 물론 2개만 상호간 만나면 변화(化)된다. 방합은 삼합(三合), 지지합(육합), 반합(半合) 중에서 힘이 가장 강(强)하다. 방합의 성립 조건은 3자중 1자는 월지에 포함되어야 하고 2자의 경우 중간 부분은 포함되어야 한다.

> - (亥 + 子 + 丑)은 亥 + 子 혹은 子 + 丑은 水이고 북쪽과 겨울이 된다.
> - (巳 + 午 + 未)은 巳 + 午 혹은 午 + 未는 火이고 남쪽과 여름이다.
> - (寅 + 卯 + 辰)은 寅 + 卯 혹은 卯 + 辰은 木이고 동쪽과 봄이다.
> - (申 + 酉 + 戌)은 申 + 酉 혹은 酉 + 戌은 金이고 서쪽과 가을이다.

특히 방합은 대운(大運)이나 세운(歲運)의 지지(地支)는 주기적으로 변화(化)기 때문에 방합(方合)을 적용하여 사주에 작용되는 오행(五行)들의 힘의 변화에 따라서 상생(相生), 상극(相剋) 그리고 힘이 빠지는 설기(泄氣) 관계를 살펴서 이들의 운세(運勢)를 판단하고, 사업을 하는 경우 방합의 계절(季節)에 맞는 업종(業種)과 성공 방향(方向)을 판단하고 선택하는 기준이 된다.

또한 이것은 용신(用神)과 비교하여 삶의 운로(運路)에 따른 길흉(吉凶)을 판단할 수 있는 것이기 때문에 독자들은 뒷장에서 설명될 대운(大運)과 세운(歲運)에 따른 계절별 길흉(吉凶) 판단을 참조해 주길 바란다.

아울러 지장간(支藏干)에서 작용되는 암합(暗合)은 물론 충(沖) 등으로 힘이 없어지는 작용을 살펴서 변화(化)된 기운을 적용해 주어야 한다. 예를 들면 지장간이 강(强)하지 못하면 이에 관련된 천간과 지지 역시 유명무실(有名無實)하기 때문이다. 특히 사주 통변(通辯)에서 합(合)의 중요성을 강조하는 의미에서 한 가지만 예를 들면 진(辰) 토(土)의 경우 토(土) 기능은 1개이지만, 진(辰)이 합(合)이 되는 경우는 진유(辰酉)=>금(金), 인묘진(寅卯辰)=>목(木),

신자진(申子辰)=>수(水)로 변화되기 때문에 통변(通辯)에서는 사주 구성을 보고 본래의 기능이 아닌 변화(化)된 기운에 따른 길흉(吉凶)을 적용해 주어야 된다.

■ 삼합(三合)이란?

지지에 작용되는 삼합(三合)을 나타내보면 아래와 같다.

오행(五行)	목(木)	화(火)	금(金)	수(水)
삼합(三合)	亥卯未	寅午戌	巳酉丑	申子辰
반합(半合)	亥卯, 卯未 亥未	寅午, 午戌 寅戌	巳酉, 酉丑 巳丑	申子, 子辰 申辰

삼합은 12개 지지(地支) 중 4번째, 8번째 지지가 서로 만나 합(合)을 이루는 것으로 3개의 합(合)이 이루어지면 지지 삼합으로 본다. 하지만 3개 중 2개의 합(合)으로 구성된 것을 반합이라고 하고 이것 역시 합(合) 기능의 힘이 발휘된다.

삼합 역시 작용되는 오행(五行)들이 상호 붙어 있어야 변화(化)되는 원리가 성립되며, 외부로부터 충(沖), 파(破), 공망(空亡), 형(刑), 묘(墓) 등에서 살(殺)을 해소시키는 역할을 한다.

- 申 + 子 + 辰이 만나면 => 水가 된다.
- 巳 + 酉 + 丑이 만나면 => 金이 된다.
- 寅 + 午 + 戌이 만나면 => 火가 된다.
- 亥 + 卯 + 未이 만나면 => 木이 된다.

이에 관련된 지지 삼합을 아래 여자 사주를 보자.

구분	천간	지지
년주(年柱)	○	○
월주(月柱)	○	①申(편재)
일주(日柱)	丙	②子(정관, 남편)
시주(時柱)	○	③辰(식신)

위 사주는 ①申, ②子, ③辰이 존재하기 때문에 申子辰의 지지 삼

합이 성립되어 이것의 기능은 수(水)기운으로 변화(化)된다.

이것은 남편에 해당되는 정관(②子)이 존재하므로 남편과의 문제가 발생하게 된다.

따라서 이런 여성은 중년 이후에 발생되는 남편과의 관계 변화를 몇 가지 내용으로 확인 확인할 수 있다. 즉 이 여성은 남편과 이혼 할 수도 있다. 남편과 사별할 수도 있다. 또 다른 남성과 재혼할 수도 있다. 남편이 무능하든지 아니면 어떤 사고로 인하여 부인이 생업을 책임진다. 남편의 직위에 많은 변화가 발생된다. 혹은 부부간 불화가 발생된다. 중년 이후 이런 사건들이 발생된다고 판단할 수 있다.

또한 독자들은 지지(地支) 삼합(三合)에서 추가로 알아야될 내용이 있다.

그것은 지지(地支)에서 2개의 오행이 존재하고, 1개는 천간(天干) 오행에 존재하는 경우에도 지지 삼합이 성립됨을 알아야 한다. 아래 남자 사주를 보자.

구분	천간	지지	육친(六親)	
년주(年柱)	③甲	午	정재	편관
월주(月柱)	丁	①亥	편관	상관
일주(日柱)	辛	②未	·	편인
시주(時柱)	己	丑	편인	편인

위 사주의 경우 월지와 일지에 ①亥와 ②未만 존재하므로 해묘미(亥卯未)의 삼합 작용이 되려면 묘(卯)의 목(木)기운이 없다. 그렇지만 천간에 ③甲의 목(木)이 존재하므로 지지와 천간이 합(合)하여 완전한 해묘미(亥卯未)가 삼합이 성립되고 이것은 목(木)기운의 재성(편재, 정재)으로 변화된다.

위 사주는 신약(身弱) 사주이기 때문에 목(木)기운의 재성은 일간 신(辛)과의 관계는 금극목(金剋木)이 되어 강(强)하게 만들어 주는 기능을 하므로 길성(吉星)으로 작용된다.

이러한 작용은 대운(大運)은 물론 년운(年運)과 세운(歲運)에서도 동일하게 적용된다. 만약 이때 용신이 토(土)라면 목(木)기운과는

목극토(木剋土)가 되어 이혼(離婚)이나 투자실패 사망(死亡) 등의
불운(不運)이 찾아온다.

또한 삼합은 사주 4개 지지 중 삼합에 구성된 오행이 4개 이상이
존재하면 편중된 사주가 아니며, 2개가 존재하면 오행이 편중된
사주라고 볼 수 있다. 위 사주의 경우 午, 亥, 未, 丑의 4개 지지중
寅(午)戌, (亥)卯(未), 巳酉(丑)의 삼합의 조건이 성립되고 이는 4개
의 지지가 해당되므로 편중된 사주 구성이 아니다.

▣ 육합(六合)이란?

육합은 지지합(地支合)을 말하는 것으로 12개의 지지 중 음양(陰
陽)에서 파생된 것이다.

양(陽)	子	寅	卯	辰	巳	午
음(陰)	丑	亥	戌	酉	申	未
육합(지지합)	子丑	寅亥	卯戌	辰酉	巳申	午未

이것은 상호 붙어 있어야 성립되고, 변화(化)되는 원리이며 외부
로부터 나쁜 영향을 주는 충(沖), 파(破), 공망(空亡), 형(刑), 묘(墓)
등에서 살(殺)을 해소시키는 역할을 한다.

- 子과 丑이 만나면 = 土가 된다.
- 寅과 亥가 만나면 = 木이 된다.
- 卯과 戌이 만나면 = 火가 된다.
- 辰과 酉가 만나면 = 金이 된다.
- 巳와 申이 만나면 = 水가 된다.
- 午와 未가 만나면 = 火가 된다.

▣ 반합(半合)이란?

반합(半合)은 삼합(三合)에서 파생된 것으로 삼합 작용의 50%의 힘
을 발휘한다. 이것의 작용력은 약(弱)하므로 충(沖), 파(破), 공망(空
亡), 형(刑), 묘(墓) 등에서 살(殺)을 해소시키는 작용력은 어렵다.

▣ 지지에 작용되는 합(合)의 작용력은?

지금까지 지지에 작용되는 합(合)작용을 알아보았는데 이들에게 작용되는 힘의 순서를 확인해 보면 다음과 같다.

> 방합>>삼합>>육합=충>>반합

이것의 의미는 방합(方合)이 가장 힘이 강(强)하고, 다음은 삼합(三合), 그 다음은 육합(六合)이 되며 가장 힘이 약(弱)한 것은 반합(半合)이다.

특히, 나쁜 충(沖)을 해소 시키려면 최소 육합(六合)이상 삼합, 방합이 작용되어야만 충(沖)을 해소시킬 수 있으며, 힘이 제일 약한 반합은 충을 해소시킬 수 없다는 뜻이다. 이에 대한 보기를 들어 보자.

구분	천간	지지		대운, 세운
년주(年柱)	○	① 戌		○
월주(月柱)	○	② 午		
일주(日柱)	○	③ 寅 Ⓐ		©辰
시주(時柱)	○	卯 Ⓑ		

위 사주는 ①, ②, ③은 인오술(寅午戌)의 삼합(三合)이 작용되고 있다. 이때 대운(大運)이나 세운(歲運)에서 지지 ©진(辰)이 들어오는 경우 Ⓐ, Ⓑ, ©는 인묘진(寅卯辰)의 방합(方合)이 성립된다. 이 경우 처음 성립된 삼합은 방합보다 힘이 약(弱)한 관계로 성립되지 않고, 힘이 강(强)한 방합의 인묘진(寅卯辰)만 성립된다.

■ 묘(墓)란?

묘(墓)란? 12운성(十二運星) 즉 포태법에서 적용되는 것이다. 12운성은 용신(用神)과 더불어 삶의 운로(運路)를 알 수 있는 것이다. 여기서는 12운성 중 사주 명리학(命理學)에서 가장 의미 있게 다루어지는 묘(墓)에 대해서 알아보도록 한다.

묘(墓)는 땅속에 묻혀있는 흉성(凶星)이라, 부부(夫婦)는 물론 육친(六親)에 편재되어 있는 사람 모두에게 적용된다. 부부(夫婦)의 경우 사별(死別) 즉 상부(喪夫)와 상처(喪妻), 이혼, 불화, 파멸 혹은 배우자가 있어도 유명무실(有名無實)한 경우가 발생 되기도 한다.

하지만, 또 한편으로는 곡식을 보관하는 창고(倉庫)기능 즉 고(庫)로 작용되므로 중년이후 부유해지는 길성(吉星) 작용도 한다. 또한 무덤과 창고의 중간 기능 즉 묘고(墓庫)의 의미를 가지고 있는 경우도 있고, 해당되지 않는 경우도 있다.

묘(墓)는 이러한 2가지의 양면성이 존재함으로 사주에서 중요한 의미가 있다.

이러한 묘(墓)의 판단 방법은 사주 지지(地支) 오행 중 토(土)에 해당되는 진, 술, 축, 미(辰, 戌, 丑, 未)가 있을 때 흉(凶)으로 작용되는 것이지만, 이들이 지지합(合), 삼합(三合), 방합(方合), 육합(六合) 등으로 합(合)이 되어 변화(化)되는 육친(六親) 기운이 길성(吉星)이 되거나 통근(通根), 득령(得令), 득지(得地), 득세(得勢)가 성립되면 흉(凶)이 아닌 곡식을 보관하는 창고(倉庫)기능을 하므로 오히려 중년이후 재물이 모이는 길성(吉星)으로 작용되기도 한다. 또한 충(沖)이나 공망(空亡) 등이 작용되면 묘(墓)의 기능은 상실하게 된다.

묘(墓)는 사주 원국 뿐 아니라 대운(大運)이나 세운(歲運)에서 해당 조건이면 무덤과 창고로서의 작용을 하게 된다. 특히 부모(父母) 혹은 자식(子息)이나 처(妻)의 사망 판단은 묘(墓)의 성립 조건으로도 확인할 수 있다. 묘(墓)는 천간(天干)과 지지(地支) 모두에 적용되며, 사주에서 적용되는 묘(墓)의 조건은 아래와 같다.

- 지지의 辰(土)은 => 수(水)에서 묘(墓)가 된다.
- 지지의 戌(土)은 => 화(火)에서 묘(墓)가 된다.
- 지지의 丑(土)은 => 금(金)에서 묘(墓)가 된다.
- 지지의 未(土)은 => 목(木)에서 묘(墓)가 된다.

※<참고> 묘(墓)는 수(水), 화(火), 금(金), 목(木)은 존재하지만 토(土)의 묘는 없는가? 이는 명리학자(命理學者)에 따라 토(土)는 묘가 없다는 주장과 진(辰)과 술(戌) 혹은 진술 모두가 묘가 된다는 주장이 있다. 그러나 우주에 존재하는 행성들은 모두 수(水), 화(火), 금(金), 목(木)은 물론 중심이 되는 토(土)가 존재하는 것 또한 사실이며, 이러한 우주 행성들은 시간

의 흐름에 따라 변화되는 것 또한 사실이기 때문에 이에 대
한 결론은 독자들에게 맡긴다.

사주에서 묘(墓)의 적용과 방법은 이어서 학습될 길흉성(吉凶星)에
서 예를 들어 설명하였으니 독자들은 참고하길 바란다.

(2) 충(沖)

충(沖)은 주로 양(陽)과 양(陽)이나 음(陰)과 음(陰)으로 이루어지며
합(合)과 반대를 의미하는 것으로, 서로 다투고 싸우거나 하던 것
을 중단시키고, 직장과 건강을 잃게하고, 가지고 있던 것을 잃게
한다. 사주에 작용되는 길흉성(吉凶星) 중에서 가장 나쁜 것이 충
(沖)이다. 충은 상호간 서로 붙어 있을 때만 작용되며, 사주 구성
에 따라서 나쁜 충이지만 길성(吉星)으로 작용되는 경우도 있다.
종류로는 간충(干沖), 지충(支沖)이 있으며. 간충과 지충 중 지충이
더 나쁘게 작용한다.

사주에서 충(沖)은 용신(用神)과 더불어 사주 해석에서 매우 중요
한 역할을 한다.

그 이유는 용신(用神)으로 대운(大運)과 세운(歲運)을 판독할 때 용
신, 간지, 지지가 상호 충(沖) 하거나 혹은 상호 극(剋)하는 경우에
는 사망, 병, 실직, 사고, 수술, 이혼, 소송, 투쟁, 파혼, 불구, 탈락,
사업 실패 등이 발생되기 때문이다.

사주에서 적용되는 간충(干沖)과 지충(支沖)의 나쁜 영향력은 아래
와 같다.

<간충(干沖)과 지충(支沖)표>

간충 : 천간(天干)에 적용	지충 : 지지(地支)에 적용
乙 · 辛 = 가정불화, 문서 분실	子 · 午 = 관재구설, 손재 혹은 일찍 고향을 떠나 타향에서 고생하며, 잘되는 일도 중도에 깨진다.
丙 · 壬 = 비밀 폭로, 금전 손해	丑 · 未 = (음토끼리 충돌)매사 불성, 손재 혹은 부모 형제간 인연이 나쁘고, 문서 분쟁과 재물로 인하여 다툼이 발생 된다.
丁 · 癸 = 관재구설, 손재 재판	寅 · 申 = 애정 풍파, 사고 혹은 이성간 구설수가 생기고, 명예 실추가 있다.
甲 · 庚 = 관재구설, 다툼 재판	卯 · 酉 = 문서 분실, 인재 혹은 가족 및 부부간 인연이 나쁘다.
己 · 乙 = 매사 불성, 관재	辰 · 戌 = (양토끼리 충돌)독수공방, 관재 혹은 외롭고 고독하며, 파란이 많고 이루어지는 것이 없다. 일지에 진(辰)-술(戌) 충(沖)이 성립되면 남편은 소실을 두고, 공망이 되면 소실은 두지 않으나 각방을 쓴다.
※이 밖에도 간충에는 甲戌, 丙庚, 丁辛, 戊壬, 己癸가 있다. 이것의 영향력은 다소 약(弱)하다.	巳 · 亥 = 심신 곤액, 인해 혹은 남의 일로 헛고생만 하고, 거처를 자주 옮기게 된다.

여기서 지충(支沖)의 구성은 자, 축, 인, 묘, 진, 사, 오, 미, 신, 유, 술, 해(子, 丑, 寅, 卯, 辰, 巳, 午, 未, 申, 酉, 戌, 亥)의 12개 지지(地支)가 상호 맞대응 할 때 지지충이 된다. 지충은 년지, 월지, 일지, 시지에 따라 다른 결과가 나타난다.

• 년지와 월지가 충하면 조상덕이 없고 양친의 불화가 생긴다.

• 월지와 일지가 충하면 부부가 이별하거나 고향을 떠나 생활한다.

• 일지와 시지가 충하면 부부의 인연이 약하고 상속받기 어렵다.

• 년지와 시지가 충하면 긴병을 앓게 된다.

• 년지와 일지가 충하면 조상과 인연이 약하다.

※<참고1> 지충(支沖)과 간충(干沖) 구성은 지충의 경우 12개 지지(地支)들의 상호 배열 혹은 대각선 작용에서 상극(相剋) 관계이며, 간충은 갑(甲)->무(戊)->임(壬)->병(丙)->경(庚)->갑(甲)의 양간(+)과 을(乙)->기(己)->계(癸)->정(丁)->신(辛)->을(乙)의 음간(-)의 상극(相剋) 작용으로 구성되어 있다.

※<참고2> 지충(支沖)은 나쁜 흉성(凶星)이지만 자오충(子午沖)과 묘유충(卯酉沖)은 사주 구성에서 목(木)과 수(水)가 존재하여 상생(相生) 관계가 이루어지면 길성(吉星)으로 작용한다. 아래 설명을 보자.

• 자오충(子午沖) 길성(吉星) 작용 : 자오충(子午沖)은 수(水)와 화(火)가 서로 싸우는 흉성(凶星)으로 수화구통(水火溝通)이라고 한다. 이때 사주 구성에서 목(木)이 있어 水生木과 木生火의 상생(相生) 관계가 이루어지면 일명 수화기제(水火旣濟)가 되어 길성(吉星)이 된다. 또한 子와 午가 2:2, 2:1, 1:2로 구성되어 있고, 월지(月支)에 子가 있으면 길성(吉星)으로 본다.

이와는 반대로 자오충(子午沖)은 사주 구성에 목(木)이 없고, 목(木)이 있어도 상생(相生) 관계가 이루어지지 않으면 수화불통(水火不通)이며 흉성(凶星)이 된다.

• 묘유충(卯酉沖) 길성(吉星)으로 작용 : 묘유충(卯酉沖)은 금(金)과 목(木)이 서로 싸우는 흉성(凶星)으로 금목상전(金木相戰)이라고 하는데, 이때 사주 구성에서 수(水)가 있어 金生水와 水生木의 상생(相生)관계가 이루어지면 금목상성(金木相成)이라고 하고

길성(吉星)으로 본다. 물론 사주에 수(水)가 없거나 있어도 상생
(相生)작용이 이루어지지 않으면 흉성(凶星)이다.

충(沖)은 흉신(凶神)을 충(沖)하면 길신(吉神)이 되고, 길신을 충하
여 흉신으로 된다.

따라서, 충(沖)이 적용되면 나쁜 것은 사실이지만 그렇다고 무턱
대고 나쁜 것으로만 판단할 것이 아니라, 이러한 기능으로 인하여
명충(明沖)과 흉충(凶沖) 관계를 살펴서 사주 해석 즉 통변에서 판
단해야 한다.

충(沖)은 합(合)의 작용을 받으면 없어지고, 합(合)은 충(沖)의 작용
을 받으면 합의 기능이 없어진다. 또한 충(沖)과 충(沖)의 상호 작
용은 없어지기도 하고, 성립되는 것일 수도 있다. 이러한 것 외에
도 예를 들자면 갑경충(甲庚沖)의 경우 庚(금)이 甲(목)을 金剋木으
로 극(剋)하여 甲(목)의 기운은 없어지고 甲(목)대신 庚(금)기운으
로 전환된다는 뜻이지, 甲(목)이 庚(금)을 극(剋)하는 것은 아니다.
만약 여기서 庚(금)이 정재(배우자)이고 甲(목)이 인수(어머니)일
경우 배우자(庚)가 어머니(甲)를 이긴다는 뜻이지, 어머니(甲)가 배
우자(庚)를 이긴다는 뜻은 아니다. 이런 것은 간충(干沖)과 지충(支
沖) 모두 동일하게 적용되는데 이를 보기를 들어 설명하면 아래와
같다.

A사주				B사주			
사주(四柱)	육친(六親)		지장간	사주(四柱)	육친(六親)		지장간
辛 丑	식신	비견	癸, 辛, ㉠己	丁 卯	정재	상관	甲, 乙
庚 子	상관	편재	壬, 癸	丁 寅	정재	식신	④戊, 丙, 甲
②己 亥	·	정재	㉡戊 ④甲, 壬	②壬 辰	·	편관	乙, ㉠癸, ⑧戊
①乙 亥	편관	정재	㉢戊 ⑧甲, 壬	①戊 申	편관	편인	©戊, ㉡壬, 庚

A사주의 경우 ①과 ②는 을기충(乙己沖)으로 이것의 작용은 목극
토(木剋土)가 되어 목(木)이 토(土)를 극(剋)하는 것으로 ①乙의 목
(木)기운은 ②에 해당되는 토(土)기운을 몰아내고 목(木)기운으로
전환되었다는 뜻이 된다. 따라서 이 경우 본인에 해당되는 일간의
경우 편관 기운으로 전환되어 작용한다는 뜻이다. 물론 그만큼 충

(沖)이 작용되어 본인에게는 나쁘게 작용되는 것은 사실이나, 원래 ②己(토)나 혹은 ①乙(목)은 지장간에 강한 뿌리를 내리고 있으므로 시간(時干)의 ①乙의 편관에는 아무런 영향이 없이 편관으로 작용된다. 따라서 위의 A사주는 시간이 편관이 되어 시중편관격 사주가 성립되므로 국가에 관록은 먹는 사람으로 판단한다. B사주 역시 ①戊(토)가 ②壬(수)를 토극수(土剋水)로 극(剋)하여 편관 기능을 유지하므로 시중편관격 사주(사주 구성에서 시간(時干)에 편관이 존재하는 사주)가 되어 이것 역시 국가에 관(官)을 먹는 사람으로 판단한다.

또한 충(沖)이 작용되는 곳에서 확인되어야될 사항은 사주 구성에서 작용되는 유인력이다. 이것은 전체 사주 구성을 보고 충(沖)의 작용을 판단하는 것으로 아래 보기를 보자.

구분	천간	지지
년주(年柱)	○	○
월주(月柱)	Ⓐ丁(화)	①酉(금)
일주(日柱)	Ⓑ乙(목)	②卯(목)
시주(時柱)	○	○

위 사주는 지지 ①, ②에서 묘유충(卯酉沖)으로 이는 ①酉(금)은 ②卯(목)으로 금(金)은 목(木)을 극(剋)하여 충(沖)을 형성하고 있다. 그러나 지지 ②卯(목)은 천간에 같은 목(木)인 Ⓑ乙(목)이 작용되어 강(强)한 힘을 발휘하고 있는데, ①酉(금)은 Ⓐ丁(화)의 작용으로 화극금(火剋金)이 형성되어 ①酉(금)은 약(弱)하기 짝이 없다. 따라서 이런 경우 묘유충(卯酉沖)의 성립도 어렵고, 승자는 ②卯(목)이 되는 것이다.

이와 같이 독자들은 사주 구성에서 작용되는 여러 가지 힘을 바탕으로 충(沖)은 물론 합(合), 공망(空亡), 묘(墓), 형(刑), 파(破), 해(害)를 통변(通辯)해 주어야 되며 아울러 대운(大運)이나 세운(歲運)에서도 이들의 작용을 적용시켜 판단해 주어야 된다.

물론 이에 관한 내용은 뒷장 '사주 해석'에서 자세히 설명하였다.

(3) 형(刑)

형(刑)은 서로 극과 극으로 싸우는 것을 의미하여, 통치(統治), 정신적인 고통, 소송, 관재를 나타낸다. 사주에 형은 사주 구성이 좋고 길(吉)할 때는 사람의 목숨을 죽이고 살릴 수 있는 권리 즉 생사여탈권(生死與奪權)을 행하지만, 반대로 흉(凶)하면 수옥(囚獄)살이를 할 수 있는 양면성을 가지고 있다. 형(刑)은 오행(五行) 상호간 붙어 있거나 혹은 떨어져 있어도 성립된다.

형(刑)의 종류로는 삼형(三刑), 자형(自刑), 자묘형(子卯刑)이 있다. 이 중 삼형을 가장 나쁜 형살로 분류되며 고통스러운 삶이되기 때문에 조심해야 한다.

• 삼형(三刑)은 강하게 작용하는 것으로 寅巳申과 丑戌未가 있다. 寅巳申은 욕심이 많아 화를 입게 되고, 여자의 경우 고독하며, 丑戌未는 은혜가 원수로 변하고, 특히 여자의 경우 사주 구성에서 괴강살(魁罡殺)이나 백호대살(白狐大殺)이 존재한다면 무녀, 화류계의 운명으로 부부간 원만하지 못하고, 고독하기 때문에 수도나 종교로서 승화시켜야 한다. 그리고 임신 유산을 많이 한다.

이 중 삼형에서 2개만 해당되는 것을 육형(六刑)이라 하는데 이 것은 3형보다는 약(弱)하다. 寅巳(관재수, 수술), 巳申(시비불화), 寅申(수입이 적고 지출이 많다), 丑戌(친구, 부부간 다툼), 戌未(세력과신 낭패), 丑未(배신)의 나쁜 뜻을 갖는다.

• 자형(自刑)은 독립정신이 약하고, 쓸데없이 자기주장을 내세워 적을 만들며, 서로 찌르고 자해하는 것으로 辰辰(부모 형제간 인연이 없다. 자해, 억압, 납치 발생), 午午(자식과 부부간 인연이 없고, 고질병으로 고생한다. 충동, 자해, 화상 발생), 酉酉(고독한 생활을 한다. 상해, 교통사고, 질병 발생), 亥亥(남에게 인덕이 없고, 평생 노고가 있다. 당뇨, 중풍, 신장 질환 발생)가 있다.

• 자묘형(子卯刑)은 지지(地支)에 자묘(子卯)가 있는 경우를 말하는데 이 경우는 남여의 이성난이 발생된다.

※참고로 사주 천간(天干)에 을, 기, 계(乙, 己, 癸)가 있는 경우도 나쁜 형살(刑殺)인데 이 경우는 눈이 상하고 중년이후 형(刑)을

당하는 나쁜 사주로 본다.

형(刑)에 대하여 예를 들어 보자, 아래는 전직 김영삼 대통령 사주다.

구분	천간	지지
년주(年柱)	戊	辰
월주(月柱)	乙	①丑
일주(日柱)	己	②未
시주(時柱)	甲	③戌

우선 형(刑)을 논하기 전에 본인에 해당되는 일간(日干) 기(己)를 중심으로 월지 축(丑)은 득령(得令)이 성립되고, 丑, 戌, 未는 각각 득지(得地)가 성립되며, 득지와 더불어 진(辰)은 득세(得勢)가 성립된다. 또한 천간과 지지 그리고 지장간은 사주 뿌리 즉 통근(通根)이 강(强)하게 성립된 사주로 눈으로 봐도 귀격사주(貴格四柱)란 것을 알 수 있기 때문에 큰 그릇임을 금방 판단할 수 있다(※독자들은 8장 사주 해석 참조).

이제 형(刑)을 판단해 보자. 지지(地支)의 ①丑, ②未, ③戌는 丑戌未가 되어 삼형(三刑)에 해당된다.

취임초 잘못된 역사 바로잡기의 일환으로 12·12사태와 광주민주항쟁과 관련된 전임 대통령 모두를 법의 심판을 받게 했다. 寅巳申 경우도 丑戌未와 더불어 사주 구성이 좋은 경우 군인이나 검, 경찰의 경우 때에 따라서 대성할 수 있는 사주이기도 하다. 하지만, 사주 구성이 흉(凶)하거나 탁한 경우(나쁜 경우) 수옥(囚獄)살이를 할 수 있는 양면성을 가지고 있는 것을 독자들은 알길 바란다.

(4) 파(破)

파(破)는 삼합(三合) 작용에서 음양(陰陽) 관계를 파괴하여 발생된 것으로 상호 깨트리고 파헤치는 것이다. 이것 역시 상호 붙어 있어야 된다.

삼합(三合)	寅午戌			申子辰		
	亥卯未			巳酉丑		
파(破)	寅亥	午卯	戌未	申巳	子酉	辰丑

파(破)는 당사자인 본인에 의하여 파열음(破裂音)이 발생되는 것이 아니라, 제3자에 의하여 발생된다.

종류로는 寅亥(용두사미), 午卯(매사 불성), 戌未(시비), 申巳(손재), 子酉(불화), 辰丑(관재구설)가 있다. 또한 파는 위치에 따라 나쁘게 작용을 한다.

- 년지와 월지에 파가 있는 경우는 부모와 일찍 이별하는 경우가 있다.
- 월지와 일지에 파가 있는 경우는 부모 형제 배우자와 사이가 나쁘고, 고향을 일찍 떠난다.
- 일지와 시지에 파가 있는 경우는 자식과 사이가 좋지 않고 말년에 고독하다.

(5) 해(害)

해(害)는 육합(지지합) 작용을 충(沖)하여 발생된 것으로 공격당하고 쪼개지고 분리되는 것이다. 이것 역시 상호 붙어 있어야 된다.

육합(지지합)	寅亥		午未		卯戌	
	巳申		丑子		辰酉	
해(害)	寅巳	巳申	午丑	未子	卯辰	戌酉

종류로는 인사(寅巳), 巳申(사신), 축오(丑午), 미자(未子), 묘진(卯辰), 술유(戌酉)가 있다. 이러한 것을 판단하여 적용하는 것을 통변술(通辯術) 즉 사주 해석(解析)이라고 하는데 이것 들은 뒷장에서 자세히 다룬다.

합(合), 충(沖), 형(刑), 파(破), 해(害)종합

지금까지 사주에 적용되는 합(合), 충(沖), 형(刑), 파(破), 해(害)에 대하여 확인해 보았는데, 이것들을 한꺼번에 확인할 수 있는 방법은 다음 <표>와 같다.

이때 지지(地支)를 기준으로 년지, 월지, 일지, 시지를 서로 서로 비교 판단하면 된다.

<합(合), 충(沖), 형(刑), 파(破), 해(害)표>

지지	子	丑	寅	卯	辰	巳	午	未	申	酉	戌	亥
子		합		형	삼합		충	해/원진	삼합	파		
丑	합				파	삼합	해/원진	충/형		삼합	형	
寅						형/해	삼합		충/형	원진	삼합	합/파
卯	형				해		파	삼합	원진	충	합	삼합
辰	삼합	파		해		형			삼합	합	충	원진
巳		삼합	형/해						합/형/파	삼합	원진	충
午	충	해/원진	삼합	파			형	합			삼합	
未	해/원진	충/형		삼합			합				파/형	삼합
申	삼합		충/형	원진	삼합	합/형/파						해
酉	파	삼합	원진	충	합	삼합				형	해	
戌		형	삼합	합	충	원진	삼합	파/형		해		
亥			합/파	삼합	원진	충		삼합	해			형

예를 들면, 본인의 일주 지지가 子라고 하면, 子를 기준으로 丑이 있으면 합(合)이고, 卯가 있으면 형(刑)이 되고, 午이 있으면 충(沖), 未가 있으면 해(害)와 원진(怨嗔), 申이 있으면 삼합(三合), 酉가 있으면 파(破)가 성립 된다.

이러한 방법을 통하여 양력 1986년 6월 11일 밤 22:50분에 태어난 남자 이길동의 합(合), 충(沖), 파(破), 형(刑), 해(害)를 위의 표를 보고 확인해 보자.

이길동이의 사주에서 일주 지지는 술(戌)이다.

戌을 기준으로 <합(合), 충(沖), 형(刑), 파(破), 해(害)표>에서 寅, 午, 戌, 亥에 해당되는 것을 확인해 보면 삼합이 된다. 다른 지지 즉 寅, 午, 亥을 같은 기준으로 각각 확인해 보면 전체 사주에 작용되는 것들을 알 수 있다.

이것을 이용하면 남녀간의 궁합을 판단할 경우도 다양하게 판단할 수 있다. 예를 들면 자(子) 쥐띠는 양(未)띠 와는 원진살(怨嗔殺) 및 해(害)와 성립되므로 나쁜 궁합이 된다.

지금까지 소개된 것처럼 사주 원국은 물론 대운(大運)과 년운(年運), 월운(月運), 일운(日運)에서 길흉성(吉凶星)을 적용하고 판단하는 방법은 이들에게 적용되는 천간(天干)과 지지(地支)와의 관계 모두를 엮어서 판단하면 된다.

예를 들면, 자오충(子午沖)을 보자. 아래와 같이 사주 원국의 일지(日支) ①子가 존재하고, 2026년 병오년(丙午年)의 지지(地支) ②午가 존재하는 경우 2026년에는 ①과 ②의 자오충(子午沖)이 성립된다. 따라서 2026년에는 나쁜 운(運)이 들어오게 되니 조심해야 하겠다.

구분	<사주>		<2026년>		
	天干	地支	2027年	2026年	2025年
年柱	○	○	○	丙	○
月柱	○	○	○	②午	○
日柱	○	①子			
時柱	○	○			

이런 것들은 '합(合), 충(沖), 형(刑), 파(破), 해(害), 묘(墓)' 등도 동일하다.

형충회합(刑沖會合) 적용법을 알자

사주에서 합(合), 충(沖), 형(刑) 등의 상호 작용에 의하여 변화되는 것을 말하는데 특히 회합(會合)은 방합(方合)과 삼합(三合) 관계를 말한다. 독자들은 이러한 합(合), 충(沖), 형(刑) 등의 상호 적용되는 관계를 알고 결과를 적용해 주어야 한다.

사주					형충회합(刑沖會合) 적용법
A사주	**천간**	**지지**			卯酉沖은 卯戌合으로 인하여 卯酉沖이 상실된다. 즉, 충(沖)-합(合)적용으로 충(沖)이 없어진다(※형(刑) 등은 다소 약(弱)하게 적용된다). 충(沖)이면 2개가 망가지거나 혹은 극(剋)하여 이기는 오행(五行)으로 전환된다.
	○	午			
	○	酉			
	○	卯			
	○	戌			
B사주	**천간**	**지지1**	**지지2**		지지 1개(子)는 지지 2개(午, 午)를 충(沖)하지 못한다. 따라서 <지지1>에서는 子午沖은 오(午)가 2개인 관계로 충(沖)이 성립되지 않는다(투합, 쟁합). 하지만 <지지2>처럼 년지에 미(未)가 존재하면 년지와 월지의 未午合이 되는 경우는 월지와 시지의 子午沖이 성립된다.
	○	酉	未		
	○	午	午		
	○	午	午		
	○	子	子		
C사주	**천간**	**지지**	**①충**	**②합**	**③합**	卯酉沖①이 酉戌合②으로 沖이 상실되었지만, 다시 寅戌合③을 받아 卯酉沖①이 살아난다. 이와 비슷한 충(沖)-합(合)-충(沖)으로 이루어진 경우도 처음 충(沖)이 살아난다.
	○	酉	酉		
	○	卯	卯	卯	
	○	戌		戌	戌
	○	寅			寅
D사주	**천간**	**지지**			적용되는 충(沖)이 너무 멀어도 성립되지 않는다. 丑未沖은 년지와 시지에 존재하므로 거리가 너무 떨어져 있어 丑未沖은 성립되지 않는다(※합, 충은 상호 모두 붙어 있어야 성립되며, 형은 떨어져도 성립된다).
	○	未			
	○	辰			
	○	寅			
	○	丑			
E사주	**천간**	**지지**			巳酉合은 그 사이에 寅(목)이 가로막아 合이 성립되지 않고, 寅申沖은 그사이에 巳(화)가 가로 막아 沖이 성립되지 않으며, 巳申刑이 되면서 巳申合이 되므로 金(금)은 甲(목)을 극(剋)하지 못한다.
	○	酉			
	○	寅			
	○	巳			
	○	申			

※ <참고>

• 형충회합(刑沖會合)의 적용 순서는 ①年②月③日④時로 한다. 예를 들어보자. 年月이 충(沖)이고 月日이 합(合)이면 年月의 沖을 먼저 적용하고 나중에 月日의 合을 적용한다. 이 경우 먼저 적용된 沖은 소멸되고 합(合)만 적용된다. 月日이 합(合)이고 日時가 충(沖)이라면 月日의 合을 먼저 적용하고 나중에 日時의 沖을 적용한다. 이 경우 먼저 적용된 合은 소멸되고 충(沖)만 적

용된다.

- 형충회합(刑沖會合)에서 충(沖)이 합(合)과 공망(空亡)을 만나는 경우 혹은 지지 1개는 지지 2개를 충(沖)하는 경우 그리고 지지의 거리가 너무 떨어진 경우 충(沖)이 소멸되거나 작용이 상실되는 것이 아니라, 약 30~50%는 충(沖)의 기능이 작용 된다는 것임을 알길 바란다. 또한 공망(空亡)의 경우에도 충(沖)을 받게 되면 이 역시 공망이 완전 소멸되거나 없어지는 것이 아니란 사실을 알고 사주 해석에 적용해 주길 바란다.

형충회합파해(刑沖會合破害), 묘(墓) 등 정리

지금까지 설명된 형충회합파해(刑沖會合破害)를 정리하면 아래와 같다.

회합 (會合)	방합 (方合)	亥子丑=>水(북), 寅卯辰=>木(동), 巳午未=>火(남), 申酉戌=>金(서)
	삼합 (三合)	申子辰=>水, 巳酉丑=>金, 寅午戌=>火, 亥卯未=>木
	반합 (半合)	亥卯, 卯未, 亥未, 寅午, 午戌, 寅戌, 巳酉, 酉丑, 巳丑, 申子, 子辰, 申辰
지지합(地支合)= 육합(六合)		子丑=>土, 寅亥=>木, 卯戌=>火, 辰酉=>金, 巳申=>水, 午未=>火
충 (沖)	간충 (干沖)	乙辛, 丙壬, 丁癸, 甲庚, 己乙, 甲戊, 丙庚, 丁辛, 戊壬, 己癸
	지충 (支沖)	子午, 丑未, 寅申, 卯酉, 辰戌, 巳亥
형(刑)	삼형	寅巳申, 丑戌未
		寅巳, 巳申, 寅申, 丑戌, 戌未, 丑未
	자형	辰辰, 亥亥, 酉酉, 午午
파(破)		寅亥, 午卯, 戌未, 申巳, 子酉, 辰丑
해(害)		寅巳, 巳申, 午丑, 未子, 卯辰, 戌酉
묘(墓)		辰(土)=>수(水), 戌(土)=>화(火), 丑(土)=>금(金), 未(土)=>목(木)
합(合)크기		방합>>삼합>>육합=충>>반합
원진살과 귀문관살		원진과 귀문이 같은 것 : 丑午, 卯申, 辰亥, 巳戌
		원진 : 寅酉, 子未
		귀문 : 寅未, 子酉

♨ 형충회합파해(刑沖會合破害) 적용에 따른 활용법

명리학(命理學) 적천수(適天髓)에는 합(合), 충(沖), 형(刑), 파(破), 해(害)를 사

주에 적용함에 있어 형(刑)을 제외한 나머지 모두는 작용되는 오행(五行)이 상호 붙어 있어야 효력이 발생된다고 하여, 본 책에서는 길흉성(吉凶星) 적용에서만 적천수대로 설명하였다. 그러나 길흉성을 제외한 나머지 모든 부분은 합(合), 충(沖), 파(破), 해(害)의 오행들이 떨어져 있어도 이들의 작용을 적용해서 해석(解析)하고 설명(說明)하였음을 밝혀 둔다.

20. 공망(空亡)

공망(空亡)은 <공망(空亡) 조건표>를 보고 찾는데, 일주(日柱)를 기준으로 년지(年支), 월지(月支), 시지(時支) 공망(空亡)을 찾고, 년주(年柱)를 기준으로 일지(日支)의 공망(空亡)을 찾는다.

<공망(空亡) 조건표>

60 甲子	甲子	甲戌	甲申	甲午	甲辰	甲寅
	乙丑	乙亥	乙酉	乙未	乙巳	乙卯
	丙寅	丙子	丙戌	丙申	丙午	丙辰
	丁卯	丁丑	丁亥	丁酉	丁未	丁巳
	戊辰	戊寅	戊子	戊戌	戊申	戊午
	己巳	己卯	己丑	己亥	己酉	己未
	庚午	庚辰	庚寅	庚子	庚戌	庚申
	辛未	辛巳	辛卯	辛丑	辛亥	辛酉
	壬申	壬午	壬辰	壬寅	壬子	壬戌
	癸酉	癸未	癸巳	癸卯	癸丑	癸亥
공망	戌亥	申酉	午未	辰巳	寅卯	子丑

※<참고1> 공망(空亡) 적용 방법

공망은 육합(六合)과 삼합(三合)이거나 충(沖), 파(破), 형(刑)을 만나면 해공되는데 예를 들어, 수옥살(囚獄殺), 원진살(怨嗔殺), 양인살(陽刃殺), 백호대살(白狐大殺), 괴강살(魁罡殺), 묘(墓) 등의 경우 공망이 되면 살(殺)의 영향력이 없어지거나 혹은 미미하게 작용된다. 반대로 길성(吉星)은 흉성(凶星)이 된다.

독자들은 공망을 사주에 적용함에 있어서 참고해야될 사항은 아래와 같다.

- 지지(地支)에 공망 되면 해당 천간(天干) 역시 지지 공망의 영향을 받기 때문에 천간 본래 기능에서 그 만큼 상실된다.
- 공망은 대운(大運)에는 적용하지 않는다. 그 이유는 공망이나

대운은 모두 월주(月柱)에서 분파되었기 때문이다. 그러나 사주 원국과 대운(大運)이 서로 합(合)이나 충(沖)이 되면 사주 원국의 공망은 해공(解空)된다.

예를 들면, 사주 월지(月支)의 묘(卯)가 공망이고, 해당 대운(大運) 지지(地支)가 유(酉)라면, 묘유충(卯酉沖)되어 사주 원국의 공망이 해공 된다.

- 공망은 사주 원국과 세운(歲運)에만 적용되며, 세운에 공망이 있는 경우 경쟁, 시험 및 사업 실패, 사기, 사망 등이 발생 된다.
- 공망이 없어지는 해공(解空) 또는 해소(解消) 조건은 합(合), 충(沖), 파(破), 형(刑)일 때 적용되나 완전 해소되지는 않는다.
- 충(沖)은 공망을 약 80% 해소 시킨다.
- 육합(六合)과 삼합(三合)은 공망을 약 40% 해소 시킨다.

예를 들면, 사주 원국 지지(地支)에서 술(戌)과 오(午) 중 술(戌)이 공망인 경우 년운(年運)에서 인(寅)을 만나면 인오술(寅午戌)의 삼합이 되어 공망은 해공된다.

- 방합은 공망에 영향력이 없다.

※ <참고2> 공망(空亡) 종류별 사주에 미치는 영향

구분	내용
사주 원국 공망	• 년주(年柱)가 공망이면 조상덕이 없고, 고향을 등진다. • 월주(月柱)에 공망이면 부모, 형제에 덕이 없다. • 일주(日柱)에 공망이면 배우자 복이 없고, 인연도 없다. • 시주(時柱)에 공망이면 자식, 처덕이 없고 말년에 임종지킬 자식이 없다. • 년(年), 월(月), 일(日), 시(時)에 공망되면 귀격 사주이다. • 년지와 월지가 공망 되면 처자와 이별한다.
육친 (六親) 공망	• 비겁(비견, 겁재)이 공망이면 형제의 인연이 없고, 경쟁심이 약하다. 고향보다 외국이나 객지에서 생활한다. • 식상(식신, 상관) 공망이면 제조, 축산업, 생산 업종은 불가하고, 자녀가 귀하고 덕이 없다. 직업을 자주 바꾸며, 가무, 예술, 종교와 인연이 있고, 단명(短命)한다. • 관성(편관, 정관) 공망이면 관운이 없고, 명예보다는 낭패를 본다. 여자는 남편복이 없다. • 재성(편재, 정재) 공망이면 경제적으로 궁핍하고, 배우자의 복이 없다. • 인성(편인, 인수=정인) 공망이면 학문은 높으나 써먹지 못하고,

	모친덕이 없고, 도덕심이 부족하다.
	• 여자 사주에서 일지(日支)에 진(辰)과 술(戌)이 공망 되면 부부간 방을 따로 쓰지만, 일지(日支)에 진(辰)과 술(戌)이 충(沖)이 되면 남자는 소실을 둔다.
절로 (截路) 공망	• 장애물로 인하여 진퇴양난(進退兩難)된 상태를 말하는 것으로, 출세하기가 어려울 뿐 아니라, 은둔(隱遁)하는 경우가 많다. | 일간(日干)	甲	乙	丙	丁	戊	己	庚	辛	壬	癸
---	---	---	---	---	---	---	---	---	---	---
시지(時支)	申	未	辰	卯	子	酉	午	巳	寅	丑	
3위 공망	• 지지(地支)에 공망이 3개인 경우인데 1~2개 일 때보다 좋으나 발전도 없고, 변화를 싫어한다.
일좌 (日座) 공망	• 일주(日柱)가 갑술(甲戌)과 乙亥인 경우를 말하는데, 이 경우는 가정풍파와 부부 금술이 나쁘고, 우여곡절이 많은 일종의 살(殺)이다.
십이 신살 (十二 神殺) 공망	• 화개가 공망이면 재주는 있으나 써먹지 못하고, 승려, 수녀, 목사가 된다. • 역마가 공망이면 일이 어긋나거나 주거가 불안정하다. • 장성이 공망이면 사회 활동에서 제한된다. • 제왕이 공망이면 사회 활동이 부진하다. • 과숙이 공망되면 유년에 고생한다. • 귀인이 공망이면 대접 받지 못한다.

21. 십이신살(十二神殺)

년·일 지	겁살 劫殺	재살 災殺	천살 天殺	지살 地殺	연살 年殺	월살 月殺	망신 살 亡身 殺	장성 살 將星 殺	반안 살 攀鞍 殺	역마 살 驛馬 殺	육해 살 六害 殺	화개 살 華蓋 殺
신자 진 (申子 辰)	사 (巳)	오 (午)	미 (未)	신 (申)	유 (酉)	술 (戌)	해 (亥)	자 (子)	축 (丑)	인 (寅)	묘 (卯)	진 (辰)
인오 술 (寅午 戌)	해 (亥)	자 (子)	축 (丑)	인 (寅)	묘 (卯)	진 (辰)	사 (巳)	오 (午)	미 (未)	신 (申)	유 (酉)	술 (戌)
사유 축 (巳酉 丑)	인 (寅)	묘 (卯)	진 (辰)	사 (巳)	오 (午)	미 (未)	신 (申)	유 (酉)	술 (戌)	해 (亥)	자 (子)	축 (丑)
해묘 미 (亥卯 未)	신 (申)	유 (酉)	술 (戌)	해 (亥)	자 (子)	축 (丑)	인 (寅)	묘 (卯)	진 (辰)	사 (巳)	오 (午)	미 (未)

※<적용법> 십이신살(十二神殺)은 년지(年支)와 일지(日支) 모두 해당된다. 적용 방법은 년지(年支)와 일지(日支)를 기준으로 나머지 지지(地支)와 비교하여 십이신살을 찾는다.

1986년 6월 11일 밤 22:50분에 태어난 남자 이길동의 십이신살(十二神殺)을 찾아보자. 먼저 년지(年支)에서 확인해보면, 년지가 인(寅)이므로 인오술(寅午

戌에 해당된다. 따라서 나머지 지지 즉 午, 戌, 亥을 각각 확인해보면 노년기의 겁살(劫殺), 청년기의 장성살(將星殺), 장년기의 화개살(華蓋殺), 초년기의 지살(地殺)이 해당된다.

또한 같은 방법으로 일지(日支)는 술(戌)이므로 이를 통하여 확인해보면, 겁살(劫殺), 지살(地殺), 장성살(將星殺)이다. 이길동은 겁살과 장성살에 다소 많은 영향을 받는다고 볼 수 있다. 따라서, 이길동의 경우 이들 살(殺)은 물론 특히 장성살이 존재하므로 승진(昇進)에서 빠른 출세는 하지만 화(禍)를 좌초하는 경우가 많고, 집을 짓거나 혹은 사업을 할 경우 창문과 출입문은 장성살 방향에 해당되는 오(午)방향 즉 정남(正南) 방향(6시 방향)쪽은 나쁜 대흉(大凶)으로 작용됨을 알길 바란다.

특히, 전원주택(田園住宅)이나 개인 사업은 물론 상업(商業)에서 출입문(出入門)이나 금고(金庫) 위치 등은 중요한 요소가 되므로 실천하여 행운(幸運)을 얻기 바란다.

독자들은 12신 살의 '뜻'과 불운(不運)을 피하고, 행운을 얻을 수 있는 것들은 아래 내용을 참조하면 된다.

십이신살	12운성	뜻	행운(幸運)과 불운(不運) 방향(方向)
재살(災殺)	태	재살은 실권과 명예를 주도하기 위하여 상호 싸움이 치열해지는 살로 일명 수옥살(囚獄煞)이라고 하며, 감옥이나 사고, 관재, 손재 등이 따른다. 재살이 년주에 존재하면 관재구설과 질병이 따르고, 월주에 존재하면 관액과 부모형제 비명횡사하며, 일주의 재살은 부부지간 비명횡사 하고, 시주의 재살은 자식덕이 없다.	• 증권 투자 지점과 영업점의 출입문 방향이 장성살(將星殺) 방향이면 필패하고, 재살(災殺), 지살(地殺), 천살(天殺) 방향이면 흑자 거래 및 성공 투자 방향이다. • 신생아 출산시 병원 정문이 재살 방향이면 천재가 출산되고, 육해살 방향이면 행운아가 출산되며, 장성살 방향이면 저능아가 출산된다.
천살(天殺)	양	천살은 천재지변과 관련된 살로 돌발 사고, 관재구설, 태풍, 화재, 신경성, 고혈압, 중풍 등과 관련이 있다. 천살과 반안살은 서로 상극이며, 집안에 천살이 있는 사람이나 혹은 천살이 존재하는 사람과 같이 동업 투자를 하면 반드시 실패하고 파산하게 된다. 천살이 년주에 존재하면 타향객지에서 고생하고, 월주의 천살은 부모형제 덕이 없고, 일주의 천	• 천살 방향으로 이사하고, 천살 방위로 잠자면 반드시 실패 한다. • 남자가 천살 방향으로 잠자면 결혼하지 못한다. • 금고(金庫), 계산대, 경리 책상이 천살 방향이면 대흉(大凶)한다. • 공부 잘하는 우등생이 되려면 책상은 천살 방향에 두고 공부한다(※잠은 반

		살은 부부 금술이 없고 비명 횡사하며, 시주의 천살은 자식이 효도한다고 해도 죽음이나 감옥에 가게 된다. 또한 천살이 존재하면 선천적인 질병(疾病)이 있다.	안살 방향으로 자야만 우등생이 된다). • 남편이 외도하는 경우 천살 방향으로 잠을 자면 남편의 사업이 실패하므로 집으로 돌아온다. • 천살 방향에서 출산하면 천재아이가 태어난다. • 천살 방향에 종교물이 있으면 대흉(大凶)한다(※종교물은 반안살과 화개살 방향에 둔다).
지살 (地殺)	장생	지살은 역마살로 보며 한곳에 머물지 못하고 변동, 타향살이, 이사, 가정, 직장, 해외 등과 관련이 있다. 지살이 년주에 존재하면 고향과 이별하고 타향에서 살고, 월주의 지살은 부모형제 덕이 없고, 자수성가 하며, 일주의 지살은 부부이별하게 되고, 시주의 지살은 자식과 이별수가 생긴다.	• 부동산투자 성공 방향이다. • 최상 흑자 거래처 성공 방향이다. • 간판, 창문, 출입문, 보조문, 환기창이 지살 방향이면 대길(大吉)한다.
연살 (年殺)	목욕	연살은 도화살(桃花殺)로 남녀간 성욕과 색정으로 인하여 망신을 당하는 살이다.	• 창문, 출입문, 보조문, 환기창이 연살 방향이면 대길(大吉)한다.
월살 (月殺)	관대	월살은 부지런이 일을 해도 자금 고갈, 사업 부진 등이 발생되는 살로 패배, 파괴, 분쟁 등으로 소송이 있다.	• 재수생은 월살 방향의 학교를 선택하면 합격한다.
망신살 (亡身殺)	건록	망신살은 명예가 땅에 떨어지는 것으로 사업 실패, 구설, 사기, 재물손상을 가져 오며, 특히 술과 이성 관계에서 구설수가 있다. 년주에 망신살이 존재하면 일찍 타향에서 고생하고, 선대 유업이 몰락하며, 월주의 망신살은 부모형제가 온전하지 못하고, 변동수가 많고, 일주의 망신살은 부부간 이별수가 발생하고, 시주의 망신살은 말년에 외롭다.	• 전등 스위치는 월살 방향이어야 대길(大吉)하다.
		출세를 의미하며, 진취적인 힘이	• 부동산 거래 실패 방향이다.

장성살(將星殺)	제왕	너무 강하여 출세와 벼슬은 하지만 화(禍)를 자초는 살(殺)이다. 하지만 좋은 사주에서는 대권(大權)이나 권력(權力)을 잡을 수 있다. 여자는 남자에게 순종하지 못하고 고독하기 때문에 흉살로 보지만 현대 사회에서는 오히려 자신을 발전시킬 수 있는 좋은 기회로 작용하기도 한다. 장성살이 대운이나 세운에 들어오면 승신하게 된다. 장성이 년주(年柱)와 월주(月柱)에 있으면 병권(兵權)을 잡고, 일주(日柱)의 장성은 명예는 있으나 근심이 많고, 부부 별거 혹은 이별하고, 시주(時柱)의 장성은 길(吉)하고 자식이 나라에 충성한다.	• 창문, 출입문, 보조문, 환기창이 장성살 방향이면 대흉(大凶)한다(※기존 건물에 창문 등이 이미 장성살 방향으로 설치된 경우에는 육해살이나 연살 방향으로 보조문을 내면 흉액을 막고, 적자는 면한다). • 병원과 약국의 정문이 장성살 방향이면 악화되고, 재살 방향이면 치유 된다. • 거래처와는 손해 방향이다.
반안살(攀鞍殺)	쇠	상인은 수입이 생기고, 월급자는 승진하고, 학생은 진학하며 출세, 권위, 명예, 승진을 의미한다. 승진과 출세욕이 강하기 때문에 출세와 승진은 하지만 인간 교제가 많고, 남들 위에 굴림하여 욕을 먹는 일이 발생하기도 하지만, 반안살은 길신(吉神)으로 분류한다. 여자의 경우 고독하고 자식 두기가 쉽지 않지만 현대 사회에서 오히려 사회활동에 좋은 기회로 작용하는 경우가 많다. 하지만 반안살과 정관이 동주하면 남자는 아들이 출세하고 여자는 남편이 출세한다. 또한 대운이나 세운에서 반안살이 들어오면 승진하거나 부귀가 들어오게 된다. 반안살이 존재하는 사람과 돈을 거래하면 후유증과 사기 혹은 오명을 쓰는 일은 없다. 반안살이 년주(年柱)에 있으면 조상과 부모덕이 많아 부귀를 누리고, 월주(月柱)에 있으면 관운	• 이사, 점포, 상가, 사무실이 반안살 방향이면 대길(大吉)하고 혹자가 되지만, 천살 방향이면 흉(凶)하다. • 금고, 계산대가 반안살 방향이면 대길(大吉)한다. • 출세 성공 방향이다. • 이웃집과 불화의 방향이다. • 가족묘, 조상묘가 반안살 방향이면 패망한다(※조상묘는 천살에 둔다). • 남자나 여자 모두 결혼을 빨리하고자 하면 남자는 반안살, 여자는 천살 방향으로 잠을 잔다. 결혼 후는 둘 다 반안살 방향으로 잠을 자면 남편이 성공한다. • 남자의 경우 이상형 신부는 반안살 방향이고, 여자의 경우 이상형 남편의 만남은 천살 방향이다. • 남자아이 출생법은 01시 ~05시 사이 반안살 방향

		이 많아 도처에 이름을 날리며, 부모형제 안락하고, 일주(日柱)에 반안이 있으면 부부간 백년 안락을 맺는다. 시주(時柱)의 반안살은 첩과 자식이 많고 말년에 길(吉)하다. ※<참고> 오늘날 장성살(將星殺)과 반안살(攀鞍殺)은 사주 구성이 좋은 경우 군(軍), 검찰(檢察) 및 출세(出世)에서 오히려 성공할 수 있는 살(殺)이기도 하다.	에서 합방하면 되고, 여자아이 출생법은 초저녁에 천살 방향으로 합방하면 여자아이가 출생된다. 이 때 남자아이의 경우 합방 20분전 소다수(음료수)로 뒷물을 하고, 여자아이는 식초 1방울로 뒷물을 한다. ※<참고> 방향(方向) 판단에서 천살과 반안살은 상극(相剋)으로 천살(天殺)은 닫는 방향(close)을 말하고, 반안살(攀鞍殺)은 열린 방향(open)을 말한다.
역마살(驛馬殺)	병	역마살은 이동살로 해외는 물론 여기저기 떠돌아다니지만 별 소득은 없고 고달프다. 이직, 이사, 유학과 관련이 있지만, 직업이 운전수, 스튜어디스, 항공사, 무역업종에 종사하는 사람은 역마살이 있는 경우 오히려 길성(吉星)으로 작용한다. 특히, 역마살은 반안살(攀鞍殺)과 장성살(將星殺)의 3개가 사주에 존재하는 경우 출세의 지름길이며 무관(武官)으로 이름을 날린다. 여기서 양인살(陽刃殺)이 있으면 더욱 큰 무관(군인, 경찰, 검찰)이 된다.	• 역마살이 년지에 존재하면 초년에, 월지에 존재하면 중년 이후에 외국에 나간다.
육해살(六害殺)	사	질병으로 평생 신음하거나 혹은 화재, 질병, 천재지변이 생긴다.	• 부동산 투자 성공 방향이다. • 창문, 출입문, 보조문, 환기창이 육해살 방향이면 대길(大吉)한다. • 하수구의 방향은 육해살 방향이어야 한다.
화개살(華蓋殺)	묘	고독을 상징하며 연예, 예술인, 승려, 성직자, 역학자, 토속신앙, 무속인 등에게 화개살은 제왕으로 본다. 이것은 자녀 부양이 어려우며, 총명하지만 잔꾀를 부려서 큰일을 성사시키지 못한다.	• 화개살이 있고, 월(月), 일(日), 시(時)에 해(亥)가 존재하면 역술인(易術人) 사주다.

		화개가 공망(空亡)되면 승녀, 수녀, 신부가 되는 경우가 많으며, 일류대 출신도 많다. 특히 여자 사주에 화개, 도화 그리고 장성 살이 있으면 연예계로 진출한다. 화개살이 년주(年柱)에 존재하면 조상의 유업을 얻지 못하고 일찍 타향살이를 하며 곤고(困苦)하게 살고, 월주(月柱)에 존재하면 형제 복이 없고, 차남일 경우 장남 역할을 해야 한다. 일주(日柱)에 존재하면 본처와 이별하고 승려나 종교인이 되며, 시주(時柱)에 존재하면 경영에 성공하고 도처에 이름을 알린다.	
겁살 (劫殺)	절	남에게 빼앗기고 강탈당하며, 이별, 재난 등이 발생되는 살로 강제압류, 비명횡사, 교통사고, 관재구설 등이 발생한다. 겁살이 년주에 존재하면 선대 조업(祖業)을 계승하지 못하고, 월주의 겁살은 조실부모 및 형제 정이 없고 불구 단명하며, 일주에 겁살은 부부지간 생사 이별 혹은 남자는 첩을 둔다. 그리고 일주에 겁살은 자식이 귀하고 방탕, 불구자식을 두게 된다.	• 투자 실패의 방향이다.

<방향 판단법>

구분	방향	구분	방향	구분	방향	구분	방향
자 (子)	정북 12방향	묘 (卯)	정동 3시방향	오 (午)	정남 6시 방향	유 (酉)	정서 9시 방향
축 (丑)	1시 방향	진 (辰)	4시 방향	미 (未)	7시 방향	술 (戌)	10시 방향
인 (寅)	2시 방향	사 (巳)	5시 방향	신 (申)	8시 방향	해 (亥)	11시 방향

※<참고1> 방향(方向) 판단법(1)
1986년 6월 11일 밤 22:50분에 태어난 남자 이길동의 장성살(將星殺) 방향을 판단해 보자.

구분	천간	지지
년주(年柱)	丙	寅

월주(月柱)	甲	午
일주(日柱)	丙	戌
시주(時柱)	己	亥

위 사주는 년지(年支)가 인(寅)이므로 범띠가 된다. 즉, 인오술(寅午戌)에 해당되므로 장성살(將星殺)이 작용 되는 것은 오(午)이다.

이길동은 오(午) 방향에서 장성살이 작용 되므로, 방향(方向)은 정남 6시 방향 즉 남쪽 방향이 된다.

따라서, 이길동은 남쪽 방향에서 부동산 거래를 하게 되면 실패하고, 상업을 하거나 주택을 지을 때 창문, 출입문, 보조문, 환기창의 방향이 남쪽 방향인 경우 대흉(大凶) 방향이 되며 거래처와는 손해 방향이 된다. 또한 이길동은 개인 사업을 할 경우 금고(金庫), 계산대, 경리 책상은 반드시 반안살(攀鞍殺) 방향 즉 미(未)방향에 해당되는 7시 방향에 놓아야 성공하지만, 이것들을 천살(天殺) 방향에 해당되는 축(丑) 방향인 1시 방향에 놓으면 대패하게 된다.

다른 방향을 판단하는 경우도 위와 같이 적용해 주면 된다. 특히, 독자들은 방향(方向) 판단은 통상적으로 년지(年支) 즉 띠로 판단함을 알길 바란다.

※<참고2> 방향(方向) 판단법(2)

나경(패철)을 가지고 있는 독자들은 측정하고자 하는 중앙위치에서 수평을 유지하고 나침판을 남(南)과 북(北)으로 맞추어 지반정침(地盤正針)을 유지한 후 4층 방향을 그대로 읽어주면 이것이 판단하고자 하는 방향(方向)이 된다(※풍수 4장 나경사용법 참조).

※<참고3> 천살(天殺)과 반안살(攀鞍殺)은 충(沖) 관계가 성립되므로 서로 반대로 작용한다.

※<참고4> 양택(陽宅)에서 집 방향, 침대 방향, 사무실, 사업장 그리고 음택(陰宅)의 묘(墓) 방향에서 자신의 머리 방향을 둘 수 없는 회두극좌(回頭剋坐) 방향이 아니어야 한다(※풍수 회두극좌 참조).

22. 년지(年支)에서 흉성(凶星)

년지 흉성	자 (子)	축 (丑)	인 (寅)	묘 (卯)	진 (辰)	사 (巳)	오 (午)	미 (未)	신 (申)	유 (酉)	술 (戌)	해 (亥)	적용
고신살 (孤神殺)	寅	寅	巳	巳	巳	申	申	申	亥	亥	亥	寅	※참고
과숙살 (寡宿殺)	戌	戌	丑	丑	丑	辰	辰	辰	未	未	未	戌	※참고
도화살 (挑花殺)	酉	午	卯	子	酉	午	卯	子	酉	午	卯	子	※참고
수옥살 (囚獄殺)	午	卯	子	酉	午	卯	子	酉	午	卯	子	酉	
원진살 (怨嗔殺)	未	午	酉	申	亥	戌	丑	子	卯	寅	巳	辰	

귀문관살(鬼門關殺)	酉	午	未	申	亥	戌	丑	寅	卯	子	巳	辰	
병부살(病符殺)	亥	子	丑	寅	卯	辰	巳	午	未	申	酉	戌	
단명살(短命殺)	巳	寅	辰	未	巳	寅	辰	未	巳	寅	辰	未	
태백살(太白殺)	巳	丑	酉	巳	丑	酉	巳	丑	酉	巳	丑	酉	※참고
고진살(孤辰殺)	寅	寅	巳	巳	巳	申	申	申	亥	亥	亥	寅	※참고
삼재(三災)	※삼재(三災) 해석 참조												

※<참고>
• 도화살(挑花殺), 병부살(病符殺) : 년지(年支)와 일지(日支) 모두 적용된다.
• 고신살(孤神殺)과 과숙살(寡宿殺) : 년지(年支)와 일지(日支) 모두 적용되지만 년지(年支)의 영향이 더 크다.

<해석>
▫ 고신살(孤神殺) 남자에게 해당되며 아내와 사이가 좋지 않고 홀아비가 된다.
▫ 과숙살(寡宿殺) 여자에게 해당되며 남편과 사이가 좋지 않고 과부가 된다. 과숙살과 정관과 인수가 함께 존재하면 승려, 수녀, 독신생활을 많이 한다.

※<참고> 남자 사주에 고신살(孤神殺), 여자에게는 과숙살(寡宿殺)이 2개 이상이 존재하면 부모가 5세 이전에 일찍 사망하고, 사주 구성에 고신살과 과숙살이 있으면 자식이 불효한다.

▫ 도화살(挑花殺) 바람기와 음란함을 말하는데, 시지와 일지에서 강한 힘을 발휘한다. 도화살(挑花殺)과 홍염살(紅艶殺)살이 존재하면 미인(美人)이다. 또한 해당 육친과 궁(宮)에 존재하는 사람 역시 미인(美人)이다. 여자 사주에 천간에 칠살이 있고, 지지에 도화살이 있으면 음란하고 가정을 버린다.

▫ 수옥살(囚獄殺) 감옥이나 옥살이에 해당된다. 군인이나 검, 경찰에게는 기운(氣運)에 따라 오히려 길성으로 작용되는 경우도 있다.

▫ 원진살(怨嗔殺) 원진살은 미워하고, 원망스럽지만, 알면서도 승복하고 받아드릴 수밖에 없는 것이기 때문에 부부간

에 나쁜 흉살(凶殺)이다. 예를 들면 남편이 바람을 피우거나 폭력을 행사해도, 부인은 생계수단이 없기 때문에 남편을 버리지 못하고 같이 살아야 하는 경우를 말한다. 일(日)과 시(時)에 원진이 있으면 배우자와 자식의 인연이 없고, 일(日)과 월(月)에는 부모, 형제, 고부간의 불화이며, 년(年)과 월(月)에 있으면 부모, 조상과 불화가 발생된다. 그 외에도 실패, 단명, 질병, 수술, 형제간 불화 및 이별 등이 있고, 특히 무당, 정신질환자 등에게 많다.

▫ 귀문관살(鬼門關殺) 두뇌가 빠르고, 영리하고 명석하다. 그러나 귀문관살은 정신쇠약에 아주 취약하기 때문에 무병, 빙의, 무속인 등의 신병 및 우울증, 노이로제, 의부증, 의처증, 히스테리, 불면증, 공항장애 등의 정신쇠약증을 유발하고 아울러 변태증, 근친 연애 등의 성적도착증을 발생시키기도 한다. 특히 부부에게 귀문관살이 존재하면 원진살(怨嗔殺)과 더불어 원만한 부부생활이 어렵다.

▫ 병부살(病符殺) 몸이 약하고 잔병과 질병이 많다. 본인은 물론 부부, 부모, 자식 중 병부살이 있으면 서로 떨어져 지내거나, 한 방에서 생활을 금해야 액운이 사라지고 건강(健康)해진다. 이것은 재물(財物)이 쌓이거나 직위가 올라가면 건강이 더 나빠지며, 병부살에 해당되는 오행(五行)으로 건강을 판단할 수 있다. 사주에 병부살이 존재하면 죽은 형제가 있으며, 결혼운이 나쁘기 때문에 결혼을 늦게 해야 한다.

▫ 단명살(短命殺) 잦은 병치레를 하며 몸이 약하기 때문에 수명이 짧다. 특히 10살을 넘기기 어려우나 10살 이후부터는 좋아진다. 그러나 50살까지도 영향을 미치기도 한다. 단명살이 존재하면 일이 잘 풀리지 않고 부모와 부부 사이에 나쁜 운이 작용되기 때문에 멀리 떨어져 살면 좋아진다.

▫ 태백살(太白殺) 고독하고, 빈천(貧賤)하다. 또한 잔병으로 고생하고 단명(短命)한다.

▫ 고진살(孤辰殺) 고독하고, 타향에서 외롭게 살아간다. 화개살과

고진살이 함께 존재하면 승려나 수녀가 많고, 점술
인도 많다.

▫ 삼재(三災)란? 지구가 공전과 자전을 하기 때문에 계절의 방위
합과 삼합과의 결과 차이를 삼재팔난(三災八難)이라
고 하는데, 삼재는 화재(火災), 수재(水災), 풍재(風災)
즉 세 가지의 재앙(물, 불, 바람)에 의하여 발생되는
여덟 가지의 인재(人災) 즉 손재, 주색, 질병, 부모,
형제, 부부, 관재, 학업에 나타나는 나쁜 흉액을 말한
다. 삼재는 12년에 한 번씩 들어오며, 3년 동안 머물
고 나가는 것으로, 삼재가 들어오는 해를 들삼재, 그
다음 해는 눌삼재, 나가는 해를 날삼재라고 한다. 삼
재는 대운이나 세운에서 운이 좋을 때는 복(福) 삼재
가 되어 무방하나, 운이 좋지 않을 때는 나쁜 악(惡)
삼재가 된다. 삼재(三災) 판단은 아래 표에 준한다.

<년지>	<삼재 년도>
亥(돼지띠), 卯(토끼띠), 未(양띠)	巳(들삼재), 午(눌삼재), 未(날삼재)
寅(범띠), 午(말띠), 戌(개띠)	申(들삼재), 酉(눌삼재), 戌(날삼재)
巳(뱀띠), 酉(닭띠), 丑(소띠)	亥(들삼재), 子(눌삼재), 丑(날삼재)
申(원숭이띠), 子(쥐띠), 辰(용띠)	寅(들삼재), 卯(눌삼재), 辰(날삼재)

예를 들면, 이길동의 경우를 보자, 1986년생은 병인년(丙寅年)이므
로 寅(범띠)에 해당되기 때문에 午(말띠), 戌(개띠)와 더불어 매년
찾아오는 ○申년(들삼재), ○酉년(눌산재), ○戌년(날삼재)이 된다.
삼재(三災)에 해당되는 년에는 모두 나쁘게만 작용되는 것이 아니
라, 대운(大運)과 세운(歲運) 등의 운세(運世)에 따라 액운(厄運)이
길운(吉運)으로 바뀌는 복삼재(福三災), 아무런 해가 없는 무해무
득(無害無得)한 평삼재(平三災) 그리고 하는 일마다 풍파(風波)가
발생되는 악삼재(惡三災)로 구분할 수 있기 때문에 새로운 변화를
추구하기보다는 현 위치에서 분수에 맞게 생활하는 것이 바람직
하며, 필요하면 삼재풀이를 통하여 안정을 찾는 방법도 있다.
삼재(三災)에서 파생된 것이 화개살과 고장살인데 이것들은 날삼
재의 지지(地支)에서 판단하는 살(殺)로 이것은 묘(墓)기능과 비슷
한 상부(喪夫) 혹은 상처(喪妻) 그리고 부부(夫婦) 이별(離別)이나
이혼(離婚) 등이 발생 된다.

고장살과 화개살	년지 혹은 일지	寅午戌	巳酉丑	申子辰	亥卯未
	나머지 지지	戌	丑	辰	未

23. 월지(月支)에서 길흉성(吉凶星)

	월지 길흉성	인(寅)	묘(卯)	진(辰)	사(巳)	오(午)	미(未)	신(申)	유(酉)	술(戌)	해(亥)	자(子)	축(丑)	적용
길성	천덕귀인(天德貴人)	丁	辛	壬	辛	亥	甲	癸	寅	丙	乙	巳	庚	
	월덕귀인(月德貴人)	丙	甲	壬	庚	丙	甲	壬	庚	丙	甲	壬	庚	
	천덕합(天德合)	壬	巳	丁	丙	寅	己	戊	亥	辛	庚	辛	庚	
	월덕합(月德合)	辛	己	丁	乙	辛	己	丁	乙	辛	己	丁	乙	
	천사(天赦)	戊寅	戊寅	戊寅	甲午	甲午	甲午	戊申	戊申	戊申	甲子	甲子	甲子	
	진신(進神)	甲子	甲子	甲子	甲午	甲午	甲午	戊申	戊申	戊申	甲子	甲子	甲子	
	천의성(天醫星)	丑	寅	卯	辰	巳	午	未	申	酉	戌	亥	子	
	천희신(天喜神)	未	午	巳	辰	卯	寅	丑	子	亥	戌	酉	申	
	홍란성(紅鸞星)	丑	子	亥	戌	酉	申	未	午	巳	辰	卯	寅	
	장수성(長壽星)	亥	戌	酉	申	未	午	巳	辰	卯	寅	丑	子	
	황은대사(皇恩大赦)	戌	丑	寅	巳	酉	卯	子	午	亥	辰	申	未	※참고
흉성	혈지(血支)	戌	亥	子	丑	寅	卯	辰	巳	午	未	申	酉	
	급각살(急脚殺)	亥子	亥子	亥子	卯未	卯未	卯未	寅戌	寅戌	寅戌	丑辰	丑辰	丑辰	
	단교관살(斷橋關殺)	寅	卯	申	丑	戌	酉	辰	巳	午	未	亥	子	
	부벽살(斧劈殺)	酉	巳	酉	丑	酉	丑	酉	巳	酉	巳	丑		
	육분관살(浴盆關殺)	辰	辰	辰	未	未	未	戌	戌	戌	丑		丑	
	사주관살(四柱關殺)	巳亥	辰戌	卯辰	寅申	丑未	子午	巳亥	辰戌	卯酉	寅申	丑未	子午	
	금쇄(金鎖)	申	酉	戌	亥	子	丑	申	酉	戌	亥	子	丑	※참고
	천전살(天轉殺)	乙卯	乙卯	乙卯	丙午	丙午	丙午	辛酉	辛酉	辛酉	壬子	壬子	壬子	※참고
	지전살(地轉殺)	辛卯	辛卯	辛卯	戊午	戊午	戊午	癸酉	癸酉	癸酉	丙子	丙子	丙子	※참고

※<참고>
• 황은대사(皇恩大赦) : 戌, 丑, 寅… 등은 일지(日支)와 시지(時支)에만 적용된다.
• 금쇄(金鎖) : 申, 酉, 戌… 등은 년지(年支)와 월지(月支)에만 적용된다.
• 천전살(天轉殺) : 乙卯, 丙午, 辛酉… 등은 일주(日柱)에만 적용된다.
• 지전살(地轉殺) : 辛卯, 戊午, 癸酉… 등은 일주(日柱)에만 적용된다.

<<길성 해석>>

▫ 천덕귀인(天德貴人) 하늘에서 주는 관직이나 높은 지위를 말하며, 사주에 월덕귀인과 함께 있으면 관운(官運)이 좋고 근심이 없으며, 귀한 자식을 둔다. 12신 살의 장성(將星)이 함께 있으면 국무총리 등의 높은 관직에 오른다. 형, 충, 파, 해가 있으면 반감된다.

▫ 월덕귀인(月德貴人) 땅에서 주는 길성이며, 많은 부동산으로 소유하고 물질적 풍요로움을 누린다.

▫ 천덕합(天德合) 높은 관직에 오르고, 귀한 자식을 둔다.
▫ 월덕합(月德合) 높은 관직을 얻고 뜻하지 않는 명예를 얻는다.
▫ 천사(天赦) 질병과 죄 그리고 형살(刑殺)을 감면해주는 길성이다.
▫ 진신(進神) 일이 순조롭게 풀리고 부부간 인연도 좋다.
▫ 천의성(天醫星) 하늘에서 의술을 베풀어주는 것으로 의사, 약사, 한의사, 수의사, 침술가 등에 종사하면 좋다.
▫ 천희신(天喜神) 하늘에서 기쁨을 내려주는 것으로 전화위복을 안겨준다.
▫ 홍란성(紅鸞星) 흉상은 살아지고 기쁜 일만 생긴다.
▫ 장수성(長壽星) 오래 살 수 있는 길성이다.
▫ 황은대사(皇恩大赦) 무거운 죄를 없애주는 길성이다.

<<흉성 해석>>

▫ 혈지(血支) 피를 흘린다는 것으로 수술, 교통사고, 천재지변에 조심해야 한다.
▫ 급각살(急脚殺) 다리를 잃는다는 것으로, 중풍, 하체, 신경통에 조심해야 한다.
▫ 단교관살(斷橋關殺) 추락한다는 것으로, 중풍, 하체 건강(소아마비)에 조심해야 한다.
 ※<참고> 사주에 급각살(急脚殺)이나 혹은 단교관살(斷橋關殺) 이 있거나, 子卯, 寅巳申, 丑戌未, 辰辰, 午午, 酉酉, 亥亥이 대운(大運)이나 세운(勢運)에 형살(刑殺)이 들어오는 해에 중풍, 수족마비, 불구자 사주가 된다. 이때, 10세 이하에서 는 수족마비(소아마비)로 보며, 20~30대 때는 산후풍 그리 고 4대 이상은 중풍(中風)과 골절상으로 본다. 수족마비(소 아마비) 등의 선천적인 질환은 10장 태원사주(胎元四柱)에 서 구체적으로 확인할 수 있다.
▫ 부벽살(斧劈殺) 재물과 가정이 깨진다.
▫ 욕분관살(浴盆關殺) 지나친 의협심으로 시비와 분쟁을 일으킨다.
▫ 사주관살(四柱關殺) 수명이 짧고, 병치레가 많다.
▫ 금쇄(金鎖) 쇠사슬을 묶는다는 흉살로 각종 질환과 교통사고, 화상 등의 돌발 사고에 조심해야 한다.
▫ 천전살(天轉殺) 혹은 지전살(地轉殺) 이리저리 떠돌아다니며, 노 력을 해도 소득이 생기지 않는다.

24. 일간(日干)에서 길흉성(吉凶星)

길흉성 \ 일간		갑(甲)	을(乙)	병(丙)	정(丁)	무(戊)	기(己)	경(庚)	신(辛)	임(壬)	계(癸)	적용
길성	천을귀인(天乙貴人)	丑/未	子/申	亥/酉	亥/酉	丑/未	子/申	丑/未	寅/午	巳/卯	巳/卯	
	태극귀인(太極貴人)	子/午	子	卯	卯	辰/戌	丑/未	寅/亥	寅/亥	巳/申	巳/申	
	복성귀인(福星貴人)	寅	丑/亥	子/戌	酉	申	未	午	巳	辰	卯	
	천주귀인(天廚貴人)	巳	午	巳	午	申	酉	亥	子	寅	卯	
	천관귀인(天官貴人)	酉	申	子	亥	卯	寅	午	巳	午	巳	
	천복귀인(天福貴人)	未	辰	巳	酉	戌	卯	亥	申	寅	午	
	문창귀인(文昌貴人)	巳	午	申	酉	申	酉	亥	子	寅	卯	
	암록(暗祿)	亥	戌	申	未	申	未	巳	辰	寅	丑	
	건록(建祿)	寅	卯	巳	午	巳	午	申	酉	亥	子	
	금여록(金輿祿)	辰	巳	未	申	未	申	戌	亥	丑	寅	
	관귀학관(官貴學館)	巳	巳	申	申	亥	亥	寅	寅	申	申	
	문곡귀인(文曲貴人)	亥	子	寅	卯	寅	卯	巳	午	申	酉	
	학당귀인(學堂貴人)	亥	午	寅	酉	寅	酉	巳	子	申	卯	
	재고귀인(財庫貴人)	辰	辰	丑	丑	丑	丑	未	未	戌	戌	
	협록(夾祿)	丑卯	寅辰	辰午	巳未	辰午	巳未	未酉	申戌	戌子	亥丑	※참고
흉성	홍염(紅艷)	午	午	寅	未	辰	辰	戌	酉	子	申	
	유하(流霞)	酉	戌	未	申	巳	午	辰	卯	亥	寅	
	효신살(梟神殺)	子	亥	寅	卯	午	巳	辰/戌	丑/未	申	酉	
	고란살(孤鸞殺)	寅	巳	午	巳	申/午	酉		亥	子		
	비인살(飛刃殺)	酉	戌	子	丑	子	丑	卯	辰	午	未	
	자암살(紫暗殺)	卯	辰	午	未	午	未	酉	戌	子	丑	
	양인살(羊刃殺)	卯	辰	午	未	午	未	酉	戌	子	丑	※참고
	백호대살(白狐大殺)	辰	未	戌	丑	辰				戌	丑	
	칠살(七殺)	庚	申	壬	癸	甲	乙	丙	丁	戊	己	
	낙정관살(落井關殺)	子	巳	申	戌	卯	巳	子	申	戌	卯	※참고
	음착살(陰錯殺)				丑未				卯酉		巳亥	※참고
	양착살(陽錯殺)			子午		寅申				辰戌		※참고
	괴강살(魁罡殺)					辰/戌		辰/戌		辰/戌		※참고

※<참고>
- 협록(夾祿) : 丑卯, 寅辰, 辰午… 등은 지지에 년월(年月), 월일(月日), 일시(日時) 에 나란히 있을 때만 적용된다.
- 양인살(羊刃殺) : 10개의 양인살(羊刃殺) 중 양간(陽干)에 적용되는 甲, 丙, 戊, 庚, 壬 5개를 양인살(羊刃殺)이라고 한다. 음간(陰干)의 음인(陰 刃)은 작용력이 미미하지만 양간의 양인살(陽刃殺)은 작용력이 강하다.
- 낙정관살(落井關殺) : 子, 巳, 申… 등은 시지(時支)에만 적용된다.
- 음착살(陰錯殺) : 일주(日柱)와 시주(時柱)에만 해당되는 것으로 일주와 시주가 (丁未, 丁丑=>축미충), (辛卯, 辛酉=>묘유충), (癸巳, 癸亥=> 사해충)일 때를 말한다. 예를 들면, 일주가 丁未이고 시주가 丁 丑 일 때 혹은 일주가 辛卯이고 시주가 辛酉 일 때…성립된다.
- 양착살(陽錯殺) : 일주(日柱)와 시주(時柱)에만 해당되는 것으로 일주와 시주가 (丙子, 丙午=>자오충), (戊寅, 戊申=>인신충), (壬辰, 壬戌=>

진술충)일 때 성립된다. 성립 조건은 음착살과 같다.

- 괴강살(魁罡殺) : 일간(日干)을 기준으로 적용하나 년주(年柱), 월주(月柱), 일주(日柱), 시주(時柱)에 戊辰, 戊戌, 庚辰, 庚戌, 壬辰, 壬戌가 나란히 있을 때 해당되며 일주(日柱)에 존재할 때 가장 강하다.

<<길성 해석>>

▫ 천을귀인(天乙貴人) 백 가지 흉살(凶殺)이 제거되는 최고의 길신(吉神)이다. 사주에 이것이 있으면 총명하고, 출세하고, 배우자 운(運)이 좋으며, 평생 형벌(刑罰)을 받지 않는다. 대운과 세운에 이것이 있으면 발복(發福)한다. 사주에 괴강살(魁罡殺)과 함께 있으면 존경을 받는다. 합, 충, 파, 해, 공망되면 반감되고, 고생을 한다.

▫ 태극귀인(太極貴人) 조상덕이 있고 부귀와 명예를 얻는다. 합, 충, 파, 해 형살이 있으면 반감된다.

▫ 복성귀인(福星貴人) 부모 유산을 계승하고 자산가가 된다.

▫ 천주귀인(天廚貴人) 식복(食福)이 있고, 명예를 얻으며 재물을 모은다.

▫ 천관귀인(天官貴人) 공직자로서 높은 관직에 오르며, 평생 소송 관계가 없다.

▫ 천복귀인(天福貴人) 복과 덕을 얻는 길성이다.

▫ 문창귀인(文昌貴人) 학문에 종사하고 글재주가 뛰어난 길성이다.

▫ 암록(暗祿) 평생 의식주에 걱정이 없고, 어려운 일에 귀인이 나타난다.

▫ 건록(建祿) 높은 관직에 오르며 일이 잘 풀린다. 그러나 건록은 충, 파, 해 형살이나 공망(空亡)이 적용되면 반감되고, 가난하게 산다. 이를 구체적으로 확인해 보면 년지(년지), 월지(월지), 일지(일지), 시지(시지)에 건록이 있고 형충파해(刑沖破害)나 혹은 공망이 작용되면 년지의 경우는 조상의 몰락으로 조상복이 없어 어릴 때 고생하고, 월지의 경우 부모 형제 덕이 없고, 이별, 독신하며, 일지의 경우 부부 이별하고, 시지의 경우는 후손이 없고, 말년에 불행하게 된다.

▫ 금여록(金與祿) 금으로 만든 수레를 말하는 것으로, 부귀영화를 누리는 운(運)이다. 몸가짐이 온순하고 좋은 배우자와 만나고, 부부간 정이 좋다. 남자의 경우 시지(時支)에 금여가 있으면 자손의 도움을 받는다. 합, 충,

파, 해 형살이 있으면 반감된다.

▫ 관귀학관(官貴學館) 공직이나 관직에서 빠른 속도로 출세한다.

▫ 문곡귀인(文曲貴人), 학당귀인(學堂貴人) 머리가 총명하고 글재
주로 이름을 날린다.

▫ 재고귀인(財庫貴人) 곳간에 재물이 가득하다는 뜻으로 부자가
된다.

▫ 협록(夾錄) 인덕이 많고, 재산이 넉넉하다.

<<흉성 해석>>

▫ 홍염(紅艶) 도화살로 보며 주색, 사치, 색정으로 패가망신한다.
남자는 첩(妾)을 두고, 여자는 기생(妓生) 기질이 있
다. 특히 남자 사주에 부인에 해당되는 정재나 혹은
여자 사주에 남편에 해당되는 정관에 홍염이 작용
되면 부인과 남편은 미녀(美女)와 미남(美男)이다.

▫ 유하(流霞) 중풍 등의 반신불수를 말하며, 여성의 경우는 유산
을 뜻한다.

▫ 효신살(梟神殺) 올빼미(梟)가 어미를 잡아먹는 살(殺)로 자식과
부모운이 좋지 않고, 모친이 일찍 죽거나, 살아 있어
도 이별하고, 계모가 존재하는 흉살(凶殺)로, 부부관
계, 고부간의 갈등으로 타향살이를 하고, 외롭고, 계
모를 섬기는 나쁜 살이다. 여자의 경우 무자(無子)도
많다.

▫ 고란살(孤鸞殺) 고독하며 부부간에 인연이 없고, 남편이 무능하
여 부득이 여자가 직업을 갖게 된다.

▫ 비인살(飛刃殺) 시비 투쟁이 많고, 간사하며, 마음에 칼을 품고
있는 사람이다.

▫ 자암살(紫暗殺) 칼이나 무기에 상처를 입을 수 있는 흉살이다.

▫ 양인살(羊刃殺) 양인은 칼로 선량한 양(羊)을 죽인다는 뜻으로
형벌(刑罰)의 살(殺)이다. 형사(刑死), 타살(打殺), 부
모, 부부, 자녀와 인연과 운이 나쁘고, 가난하게 산
다. 백호대살(白狐大殺), 괴강살(魁罡殺)과 더불어 3
대 나쁜 살(殺)중에 하나에 해당되며, 이들 살(殺)이
존재하면 삶에 있어서 한 두 번은 풍파(이혼, 재혼,
사업, 진로 등)를 맞게 되고, 대운(大運)이나 세운(歲
運)에서 이들이 다시 들어오면 암(癌) 등의 중병(重

病)이 찾아온다. 특히 양간(陽干)에 적용되는 양인살(陽刃殺)이 더욱 나쁘며, 양인살이 2개 이상이면 부부간 사별이나 질병에 시달리고 다른 사람을 함부로 대한다. 군인과 경(검)찰관은 물론 수술 등을 담당하여 남의 피와 관련된 직업에 속하는 의사, 정육점, 이발사, 침술가의 직업인 경우 이름을 떨칠 수 있지만 때로는 어려운 곤액(困厄)이 따른다.

양인이 년지(年支)에 존재하면 재물이 파산되고, 조업을 계승하지 못하며 은혜를 원수로 갚는다. 월지(月支)에 존재하면 부모형제 덕이 없고 평생 가난하게 살며 결혼에 문제가 발생하며, 일지(日支)에 존재하면 남녀 모두 배우자를 극(尅)한다. 시지(時支)의 양인은 자녀를 극(尅)하고 말년에 외롭다.

그렇지만, 양인살(陽刃殺)은 마냥 나쁘다고 볼 수 없다.

양인이 있고 시지(時支)에 건록(建錄)이 있으면 재물이 풍족해지고 성공하게 된다. 요즘 사회 참여 활동에서 남여간 성(姓)차별이 없어진 상황에서 여성에 대한 양인살은 사주 구성이 좋은 경우 오히려 길성(吉星)으로 작용될 수 있다. 또한 양인살과 관련된 살인상정(殺刃相停) 사주는 사람과 호랑이는 서로 공존할 수 없지만, 서로 균형(均衡)을 이루면 안락함을 느끼게 되는 길성(吉星) 사주가 된다. 즉 사주 구성에서 양인살(陽刃殺)이 성립되지만, 양인에 작용되는 비겁을 편관(칠살)이 극(尅)하여 양인을 무력화시킴으로써 성립되는 사주로 형권(刑權)이나 병권(兵權)을 잡을 수 있는 귀격사주가 된다. 살인상정 사주의 경우 카리스마가 있고 생살지권(生殺之權)을 쥐는 권력계통으로 출세하며 군인, 경찰, 법관으로 성공할 수 있는 사주이다.

특히, 생사여탈권을 가진 법관(판사, 검사) 사주의 경우 양인살(羊刃殺), 수옥살(囚獄殺), 천라지망살(天羅地網殺) 그리고 비천록마격(飛天祿馬格) 사주가 많다. 그러나 운세(運勢)에서 이를 부합시키지 못하면 법관 사주는 오히려 범죄자 즉 범법자 사주가 된다.

※<참고> 양인과 육친(六親)과의 관계

-양인과 비견이 동주하면 : 처와 부친을 극하고 재물을 탕진한다.

-양인과 정재가 동주하면 : 재물로 파산하며 극처한다.

-양인과 식신이 동주하면 : 인덕이 있고, 사업에 성공한다.

-양인과 상관이 동주하면 : 고집이 세고 실직할 우려가 있으며 단명한다.

-양인과 편재가 동주하면 : 형제나 직원을 부양한다.

-양인과 편관이 동주하면 : 가업을 일으키고 부귀한다.

-양인과 정관이 동주하면 : 관재구설, 명예손상으로 좌천한다.

-양인과 편인이 동주하면 : 이복형제와 계모가 부친의 재산을 탕진한다.

-양인과 인수가 동주하면 : 귀하게 되는 경우도 있겠으나 병약(病弱)하다.

▫ 백호대살(白狐大殺) 호랑이에게 물려간다는 것으로, 요즘은 교통사고가 여기에 해당된다. 또한 암, 횡사, 자살 등이 찾아오기도 한다. 이 경우도 3대 나쁜 살에 해당되며 부부와 자식간 인연이 없다. 요즘은 호랑이가 없는 관계로 일명 백호살(白狐殺)이라고 한다. 백호대살도 양인살(陽刃殺) 처럼 풍파를 맞으며, 특히 본인은 물론 의사(醫師)처럼 다른 사람의 직, 간접적인 피(혈액, 수술)와 관련이 있다.

백호대살이 년주(年柱)에 존재하면 조부모가 월주(月柱)에 존재하면 부모가 흉사하거나 혹은 이별, 불구, 단명 그리고 신병을 앓게 되며, 일주(日柱)에 존재하면 부부 이별 아니면 불구, 단명하고, 시주(時柱)에 존재하면 유산이 많아 무자식하게 되고 만약 유자식이면 불구, 횡사하게 된다.

※<참고> 일진(日辰)에 존재하는 백호대살(白狐大殺)

-갑진(甲辰) 백호대살 : 부부 생사 이별, 신병, 당뇨

병, 교통사고, 객사, 부친 흉사

-을미(乙未) 백호대살 : 부부 생사 이별, 신병, 교통사고, 객사, 부친 흉사

-병술(丙戌) 백호대살 : 부부 이별, 여자의 경우 유산이 많아 무자하고, 자궁 수술

-정축(丁丑) 백호대살 : 부부 이별, 여자의 경우 유산이 많아 무자하고, 자궁수술

-무진(戊辰) 백호대살 : 부부 이별, 암 발생, 유산 발생, 형제자매 사망

-임술(壬戌) 백호대살 : 부부 이별, 자녀 불구, 여성은 무자하고 자궁 수술

-계축(癸丑) 백호대살 : 부부 이별, 아들 교통사고 및 불구, 여자는 자궁병 발생

▫ 칠살(七殺) 간충(干沖)이라고 하며, 비명, 불구, 횡사 등이 있다.

▫ 낙정관살(落井關殺) 우물에 떨어진다는 흉살로 특히 물을 조심해야 한다.

▫ 음착살(陰錯殺), 양착살(陽錯殺) 외가가 몰락하며(처남 문제), 돈벌이를 게을리하고 부부간 불화 및 인연이 없고, 부부 이별하며 흉사한다.

▫ 괴강살(魁罡殺) 사람을 제압하는 백수건달, 협객을 말한다. 괴강이 있으면 남, 여 모두 문장력이 뛰어나고 정직하며 결단력이 강하다. 여자의 경우 고집이 세고 남편을 우습게 여기고 이혼할 팔자가 된다. 3대 나쁜 살(殺) 중에 하나에 해당되며, 군인과 경(검)찰관의 직업인 경우 오히려 도움을 주는 살(殺)이기도 하다. 특히 천을귀인(天乙貴人)이 함께 존재하면 성격이 활발하고 존경을 받는다. 또한 사주 구성이 좋은 경우 대권을 잡고 도전할 수 있으며 괴강이 사주에 2개 이상이면 오히려 길성(吉星)으로 작용한다. 경진(庚辰), 경술(庚戌) 괴강은 편관과 정관이 사주 구성에 존재하면 극심한 빈궁을 면치 못하고, 임진(壬辰) 괴강은 편재와 재성이 사주 구성에 존재하면 가난하게 살게 된다. 신약(身弱)한 여성의 경우 괴강이 있으면 남편과 이별하고 가난을 면치 못한다. 요즘 사회 참여 활

동에서 남여간 성(姓)차별이 없어진 상황에서 여성에 대한 괴강살(魁罡殺)은 시대적으로 마냥 나쁘다고 볼 수 없고, 가정과 직업을 지키고 리더쉽을 발휘할 수 있는 것이기도 하다.

괴강살에 대하여 예를 들어보자, 아래는 전직 노태우 대통령 사주다.

구분	천간	지지
년주(年柱)	壬	申
월주(月柱)	戊	申
일주(日柱)	①庚	②戌
시주(時柱)	乙	亥

일주(日柱)에 庚戌의 괴강살이 있음을 알 수 있다.

25. 교록(交錄)

일주 일간, 일지	甲, 申	乙, 酉	丙, 子	丁, 亥	戊, 子	己, 亥	庚, 寅	辛, 卯	壬, 午	癸, 巳
나머지 천간, 지지	庚, 寅	辛, 卯	癸, 巳	壬, 午	癸, 巳	壬, 午	甲, 申	乙, 酉	丁,亥 己,亥	丙, 子,戊, 子

교록(交錄)은 상업과 무역업으로 대성하며, 주위에 큰돈을 만지는 사람들에게 많다.

26. 삼기격(三奇格)의 길성(吉星)

삼기격 사주는 아주 귀한 사주로 분류되며, 주로 성공한 정치가나, 고급 관료들에게 많이 있는 사주이기도 하다.

예를 들면, 천간(天干) 4개중 갑무경(甲戊庚), 을병정(乙丙丁), 임계신(壬癸辛)의 3개가 존재하는 경우, 혹은 육친에서 지지(地支) 4개중 정재(正財), 정관(正官), 인수(印綬)=정인(正印)의 3개가 존재한 경우가 삼기격 사주에 해당된다.

삼기격은 충, 도화살, 원진살이 있으면 삼기가 아니며, 연월일시에 틀리지 않고 순서대로 존재해야 한다.

또한, 공망(空亡)되면, 벼슬하지 않고 숨어 사는 은사(隱士)가 되어

입산수도(入山修道)하게 된다.

27. 삼붕격(三朋格)의 길성(吉星)

삼붕격(三朋格) 사주란? 사주 구성에서 본인에 해당되는 일간(日干) 오행(비견)이 아래 A, B사주처럼 천간(天干)과 동일하게 3개 이상으로 나란히 병립(竝立)된 사주를 말한다.

A사주		
년주(年柱)	丁	○
월주(月柱)	丁	○
일주(日柱)	(丁)	○
시주(時柱)	○	○

B사주		
년주(年柱)	○	○
월주(月柱)	庚	○
일주(日柱)	(庚)	○
시주(時柱)	庚	○

삼붕격(三朋格) 사주는 재물과 의식주가 풍부하게 살아간다.

대부분 삼붕격 사주는 귀격사주로 분류되어 좋은 사주이나, 나쁜 흉성(凶星)의 경우 반감된다. 삼붕사주라고 해서 전체 사주가 모두 좋은 사주가 아니라, 사주 구성이 나쁘거나 혹은 형제나 친구에 해당되는 비겁(비견, 겁재)가 너무 많은 경우를 삼붕상화(三朋相化)라고 하는데 이 경우는 오히려 흉(凶)한 사주로 본다.

독자들은 이것과 비슷한 사주 구성으로 뒷장 격국(格局)에서 잡격(雜格)에 해당되는 지지일기격(地支一氣格), 천원일기격(天元一氣格), 간지동체격(干支同體格) 등을 참고하여 사주 해석을 해 주길 바란다.

참고로 삼기격(三奇格)과 삼붕격(三朋格) 사주인 경우일지라도 사주 구성 자체가 탁한 경우(사주 구성이 나쁜 사주이거나 혹은 충(沖), 형(刑), 해(害), 공망(空亡) 등이 많이 존재하거나 혹은 3대 악살에 해당되는 백호대살(白狐大殺), 양인살(陽刃殺), 괴강살(魁罡殺) 등이 존재하는 경우)에는 삼기격과 삼붕격의 효과를 감소시킬 수는 있으니, 이들의 판단은 사주 전체 구성을 보고 판단해야 한다.

28. 평두살(平頭殺)

사주에서 갑(甲), 병(丙), 정(丁), 임(壬), 자(子), 진(辰)의 6개 중 3~4개가 존재하거나, 3개가 사주에 존재하면서 대운(大運)과 세운(歲運)에 1개를 만나면 평두살(平頭殺)에 해당된다.

또한 평두살은 일주(日柱)가 甲子, 甲辰, 甲寅, 丙寅, 丙戌, 丙辰이거나, 甲戌, 甲申, 甲午, 丙子, 丙申, 丁卯, 丁丑, 丁亥, 丁酉, 丁未, 丁巳, 戊辰, 庚辰, 壬申, 壬午, 壬辰, 壬寅, 壬子, 壬戌 일 때도 성립된다.

평두살을 중심으로 화개살(華蓋殺), 귀문관살(鬼門關殺), 천도살(天屠殺) 등이 존재하거나 혹은 지지(地支)에 未戌亥가 존재하는 경우 신기(神氣)가 강한 사람으로 무속인(巫俗人) 팔자가 많고, 종교가, 성직자, 수녀, 독신자 등에게도 쉽게 찾아볼 수 있다. 특히 평두살은 혼담(婚談)이나 결혼(結婚)에서 파혼, 이혼 등으로 화목한 가정을 유지하기 어렵고 혼자 사는 경우가 많다. 또한 양인살(陽刃殺)과 동주하면 스스로 자해(自害)하는 경우가 발생한다.

29. 탕화살(湯火殺)

일지	寅	午	丑	戊寅	戊子	甲戌	壬戌
나머지 지지	寅巳申	辰午丑	午戌未	인(寅)이 많을 때	寅巳申	辰	辰

탕화살(湯火殺)은 소방(消防)과 관련된 것이지만, 요즘은 살인, 음독자살, 인생 비관, 염세(厭世), 참수, 총살, 화상(火傷) 등을 말하는 것으로 극단적인 선택으로 화를 입는 것을 말한다. 특히 탕화살은 원진살(怨嗔殺)과 귀문관살(鬼門關殺)이 중복되므로 가장 나쁘게 작용한다. 하지만 신체에 수기(水氣)에 해당되는 검은 반점이나 곰보 자국이 있으면 탕화살은 면(免)하는 것으로 본다.

30. 오귀살(五鬼殺)

아래와 같이 2가지 모두 성립된다.

년지	亥·卯·未	寅·午·戌	巳·酉·丑	申·子·辰
지지	子/丑	卯/辰	午/未	酉/戌

또는,

년지	子	丑	寅	卯	辰	巳	午	未	申	酉	戌	亥
지지	辰	巳	午	未	申	酉	戌	亥	子	丑	寅	卯

남녀 공히 독수공방(獨守空房)하며 결혼운이 없다. 고신살, 과숙살, 화개살, 평두살, 천도살 등과 같이 있으면 승려(僧侶)나 무속인의 경우도 존재한다.

31. 농아살(聾啞殺)

아래와 같이 2가지 모두 성립된다.

년·일지	亥·卯·未	寅·午·戌	巳·酉·丑	申·子·辰
시지	子時	卯時	午時	酉時

또는,

일주(日柱)가 乙酉, 丙寅, 丙子, 丙戌, 丙申, 丙辰, 丁酉, 戊寅, 己亥, 庚寅, 壬申, 壬午, 壬辰, 壬寅, 壬子, 壬戌, 癸酉 일 때 성립된다.

농아살은, 귀머거리나 벙어리(말더듬)가 되는 살(殺)로 부부중 농아살이 있으면 선천적인 질병의 자식을 낳는 경우가 많다.

32. 상문조객살(喪門弔客殺)

죽음에 관한 살(殺)을 상문살(喪門殺)이라고 하고, 집안에 안 좋은 일이 이미 발생되어 조객을 맞이하는 것을 조객살(弔客殺)이라고 한다.

상문조객살(喪門弔客殺)은 세운(歲運) 즉 년이나 월에만 적용되는 살(殺)로 집안에 상을 당하여 상복(喪服)을 입게 되고, 사별(死別)을 뜻하기 때문에 새로운 건축, 이사, 택일은 삼가해야 된다. 이것은 잡신(雜神) 등으로 인하여 상가집 출입과 음식을 자제해야 하고, 특히 원진살(怨嗔殺), 귀문관살(鬼門關殺), 천도살(天屠殺) 등과 더불어 우울증(憂鬱症), 공항장애, 조울증, 불면증 등의 정신질환

(精神疾患)자들에게 많은 나타나는 살(殺)이다. 사주에 이러한 살(殺)과 함께 수(水)기운이 많거나 혹은 목(木)기운과 화(火)기운의 불균형 현상이 발생되면 정신질환에 취약한 사주이다.

지지(地支)	子	丑	寅	卯	辰	巳	午	未	申	酉	戌	亥
상문살(喪門殺)	寅	卯	辰	巳	午	未	申	酉	戌	亥	子	丑
조객살(弔客殺)	戌	亥	子	丑	寅	卯	辰	巳	午	未	申	酉

33. 격각살(隔角殺)

격각살은 뿔로 몸이 상하고 뼈가 부러진다는 의미로 사고를 당하거나, 부모 형제와 갈등은 물론 헤어져 먼 타향에서 방황하게 되는 흉살(凶殺)을 의미한다. 이것이 존재하는 사람은 육친(六親) 사망과 관련이 있고, 평소 사고로 크게 다칠 수 있으므로 조심해야 하고 안전 수칙과 응급상황에 대비하면 좋다. 또한 격각살은 자신의 집 매매와 비유되기도 한다. 즉, 집을 파는 사람은 집이 없어지므로 상문에 해당되고, 집을 사는 사람은 격각(隔角)으로 비교하기도 한다.

격각살은 12지지에서 한 칸씩 건너 띤 것에 작용되는 삼합(三合)에서 나온 것이며, 이것은 상문조객살(喪門弔客殺)과 일치되는 살(殺)이다. 이것이 성립되는 구체적인 판단은 아래와 같다.

일지(日支)	子	丑	寅	卯	辰	巳	午	未	申	酉	戌	亥
시지(時支)	寅	卯	辰	巳	午	未	申	酉	戌	亥	子	丑

34. 천도살(天屠殺)

천도살은 아래와 같이 사주 일지(日支)와 시지(時支)가 아래와 같이 나란히 존재할 때 성립된다.

성립1	일지(日支)	丑	寅	卯	申	巳
	시지(時支)	亥	戌	酉	辰	未
성립2	일지(日支)	亥	戌	酉	辰	未
	시지(時支)	丑	寅	卯	申	巳

예를 들어보자. 아래 사주와 같이 일지(日支)가 인일(寅日)이고, 시지(時支)가 술시(戌時)일 때 천도살(성립1)이 성립되며 또한 일지(日支)가 술일(戌日)이고 시지(時支)가 인시(寅時)일 경우에도 천도살(성립2)이 성립된다.

구분	성립1		성립2	
년주(年柱)	○	○	○	○
월주(月柱)	○	○	○	○
일주(日柱)	○	寅	○	戌
시주(時柱)	○	戌	○	寅

천도살은 신기(神氣)가 강한 살(殺)로 병원에서 아픈 병명을 알 수 없는 특이한 질병이 있고, 의학적으로 치유할 수 없는 살로 무기력, 우울증, 조울증, 가위눌림, 불면증 등의 정신질환 등이 나타나고, 원만한 결혼생활이 어렵고, 예지몽, 영매, 빙의현상, 무병증 등이 발생되기도 한다.

독자들이 알아야될 사항은 지지(地支)에서 작용되는 귀문관살(鬼門關殺), 상문살(喪門殺), 조객살(弔客殺), 평두살(平頭殺), 오귀살(五鬼殺), 천도살(天屠殺) 등은 영혼(靈魂)과 민감하게 반응하는 기운(氣運)을 말하는 것으로 이것은 신기(神氣)이다.

신기(神氣)는 무속인(巫俗人)의 전조증에 해당되는 빙의(憑依), 신병(神病), 무병(巫病)과는 다른 것이다. 특히 무속인(巫俗人), 도사(道士), 퇴마사(退魔師), 주술사(呪術師)의 명확한 구분은 어렵다. 그 이유는 도사와 무속인의 중간 역할자도 존재하고, 퇴마사, 주술사 역시 도사와 무속인과 중간 역할도 존재하기 때문이다. 그러나 이들의 구분은 사주(四柱) 구성으로 확인해 보면 차이를 판단할 수 있다. 보통 무속인의 경우 천간(天干)의 조상신(祖上神)을 바탕으로 대운(大運)이나 혹은 세운(歲運)에 신기(神氣)가 강(强)하게 접목되는 시기에는 신내림, 무속인(무당)으로 살아가게 된다.

※<참고>
• 무속인(巫俗人)
  • 무속인은 도(道)를 배우거나 수행하지 않고 초인적인 능력을 발휘하는 사람이다.

- 무속인이 사용하는 부적(符籍)은 귀신을 내쫓는 부적이 아니라, 귀신을 다스리는 부적을 사용한다.
- 대부분 결혼하지 않거나 실패한다.
- 무속인, 퇴마사, 주술사 등의 구별은 쉽지 않으나, 사주 구성에서 무속인들의 사주 특징은 다음과 같다.

• 도사(道士)

> - 사주 구성에서 상관이 강(强)하다.
> - 정관과 비겁이 없거나 약(弱)할수록, 좋은 무당이고 오래 한다.
> - 보통 인성운에서 신병을 앓고, 겁재운에서 개업을 한다.

- 도사(道士)는 도(道)를 배우고 수행하여 초인적인 능력을 발휘하는 사람이다.
- 도사는 귀신(무속인)과 싸우는 사람으로 악귀를 내쫓는 부적(符籍)이나 주문(呪文)을 통하여 귀신과 싸운다. 따라서 도사는 무속인과 반대에 있는 사람이다.
- 속세를 떠나 생활하며, 대부분 결혼하지 않거나, 결혼해도 실패한다.
- 도사는 도사와 무속인의 중간 역할자도 존재하기 때문에 이들의 구별은 명확하지 않으나, 보통 사주 구성으로 확인해 보면 다음과 같다.
- 사주 구성에서 도사들은 보통 식신과 편관이 강(强)하게 구성되어 있다.

• 퇴마사(退魔師)
- 사주 구성에서 식신이 강(强)한 무속인 출신이 많으며, 악마나 귀신을 쫓아내거나 물리쳐서 없애는 사람

• 주술사(呪術師)
- 신의 힘이나 신통력을 통하여 길흉을 점치거나 재액을 물리치는 사람

※참고<역술인(易術人)과 종교인(宗敎人)>

-역술인(易術人) : 사주(四柱)나 도(道) 등을 후천적으로 배워서 직업이나 카운슬링하는 일반 사람이다.

-종교인(宗敎人) : 특정 종교를 후천적으로 배워서 이를 통하여 직업이나 카운슬링하는 일반 사람이다.

이들은 화개살(華蓋殺)이 존재하고, 특히 역술인(易術人)은 일주가 갑술(甲戌)-임술(壬戌)-경술(庚戌)-병술(丙戌)-무술(戊戌)이고, 월지나 시지가 인(寅), 축(丑), 술(戌), 해(亥)가 존재하는 경우 혹은 일주가 계해(癸亥)-을해(乙亥)-정해(丁亥)-기해(己亥)-신해(辛亥)이고, 월지나 시지에 축(丑)이 존재하는 경우가 많다.

35. 현침살(懸針殺)

현침살은 뾰족한 바늘이 찌른다는 뜻으로, 갑(甲), 신(申), 묘(卯), 오(午), 신(辛)에 해당하는 글자가 사주에 존재하는 경우이고, 이것은 사주 전체 구성을 보고 판단하는데 이 중 일주(日柱)에 존재할 때 가장 큰 힘을 발휘한다. 즉, 甲申, 甲午, 辛未, 辛卯, 甲子, 甲戌, 甲辰, 甲寅, 乙卯, 丁卯, 己卯, 丙申, 庚申, 壬申, 戊午, 辛巳, 辛丑, 辛亥, 辛酉, 癸卯가 해당 된다.

현침살은 냉정하고, 날카롭고 예리한 성격이며, 정교한 재능을 가지고 있고, 잔인하며, 비판적인 말은 많이 하기 때문에 친구들이 좋아하지 않으나, 타고난 언변력이 좋아 상대의 마음을 꿰뚫어 보고 시대의 흐름을 읽어내는 능력이 있어 토론과 시사 평론 등에는 재능을 가지고 있다. 그렇지만, 가족관계 혹은 관재구설이 많이 생기고, 잔꾀가 능하기 때문에 스스로 패하고, 재난, 교통사고 등의 큰 사고가 자주 발생한다. 직업으로는 정교한 기술직이나 혹은 바늘과 관련된 의사, 간호사, 한의사, 침술가, 디자이너, 수선업, 미용사, 화가, 봉제업, 군인, 양복점, 시사평론가, 도살업, 정육점, 무관(군, 검찰) 등이 천직(天職)이다.

사주에 양인살(陽刃殺)과 현침살이 존재하면 잔인한 사람으로 분류되며, 얼굴 관상(觀相)으로 본 현침살(懸針殺)은 미간과 미간 사이에 바늘이 달린 것처럼 1자 모양의 상, 하 주름이 존재하는 사람도 현침살(懸針殺)로 본다.

36. 천라지망살(天羅地網殺)

천라지망살이란? 하늘천(天), 그물라(羅), 땅지(地), 그물망(網)으로 하늘에 날아다니는 새와 땅에서 헤엄치는 물고기 모두는 그물에 다 걸린다는 뜻으로 매사가 힘들고 세상에 구속되어 되는 일이 하나도 없다는 뜻이다.

이것의 성립은 지지(地支) 중 일지(日支)에 戌, 亥(천라)와 辰, 巳(지망)의 4글자 중 1개가 존재하고, 다른 것들은 시지(時支)나 월지(月支)에 존재하거나 혹은 대운(大運)이나 세운(歲運)에서 이들이

들어올 때 성립된다(※일지, 시지, 월지는 붙어 있어야 한다). 남자 사주는 戌과 亥는 더 나쁘고, 여자 사주는 辰과 巳이 성립되면 더 나쁘다. 아래 사주를 보자.

사주(四柱)			대운(大運)			년운(年運)
	천간	지지	25	15	5	2025年
年	○	○				乙
月	○	①亥	○	③亥	○	④巳
日	○	②戌				
時	○	○				

위 사주는 일지(日支)에 ②戌이 존재하고, 월지(月支)에 ①亥가 존재하므로 천라지망살(天羅地網殺)이 성립된다. 아울러 대운(大運)에서 지지 ③亥가 존재하므로 15세~24세에 해당되는 시기 역시 천라지망살이 되며, 2025년 년운(年運)의 경우 지지 ④巳가 존재하므로 사주 원국의 ②戌와 천라지망살이 성립된다.

특히 사주 원국에 천라지망살이 존재하고, 대운이나 세운에서 다시 들어올 때는 관재 소송, 질병, 불구자, 사망, 시비, 폭력, 납치 등이 발생된다.

이것은 부부가 결혼할 때도 한 사람이 辰 띠고, 배우자가 巳 띠이면 성립된다.

이런 천라지망살을 피해 갈 수 있는 방법은 개인적이고 세속적 발전을 추구하는 일은 삼가고 남을 위해 봉사하고 힘쓰야 한다. 직업으로는 형사, 헌병, 경, 검찰, 의료진, 사회복지법, 교사, 소방관, 종교인, 간호사 등이 맞고 덕을 베풀어야 한다.

37. 묘(墓)의 길흉성(吉凶星)

묘(墓)는 천간(天干)과 지지(地支) 모두에서 작용되며 부부(夫婦)는 물론 아버지, 아들, 딸, 형제 등 육친(六親) 모두에게 적용되며, 부부(夫婦)에 적용되는 것을 상부(喪夫)와 상처(喪妻) 혹은 부성입묘(夫星入墓) 혹은 처성입묘(妻星入墓)라고 한다. 그 외 사람들에게 적용되는 것을 관성, 인성, 식신 비겁입묘라고 한다.

이것이 적용되면 사별, 중병, 파멸, 재혼, 이혼 혹은 유명 무실한
존재 등의 흉(凶)으로 되는 경우이거나 혹은 곡식을 보관 하는 창
고(倉庫) 기능으로 중년이후 재물(財物)을 모으는 기능 혹은 그 중
간 기능 등을 가지고 있다.

묘(墓)의 적용 범위는 토(土)에 해당되는 진, 술, 축, 미(辰, 戌, 丑,
未)가 지지(地支)에 있을 때다. 하지만, 지지가 합(合)이 되어 오행
의 기능이 변화(化)되거나 통근(通根) 및 득령(得令), 득지(得地), 득
세(得勢)가 적용되면 흉(凶)이 아닌 곡식을 보관하는 창고(倉庫)기
능이 되어 오히려 중년이후 재물이 들어오는 길성(吉星)으로 작용
하기도 하고, 공망(空亡)이나 충(沖)을 받으면 (墓)가 상실된다.

묘의 조건은 辰(土)은 수(水), 戌(土)은 화(火), 丑(土)은 금(金), 未
(土)은 목(木)을 만날 때 묘(墓)가 성립되며, 대운(大運)과 세운(歲
運)에서도 적용법은 동일하다.

특히 대운(大運)과 세운(歲運)에서 묘(墓)의 성립은 부모(父母) 혹
은 자식(子息)이나 처(妻)의 사망 판단을 확인할 수 있다.

양력 1986년 6월 11일 밤 22:50분에 태어난 남자 이길동의 사주에
서 묘(墓)를 확인해 보자.

구분	천간	지지	육친	
년주(年柱)	②丙	⑤寅	비견	편인
월주(月柱)	甲	④午	편인	겁재
일주(日柱)	③丙	①戌	·	식신
시주(時柱)	己	亥	상관	편관

이길동은 일지 ①술(戌)은 화(火)에서 묘가 성립되는데, 이길동의
사주를 보면 화(火)에 해당되는 ②丙(화), ③丙(화), ④午(화)는 각각
비견과 겁재 이고, 이것은 형제에게 묘(墓)가 성립되는 것으로 이
길동은 형제를 잃게 된다는 뜻이다. 그러나 지지(地支)에 ⑤寅④
午①戌 즉 인오술 삼합이 성립되어 이것은 비겁의 화(火)기운으로
변화되는(化) 것이므로 묘(墓)로 작용된 화(火)기운에서 다시 화
(火)기운을 하나 더 얻은 것이므로 火+火가 성립되어 火가 높게
솟아오르게 되니 형제에게 적용된 묘(墓)는 상실되고, 창고(倉庫)

기능으로 전환됨으로써 이길동의 묘(墓) 기능은 상실된다.

하지만 이길동의 경우 대운(大運)이나 년운(年運) 등 세운(歲運)에서 화(火)기운을 만나면 비겁 즉 형제와 관련된 묘(墓)가 성립된다.

그러나 이길동은 대운이나 세운에서 묘(墓)는 인오술(寅午戌)의 삼합(三合)이 성립되어 비겁의 화(火)기운으로 변화(化)되기 때문에 묘는 성립되지 않고, 창고(倉庫) 기능으로 작용되어 형제 난은 발생될 수도 있겠으나 중년이후 재물(財物)을 모을 수 도 있겠다.

그렇지만 이길동 사주는 월지(月支)와 일지(日支)가 공망(空亡)이 되므로 ①戌은 묘(墓)가 성립되지 않는다.

이제 독자들을 위하여 사주에서 묘(墓)가 성립되는 것들을 다음 보기에서 몇 가지 예를 들어보겠다.

((예1)) 무덤의 흉성(凶星)으로 작용하는 묘(墓)

아래 사주는 여성의 사주이다.

구분	천간	지지	육친	
년주(年柱)	丙	午	상관	식신
월주(月柱)	②庚	寅	정관	겁재
일주(日柱)	乙	①丑	·	편재
시주(時柱)	己	卯	편재	비견

위 사주를 보면, 지지에 ①축(丑)이 존재 하므로 丑(土)은 금(金)에서 묘(墓)가 된다. 금(金)을 찾아보니, 월간 ②庚(금)이 존재하고 이 것은 남편에 해당되는 정관이므로 이 틀림없이 묘(墓)가 성립되고, 묘로서 발생되는 시기는 중년의 시기가 된다.

따라서 이 여성은 중년에 남편과 사별(死別)하든지 아니면 이혼(離婚) 혹은 재혼과 불화, 남편의 중병 등으로 남편이 유명무실한 상태가 된다는 것을 알 수 있다.

만약, 사주 원국에서 묘가 성립되지 않고, 대운(大運)이나 세운(歲運)에서 묘(墓)가 성립되는 것을 다음 보기에서 알아보자.

((예2)) 대운(大運)에서 흉성(凶星)으로 작용하는 묘(墓)

아래 여성 사주는 사주 원국에는 묘(墓)가 없지만 대운(大運)에서 묘(墓)가 작용되는 경우이다.

구분	천간	지지	육친	
년주(年柱)	乙	亥	정재	식신
월주(月柱)	己	亥	인수	식신
일주(日柱)	庚	①戌	·	편인
시주(時柱)	戊	寅	편인	편재

위 사주에서 일지 ①戌가 묘(墓)가 성립되려면 사주 구성에서 화
(火)의 오행이 존재해야 하나, 사주 원국에는 화(火)의 오행이 존
재하지 않는다. 따라서 사주 원국에는 묘가 작용되지 않는 사주이
다. 이런 경우의 묘 작용은 대운(大運)이나 세운(歲運)에서 작용된
다. 아래 대운을 보자

53	43	33	23	13	3
丙	丁	戊	己	庚	辛
辰	巳	午	未	申	酉
58	48	38	28	18	8

대운에서 확인해 보니, 43세에 해당되는 정사(丁巳) 대운을 보면
천간 丁은 남편에 해당되는 정관이고, 火(화)이므로 묘(墓)가 성립
된다.

또한 지지의 巳(화)역시 같은 火(화)이고, 이것 역시 편관이라 편
관은 정관과 더불어 여자에게는 남편으로 보는 것이므로 역시 묘
가 성립된다.

따라서, 이 여성은 43세~48세 그리고 48세~53세에 틀림없이 남
편과 사별, 이혼, 중병 혹은 재혼 등이 찾아오게 된다는 것을 알
수 있고, 특히 사주 원국과 충(沖)이 성립되는 경우에는 더욱 위험
하다. 그렇지 않는 경우에는 그냥 지나가는 경우도 있겠다. 또한
53세 대운에서 지지 진(辰)은 수(水)에서 묘(墓)가 성립되는 관계로
위 사주는 년지와 월지에 존재하는 수(水)에 묘가 성립되고 이것
은 식신이므로 딸에 해당되기 때문에 이 시기에는 딸에게 나쁜
영향을 미치게 된다. 이러한 작용은 년운(年運)에서도 동일하게
적용된다. 이러한 묘의 판단으로 부모(父母) 등의 사망 년도를 예
측할 수 있는 이점이 있다.

((예3)) 창고(倉庫)로서 길성(吉星)으로 작용하는 묘(墓)

아래 사주는 남성 사주이다.

구분	천간	지지	육친	
년주(年柱)	②甲	申	정재	겁재
월주(月柱)	辛	①未	비견	편인
일주(日柱)	辛	③卯	·	편재
시주(時柱)	壬	子	상관	겁재

위 사주는 일지에 존재하는 ①未는 묘의 성립 조건으로 목(木)이
사주에 존재하면 묘(墓)가 성립된다. 따라서 이것을 확인해 보니
천간 ②甲(목)이 해당된다. 이것은 본인에 해당되는 일간 신(辛)과
의 육친(六親) 관계는 정재로서 부인에 해당되므로 묘의 성립 조
건에 해당된다.

그런데 일지의 ③卯는 ①未는 亥卯未의 반합이므로 이것은 재성
의 목(木)기운으로 변화된다. 따라서 위 사주는 목(木)기운이 사주
에 하나 더 추가되므로 기존의 묘(墓)의 영향을 받았던 ②甲(목)과
의 관계는 목(木)이 하나 더 존재하여 목+목의 기운으로 변화되
어 더욱 높게 솟아오르는 형국이 되므로 묘가 성립되지 않는다.
또한 이 경우 卯未의 반합(半合)이 성립되어 흉성(凶星)이 아니라
창고(倉庫)기능이 작용 되므로 중년 이후 오히려 재물이 쌓이고,
부유해지는 사주란 것을 알 수 있다.

이러한 원리를 이용하여 사주상 묘(墓)가 존재하는 사람의 경우,
이로 인하여 불운(不運)을 피하는 방법은 여러 가지가 있겠지만
특히 자신의 성명 즉 이름 짓기(개명)를 통하여 묘(墓)가 성립되는
오행(五行) 하나를 더 추가해서 강(强)하게 한다든지, 아니면 합
(合)작용으로 묘 기운을 없애 주면 된다.

((예4)) 지장간(支藏干)에서 작용되는 일지재고의 묘(墓)

지금까지 독자들은 사주 원국에서만 작용되는 묘(墓)를 알아보았
는데 묘는 지장간(支藏干)에서도 성립된다.

아래 남성 사주를 보자.

구분	천간	지지	육친		지장간(支藏干)
년주 (年柱)	甲	辰	정인	상관	乙(편인), 癸(편관), 戊(상관)
월주 (月柱)	甲	戌	정인	상관	辛(편재), 丁(비견), 戊(상관)
일주 (日柱)	丁	①丑	·	식신	癸(편관), ②辛(편재), 己(식신)
시주 (時柱)	丙	寅	겁재	인수	戊(상관), 丙(겁재), 甲(편인)

위의 사주에서 ①丑은 금(金)에서 묘(墓)가 성립되는데 사주 원국에는 금(金)이 없기 때문에 묘가 존재하지 않는다.

그렇지만 ①丑의 지장간에는 금(金)에 해당되는 ②辛(편재)가 존재하므로 묘(墓)가 성립된다. 성립 조건은 동일 지지에서 성립 된다. 따라서, 위의 경우는 편재에 묘(墓) 성립되므로 위 남성은 편재에 해당되는 아버지나 혹은 부인 그리고 첩에게 묘가 성립되고 발생되는 내용은 모두 동일하다.

독자들은 사주에서 묘(墓)가 여러 가지 조건에서 성립되는 것을 확인하였다.

묘(墓)의 작용은 작용되는 辰, 戌, 丑, 未는 물론 지장간(支藏干)까지 모두 찾아서 판단해 보고, 이때 지지 합(合), 삼합, 방합, 반합 혹은 통근(通根), 득령(得令), 득지(得地), 득세(得勢)가 성립되면 묘(墓)는 흉성(凶星)으로 작용되는 것이 아니라, 길성(吉星)의 창고(倉庫)기능 등 다양하게 나타난다는 것을 알길 바란다.

((예5)) 식상입묘(食傷入墓)

식상(식신, 상관)이 입묘되면 사망한다.

((예6)) 제망묘고(提網墓庫)

월지가 신술축미(辰戌丑未)로 입묘되면 초년운은 불발된다.

격국, 용신 편

[사주(四柱)]

격국, 용신편

사주(四柱)에서 격국(格局)과 용신(用神)은 양대 산맥으로 사주를 공부하는 사람들은 반드시 이들을 이해하고 응용할 수 있는 능력이 되어야만 한다.

사주에서 육체(肉體)가 격국이라면, 정신(精神)은 용신이기 때문이다. 따라서 격국과 용신은 상호 불가분의 긴밀한 관계를 맺고 있는 것이다.

즉 사주를 해석(解析)하고 통변(通辯)한다는 것은 격국과 용신을 판단하는 것이다. 특히 여기서는 이들의 흐름 즉 고저(高低)를 알고 적용시킴으로써 사주의 해석 즉 통변술(通辯術)이 완성(完成)될 수 있도록 쉽게 전개하였기 때문에 독자들은 통변술에 자신감(自信感)을 갖게 될 것이다.

⑴ 격국(格局)

> 사주(四柱)에서 격국(格局)과 용신(用神)은 양대 산맥으로 육체
> (肉體)가 격국(格局)이라면, 정신(精神)은 용신(用神)이다. 격국
> 과 용신은 상호 불가분의 긴밀한 관계를 맺고 있는 것이다.
> 따라서 사주를 해석(解析) 한다는 것은 이들을 알고 적용시킴
> 으로써 완성(完成)되는 것이다.

격국(格局)이란? 사주 해석의 틀로서 사주의 구조적인 특성을 적
립시킨 것을 말하고, 사람으로 말하면 규격(規格)을 말한다. 즉, 사
주를 구성하는 것들 중 가장 영향력이 큰 월지(月支)는 물론 어떤
육친(六親)의 구성 요소가 강(强)하게 작용하는가?

이것을 토대로 정립시킨 것이 격국(格局)이다.

격국이 발전된 동기는 지구상에 존재하는 모든 사주(四柱)의 정확
한 용신(用神)을 찾고 적용하여 해석한다는 것은 무한대(無限大)이
고, 어려운 것이기 때문에 이를 개선시켜 보고자 당나라 때 대중
보급형으로 출발되었다.

특히 사주 원국과 대운(大運)을 제외한 년운, 월운, 일운 즉 세운
(歲運)에서 사주를 해석하고 판단한다는 것은 수천만가지의 조합
들의 영향을 받기 때문에 이들 모두를 판독하기란 인간의 힘으로
는 한계가 있다. 이러한 한계를 극복하기 위하여 만들어 놓은 사
주 공식(公式)이 격국(格局)이다.

즉, 격국은 수학(數學)에도 공식을 이용 하듯이, 사주 해석에도 사
주 공식을 이용하면 금방 쉽게 이해되지 않겠는가?

따라서 격국을 알고 적용하면 용신(用神) 찾기는 물론 사주 해석
(解析)의 큰 물줄기를 금방 판단할 수 있다. 이것이 사주에서 차지
하는 격국(格局)의 가장 큰 의미이기도 하다. 이렇게 사주 공식(公
式)이 격국(格局)이므로 특히 초보자의 경우 격국 한 가지만으로
사주를 판단하고 해석(解析)해도 큰 무리는 없을 것이다.

통변에서 격국처럼 상대방의 성향을 빠른 시간에 판단할 수 있는
것이 십간 희기론(喜忌論)이다. 이것은 <사주해석>에서 자세히

소개하였다.

격국을 좀 더 확대해보면, 사주 구성 중 4흉신(凶神)에 해당하는 살상겁인(殺傷劫刃) 즉 편관(칠살), 상관(傷官), 비견(比肩)/겁재(劫財), 편인(偏印), 양인(陽刃)의 나쁜 것들이라면 빼주고, 4길신(吉神)에 해당되는 재관인식(財官印食) 즉 정관(正官), 편재(偏財)/정재(正財), 정인(正印), 식신(食神)의 좋은 운(運)이라면 더 해주어 사주의 균형(均衡)을 맞추어서 사주를 해석(解析)하는 방법도 있다.

즉, 격국(格局)으로 사주를 판단한 결과 4길신(식신, 정재, 편재, 정관, 정인)에 해당되는 사주라면 일단은 좋은 사주라고 판단할 수 있다.

여기서는 독자들을 위하여 이러한 원리를 종합하여 격국 자체를 쉽게 접근하고 해석할 수 있도록 구체화시켰다.

특히 격국(格局)은 용신(用神) 찾기에서 '조후(調侯) 순환(循環)'과 상통하는 것으로 용신을 쉽게 찾고 판단할 수 있는 방법이 되기도 하기 때문에 독자들은 용신 찾는 방법에서 상호 비교하여 폭넓은 사주 공부에 매진해 주길 바란다.

특히 격국(格局)과 용신(用神)의 흐름 즉 고저(高低)를 알고 적용시켜야만 사주 통변(通辯)이 활용된다는 사실을 알길 바란다. 이것은 <사주해석 종합편>을 참고해 주길 바란다.

격국(格局)의 종류는 연해자평에는 55개의 격국이 있고, 명리정종에는 47개, 명리신론에는 44개, 자평진전에는 9개의 격국이 있고, 그 외에도 고전 명리학에서는 더 많은 격국(格局)들이 존재한다.

격국(格局)은 앞으로 지속적인 연구(研究)와 시대 흐름에 따라서 더욱 발전된 사주 공식(公式)으로 거듭 탈바꿈되고 발전될 것이다. 그렇지만 현재에 와서 격국(格局)의 종류는 일간(日干)을 기준으로 월지(月支)에 따라 결정하는 내격(內格)과 사주 전체 작용되는 구성과 힘을 바탕으로 결정되는 외격(外格) 및 잡격(雜格)으로 나눌 수 있다.

내격(內格)에는 식신격(食神格), 상관격(傷官格), 편재격(偏財格), 정재격(正財格), 편관격(偏官格), 정관격(正官格), 편인격(偏印格),

정인격(正印格)=인수격(印綬格)의 8가지를 팔격(八格)이라고 한다. 여기서 격(格)을 판단할 때 월지와 투간(透干) 현상이 발생되지 않는 것으로 보는 건록격(建祿格)과 양인격(陽刃格)을 특수격으로 분류하는 경우도 있으나 여기서는 이들을 내격으로 분류하여 총 10격(十格)으로 하였다.

특히 건록격(建祿格)의 경우 비견격(比肩格) 격국이라고 하고, 양인격(陽刃格)은 겁재격(劫財格) 격국이라고 한다.

내격(內格) 격국 즉 10격(十格)은 격국틀에 맞는 조건을 갖추어야만 판단할 수 있다.

독자들은 격국 공부에 있어서 모든 사주는 약 70%가 내격(內格)을 적용하여 격국(格局)을 판단하고 해석할 수 있지만, 약 30% 사주에서는 사주 구성에서 내격이 아닌 외격(外格)과 잡격(雜格)에 해당되기 때문에 이때는 당연히 외격(外格)과 잡격(雜格)도 격국(格局)을 선택하고 해석(解析)해 주어야만 된다.

이제 내격부터 먼저 알아보고 이어서 외격과 잡격을 판단하고 해석하는데 있어서 보기를 들어 해당 번호를 부여하여 설명했기 때문에 독자들은 이를 이해하고 응용하는데 어려움이 없도록 하였다.

1. 내격(內格) 격국 판단법

내격 격국 판단하는 방법은 사주에서 가장 영향력이 강(强)한 일간(日干)과 월지(月支)와의 육친관계로 판단하는데, 이것보다 우선해서 판단하는 것은 월지(月支)의 지장간 중 천간에 투간(透干)된 오행이 있다면 이것의 육친관계를 적용시킨 것을 가장 먼저 격국으로 판단한다. 단 일간(日干)에 투간된 것은 제외시킨다. 이러한 격국 판단법을 소개하면 다음과 같다.

<<판단1>>

구분	천간	지지	지장간
年	庚	子	

月	甲	②午(인수)	丙, 己, 丁
日	①戊	戊	
時	乙	巳	

위 사주는 월지 ②午(인수)의 지장간(丙, 己, 丁) 중 천간에 같은 丙, 己, 丁의 오행이 없기 때문에 투간(透干)이 성립되지 않는다. 따라서 이러한 것들의 격국 판단법은 일간(日干)과 월지(月支)와의 육친관계로 격국을 판단하므로 일간 ①戊과 월지 ②午는 인수가 되므로 이것은 인수격 격국이 된다.

<<판단2>>

구분	천간	지지	지장간
年	庚	子	
月	④乙(정관)	②未	丁, ③乙(정관), 己
日	①戊	戊	
時	⑤乙(정관)	巳	

위 사주는 월지 ②未의 지장간 중 ③乙(정관)는 천간에 같은 ④乙(정관)와 ⑤乙(정관)에 각각 투간(透干)이 성립되었으므로(※乙이 천간에 1개만 존재해도 성립된다.) 이때는 우선해서 일간①戊과 지장간 ③乙(정관)과의 육친(六親) 관계로 격국을 판단한다. 따라서 위 사주는 정관격 격국이 된다. 다른 격국들의 판단도 월지의 지장간이 천간과 투간 관계가 성립되는 오행이 존재한다면, 이것을 최우선적으로 적용해서 격국을 판단한다.

<<판단3>>

월지 지장간의 오행이 일간(日干)에 투간된 사주에서 격국을 판단해 보자.

구분	천간	지지	지장간
年	庚	子	
月	乙	②寅(편관)	③戊(비견), 丙, 甲
日	①戊(비견)	戊	
時	乙	巳	

위 사주는 월지 ②寅의 지장간 중 ③戊(비견)은 천간에 같은 오행에 해당되는 ①戊이 존재하므로 투간(透干)이 성립되어 비견격 격

국으로 판단할 수 있다. 그러나 ③戊은 일간(日干)에 투간이 성립
되었으므로 이때는 격국을 판단하지 않고, 일간과 월지와의 관계
로 격국을 판단한다. 따라서 위 사주는 일간 ①戊과 월지 ②寅(편
관)의 육친관계는 편관이므로 위 사주는 편관격 격국이 된다.

<<판단4>>

월지(月支) 지장간의 2개가 천간에 투출된 경우 지지(地支) 합(合)
으로 사주 전체에 작용되는 힘이 쎈 것을 격국으로 선택한다.

구분	천간	지지	지장간
年	乙	ⓑ辰(식신)	
月	⑤壬(편관)	②申(편재)	③戊(식신), ④壬(편관), 庚
日	①丙	ⓐ子(정관)	
時	⑥戊(식신)	戌	

위 사주는 월지 ②申의 지장간 중 ③戊과 ④壬이 천간 ⑥戊와 ⑤
壬에 각각 투간(透干)이 성립되었다. 이 경우 지장간의 ③戊과 ④
壬 중 힘이 쎈 것을 선택하여 격국으로 판단한다. 지지 ②ⓐⓑ는
신자진(申子辰)의 합(合)으로 수(水)기운으로 변화(化)되었다. 따라
서 ③戊(토)보다는 ④壬(수)가 더 힘이 쎄다. 위 사주는 ①丙-⑤壬
의 편관격이다.

특히 월지 지장간의 오행이 천간(天干)에 2개 이상이 투간(透干)된
경우의 격국 판단은 월지 지장간에 존재하는 것 중 힘에 가장 강
한 주권신(主權神)을 선택해서 일간(日干)과 육친 관계로 격국 판
단을 한다.

<<판단5>>

지장간(支藏干)과 천간(天干)의 동일한 오행으로 격국 판단법

내격 격국(格局)을 찾는 방법 중 격국 틀에 없는 격국 판단 즉 월
지(月支) 지장간(支藏干)에 '정기'가 천간(天干)과 투간(透干)이 성
립되지 않는 경우에는 '초기'나 '중기'로 격국을 판단하는 방법이
다.

이것은 월지 지장간 속에 천간(天干)과 동일한 오행이 있으면 이
것과 일간(日干)과의 육친(六親) 관계를 비교하여 격국(格局)을 찾

는다.

구분	천간	지지	지장간
年	庚	子	
月	④乙	②未	丁, ③乙, 己
日	①戊	戌	
時	⑤乙	巳	

위 사주를 보면 일간(日干) ①무(戊)를 기준으로 월지(月支) ②미(未)에 해당되는 지장간(支藏干) 중 '정기'에 해당되는 '己'는 천간에 같은 '己'가 존재하지 않는 관계로 투간(透干)이 성립되지 않는다. 이런 경우 월지(月支) 미(未)의 지장간(支藏干) 丁, 乙, 己 중 '초기'나 '중기'에 해당되는 것들도 천간(天干)과 투간이 성립되면 격국으로 판단 한다. 즉 지장간 중 '중기'에 해당되는 ③乙(목)은 사주 천간(天干)의 ④乙(목)과 ⑤乙(목)의 2곳에서 음양(陰陽)이 동일한 乙(木) 오행(五行)이 존재하므로 투간(透干)이 성립되어 격국이 된다(※乙이 천간에 1개만 존재해도 성립된다). 이때 해당 격국 명칭을 판단하는 기준은 <천간 육친(六親) 조건표>에서 일간(日干) 戊와 지장간의 투간된 乙과의 관계로 확인하는데, 확인해 보면 戊와 乙과의 관계는 정관이므로 위의 사주는 정관격(正官格) 격국이 된다.

이러한 과정에서 격국을 판단하는 명칭은 <천간 육친(六親) 조건표>를 기준으로 판단한다. 예를 들면 일간(日干)이 戊일 때 음양(陰陽)이 같은 지장간에 투간된 오행이 甲이라면 <천간 육친(六親) 조건표>에서 戊-甲은 편관이 되므로 편관격(偏官格)이 되고, 癸라면 戊와 癸는 정재격(正財格)이 된다. 내격(內格) 중 건록격(建祿格)과 양인격(陽刃格)을 제외한 다른 것들도 이와 같이 적용하고 판단하면 된다.

<<판단6>>

지장간(支藏干)의 주권신(主權神)으로 격국 판단법

내격 격국(格局)을 찾는 방법 중 격국 틀에 없는 두 번째 격국을 찾는 방법으로, 지장간의 주권신으로 격국을 판단한다.

이 경우 월지(月支) 지장간(支藏干)의 초기, 중기, 정기가 모두 천간(天干)과 동일한 오행이 없는 경우가 해당된다. 이때는 지장간 오행에서 가장 힘이 강한 주권신(主權神)을 선택하여 격국(格局)을 판단해 준다. 아래 사주를 보자.

구분	천간	지지	지장간
年	丙	午	
月	丙	②申	戊, 壬, ③庚
日	①甲	寅	
時	乙	丑	

위 사주는 양력으로 1966년 8월 23일 축시(丑時)생이다.

일간(日干) ①갑(甲)를 기준으로 월지(月支) ②申과의 관계를 내격(內格)해당 조건을 찾아보니 내격 격국 틀에 맞는 조건은 없을 뿐만 아니라, ②申의 지장간 戊, 壬, 庚은 천간과 동일한 오행이 없다. 즉, 투간(透干)이 성립되지 않는다. 이런 경우의 격국 판단은 월지(月支) 신(申)의 지장간(支藏干) 戊, 壬, 庚의 오행 중 가장 힘이 강한 주권신(主權神)을 선택하여 판단한다.

우선 주권신(※앞 절 지장간 주권신 참조)을 판단해 보자. 양력으로 1966년 8월 23일 축시(丑時)생이고, 입절 입추(立秋)가 8월 8일이므로 이들의 날짜 차이는 15일 차이가 난다. 따라서 지장간의 정기 ③庚이 주권신이다.

따라서, 일간 ①甲과 주권신(主權神) ③庚과의 관계는 <천간 육친(六親) 조건표>에서 확인해 보면 편관이므로 편관격(偏官格) 격국이 된다.

여기서 판단된 편관격 격국은 특성, 직업운, 배우자운과 용신 선택법 모두 편관격 격국과 동일하다. 나머지 다른 격국도 이러한 조건으로 격국을 판단해 주면 된다.

<<판단7>>

지장간(支藏干)과 천간(天干)에 같은 오행이 2개 이상이 존재할 때 격국 판단법

내격 격국(格局)을 찾는 방법 중 격국 틀에 없는 세 번째 격국을

찾는 방법으로, 월지의 지장간(支藏干) 오행중 같은 오행이 천간 (天干)에 2개 이상이 존재할 경우인데 이 경우는 가장 힘이 강한 주권신(主權神) 1개를 선택하여 판단해 준다. 아래 사주를 보자.

구분	천간	지지	지장간
年	⑤戊	辰	
月	⑥庚	②申	③戊, 壬, ④庚
日	①己	亥	
時	乙	卯	

위 사주는 양력으로 1988년 8월 22일 묘시(卯時)생이다.

일간(日干) ①기(己)를 기준으로 월지(月支) ②申과의 관계를 내격 (內格)에 해당 조건을 찾아보니 격국 틀에 맞는 조건이 없다.

이런 경우 월지 ②申의 지장간 중 戊, 壬, 庚으로 판단하는데 이들과 천간(天干) 오행을 비교해보니 음양(陰陽)이 같은 오행으로 ③戊와 ⑤戊 그리고 ④庚과 ⑥庚이 각각 2개가 존재하고, 이들은 투간(透干)이 성립된다. 따라서 ⑤戊와 ⑥庚중에서 선택해야 하는데 이것의 선택은 지장간의 주권신(主權神)으로 판단한다.

이들의 주권신을 판단하기 위하여 만세력에서 1988년도 8월 22일은 입추(立秋) 절기(節氣)와 가장 근접하므로 입추를 기준으로 출생일까지의 차이는 15일이다. 따라서 지장간의 주권신은 ④庚이 된다.

일간 ①己와 ④庚과의 관계를 육친(六親) 조건표에서 확인해 보면 상관이므로 상관격(傷官格) 격국이 된다.

이와 같이 내격(內格) 격국 판단에서 건록격(建祿格)과 양인격(陽刃格) 등의 10개와 나머지 격국 판단하는 방법 3가지 모두를 알아보았다.

이제 독자들은 내격(內格) 격국(格局) 판단 모두를 공부하였다.

거듭 말하지만 위의 3가지 격국 판단법은 지장간의 '정기'로 결정하는 것을 원칙이나, 정기로 격국을 판단할 수 없는 경우에는 '초기'나 중기'로도 해당되는 조건만 맞으면 격국으로 판단할 수 있다는 것을 독자들은 알길 바란다.

독자들이 알아야될 사항은 사주에서 격국을 판단할 때 지금까지 설명된 13가지의 내격(內格) 격국 찾는 방법을 적용하면 격국을 찾고 적용시킬 수 있다. 하지만 다음에 학습할 외격(外格)과 잡격(雜格)에 맞는 사주가 있다면 이것을 적용시키고 판단해야만 더욱 정확한 사주 해석이 된다.

격국은 수많은 사주를 해석하기 위하여 만들어 놓은 일종의 사주 공식(公式)으로서 격국을 활용하면 용신(用神)은 물론 사주를 빠르고 쉽게 해석할 수 있는 틀이 된다.

이제 본 책에서 적용되어온 양력 1986년 6월 11일 밤 22:50분에 태어난 남자 이길동의 사주에서 격국(格局)을 적용하여 용신(用神)을 찾고 해석(解析)해 보자.

구분	천간	지지	육친(六親)	
년주(年柱)	丙	寅	비견	편인
월주(月柱)	甲	②午	편인	겁재
일주(日柱)	①丙	戌	·	식신
시주(時柱)	己	亥	상관	편관

이길동은 일간(日干)이 ①丙이고 월지(月支)가 ②午이므로 양인격(陽刃格) 격국에 해당된다. 이제 용신(用神)을 판단해 보자. 양인격 격국에서 용신 선택법은 비겁(비견, 겁재)이 많으면 관살(官殺) 즉 편관이 용신이 된다. 따라서 이길동 사주에는 비겁(비견, 겁재)이 주도권을 잡고 있는 관계로 용신은 편관(亥, 水)이 된다는 것은 금방 찾을 수 있다.

이번에는 이길동의 사주를 해석해 보자

이길동의 양인격 격국이므로 특성, 직업운, 배우자운을 양인격 격국에서 확인해 보면, 이길동은 '부친 복(福)이 없고 형제간 사이가 좋지 않아 쟁탈전이 발생되고 남들과 시비가 잦고, 타고난 부인 복(福)은 없다'란 것을 쉽게 알 수 있다. 이러한 사주 해석 내용은 다음 장의 사주 해석에서 육친(六親)의 상호 관계와 사주 뿌리 즉 통근(通根)을 통한 사주 해석을 확인해 보면 큰 물줄기는 서로 상통하다는 것을 쉽게 알 수 있다.

이렇게 되는 이유는 격국(格局)이라는 것은 일간(日干)을 중심으로 영향력을 가장 많이 미치는 월지(月支)와 사주 구성 요소 중 해당 육친(六親)의 구성 요소는 물론 강(强)하게 작용되는 것을 기준으로 판단하는 것이기 때문이다.

사주 해석(解析) 즉 통변술(通辯術)은 이러한 격국의 이치를 바탕으로 흉신(凶神)과 길신(吉神)을 구분하여 나쁜 흉신은 빼주고, 좋은 길신은 더하여 사주를 해석하는 경우도 있다. 하지만 독자들은 이러한 격국(格局)의 장점만을 고려하여 사주를 해석하고 판단해도 큰 문제는 없겠으나, 적어도 사주 명리학자(命理學者)라면 전체 사주 흐름을 보고 최종 판단하고 결정해야 한다.

즉, 조후(調侯) 순환(循環) 작용, 용신(用神), 격국(格局)을 통하여 사주 순환구조를 알아야 한다.

따라서 독자들은 내격 격국(格局)을 찾는 방법은 물론, 이어서 설명될 외격(外格)과 잡격(雜格) 격국 판단법을 공부하고 적용해 주어야 한다. 그 이유는 사주 구성에서 내격이 아닌 외격(外格)과 잡격(雜格)에 해당되는 사주라면 당연히 외격(外格)과 잡격(雜格)도 우선해서 격국(格局)을 선택하고 해석(解析)해 주어여만 정확한 사주 판단을 할 수 있다.

(1)건록격(建祿格) 혹은 비견격(比肩格)
• 특성, 직업운, 배우자운

˝특성	조상의 유산을 계승하지 못한다. 설사 조상 유산이 있어도 탕진 후 다시 재물을 모은다. 강건하고, 거짓이 없으며, 공명정대하고, 봉사 정신이 강하고, 고집이 강대하다. 부모덕, 인덕, 형제덕이 없고, 자수성가한다. 고향을 일찍 떠나며, 형제간 쟁탈전이 발생되고, 건강은 좋으나, 재복이 없다. 장남역할을 하며, 배우자 궁이 나쁘기 때문에 이혼이나 재가하는 경우가 발생되나, 자손은 귀하고 똑똑하다. 흉액이 따르고 노후가 고독하다. 동업(同業)은 못한다.
˝직	행정직 계통의 공직자, 봉급사원, 기술직, 정비직, 운전, 납품업종

업운	
□ 배우자운	여자의 경우 남편이 첩(妾)을 두는 경우가 발생한다. 형제 간 금전 쟁탈 발생 및 남편복이 없고, 남편이 일찍 사망하고 혼자 살게 된다.

(2)양인격(陽刃格) 혹은 겁재격(劫財格)

• 특성, 직업운, 배우자운

□ 특성		부친 복(福)이 없고, 형제간 유산 쟁탈전이 발생하고, 친구 덕이 없다. 매사 가기 주장대로 처리하는 관계로 경쟁, 시비, 질투가 발생된다. 처(妻)를 극하고, 시기 질투가 강하며 수술, 질병, 중풍 등이 찾아온다. 동업(同業)은 못한다.
□ 직업운		무관, 군, 검·경찰, 운동선수, 이발사, 고기 장사, 미싱사, 유흥업종
□ 배우자운	남자	처복이 없고, 부인을 무시하며 사이가 나쁘며 이별 수가 있다. 첩을 두거나 이롭지 못한 재혼(再婚)을 하게 된다.
	여자	남편과 사이가 나쁘고, 남편을 빼앗기며, 이별 수가 있다. 집안에 있기를 싫어하고 사회 활동이 왕성하고 돈을 벌며, 가정에 주도권을 쥔다.

(3)식신격(食神格)

• 특성, 직업운, 배우자운

□ 특성	의식주가 풍부하고 부귀영화를 누리며, 대인관계가 좋고 마음이 넓으며 봉사 정신이 강하고, 부드러운 성품으로 식성이 좋고 비밀이 없다. 눈치가 빠르고, 서비스 정신이 좋고 상냥하다. 그러나 사주에 편인(偏印)이 강(强)하면 자식이 빈약하고 빈천(貧賤)하다.
□ 직	교육직, 문화, 서비스업종, 도매상, 은행원, 농업, 미술업종

업운	
□ 배우자운	여성의 경우 음식 솜씨가 좋고, 남의 일에 적극적이고, 심성은 착하나 남편복이 없다. 자녀들은 출세한다.

(4)상관격(傷官格)

• 특성, 직업운, 배우자운

□ 특성	예술적인 기질이 좋고, 불만이 많고 속이 좁다. 잘난척하며 남을 업신여기며 허세를 부리고 자기 몫을 잘 챙긴다. 사리사욕으로 자기가 불리하면 일시에 안면을 바꾼다. 상대방을 이길려고 하고, 반항심이 강하기 때문에 번듯한 직업이 없고 여러번 바꾼다. 신약사주의 경우 재성(편재, 정재)이 없으면 가난하거나 단명 한다. 사주에 관성(편관, 정관)이 있고 재성(편재, 정재)이 없으면 남자는 자식이 없고, 여자는 남편을 잃는다. 상관(傷官) 운을 만나면 흉액이 따르고, 묘(墓)를 만나면 파격된다. 동업(同業)은 못한다.
□ 직업운	연예인, 예능, 교육직, 기술직, 수리업종, 대변인, 골동품, 고물상
□ 배우자운	남편 덕이 없고, 이별수가 있으며 놀고먹는 남편을 두는 경우가 많다. 남자의 경우 상관격 여성과 살면 사업은 파산되고, 되는 것이 없다.

(5)편재격(偏財格)

• 특성, 직업운, 배우자운

□ 특성	정이 많고, 베풀기를 좋아하며, 고향을 떠나 타향에서 성공하고, 성격이 활달하며 일을 시원시원하게 잘 처리하고 돈을 잘 쓴다. 신약(身弱) 사주의 경우는 부모와 연이 약(弱)하고, 돈을 낭비하고 여색으로 패가망신한다. 신강(身

	强) 사주는 절도와 통솔력이 있고 활동적이며 사람을 잘 다룬다.
□ 직업운	사업가, 장사계통, 무역, 의약, 생산업종, 정치가, 역술인
□ 배우자운	융통성이 좋아 돈 잘 버는 여성들이 많고 남자처럼 활발하여 큰 사업을 즐긴다. 가정은 소홀하고, 사소한 일에는 관심이 없다. 큰 사업을 즐기며, 돈이 없어도 남편 뒷바라지를 잘한다.

(6)정재격(正財格)

• 특성, 직업운, 배우자운

□ 특성	금전 관리를 잘하고, 성실하고 부지런하다. 경제적으로 부모의 도움을 받고 자랐으며 재산(財産) 관리를 잘하고 풍부하나 너무 소심하고 융통성이 없고 아끼는 수전노이다. 세심하고 실속 있는 행동만 골라하기 때문에 노력의 댓가를 얻는 사람이며, 자기 직업을 천직으로 여기며 가정을 소중하게 생각하는 사람이다. 정재격 사주에서 신약이면 조실부모 하거나 처가 실권을 잡고, 재성(정재, 편재)이 많은 사람은 여색란과 금전손실을 겪는다.
□ 직업운	상업, 은행원, 도매상, 경리직업, 세무원, 회계사, 물품 창고 관리
□ 배우자운	남, 여가 신강 사주는 처복이 있으나, 신약에서는 다소 약하다. 여자는 남편복이 좋고, 경우 살림을 잘하며 수완이 좋다. 때로는 시집과 불화가 발생한다.

(7)편관격(偏官格)

• 특성, 직업운, 배우자운

□	칠살격(七殺格)으로 신강사주에서 인성이 있으면 귀격이

특성	다. 조급한 성격으로 부모, 형제 복이 없고 고향을 일찍 떠나며 친척, 형제, 친구가 있어도 의지할 곳은 없으며, 독신 혹은 고학으로 공부하고 재물손상이 많으며, 자식을 많이 둔다. 반발심으로 구설수가 많고, 학업을 중도하차 하며 벌어도 지출이 많아 돈이 모이지 않고 잔병으로 고생한다. 동업(同業)은 못한다.
직업운	군인, 검·경찰, 변호사, 건축업, 조선업종, 종교가
배우자운	독신이거나 남편 복이 없고 운명의 굴곡이 많아 재가(再嫁)하는 경우가 많고, 소실(小室) 생활을 하거나 정부(情夫)를 두기도 한다. 신강(身强) 사주의 경우 권력가의 아내이거나 군인, 의사, 정치인으로 출세하는 경우도 있다.

(8)정관격(正官格)

• 특성, 직업운, 배우자운

특성	대표적인 공직자(公職者)로서 인품이 준수하고 단정하며 부친이 공직자가 많으며 행정관 출신의 좋은 집안이 많다. 문장력이 좋으며 고위 공직자까지 오른다. 책임감이 강하고, 인내심이 있으며 처신을 신중하게 처리한다. 승진도 빠르다. 그러나 소극적이고 고지식한 것이 단점이다. 처와 지식복이 많으며 학업운도 좋다.
직업운	공무원, 회사원, 군인, 법조계가 맞고 상업은 적성에 맞지 않는다.
배우자운	남편복이 많으며 내조와 살림을 잘한다. 월지가 정관인 여성은 학식이 높은 가문으로 시집을 간다. 그러나 상업운(商業運)은 약(弱)하다.

(9)편인격(偏印格)

• 특성, 직업운, 배우자운

특성	식신을 극(剋)하기 때문에 임기응변은 능하고, 두뇌는 빠르나 허세를 부리며 외모는 씩씩하나 말뿐이고 실천력이 없기 때문에 시작은 잘하나 용두사미로 끝난다. 자신의 몸은 잘 챙기며, 기예와 재능이 많으나 요령에 능통하고 자존심이 강하기 때문에 자신을 높여주면 기분 좋아하고 자식복이 없고, 자살이나 음독자가 많다.
직업운	의술, 기자, 법조계, 교육자, 요리, 여관업, 이발업종, 유흥업종, 역술가, 철학자
배우자운	자식복이 없고 늦게 두거나 딸만 있는 경우가 많다. 싫은 일은 하지 않으며 시부모와 시동기간 사이가 나쁘다.

(10)정인격(正印格)=인수격(印綬格)

• 특성, 직업운, 배우자운

특성	이론과 토론을 좋아하고, 조용하며 학술에 능통하다. 종교, 예체능에 소질이 있으며 관직에 오른다. 자존심이 강하고 부모덕이 있으나 재물에는 집착력이 적다. 부자로 살다가 갈수록 경제력이 떨어진다. 아버지를 먼저 여의며 결혼은 늦게하는 경우가 있고, 장남이나 장녀 출생자가 많다.
직업운	교육자, 문화기획, 문학, 정치가, 의학, 언론, 학원, 예체능, 처술가, 정치가
배우자운	남편 및 시부모와 사이에 불화가 발생되나, 친정 부모의 말을 잘 들어주기 때문에 사이가 좋으나, 남편과는 사이가 나쁘다. 이론과 토론을 좋아하기 때문에 남편이나 주위에 불화가 발생되기도 한다.

2. 외격(外格) 격국 판단법

(1)곡직인수격(曲直印綬格)

• 성립 조건

-甲, 乙日生인 경우 사주 지지(地支)에 寅卯辰(方合)이거나, 亥卯
未(三合)이 있는 경우

아래 사주에서 곡직인수격(曲直印綬格)의 예를 들어보자.

구분	천간	지지	조건
年	○	②辰	지지의 구성이 寅卯辰의 방합(方合)으로 구성되어 있다.
月	○	③寅	
日	①乙	④卯	
時	○	○	

일간(日干)이 ①乙이고 지지(地支) 구성이 ②辰③寅④卯으로 寅卯
辰의 방합(方合)이 성립되어 있기 때문에 곡직인수격(曲直印綬格)
에 해당된다.

외격에서는 곡직인수격을 보기를 들어 설명했는데 독자들은 다른
모든 외격(外格)도 성립 조건을 참조하여 판단하면 된다.

• 특성

-인품과 자비심이 있어 불쌍한 사람을 도와주고, 착실하고 입바
른 소리를 잘하며 자존심이 강하여 남에게 지기를 싫어한다. 사
회사업, 육영사업 등에 진출하면 대성할 수 있다.

(2)염상격(炎上格)

• 성립 조건

-丙, 丁日生인 경우 사주 지지(地支)에 巳午未(方合)이거나, 寅午
戌(三合)이 있는 경우

• 특성

-성품이 급하고 화려한 것을 좋아하며, 마음의 변화가 심하나 형
(刑)을 집행하는 경·검찰, 군인 등의 관직에 진출하면 대성할 수
있다.

(3)가색격(稼穡格)

• 성립 조건

-戊, 己日生인 경우 사주 지지(地支)에 辰戌丑未가 최소 3개 이상

존재하고 특히 월지는 반드시 포함되어야 한다.

• 특성

-믿음과 충효스러운 인품이며 장수하고 풍족한 부귀를 누린다. 침착하나 남에게 표현하기를 싫어하고 자기주장이 강하다.

(4)종혁격(從革格)

• 성립 조건

-庚, 辛日生인 경우 사주 지지(地支)에 申酉戌(方合)이거나, 巳酉 丑(三合)이 있는 경우

• 특성

-내는 것이 없는 성격으로 의리가 있고 정의파 성격으로 무관이 나 검·경찰, 사법관 군인으로 진출하면 대성할 수 있다.

(5)윤하격(潤下格)

• 성립 조건

-壬, 癸日生인 경우 사주 지지(地支)에 戌子丑(方合)이거나, 申子 辰(三合)이 있는 경우

• 특성

-지혜가 탁월하고 차분하고 온순하며 고귀한 성품이다. 의리심이 투철하고 용감하며 남을 비방도 한다. 농수산 관련 직종에 진출 하면 대성할 수 있다.

(6)종재격(從財格)

• 성립 조건

-월지(月支)에 편재와 정재가 있고, 사주 지지(地支)에 재성으로 합국(合局)과 방합(方合)이 이루고 질 때 이며, 비겁(비견, 겁재) 과 인성(편인, 인수=정인)이 사주에 없어야 한다.

• 특성

-의리를 중요시 여기는 정의파이다. 재물에는 인색하나 부인을 사랑하며 경제적으로 크게 성공할 수 있다.

(7)종살격(從殺格)

• 성립 조건

-월지(月支)에 편관과 정관이 있고, 사주 지지(地支)에 관(官)이 합국(合局)이나 방합(方合)을 이루며 식상(식신, 상관)과 비겁(비견, 겁재)이 사주에 없어야 한다.

• 특성

-온화하고 유순하며 장수(長壽)와 복록(福祿)을 함께하는 운명이다. 관권(官權)을 좋아하고 자기 명령에 복종해 주길 바라는 성격으로 때로는 실패수가 많다.

(8)종아격(從兒格)

• 성립 조건

-월지(月支)에 식신과 상관이 있고, 식상(食傷)이 합국(合局)이거나 방합(方合)을 이루고 있을 때이며, 인성(편인, 인수=정인)과 관성(편관, 정관)이 사주에 없어야 한다.

• 특성

-예능과 사무 처리능력이 뛰어나고 신경이 예민하고 날카로우며 가족에게는 불평불만을 하나 특수한 소질을 갖고 있으면서 때로는 거만하고 남에게 지길 싫어한다. 많은 재물을 만질 수 있으나, 남성은 자식복이 없고, 부인은 남편복이 없다.

(9)종왕격(從旺格)

• 성립 조건

-사주 지지(地支) 모두가 비겁(비견, 겁재)으로 구성되어 있는 경우이며, 이때 천간(天干)에 관살(편관)이 있으면 안된다. 그러나 인성(편인, 인수=정인)이 1~2개 있는 것은 상관없다.

• 특성

-자존심이 강하여 누구에게나 지지 않으려고 하며 요행과 투기를 즐기고 공평정대함을 즐긴다.

(10)종강격(從强格)
• 성립 조건
-일간(日干)이 인성(편인, 인수=정인)과 합국(合局) 또는 방합(方合)이 되거나, 비견(비견, 겁재)이 합국(合局) 또는 방합(方合)을 이룰 때이며 식상(식신, 상관)과 재성(편재, 정재)이 있으면 안된다.
• 특성
-처음 시작은 잘하나 끝맺음이 못하고, 남에게 아부를 못하며 자존심이 강하고, 예능과 학술을 좋아하지만 게으른 편이지만 철두철미하다.

(11)갑기합화토격(甲己合化土格)
• 성립 조건
-갑일(甲日)에 출생하고 기월(己月)이나 기시(己時)에 출생하든지, 갑월(甲月)이나 갑시(甲時)에 태어나서 월지(月支)가 辰戌丑未月일때 성립되며 사주에 甲乙寅卯가 없어야 한다.
• 특성
-남들과 타협을 잘하고 책임완수를 잘하므로 존경을 받고, 부부간 서로 다정하게 살아간다.

(12)을경합화금격(乙庚合化金格)
• 성립 조건
-경일(庚日)에 출생하고 을월(乙月)이나 을시(乙時)에 출생하든지, 경월(庚月)이나 경시(庚時)에 때어나서 월지(月支)가 申酉月일 때 성립되며 사주에 丙丁巳午가 없어야 한다.
• 특성
-용감하고 옳고 그름을 분별하고, 매사에 철두철미하며 부부간 서로 존경하며 선행을 베풀어 나간다.

(13)병신합화수격(丙辛合化水格)

• 성립 조건

-병일(丙日)에 출생하고 신월(辛月)이나 신시(辛時)에 출생하든지, 병월(丙月)이나 병시(丙時)에 때어나서 월지(月支)가 申子辰亥月 일 때 성립되며 사주에 戊己戌丑未가 없어야 한다.

• 특성

-남에게 주는 것을 싫어하고 뇌물을 좋아하고 이기적이며 주색을 좋아한다.

(14)정임합화목격(丁壬合化木格)

• 성립 조건

-정일(丁日)에 출생하고 임월(壬月)이나 임시(壬時)에 출생하든지, 정월(丁月)이나 정시(丁時)에 때어나서 월지(月支)가 亥卯未 삼합(三合)이나 寅卯辰 방합(方合) 월(月)에 성립될 때이며 사주에 庚辛申酉가 없어야 한다.

• 특성

-자신을 높이 평가하고 남을 업신여기는 성격이나 총명하고 봉사 정신이 있어 성공하는 인물이 될 수 있다.

(15)무계합화화격(戊癸合化火格)

• 성립 조건

-무일(戊日)에 출생하고 계월(癸月)이나 계시(癸時)에 출생하든지, 무월(戊月)이나 무시(戊時)에 때어나서 월지(月支)가 寅午戌巳月 일 때 성립되며 사주에 壬癸亥子가 없어야 한다.

• 특성

-냉전하고 애정이 결핍되기 때문에 결혼과 결혼 생활에 나쁜 영향을 준다.

3. 잡격(雜格) 격국 판단법

잡격(雜格)이란? 격(格)을 찾을 때 일간(日干)을 기준으로 찾지 않고, 일간은 물론 사주 전체를 보고 해당 격국을 찾는다. 이러한 잡격만의 특징으로 인하여 잡격의 종류는 다양하다. 독자들은 이것을 공부할 때 앞절 '일주(日柱)에서의 길흉성(吉凶星)'과 같이 이해하고 활용해 주면 더욱 쉽게 사주 해석 즉 통변(通辯)을 잡을 수 있다.

즉, 육십갑자(六十甲子)에서 앞절 일주(日柱)의 길흉성과 같이 정리(整理)하여 상대방의 사주(四柱)를 판독해 준다면 더욱 쉽게 사주를 판단할 수 있다.

여기서는 독자들이 일상 사주를 해석함에 있어서 꼭 필요한 잡격만을 선별하여 설명하고자 하니 독자들은 참조하여 사주를 판단하고 해석해 주길 바란다.

(1)현무당권격(玄武當權格)
• 성립 조건
-壬日生과 癸日生이 지지(地支)에서 삼합(三合)의 寅午戌이 화국(火局)을 이룰 때 성립된다.
• 특성
-마음씨가 온화하고, 위엄(威嚴)은 있지만 용감스럽지 못하다.

(2)육갑추건격(六甲趨乾格)
• 성립 조건
-甲日生의 경우 사주 구성에서 해(亥)가 많거나, 지지(地支)에 亥子丑 방합(方合)이 있으면 성립된다. 이때 사주 구성에서 寅巳나 혹은 관살(官殺) 즉 편관 그리고 재성(財星)이 존재하면 큰 재앙(災殃)이 따른다.
• 특성
-대흉(大凶)하게 된다.

(3)육임추간격(六壬趨艮格)
• 성립 조건

-壬日生의 경우 사주 구성에서 인(寅)이 많고, 관성(편관, 정관)이 없으면 성립된다.

• 특성

-평생 가난하게 살아간다.

(4)양간연주격(兩干連珠格)

• 성립 조건

-사주에 양간(兩干)이 썩어 있으면서, 같은 간(干)일 경우에 해당된다.

• 보기

A사주		B사주		C사주	
①丁	酉	①己	未	①乙	丑
②丙	寅	②戊	寅	②甲	辰
③丁	酉	③己	未	③乙	亥
④丙	寅	④戊	辰	④甲	戌

위 사주는 양간이 모두 A사주는 4개의 간지 중 丁과 丙으로 썩어 있으며 모두 화(火)로 구성되어 있고, B사주는 己와 戊로 썩어 있으며 모두 토(土)로 구성되어 있다. C사주는 乙과 甲으로 썩어 있으며 모두 목(木)으로 구성되어 있다.

• 특성

-복수양전 즉 행복하고 장수할 운명이나, 전체 사주를 보고 판단해야 한다.

(5)지지일기격(地支一氣格)

• 성립 조건

-지지(地支) 모두가 같은 오행(五行)으로 구성된 경우이다.

• 보기

A사주		B사주		C사주	
甲	①戌	戊	①寅	丁	①卯
戊	②戌	庚	②寅	辛	②卯

| 丙 | ③戌 | 甲 | ③寅 | 己 | ③卯 |
| 庚 | ④戌 | 丙 | ④寅 | 辛 | ④卯 |

위 사주는 지지(地支) 오행 모두가 같은 것으로 되어 있어 지지일기격이다. 즉 A사주는 지지 4개 모두 戌로 이루어져 있고, B사주는 寅으로, C사주는 卯로 지지(地支)가 구성되어 있다.

• 특성

-큰 부자가 될 운명이나, 간지의 구성에 따라 달라진다.

(6)천원일기격(天元一氣格)

• 성립 조건

-천간(天干) 모두가 같은 오행(五行)으로 구성된 경우이다.

• 보기

A사주		B사주		C사주	
①庚	午	①癸	酉	①乙	亥
②庚	辰	②癸	巳	②乙	未
③庚	戌	③癸	未	③乙	巳
④庚	申	④癸	丑	④乙	卯

위 사주는 천간(天干) 모두가 같은 오행(五行)으로 구성되어 있어 천원일기격이다. 즉 A사주는 천간 4개 모두 庚으로 이루어져 있고, B사주는 癸로, C사주는 乙로 천간(天干)이 구성되어 있다.

• 특성

-귀격이나 지지의 구성에 따라 운명이 다르나, 왕하면 부귀대발하고, 신약하면 빈하다. 그러나 대운(大運)의 영향을 많이 받으며 부귀영화가 짧다.

(7)간지동체격(干支同體格)

• 성립 조건

-천간이 같은 오행(五行)으로 구성되고, 지지 역시 같은 오행으로 구성된 사주이다.

• 보기

A사주		B사주		C사주	
甲	戌	壬	寅	丁	未
甲	戌	壬	寅	丁	未
甲	戌	壬	寅	丁	未
甲	戌	壬	寅	丁	未

위 사주는 간지(干支) 모두가 같은 오행(五行)으로 구성되어 있어 간지동체격이다.

간지동체격은 甲戌, 乙酉, 丙申, 丁未, 戊午, 己巳, 庚辰, 辛卯, 壬寅, 癸亥의 10개이며 이 중 辛卯는 빈천하고 일찍 죽고, 甲戌는 집안이 파해서 빈천하며, 나머지 모두는 귀격으로 본다.

• 특성

-오행 상호간 상생하면 길하고 상극하면 빈천하고 패가망신한다. 이것 또한 전체 사주를 보고 판단해야 한다.

(8)천간연주격(干支連珠格)

• 성립 조건

-연간에서 시작하여 간지(干支)가 천간(天干) 순서대로 구성된 사주이다.

• 보기

구분		천간	지지
	年	甲	○
	月	乙	○
	日	丙	○
	時	丁	○

천간 순서는 甲乙丙丁戊己庚辛壬癸으로 처음 甲의 순서가 아니 경우도 동일하다.

• 특성

-대체로 부모 복(福)이 많으나, 사주 구성이 좋은 경우는 출세(出世)하나, 사주 구성이 나쁜 경우 흉(凶)으로 작용한다.

(9)지지연여격(干支連茹格)

• 성립 조건

-연지(年支)에서 시작하여 지지(地支)가 십이지의 순서대로 구성되어 있거나 혹은 하나 건너서 순서대로 구성된 경우이다.

• 보기

구분	천간	지지	
年	○	子	子
月	○	丑	寅
日	○	寅	辰
時	○	卯	午

십이지 순서는 子丑寅卯辰巳午未申酉戌亥으로 처음 子의 순서가 아니 경우도 동일하다.

• 특성

-인품이 높은 사람으로 다른 사람에게 존경을 받으며 부귀영화를 누리면서 살아간다.

(10)자오쌍포격(子午雙包格)

• 성립 조건

-충(沖)은 나쁜 것이지만 자오충(子午沖)에서 수화기제(水火旣濟) 즉 위는 물이고 아래는 불이며, 사주 구성에 목(木)이 있어 水生木과 木生火의 상생(相生) 관계를 유지하는 것으로 '이미 어려움을 벗어났다'는 뜻이 되므로 길성(吉星)으로 작용한다. 예를 들면 子와 午가 Ⓐ2;2, Ⓑ2;1, Ⓒ1;2로 구성되어 있고, 월지(月支)에 子가 있고 사주 구성에 목(木)이 있어 상생(相生) 관계가 유지되어야 길성(吉星)이다.

• 보기

구분	천간	지지		
		Ⓐ	Ⓑ	Ⓒ
年	○	子	○	午
月	○	子	子	子

| 日 | ○ | 午 | 午 | 午 |
| 時 | ○ | 午 | 午 | ○ |

• 특성

-다른 사람에게 존경을 받으며 부귀영화를 누리는 귀격이다.

(11)비천록마격(飛天祿馬格)

비천록마(飛天祿馬)는 연해자평에서 설명된 것으로 일명 생사여 탈권을 가지고 있는 귀격사주로 법관(검사, 판사) 및 경찰, 군인 등에게 많다.

• 성립 조건

-비천록마(飛天祿馬) 사주 : 일주가 庚子, 辛亥, 壬子, 癸亥이고, 사주에 정관, 정재가 없는 사주

-비천록마격(飛天祿馬格) 사주 : 일주가 庚子, 辛亥, 壬子, 癸亥이 고, 사주에 정관, 정재가 없고 지지가 3개인 사주

※<참고1> 庚子, 壬子 일주는 지지(地支)에 寅/戌/未가 존재하면 허공의 午火를 육합/삼합하는 寅午合/午戌合/午未合으 로 불러올 수 있어 더 좋다. 그러나 사주 내 子水와 합 을 하거나 삼형/상충하는 오행을 만나면 허공의 午火 를 불러올 수 없으며 비천록마격(飛天祿馬格)이 될 수 없다.

※<참고2> 辛亥, 癸亥 일주는 지지에 酉/丑/申이 존재하면 허공 의 巳火를 육합/삼합하는 巳申合/巳酉合/巳丑合으로 불러올 수 있어 더 좋다. 그러나 사주 내 亥水와 합을 하거나 삼형/상충하는 오행을 만나면 허공의 巳火를 불러올 수 없으며 비천록마격(飛天祿馬格)이 될 수 없 다.

※<참고3> 일주가 丙午, 丁巳이고 사주에 정관, 정재가 없고, 지 지(地支)가 3개인 경우를 가비천록마격(假飛天祿馬格) 또는 도충록마격(倒沖祿馬格)이라 하며, 이것 역시 귀 격이며 비천록마격(飛天祿馬格)에 준한다.

• 보기

구분	A사주		B사주				C사주			
년주	○	○	壬	戌	식신	식신	丙	午	편재	정재
월주	○	○	壬	子	식신	상관	壬	子	비견	겁재
일주	癸	亥	庚	子	·	상관	壬	子	·	겁재
시주	○	○	丙	子	편관	상관	壬	子	비견	겁재

A사주는 일주(日柱)가 癸亥이므로 비천록마(飛天祿馬) 사주이며, B
사주는 庚子 일주에 동일 지지 자(子)가 3개 이상이고, 사주 구성에
정관과 정재가 없기 때문에 비천록마격 사주가 된다. 또한 수(水)가
많아 오(午)를 허공에서 도충해서 올수가 있는 조건으로 판단해도
비천록마격 사주가 성립된다. 그러나 C사주는 사주 구성에 정재가
존재하므로 비천록마격 사주가 아니라, 거지 사주가 된다.

(12)양신성상격(兩神成象格)
• 성립 조건
양신성상격(兩神成象格)은 간지동체격(干支同體格)에서 파생된 것
으로, 2가지 오행(五行)이 균등한 힘으로 이루어진 사주팔자를 말
한다. 예를 들면 사주 원국 여덟 글자 가운데 오행이 4:4로 나뉘어
져 있고, 천간(天干)과 지지(地支)는 상생오국(相生五局)의 상호 상
생(相生) 및 상성오국(相成五局)의 상호 상극(相剋) 작용이 이루어
진다.
• 보기

	A. 水木相生格		B. 木火相生格		C. 火土相生格		D. 土金相生格		E. 金水相生格	
상생관계	壬(수)	子(수)	丙(화)	寅(목)	丙(화)	午(화)	己(토)	酉(금)	庚(금)	申(금)
	甲(목)	寅(목)	甲(목)	午(화)	丁(화)	巳(화)	辛(금)	未(토)	癸(수)	亥(수)
	癸(수)	亥(수)	丁(화)	卯(목)	己(토)	未(토)	己(토)	酉(금)	辛(금)	酉(금)
	乙(목)	卯(목)	甲(목)	午(화)	戊(토)	辰(토)	辛(금)	未(토)	癸(수)	亥(수)
	길운: 수, 목, 화 흉운: 토, 금		길운: 목, 화, 토 흉운: 금, 수		길운: 화, 토, 금 흉운: 수, 목		길운: 토, 금, 수 흉운: 목, 화		길운: 금, 수, 목 흉운: 화, 토	

상극관계	F. 木土相成格		G. 土水相成格		H. 水火相成格		I. 火金相成格		J. 金木相成格	
	甲(목)	戊(토)	戊(토)	戊(토)	發(令)	亥(令)	辛(금)	巳(화)	辛(금)	卯(목)
	己(토)	卯(목)	發(令)	亥(令)	丙(화)	午(화)	庚(금)	午(화)	庚(금)	寅(목)
	戊(토)	寅(목)	戊(토)	辰(토)	壬(令)	子(令)	丁(화)	酉(금)	甲(목)	申(금)
	乙(목)	丑(토)	壬(令)	子(令)	丁(화)	巳(화)	丙(화)	申(금)	乙(목)	酉(금)
	길운 : 화, 수, 토 흉운 : 금, 목		길운 : 화, 금, 수 흉운 : 목, 토		길운 : 목, 화, 금 흉운 : 토, 수		길운 : 목, 토, 금 흉운 : 수, 화		길운 : 목, 토, 수 흉운 : 화, 금	

• 특성

상생오국(相生五局)의 상호 상생(相生)의 경우 비급(비견, 겁재), 식상(식신, 상관), 인성(편인, 인수=정인)으로 이루어진 것으로 비겁을 제외하고 식상과 인성은 길성으로 본다. 상성오국(相成五局)의 상호 상극(相剋)은 비겁(비견, 겁재)과 재성(편재, 정재), 관성(편관, 정관)으로 구성된 것이다. 이 경우도 재성과 관성은 길성으로 본다. 이것은 어디까지나 원론적인 해석이고 양신성상격(兩神成象格)이라고 해서 부귀를 누리는 것은 아니라 전체적인 사주를 보고 판단해야 하며, 때에 따라서는 상호 상생(相生) 작용이면 길하나, 상극(相剋) 작용이면 수술, 자살, 병고, 실직 등으로 흉(凶)하고 패가망신한다. 이제 독자들은 추명학(推命學)이자 무한대(無限大)인 사주 공부에서 사주 해석의 한계를 극복하기 위하여 만들어 놓은 사주 공식(公式) 즉 격국(格局)을 판단하고 응용할 수 있게 됨으로써 사주 순환구조를 알기 시작했다는데 의미가 있다.

지금까지 독자들은 사주 공식(公式) 즉 격국(格局)에 대한 내용을 일상적으로 많이 적용되는 내격(內格)은 물론 외격(外格)과 잡격(雜格)에 대하여 학습하였다.

사실 이러한 격국들을 판단하고 해석(解析)한다는 것은 사주(四柱) 전체를 응용하는 것과 같다.

본 책의 사주 해석 부분에서 '십간 희기론(喜忌論) 판단 부분'과 '관성(정관, 편관 즉 관살)_해석' 부분에서는 꼭 알아야될 격국(格局)에 대해서 적용하고 응용하였다.

그러나 격국의 적용 범위는 매우 광범위하기 때문에 독자들을 위해서 격국을 총정리해보면 아래와 같다.

따라서 독자들은 사주(四柱)를 공부하는데 있어서 부단한 노력은 물론 이들을 추가로 적용시키고 응용할 수 있도록 더욱 정진(精進)해 주길 바란다.

내격 (內格)	식신격	식신생재격, 식신제살격, 전식록격, 삼합신신국
	상관격	상관생재격, 상관패인격, 상관파진격, 삼합상관국
	편재격	재관격, 재살격, 시상일위재격, 삼합편재국
	정재격	재관쌍미격, 재살격, 삼합정재국
	편관격	살인생화격, 재살격, 제살적, 시상일위귀격, 관살혼잡격, 삼합편관국
	정관격	관인화격, 재관쌍미격, 관살혼잡격, 삼합정관국
	편인격	관인화격, 살인화격, 삼합편인국
	인수격	관인화격, 살인화격, 삼합인수격
외격 (外格)	강왕격	종강격, 전왕격
	기명격	기명종아격
	별명	기명종재격
	종격	기명종살격, 기명종관격
	화격	화목격
	별명	화화격
	화기격	화토격, 화금격, 화수격, 곡직인수격, 염상격, 가색격, 종혁격, 윤하격
	간지지 왕격	간지지왕격, 양간불잡격
	암신격	비천록마격, 도충록마격, 정난사치격, 임기용배격, 자오사록격, 축요사록격, 파관격, 파재격, 비재격, 형합득록격, 중합록마격, 호오분사격
	협공격	협록격, 협귀격, 지지협록격, 연주협공격, 용호공문격, 오성공화격, 사방협공격
	잡기격	잡기재격, 잡기정관격, 잡기인수격
	양신성 상격	목화상생격, 화목상생격, 토금상생격, 금수상생격, 수목상생격, 목토상성격, 토수상성격, 화수상성격, 화금상성격, 금목상성격
잡격 (雜格)		지진일자격, 칠살전영격, 삼붕격, 삼재격, 삼기진귀격, 세덕부재격, 세덕정관격, 세덕부살격, 살인격, 호접싸입격, 오성연원격, 오행구족격, 귀인황추격, 협구격, 귀록격, 관귀인종격, 간지쌍운격, 간합지형격, 간지동체격, 괴강격, 을사서귀격, 일순포이격, 일기생성격, 일순삼위사위격, 형합격, 현무당권격, 월인격, 건록격, 구진득위격, 금신격, 합록격, 사묘격, 사맹격, 사방정위격, 시묘격, 시마격, 사진사고격, 사전사중격, 사전사유격, 사주암대격, 사시승왕격, 사시섭취격, 사위순전격, 사간순일격, 지지일가격, 충록격, 천지덕합격, 천지일기격, 자오쌍포격, 지란병수격, 진기왕래격, 토국윤하격, 살작화풍격, 청룡복형격, 생년정마격, 생시정마격, 생소취생격, 전재격, 전식합록격, 천원일기격, 천간연주격, 천간일자격, 천간

순식격, 덕합쌍원격, 내양외음격, 칠일내득격, 일덕수기격, 연상편관격, 발모연여격, 팔위관성격, 팔전록왕격, 전왕합록격, 전인후종격, 체악연방격, 지지연여격, 묘미요사격, 봉인격, 양격저사격, 양인격, 육임이환격, 육임추간격, 육임추건격, 육음조양격, 백호시세격, 복덕수기격, 봉황지격, 포태격, 율을서귀격, 육위후선격, 용호포승격, 용봉삼태격, 녹원삼희격, 녹마교치격, 녹마인종격

하지만 독자들은 지금까지 배우고 학습된 신살(神殺)이나 격국(格局) 등의 사주 공식(公式)들 만으로 사주를 해석(解析)하고 통변(通辯) 한다면 부분적으로는 가능한 일이다.

그러므로, 이어서 전개될 '용신(用神)' 판단에서 자신의 사주에서 가장 좋게 작용되는 길성(吉星)과 나쁘게 작용되는 흉성(凶星)을 선택하여 적용시켜 주어야만 사주 통변(通辯) 즉 해석(解析)이 완성된다는 사실을 알길 바란다.

〔2〕 용신(用神)

이제부터 용신을 배움으로써 사주(四柱) 해석(解析)에 대하여 입문(入門)하게 된다.

사주(四柱)에서 년월일시(年月日時)를 통하여 초년, 청년, 장년, 노년기의 사주의 흐름 즉 사주의 형성 과정을 근묘화실(根苗花實)이라고 한다. 즉, 뿌리(根, 초년기)가 있어야 싹(苗, 청년기)이 트고, 싹이 있어야만 꽃(花, 장년기)이 피며, 꽃이 피야야만 열매(實, 노년기)를 맺는 것이다.

사주를 배우는 최종 목적은 앞날을 예지하는데 있는데 이것은 용신(用神)으로 판단한다고 해도 틀린 예기는 아닐 것이다. 용신은 사주 구성에서 가장 필요로 하는 오행을 말하는데 이것의 역할은 사주에 작용하는 힘의 균형 즉 중화를 만들어 운로(運路)를 판단해 보기 위함에 있다.

따라서, 용신 판단은 신강(身强)과 신약(身弱)은 물론 내외격(內外格) 그리고 무더운 조열(燥熱)과 추운 한습(寒濕) 사주에서 편중된 오행의 강약(强弱) 등에서 이들에게 작용되는 일간(日干) 변화 및 사주 구성에서 작용되는 길흉성(吉凶星)으로 작용되는 오행(五行)들의 운로(運路)를 판단하고 결정하는데 의미가 있다. 용신은 사주 구성에서 정신(精神)으로 용신(用神)의 흐름을 알아야만, 사주 해석은 물론, 이름 짓기, 방향(方向), 택일 등을 판단하고 알 수 있기 때문에 용신을 결정할 수 있는 능력(能力)을 갖추어야만 사주 해석(解析) 즉 통변(通辯)을 쉽게 할 수 있는 것이다.

용신(用神)이란? 자신에게 가장 필요로 하는 오행(五行)을 찾는 것을 말한다. 용신을 찾았다면, 삶의 운로(運路)를 판단할 수 있는 만능키가 용신(用神)이 된다. 사주 구성하는 8개 및 지장간의 오행 중에서 1개의 용신을 찾는 것은 무한대(無限大) 학문이기 때문에 10년 이상 사주 공부를 집중적으로 배운 명리학자들도 용신 찾기에서 고전하는 이유가 여기에 있다.

특히, 우리 주위에 보면 이름 짓기는 물론 개명(改名)에서 가장 중요한 용신(用神)을 오히려 극(剋)하는 오행(五行)들로 구성시켜 놓고 형격(亨格), 정격(貞格), 개척운(開拓運) 등으로 그럴듯하게 겉치레만 미사여구(美辭麗句)로 표현된 경우를 흔히 발견할 수 있는데, 이러한 행위는 상대방의 운로(運路)를 오히려 망가트리는 행위이므로 명리학자(命理學者)로서 도리(道理)가 아니다.

저자는 독자들의 이러한 애로사항을 잘 알고 있기 때문에 용신(用神)을 찾는 방법 모두를 보기를 들고, 체계적(體系的)으로 설명했기 때문에 독자들은 그저 한두 번 읽음으로써 용신(用神)을 찾을 수 있도록 구체화시켰다.

1. 12운성(포태법)을 알자.

여기서는 용신(用神)을 판단하기에 앞서 12운성(포태법)을 먼저 확인해 보도록 한다. 그 이유는 사주(四柱)에서 삶의 운로(運路) 즉 삶의 흐름을 판단하는 방법은 용신(用神)이지만, 12운성법 즉 포태법도 있기 때문이다.

12운성법은 당나라때 사주 명리학(命理學)을 보다 쉽게 접근시키기 위하여 만들어진 것으로 사주 명리학과 다른점은 태어나기전 단계와 사후세계(死後世界)까지 포함시킨 것이 다르다.

일단 이러한 문제는 잠시 뒤로 미루고 여기서는 12운성법의 적용법과 활용법을 먼저 알아보도록 하겠다.

12운성 즉 포태법은 인간이 잉태하여 출생하고 성장하고 병들어 죽는 삶의 과정을 사주의 12간지를 적용한 것으로, 태(胎, 새로운 인연으로 태기가 생김), 양(養, 모체에서 태기가 성장), 장생(長生, 신생아가 태어남), 목욕(沐浴, 신생아 목욕시켜 모체와 분리, 삶의 쓴맛을 최초로 느낌), 관대(冠帶, 성장하고 결혼하는 단계), 건록(建祿, 벼슬을 하고 재물을 모음), 제왕(帝旺, 최고 절정기 단계), 쇠(衰, 내리막길 단계), 병(病, 병이 들고 쇠약 단계), 사(死, 죽음 단계), 묘(墓, 무덤에 묻힘 단계), 절(絶, 세상과 인연이 끊고 무덤 형태가 없어진 상태)의 흐르는 과정을 말한다.

12운성은 크게 태동기, 성장기, 쇠퇴기의 3가지로 구분되는데 태동기(胎, 養)와 성장기(長生, 沐浴, 冠帶, 建祿, 帝旺) 때는 시작과 성장 단계가 해당되므로 출세문이 열린 상태가 된다. 따라서 이때 는 새로운 사업을 해도 좋은 시기가 된다. 그렇지만 쇠퇴기(衰, 病, 死, 墓, 絶)때는 하는 일이 안 풀리고 실패하는 시기이기 때문에 이때는 삶의 운로 뿐만 아니라, 새로운 사업 역시 성공하기는 어려운 시기가 된다. 이러한 과정은 삶의 운로(運路) 역시 동일하다. 특히 사업이나 승진 등을 운로(運路)를 확인 할 때는 태동기와 성장기때 결정하고 쇠퇴기 때는 불운(不運)이 겹치기 때문에 유의해 주길 바란다. 이러한 과정의 판단은 일간(日干)을 기준으로 12운성표(十二運星表)로 확인한다.

<12운성표(十二運星表)>

12운성	일간	甲	乙	丙戊	丁己	庚	辛	壬	癸	뜻
태동기	태(胎)	酉	申	子	亥	卯	寅	午	巳	태기가 생김
	양(養)	戌	未	丑	戌	辰	丑	未	辰	모체에서 태기가 성장
성장기	장생(長生)	亥	午	寅	酉	巳	子	申	卯	신생아가 태어남
	목욕(沐浴)	子	巳	卯	申	午	亥	酉	寅	신생아 목욕시켜 모체와 분리
	관대(冠帶)	丑	辰	辰	未	未	戌	戌	丑	성장(결혼)하고 활동 단계
	건록(建祿)	寅	卯	巳	午	申	酉	亥	子	벼슬을 하고 재물을 모음
	제왕(帝旺)	卯	寅	午	巳	酉	申	子	亥	최고 절정기 단계
쇠퇴기	쇠(衰)	辰	丑	未	辰	戌	未	丑	戌	내리막길 단계
	병(病)	巳	子	申	卯	亥	午	寅	酉	병이 들고 쇠약 단계
	사(死)	午	亥	酉	寅	子	巳	卯	申	죽음 단계
	묘(墓)	未	戌	戌	丑	丑	辰	辰	未	무덤에 묻힘 단계
	절(絶)	申	酉	亥	子	寅	卯	巳	午	무덤형태가 없어진 상태

12운성표(十二運星表)를 통하여 1986년 6월 11일 밤 22:50분에 태어난 이길동(李吉童)의 사주를 구성해 보자.

12운성법으로 구성시키는 방법은 본인에 해당되는 일간(日干)을 기준으로 지지(地支) 오행으로 확인한다.

이러한 판단 기준으로 이길동의 일간 병(丙)을 기준으로 년, 월, 일, 시에 해당되는 지지를 12운성을 확인해 보면 지지(地支) 寅, 午, 戌, 亥는 12운성표(十二運星表)에 의거 장생(長生), 제왕(帝旺), 묘(墓), 절(絶)이 해당 된다.

따라서 이길동의 사주를 12운성법으로 구성시키면 아래와 같다.

구분	천간	지지	12운성
年	丙	寅	장생(長生)
月	甲	午	제왕(帝旺)
日	(丙)	戌	묘(墓)
時	己	亥	절(絶)

이렇게 12운성법을 구성시킨 이길동의 사주를 구체적으로 해석해 보자.

크게는 초년, 성장기, 장년, 노년 시기에 따른 이길동의 삶의 흐름은 장생(長生), 제왕(帝旺), 묘(墓), 절(絶)이라는 것을 알 수 있다. 이러한 과정은 대운(大運)은 물론 세운(歲運)에서도 동일하게 적용된다.

사주 구성에서 나타난 12운성을 해석(解析)하기 위한 세부 내용은 아래와 같다.

12운성	<12운성 해석>				
태(胎)	년주 태(胎)	조상복 없음	비겁 태(胎)	형제 번창
	월주 태(胎)	직장 이동	식신 태(胎)	의식주 해결 됨
	일주 태(胎)	부부 불화	재성 태(胎)	재복이 생김
	시주 태(胎)	자식복 없음	관성 태(胎)	직장운 번창
			인성 태(胎)	학문적 발전
양(養)	년주 양(養)	양자될 운명	비겁 양(養)	형제 우애 좋음
	월주 양(養)	부모 갈등	식신 양(養)	의식주 풍부함
	일주 양(養)	주색과 재혼 발생	재성 양(養)	재복 번창함
	시주 양(養)	노후 자식복 있음	관성 양(養)	직장 문제 발생
			인성 양(養)	형제 문제 발생
장생(長生)	년주 장생(長生)	훌륭한 가정에서 성장	비겁 장생(長生)	형제 번창
	월주 장생(長生)	부모, 형제덕 있음	식신 장생(長生)	재복이 생김
	일주 장생(長生)	부부정 좋음	재성 장생(長生)	재복이 생김
	시주 장생(長生)	자식복 있음	관성 장생(長生)	자식과 남편이 출세함
			인성 장생(長生)	문학가로 성장

목욕 (沐浴)	년주 목욕(沐浴)	조상, 부부 인연이 없음	비겁 목욕(沐浴)	형제운 나쁨
	월주 목욕(沐浴)	극빈하고 이별함	식신 목욕(沐浴)	화류계 진출
	일주 목욕(沐浴)	부부 인연이 없음	재성 목욕(沐浴)	재물 탕진
	시주 목욕(沐浴)	자식복 없음	관성 목욕(沐浴)	구설수 발생
			인성 목욕(沐浴)	부모덕 없음
관대 (冠帶)	년주 관대(冠帶)	출세함	비겁 관대(冠帶)	원만한 생활
	월주 관대(冠帶)	성공함	식신 관대(冠帶)	소원 성취함
	일주 관대(冠帶)	이름을 날림	재성 관대(冠帶)	재복이 생김
	시주 관대(冠帶)	자식이 성공함	관성 관대(冠帶)	승진운 있음
			인성 관대(冠帶)	재물에 손해 발생
건록 (建祿)	년주 건록(建祿)	조상 복 좋음	비겁 건록(建祿)	형제 출세함
	월주 건록(建祿)	재복이 생김	식신 건록(建祿)	재복이 생김
	일주 건록(建祿)	가정이 행복함	재성 건록(建祿)	재물 풍족함
	시주 건록(建祿)	자식 복 좋음	관성 건록(建祿)	관직에 오름
			인성 건록(建祿)	관직에 오름
제왕 (帝旺)	년주 제왕(帝旺)	조상복 좋음	비겁 제왕(帝旺)	형제운 나쁨
	월주 제왕(帝旺)	승진하나 형제운 나쁨	식신 제왕(帝旺)	식복 좋음
	일주 제왕(帝旺)	타향 생활	재성 제왕(帝旺)	재복이 생김
	시주 제왕(帝旺)	자식 출세	관성 제왕(帝旺)	승진운 있음
			인성 제왕(帝旺)	소원 성취함
쇠 (衰)	년주 쇠(衰)	조상복 없음	비겁 쇠(衰)	형제복 나쁨
	월주 쇠(衰)	부모, 형제복 없음	식신 쇠(衰)	궁핍한 생활
	일주 쇠(衰)	가정에 충실함	재성 쇠(衰)	재물이 나감
	시주 쇠(衰)	자녀 문제 발생	관성 쇠(衰)	직업운 없음
			인성 쇠(衰)	문서에 문제 발생
병 (病)	년주 병(病)	조상복 없음	비겁 병(病)	형제 문제 발생
	월주 병(病)	부모복 없음	식신 병(病)	질병 발생
	일주 병(病)	병이 들어옴	재성 병(病)	가족들 질병 발생
	시주 병(病)	자식이 약함	관성 병(病)	직위에 타격 발생
			인성 병(病)	부모덕 없음
사 (死)	년주 사(死)	조상 빈천	비겁 사(死)	형제운 나쁨
	월주 사(死)	부모복 없음	식신 사(死)	가정운 나쁨
	일주 사(死)	조실부모	재성 사(死)	재물운 나쁨
	시주 사(死)	자식복 없음	관성 사(死)	직장 문제

					발생
				인성 사(死)	부모덕 없음
묘(墓)	년주 묘(墓)	조상을 섬김		비겁 묘(墓)	형제 불운 발생
	월주 묘(墓)	부모복 없음		식신 묘(墓)	재물 나감
	일주 묘(墓)	타향살이		재성 묘(墓)	재물운이 다소 발생
	시주 묘(墓)	자식이 약함		관성 묘(墓)	직장 문제 발생
				인성 묘(墓)	부모덕 없음
절(絕)	년주 절(絕)	타향살이		비겁 절(絕)	형제 우애 없음
	월주 절(絕)	부모복 없음		식신 절(絕)	의식주 궁핍
	일주 절(絕)	배우자와 인연 나쁨		재성 절(絕)	재물 나감
	시주 절(絕)	자식복 없음		관성 절(絕)	직장 문제 발생
				인성 절(絕)	부모덕 없음

이제 이길동(李吉童)의 사주를 12운성법으로 해석(解析)해 보자. 이길동이의 일간 병(丙)을 기준으로 사주(四柱), 대운(大運), 년운(年運)에 해당되는 12운성을 <12운성표(十二運星表)>를 통하여 세우고, 이를 통하여 해석(解析)해 보면 다음과 같다.

사주(四柱)			
구분	천간	지지	12운성
年	丙(비견)	寅(편인)	장생(長生)
月	甲(편인)	①午(겁재)	②제왕(帝旺)
日	丙	③戌(식신)	④묘(墓)
時	己(상관)	亥(편관)	절(絕)

<사주 해석>
초년과 중년에는 장생(長生)과 제왕(帝旺)의 삶으로 절정기에 해당된다. 하지만 ①午와 ③戌는 공망과 양인살 그리고 백호대살이 성립된다. 그렇지만, ①午와 ③戌는 합(合)이 성립되지만 이것 역시 공망이 작용되어 기능을 상실함에 따라 중년의 시간은 다소 쓸모없이 방탕하게 흘러가게 된다. 또한 형제간 우애도 없어진다. 중년 이후는 묘(墓)와 절(絕)로 구성되어 있기 때문에 고향을 떠나 살게 되고, 하던 일 역시 실패를 거듭하고 경

제적으로 어렵게 보내게 되며. 노후에는 자식과의 인연을 끊고 외롭게 살아가게 된다.

대운(大運)

89	79	69	59	49	39	29	19	9
癸	壬	辛	庚	己	戊	丁	丙	乙
⑤卯	寅	③丑	①子	亥	戌	酉	申	未
⑥목욕 (沐浴)	장생 (長生)	④양 (養)	②태 (胎)	절 (絶)	묘 (墓)	사 (死)	병 (病)	쇠 (衰)

<대운 해석>

9세에서 58세까지 삶의 흐름은 쇠(衰), 병(病), 사(死), 묘(墓), 절(絶)로 구성되어 있어 무엇이든지 뜻대로 이루어지는 것이 없다. 이후 59세부터 ②태(胎)의 태동기가 시작되어 하든 일이 이루어지고 점차적으로 삶의 활력이 싹트기 시작하나 문제는 ②태(胎)에 해당되는 ①子는 사주 원국과 충(沖)이 성립되는 관계로 물거품처럼 사라지게 된다. 이후 69세부터는 ④양(養)이 성립되나 ③丑은 형(刑)과 해(害)가 성립되어 구설수와 더불어 어려움이 찾아오게 되고, 79세 이후는 장생(長生)으로 다시 행운이 찾아오나 오래 가지 못하고, 이어서 89세부터 ⑥목욕(沐浴)이 되나 이것 역시 파(破)가 성립되어 외롭고 어려운 시간을 보내게 된다. 이길동은 1986년 생이므로 현재 상태를 확인해 보면 대운(大運)에서 사(死)에 해당되는 시기가 해당 되므로 부모 덕이 없고, 부인과 가정생활이 어렵고, 돈을 벌수가 없을 뿐만 아니라 부부간에도 서로 싸우고 이혼(離婚)할 경우도 발생된다.

년운(年運)

2027年	2026年	2025年	2024年	2023年	2022年	2021年	2020年
丁	丙	乙	甲	癸	壬	辛	庚
未	午	巳	辰	卯	寅	丑	①子
쇠 (衰)	제왕 (帝旺)	건록 (建祿)	관대 (冠帶)	목욕 (沐浴)	장생 (長生)	양 (養)	②태 (胎)

<년운 해석>

2020년은 ②태(胎)로서 이미 고생은 끝이 났고, 새로운 봄을 만났으니, 사업을 해도 성공하고 아울러 직장 생활과 가정생활 역시 활력과 재물(財物)이 들어오는 시기가 된다. 하지만 천간 ①子는 사주 원국 ①午와 子午沖이 성립되어 모두 허사로 돌아간다.

지금까지 12운성법을 통하여 양력으로 1986년 6월 11일 밤 22:50 분에 태어난 이길동(李吉童)의 삶의 흐름 즉 운로(運路)를 사주(四柱)는 물론 대운(大運) 그리고 세운(歲運)을 판단하고 해석해 보았다.

물론 12운성 판단 역시 이들에게 적용되는 합(合), 충(沖), 공망(空亡), 파(破), 해(害), 형(刑) 및 통근(通根) 등의 연결고리의 강도를 적용하여 강약(强弱)으로 판단함은 당연한 것이다.

독자들은 이제 다른 사람들의 12운성 판단법도 이길동의 판단법과 동일하게 적용하면 되기 때문에 12운성법을 통한 또 하나의 삶의 운로(運路)를 판단할 수 있는 새로운 방법을 터득하게 된 것이다.

사실 12운성 즉 포태법은 당나라 때 사주 풀이를 보다 쉽게 접근시키기 위하여 만들어진 것이지만 몇 가지 의문점이 존재하는 것은 사실이다.

사주 명리학의 경우 농경사회(農耕社會)를 바탕으로 태어난 이후 시간부터 죽는 시간까지의 시간 즉 사람이 살아있는 시간 동안 삶의 운로(運路)를 판단하는 순수한 자연과학(自然科學) 학문이지만, 12운성 즉 포태법은 태어나기전 단계에 해당되는 태(胎)와 양(養) 그리고 사후세계(死後世界)에 해당되는 묘(墓)와 절(絶)까지 포함되고 있다. 문제는 이러한 시기에도 삶의 절정기가 발생된다는 것으로 보아 이것은 불교의 윤회사상(輪廻思想)과 상통되는 부분이며, 풍수지리(風水地理)에서 생로병사(生老病死)의 순환과정 즉 나경 3층에서 12포태법(一二胞胎法)을 통한 삼합(三合)을 적용시켜 길흉(吉凶)을 판단하는 것과 비유된다.

즉 사주 오행(五行)에서 인(寅)에 해당되는 장생(長生)부터 유(酉)에 해당되는 사(死)까지는 사주 명리학(命理學) 이론처럼 탄생부터 시작되어 죽음까지 살아있는 동안의 학문적 이론으로 볼 수 있겠으나, 이후에 적용되는 묘(墓)에서 양(養)까지는 사후세계(死後世界)에 해당되므로 사주 이론과는 차이가 있다.

또한 사주 오행에서는 상극(相剋)으로 이루어지는 목극토(木剋土)

의 경우 12운성법은 寅(목)과 戊(토)의 관계는 극(剋)의 관계가 아니라 장생(長生) 작용이 이루어진다. 이것들은 사주 명리학과 모순(矛盾)되는 또 다른 부분이기도 하다.

그렇지만, 12운성법도 태어나기 전과 사후세계(死後世界)의 과정(묘, 절, 태, 양)을 제외한 나머지 부분 즉 장생(長生), 목욕(沐浴), 관대(冠帶), 건록(建祿), 제왕(帝旺), 쇠(衰), 병(病), 사(死)는 사주 명리학과 상통한 부분이라고 보는 견해가 우세하다.

따라서, 독자들은 적어도 사주 명리학(命理學)을 공부하는 사람이라면 마땅히 12운성법을 알고 이것은 또 다른 사주 해석에 따른 접근 방법이라는 것을 알길 바란다.

12운성법은 동남아 및 일본 등의 국가에서 이용되고, 우리나라의 경우도 사주 전체 흐름을 판단할 때 손쉽게 활용할 수 있는 방법이기 때문에 활용되고 있다.

독자들은 이러한 사실을 알고 이어서 학습되는 용신(用神) 공부에 매진하여 삶의 흐름은 물론 사주 명리학의 최종 목적인 길흉화복(吉凶禍福)을 판단 해 주면 되겠다.

2. 용신(用神)을 찾자

전체 사주의 흐름을 예지하고, 판독하는 것은 용신(用神)을 찾고 적용하는 것이다.

즉, 용신을 알고 적용시켜 주어야만 전체 사주의 운로(運路)는 물론 궁합, 이름 짓기, 상호(商號), 택일 등을 정확하게 판단할 수 있다.

사실 사주(四柱)에서 용신(用神)은 사람의 정신(精神)에 해당되기 때문에 핵심이며, 용신의 흐름만 정확하게 판단하고 활용할 수 있다면 사주 공부는 끝난 것이기도 하다. 그러나 용신 판단이 어렵기 때문에 격국(格局)이 나왔고, 또한 일간(日干)의 강약(強弱), 조열(燥熱)과 한습(寒濕) 등의 사주 판단법이 제시되었다.

통상적으로 풍수지리학(風水地理學)에서 용(龍)을 찾는데 3년 걸리고, 혈(穴)을 찾는 데는 10년 이상 걸린다는 말이 있다.

사주에서는 용신(用神)이나 길성(吉星)과 흉성(凶星) 오행을 찾는 것은 바로 혈을 찾는 것처럼 난해(難解)한 것이기도 하다. 하지만, 사주에서 용신을 판단할 때 사람마다 혹은 시간마다 각각 틀린다면, 사주를 판독하고 해석하는 것이 아니라, 엉터리 사주를 간명하는 것이다.

용신을 정확하게 찾고 적용하지 못하는 사주는 그만큼 정확도가 떨어지는 것이니 앞날을 예지하기가 어렵다. 이러한 결과가 왜 발생하는가? 그 이유는 간단하다.

그만큼 정확한 용신(用神)을 찾는다는 것이 어렵다는 것이다. 보는 책마다 자신만의 방식으로 풀이해 놓은 경우도 있기 때문이다. 따라서 저자는 독자들을 위하여 용신 찾기를 체계적(體系的)으로 보기를 들어 설명했으므로 읽어봄으로써 용신이나 길흉성(吉凶星) 오행 찾기에 자신감(自信感)이 생길 것이다.

용신을 찾는 방법으로, 억부법(抑扶法), 조후법(調侯法), 병약법(病藥法), 부법(扶法), 통관법(通關法), 원류법(源流法), 전왕법(專旺法), 종왕격(從旺格), 격국(格局) 용신 찾기 등이 있다.

이 중 현실적인 조건에서 가장 많이 활용되고 판단하는 억부법과 전왕격 용신 그리고 기후 조건에서 판단하는 조후법 그리고 격국(格局) 용신 찾는법을 많이 사용된다. 특히 본 책에서는 내격(內格)과 외격(外格) 등의 용신 판단법은 격국에서 제시되었으니 독자들은 이들을 참고해서 용신 판단법을 마무리해주길 바란다.

이제 독자들은 용신을 찾고, 이를 통하여 삶의 운로(運路)를 판단해 보기 바란다.

(1) 용신 찾기의 선행 조건

용신(用神) 찾기의 선행 조건으로 오행(五行)의 상생(相生)과 상극(相剋)작용에 따른 힘과 사주 구성에서 상호 작용하는 힘 그리고 용신(用神)의 구성 조건을 알아보자.

■ 오행의 작용하는 힘

오행들의 상생(相生)과 상극(相剋) 작용에서의 힘을 알아보면 다음과 같다(※火 기준).

* 동일한 오행(五行)이 만나면 힘이 강(强)해 진다(예, 水와 水, 木과 木, 火와 火, 土와 土, 金과 金).

* 화(火)는 금(金)을 극(剋)하므로(이기므로) 화(火)의 힘이 강(强)해지고, 금(金)의 기운은 절대적으로 약(弱)해진다.

* 수(水)는 화(火)를 극(剋)하므로(이기므로) 수(水)의 힘은 강(强)해지고, 화(火)의 기운은 절대적으로 약(弱)해진다.

* 화(火)는 토(土)를 상생(相生)해 주므로, 화(火)기운은 약(弱)해지고, 토(土)기운은 강(强)해진다(※상생(相生) 작용으로 힘이 빠지는 것을 설기(泄氣)라고 한다).

* 목(木)은 화(火)를 상생(相生)해 주므로, 목(木)기운은 약(弱)해지고, 화(火)기운은 강(强)해진다.

■ 사주 구성에서 작용하는 힘

사주 구성에서 본인에게 가장 많은 영향을 미치는 것은 월지(月支)로서 약 30%의 영향을 미친다. 그 다음이 일지(日支) 20%, 시지(時支) 20% 순이고, 나머지는 아래와 같다.

구분	천간	지지	지장간(支藏干)
년주(年柱)	5%	5%	○(약8%)
월주(月柱)	10%	(30%)	○(약8%)
일주(日柱)	본인(10%)	20%	○(10%)
시주(時柱)	10%	20%	○(약8%)

■ 용신을 선택하는 순서는 천간(天干), 지지(地支), 지장간(支藏干) 순이다.

사주에서 용신(用神) 오행을 선택하는 순서는 천간(天干)에 존재하는 오행이 최우선이다. 이때 천간(天干)은 지장간(支藏干)과 같은 오행(五行) 즉 통근(通根) 관계가 성립되어 뿌리가 강한 것을 용신으로 선택해야 한다.

천간에 용신이 없을 경우 지지(地支)에서 용신을 선택하고, 천간과 지지에도 용신 오행이 없는 경우에 한하여 지장간(支藏干)에서 용신을 선택한다. 지장간에도 용신 오행이 없다면, 사주 구성에 없는 오행을 선택해서 보조 용신으로 사용하기도 한다. 특히 독자들이 실수하는 것은 사주 원국 8개의 오행 즉 천간과 지지에 용신 오행이 없는 경우 지장간에서 용신을 선택한다는 것이지, 지장간이 천간과 지지를 우선해서 용신을 선택할 수 없다.

사람에 따라서 용신은 1개만 존재하는 것이 아니라, 2개 혹은 3개가 존재하는 경우도 있는데, 이런 사람의 경우는 한 가지 일에 매진하지 못하지만 팔자는 좋은 사람이 된다.

용신 찾기가 어려운 사람일수록 혹은 본인에 해당되는 일간(日干)과 거리가 멀리 용신이 위치한 경우 즉 용신의 위치가 년주(年柱)에 존재하는 경우 또는 지장간과 통근 즉 뿌리가 약(弱)한 사람일수록 대부분 병고(病苦)에 시달리며, 승진(昇進), 돈, 건강(健康), 사업(事業), 경쟁(競爭)에서 승기를 잡지 못하고 풍파(風波)가 심히고 실패하는 경우가 된다.

또한, 사주 구성에서 일간(日干)이 용신(用神)이나 희신(喜神)으로 쌓여져 있는 사주라면 틀림없이 좋은 사주이고, 이와 반대로 나쁜 기신(忌神)이나 구신(仇神)으로 구성된 경우라면 나쁜 사주가 된다.

용신을 선택할 때는 지장간(支藏干)과 통근 즉 뿌리가 강한 것을 선택해 주어야 되는 것이지, 지장간과 통근(通根)되지 않는 용신은 그 만큼 작용력이 약(弱)하기 때문에 용신(用神)으로서 작용을 기대 할 수 없다,

또한 용신의 경우 합(合)으로 오행 기운이 변화(化)된 경우 이거나, 사주 원국 오행에서 용신을 찾지 못하고 지장간에서 용신을 찾는 경우 이거나 혹은 충(沖)이나 공망(空亡) 등이 작용되어 용신의 기능을 상실된 경우에 해당되는 사람들은 절대 좋은 운로(運路)가 되지 못한다.

따라서, 독자들은 이러한 용신 선택 조건을 바탕으로 지장간과 통

근되어 뿌리가 강한 용신(用神)을 선택하고 적용해 주길 바란다.

■ 일간(日干)은 용신(用神)으로 사용할 수 없는가?
사주에서 자신에게 해당되는 일간(日干)은 용신(用神)으로 사용할 수 없다. 사주를 구성하는 8개의 오행 구성 중 일간과 동일한 오행이 다른 곳에 존재한다면 용신으로 사용할 수 있다.
용신을 바탕으로 이와 함께 작용되는 희신, 기신, 구신, 한신을 정리하면 아래와 같다.

길신 (吉神)	• 용신(用神) : 나에게 가장 필요한 오행이다(※최고 길신(吉神)이다). • 희신(喜神) : 용신(用神)을 생(生)해주는 오행이며, 한신을 극(剋)하는 오행이다(※길신(吉神)이다).
흉신 (凶神)	• 기신(忌神) : 용신을 극(剋)하는 오행이다(※용신을 극(剋)하기 때문에 제일 나쁜 흉신이다). • 구신(仇神) : 기신을 생(生)해 주는 오행이다(※흉신(凶神)이다). • 한신(閑神) : 희신이 극(相剋)하는 오행이다(※운로에 따라 흉신과 길신의 성격을 갖고 있다).

사주에서 용신이 선택되었다면 희신, 기신, 구신, 한신을 결정해야 한다.
예를 들면, 용신이 화(火)라면, 희신은 용신 화(火)를 생(生)해 주는 오행이므로 목(木)이고, 기신은 용신 화(火)를 극(剋)하는 수(水)가 되고, 구신은 기신 수(水)를 생(生)해주는 오행 이므로 금(金)이며, 한신은 희신 즉 목(木)이 극(剋)하는 오행 이므로 토(土)가 된다.
하나 더 해보자, 용신이 토(土)라면, 희신은 용신 토(土)를 생(生)해 주는 화(火)이고, 기신은 용신 토(土)를 극(剋)하는 목(木)이 되고, 구신은 기신 목(木)을 생(生)해주는 수(水)이며, 한신은 희신 즉 화(火)가 극(剋)하는 금(金)이 된다.
사주에서 작용하는 오행 중 용신이 제일 좋고 그 다음은 희신이 되며, 기신은 절대적으로 나쁘고 구신 역시 나쁜 것이 되며, 한신은 운로(運路)를 보고 판단하면 된다.

이때, 용신(用神)과 희신(喜神)은 희신이 용신을 생(生)하는 상생(相生)관계가 이루어져야 하고, 기신(忌神)과 구신(仇神) 관계 역시 구신이 기신을 생(生)하는 상생(相生)관계가 이루어 져야 한다.

그러나, 희신(喜神)의 선택은 마냥 용신을 생(生)해주는 오행으로 결정하지는 않는다. 이것을 명리학에서는 순용(順用)과 역용(逆用)의 원칙이라고 하는데, 일간(日干)이 뿌리가 지장간(支藏干)에 강(强)하게 연결된 신강(身强) 사주에서의 희신(喜神) 판단은 일간(日干)이 용신(用神)을 생(生)해주거나 혹은 일간이 용신을 극(剋)하는 경우 혹은 용신이 일간을 생(生)해주는 경우 혹은 일간(日干)과 용신(用神)이 같은 오행일 경우에는 일간(日干)의 힘이 너무 크게 작용하기 때문에 이때의 희신 판단은 용신이 생(生)해주는 오행이 희신이 된다. 그러나 용신이 일간을 극(剋)하여 일간의 힘을 다소 약(弱)하게 되었을 경우에는 용신이 생(生)해주는 오행이 희신이 된다.

이러한 신강(身强) 사주에서 희신(喜神) 찾기를 정리하면 다음과 같다.

(신강(身强) 사주에서 희신(喜神) 판단법)	
<신강 사주에서 용신과 일간과의 관계>	<희신 판단법>
• 용신(用神) 오행이 일간(日干) 오행을 극(剋)하는 경우	=>용신(用神)을 생(生)하는 오행이 희신(喜神)이 된다. 이때 기신(忌神) 판단은 용신을 극(剋)하는 오행이며, 구신(仇神)은 기신(忌神)을 생(生)해 주는 오행이 된다. ※예) 용신이 화(火)이면, 희신은 목(木)이며, 기신은 수(水)이고 구신은 금(金)이 된다.
• 용신(用神) 오행이 일간(日干) 오행을 생(生)하는	=>용신(用神)이 생(生)해 주는 오행이 희신(喜神)이 된다.

경우 • 용신(用神) 오행과 일간 (日干) 오행이 같은 경우 • 일간(日干) 오행이 용신 (用神) 오행을 생(生)하는 경우 • 일간(日干) 오행이 용신 (用神) 오행을 극(剋)하는 경우	이때 기신(忌神) 판단은 용신을 극(剋)하는 오행이며, 구신(仇 神)은 기신(忌神)이 생(生)해 주 는 오행이 된다. ※예) 용신이 화(火)이면, 희신은 토(土)이며, 기신은 수(水)이고 구신은 목(木)이 된다.

이렇게 일간(日干)의 뿌리가 강(强)한 신강 사주에서 희신 판단 방법을 다르게 적용하는 이유는 아무리 좋은 일간(日干)일 경우 용신으로 인하여 힘이 너무 강(强)하게 작용하게 되면 사주의 중화됨을 방해하기 때문에 이를 방지함에 있다. 희신 판단에 대한 구체적인 방법은 이어서 설명될 억부법 용신 찾기<2>를 참조해주기 바란다.

특히 독자들은 뒷장에 설명된 <(3) 조후법(調侯法) 용신 찾기>에서 조후용신표(調侯用神表)를 이용한 '태어난 월(月)을 이용한 용신 찾기'를 이용한다면 더욱 폭넓은 용신을 확인할 수 있다. 사주를 배우는 목적은 용신(用神)을 찾아서 운로(運路)를 확인하기 위함에 있다. 만약 용신이 편관(偏官)이라면 편관처럼 인생(人生)을 살아가게 되고, 정관이라면 높은 관직에 오르는 사람으로 판단한다. 이제부터 용신을 찾아보자. 독자들을 위하여 용신 찾는 방법 중 우선 가장 광범위하게 적용되고 있는 억부법(抑扶法) 용신 찾기를 바탕으로 체계적(體系的)으로 쉽게 전계시켰다.

(2) 억부법(抑扶法) 용신 찾기

용신(用神) 찾기 중 억부법(抑扶法) 용신 찾기가 가장 많이 사용되고 있다. 억부법 용신을 판단하려면 우선 사주가 강(强)한 것인가? 아니면 약(弱)한 것인가? 이것을 먼저 알아야 한다.

이러한 종류는 일간(日干)을 기준으로 작용하는 힘의 구성이 신왕(6:2)과 신강(5:3) 그리고 신약(3:5)과 신쇠(2:6) 그리고 중화(4:4) 사주가 있다. 여기서는 이들의 분류를 신강(身强)과 신약(身弱) 사주로 구분하고 용신(用神)을 판단해 보고자 한다.

이들의 판단 방법은 본인에 해당되는 일간(日干)을 기준으로 천간과 지지에 포함된 7개 오행(五行)과의 관계를 따져 주어, 일간과 같은 편(일간과 같은 오행 이거나 혹은 일간을 생(生)해 주어 일간에 힘을 주는 오행)과 일간과 다른 편(일간을 극(剋)하는 오행 이거나 혹은 일간이 생(生)해 주어 일간의 힘을 빼는 오행)으로 작용되는 관계를 확인하여 판단하는데 이들의 작용이 일간과 같은 편이 강(强)하면 신강(身强) 사주로 판단하고, 일간과 다른 편이 강(强)하면 신약(身弱) 사주로 판단 한다.

이것을 다른 말로 표현하면 일간(日干)과 동일한 오행이거나 혹은 일간을 생(生)해 주는 오행 즉 비겁(비견, 겁재)이거나 혹은 인성(편인, 정인=인수)이 사주 구성에 많은 경우는 신강(身强) 사주이고, 이 외의 경우는 신약(身弱) 사주로 판단한다.

신약 사주의 경우 일간(日干)의 힘을 빼주는 즉 설기(泄氣)시키는 오행, 일간을 극(剋)하는 오행, 일간이 생(生)해주는 오행에 해당된다. 즉 식상(식신, 상관)과 재성(편재, 정재) 그리고 관성(편관, 정관)이 사주 구성에 많은 경우 신약(身弱) 사주가 된다.

사주 구성에서 오행들의 힘은 다음과 같다.

제일 큰 힘을 발휘하는 것은 월지(月支)인데 이것은 약 30%의 힘을 가지고 있다. 이런 이유 때문에 사람의 성향을 판단하는 격국(格局)은 월지로 판단하는 경우가 많다. 따라서 일간과 월지와의 비교 하나만으로 신약과 신강 사주(월지=비겁과 인성)를 판단해도 무방하다고 볼 수도 있다. 그러나 추가로 본다면 월지(月支)와 일간(日干)이 강(强)하면 신약 사주일 경우도 신강 사주로 판단하고, 이들이 약(弱)하면 신강 사주가 신약 사주로 판단한다.

그 다음은 일지(20%)와 시지(20%)이고, 나머지는 5~10%의 힘을 발휘한다. 지장간(支藏干)은 해당 사주 지지의 1/3정도의 힘을 발휘하게 되고, 그 중에서 힘이 가장 큰 주권신(主權神)을 찾아서 반영해주면 된다.

사주 구성의 8개의 오행과 지장간 모두를 일간(日干)과 비교해서 신약과 신강 사주를 판단할 필요 없이, 우선 힘이 가장 센 월지(月支), 일지(日支), 시지(時支) 3개와 일간(日干)과 비교해서 내 편인 오행(같은 오행, 일간을 생(生)해주는 오행)이 많으면 신강 사주로 판단하고, 내 편이 아닌 오행 즉 일간을 극(剋)하거나 일간이 생(生)해주는 오행이 많으면 신약 사주로 판단하면 된다.

그러나 월지, 일지, 시지로 판단하기 어려운 경우는 사주를 구성하고 있는 전체 오행은 물론 지장간(支藏干)까지 작용되는 힘의 작용을 확인해서 판단해야 한다.

또한 신약과 신강 사주 판단은 합(合)이나 충(沖)으로 월지(月支)와 일간(日干)에 영향을 주는 경우 변화된 오행으로 신강과 신약 사주를 판단하고 이에 따른 용신을 선택해야 한다.

이렇게 신강과 신약 사주를 판단했다면, 이것을 바탕으로 용신(用神)을 판단해야 한다.

신강 사주에서의 용신 판단은 강(强)해진 일간에 힘을 설기(泄氣) 즉 빼주는 오행(五行)이 용신(用神)이고 길성(吉星)이 된다. 따라서 신강 사주에서는 일간(日干)에 가장 강한 힘의 영향을 주는 월지(月支) 오행을 약(弱)하게 만들어 주는 오행이 용신이 되는데, 이 때 일간(日干)과도 비교해서 일간과 월지 모두 약(弱)하게 만들어 주는 오행이 최종 용신이 된다.

신약 사주는 약(弱)해진 일간에 힘을 강(强)하게 만들어주는 오행이 용신이고 길성(吉星)이 된다. 즉 신약 사주에서는 일간(日干)에게 힘을 강(强)하게 만들어 주는 오행이 용신이 되는데 이것 역시 월지(月支) 오행과 비교해서 일간을 강(强)하게 만들어주는 오행이 최종 용신이 된다.

용신 선택은 비겁(비견, 겁재)이나 혹은 인성(편인, 정인=인수)의 힘이 강(强)하게 적용되어 일간(日干)의 힘이 강(强)한 신강 사주에서의 용신 선택은 식상(식신, 상관)과 재성(편재, 정재) 그리고 관성(편관, 정관)에서 선택하고, 식상(식신, 상관)과 재성(편재, 정재) 그리고 관성(편관, 정관)의 힘이 강(强)하게 적용되어 일간(日干)의 힘이 약(弱)한 신약 사주에서의 용신 선택은 비겁(비견, 겁재)이나 혹은 인성(편인, 정인=인수)에서 용신을 선택한다는 뜻이기도 하다.

또한 무더운 기운에 해당되는 丙, 丁, 戊, 巳, 午, 未와 추운 한습 기운에 해당되는 己, 壬, 癸, 亥, 子, 丑는 중화가 될 수 있도록 상호 변환하여 용신을 판단하기도 한다.

이렇게 판단하는 이유는 오행들의 상호 균형(均衡) 즉 중화를 맞추기 위함에 있다.

여기서는 독자들에게 용신 판단에서 가장 많이 활용되는 억부법 용신(用神) 판단 방법을 보다 쉽게 확인할 수 있도록 억부법(抑扶法) 용신 판단법(1)과 용신 판단법(2)를 구분해서 소개하고자 한다. 둘은 모두 동일하다. 따라서, 독자들은 쉬운 것을 선택하고 활용해 주길 바란다.

억부법(抑扶法) 용신 판단법(1)

억부법 용신을 판단하기 위한 선행 조건은 신강(身强)과 신약(身弱) 사주를 구분하는 것인데 이들의 판단은 일간(日干)을 기준으로 비겁(비견, 겁재)과 인성(편인, 인수)이 강(强)하게 작용되면 신강 사주로 판단하고, 그 외 나머지 모두는 신약 사주로 판단하면 된다.

그러나 굳이 이렇게 육친(六親)을 적용하여 신약과 신강을 판단하지 않아도, 일간(日干)을 기준으로 힘이 가장 강하게 작용되는 월지(月支)와의 관계 하나만으로 신약과 신강 사주를 판단해도 무방하다. 즉 월지가 비겁이나 인성인 경우 신강 사주로 판단하고, 월지가 그 외 나머지 육친(식상, 재성, 간성)이면 신약 사주로 판단한다.

또한 이것과 동일한 방법이지만 일간과 월지가 같은 오행이거나

혹은 월지가 일간을 생(生)해주어 일간의 힘이 강(强)해지는 경우
에는 신강 사주로 판단하면 되고, 이와 반대로 일간과 월지(月支)
를 비교해서 월지가 일간을 극(剋)하거나 혹은 일간이 월지를 생
(生)해 주어 일간의 힘이 약(弱)해지는 경우는 신약 사주로 판단하
면 된다.

이렇게 신약과 신강 사주가 판단되었다면 용신(用神) 판단은 다음
과 같다.

신약 사주에서 용신 판단법은 힘이 약(弱)한 일간을 강(强)하게 만
들어 주는 것이 용신이기 때문에 사주를 구성하고 있는 오행(五
行) 중 일간(日干)을 생(生)해 주거나 혹은 일간과 동일한 오행이
용신인데 최종 판단은 월지(月支)와 비교해서 일간(日干)의 힘을
강(强)하게 만들어 주는 오행이 용신이 된다.

이와는 반대로 신강 사주에서 용신 판단법은 일간(日干)의 힘을
가장 강(强)하게 만들어 주는 것이 월지(月支)이므로 월지의 힘을
빼주는 오행이 용신이 되는데 최종 판단은 일간(日干)과 비교해서
일간의 힘역시 약(弱)하게 하는 오행이 최종 용신이되는 것이다.
이제 이러한 용신 판단 기준을 바탕으로 아래 사주에서 용신을
선택해보자.

구분	천간	지지	오행		육친		지장간
년주(年柱)	己	巳	토	화	편관	정재	戊, 庚, 丙
월주(月柱)	③辛	②未	금	토	편인	편관	丁, 乙, 丙
일주(日柱)	①癸	巳	(수)	화	·	정재	戊, 庚, 丙
시주(時柱)	己	未	토	토	편관	편관	丁, 乙, 丙

본인에 해당되는 일간 ①癸를 기준으로 힘이 가장 강한 월지(月
支) ②未는 편관이며 나머지 일지 및 시지의 경우도 각각 정재와
편관이기 때문에 신약(身弱) 사주이다. 또 다른 판단법은 일간 ①
(癸)는 수(水)이고 월지 ②未는 토(土)이므로 월지과 일간과의 이들
관계는 토극수(土剋水)가 되어 일간의 힘을 약(弱)하게 작용되니
신약 사주가 된다. 따라서 신약 사주에서 용신(用神) 판단은 약(弱)
한 일간 ①癸(수)의 힘을 강(强)하게 만들어주는 오행이 용신이 되

는 것이다. 따라서 일간 ①癸(水)을 강(强)하게 만들어주는 오행이 용신이 되는 것이므로, 용신 오행은 금(金)과 수(水) 둘중에 있다. 이제 이들 중 어느 것이 위 사주에서 용신이 되는 것인지 판단해 보자.

먼저 월간의 ③辛(금)은 일간 수(水)와 관계를 판단해 보면 금생수 (金生水)가 성립되어 일간의 힘을 강(强)하게 만들어 주기 때문에 용신은 월간의 금(金)이 된다. 아울러 이것은 월지 ②未(토)와는 토생금(土生金)이 되어 처음 ②未(토)의 기운보다 작아지므로 일간 ①(癸)의 수(水)기운을 보다 적게 토극수(土剋水)가 작용하게 되어 신약 사주에서 필요충분 조건이 되므로 용신(用神)으로서 합당한 조건을 갖춘 오행이 되는 길성(吉星)이 된다.

또한 위 사주는 신약 사주이므로 용신은 비겁(비견, 겁재)이나 혹 은 인성(편인, 정인=인수)에서 용신을 선택하므로 금(金)은 편인 에 해당되므로 이렇게 판단해도 용신의 조건에 맞다.

이제 또 하나의 용신 후보군에 있는 수(水) 오행이 위 사주에서 용 신이 될 수 있는 오행인지 판단해 보자.

수(水)의 경우도 위 사주는 신약 사주에서 일간 癸(수)를 수생수 (水生水)의 조건이 성립되어 일간의 힘을 강(强)하게 만들어주는 오행이고, 위 사주는 무더운 화(火)기운이 강(强)할뿐더러 특히 6 월(未월)에 출생된 사람이라 수(水)기운을 절대적으로 필요한 사람 이다. 그러나, 위 사주는 사주 원국은 물론 지장간까지 찾아보아 도 수(水)기운은 없다. 따라서 수(水)는 용신으로 사용할 수 없다. 또한 위 사주는 수(水)의 경우 월지 ②未(토)와의 관계를 판단해 보면 토극수(土剋水)가 성립되어 더욱 강력한 토(土)기운이 성립되 는 관계로 이것은 일간 癸(수)를 극(剋)하는 역할을 하므로 일간의 힘을 약(弱)하게 만드니 신약 사주에서의 조건에 맞지 않기 때문 에도 수(水)는 용신이 될 수 없다.

따라서, 위 사주에서 용신은 금(金) 즉 ③辛(금)이 용신이 되며, 희 신은 용신 금을 생(生)해주는 토(土)이고, 나쁜 기신은 용신 금을 극(剋)하는 화(火)이며 구신은 기신 화를 생(生)해주는 목(木)이다.

한신은 수(水)가 된다.

독자들은 이러한 논리를 적용하면 용신(用神) 찾는 것 역시 어렵지만은 않는 것이다. 사주 구성에서 용신(用神)을 찾는 것이나 길성(吉星)을 찾는 것은 동일하다.

따라서, 위 사주는 신약 사주이므로 일간 癸(수)의 힘을 강(强)하게 만들어주는 것이 용신이며 이것이 길성 오행이 되는 것이다. 일간 ①癸(수)의 작용을 확인해 보면 금생수(金生水)와 수생수(水生水)는 일간의 힘을 강(强)하게 만들어 주는 오행(五行)이기 때문에 길성(吉星)이자 용신 되며, 이를 육친(六親)으로 판단해 보면 금(金)기운은 인성이 되고, 수(水)기운은 비겁이다. 따라서 사주 해석(解析)에서 인성과 비겁은 길성(吉星)으로 작용되며 이러한 것은 대운(大運)이나 세운(歲運) 판단에서도 동일하게 적용 된다. 이러한 논리 전개로 판단하는 것이 곧 사주 해석(解析)이며 통변술(通辯術)이다.

여기서 독자들이 알아야 될 사항이 있다.

나쁜 구신으로 판단된 목(木)은 일간 癸(수)를 극(剋)하여 완전 소멸시키는 것을 아니지만 일간과의 관계는 수생목(水生木)의 상생 작용이 되어 일간의 힘을 빼주는 역할을 하는 것이므로 도움이 되지 않는 흉성(凶星)이지만 이 경우 사주에서 해석(解析)은 목(木) 기운은 위 사주에서 식상(식신, 상관)이 되므로 투자에서 돈을 잃는 논리로 판단해 주거나 혹은 여자의 경우 자식(아들, 딸)에게 재물을 잃거나 손해를 본다고 해석하면 된다. 아울러 신강 사주에서 용신 판단법은 힘이 강(强)하게 작용되는 월지(月支)의 힘을 빼주고 또한 강(强)한 일간을 약(弱)하게 만들어 주는 오행이 용신(用神)이자 길성(吉星)이 되므로 사주를 구성하고 있는 오행(五行) 중 일간(日干)을 극(剋)하거나 혹은 일간의 힘을 설기(泄氣)시키는 즉 빼주는 오행이 용신이 된다.

따라서, 신약과 신강 사주에서 이러한 작용들을 적용시켜 주는 것이 사주 해석(解析) 즉 통변(通辯)이 되는 것이다. 이러한 것들은 8장 '사주 해석'에서 자세히 설명하였다. 이렇게하여 용신(用神)은 물론 용신과 동일한 길성(吉星) 오행을 판단해 보았다. 물론 이들은 사주 구성에서 뿌리 즉 통근이 강(强)해야 한다.

억부법(抑扶法) 용신 판단법(2)

독자들은 위에서 소개된 억부법 용신 판단법(1)을 학습하였음으로 용신(用神) 판단법은 물론 사주 구성에서 길성(吉星)을 선택하고 찾는 방법과 적용 방법을 알았다. 그러나 여기서 소개하는 용신 판단법(2)는 용신 판단법(1)과 동일선상으로 이들은 모두 같은 것이다. 그러나 여기서 독자들을 위하여 용신 판단법(2)를 소개하는 목적은 사주 구성에서 용신 판단의 선택 폭을 넓일 수 있도록 하기 위함에 있다. 따라서 억부법 용신 판단법(2)에서 제시된 억부법 용신 찾기<1>, <2>, <3>, <4>, <5>를 통하여 용신 판단에 자신감(自信感)을 갖기 바란다.

■ 억부법 용신 찾기<1>

신약(身弱) 사주에서 용신 판단법
신약(身弱) 사주에서 용신 판단은 일간(日干)의 힘을 강(强)하게 만들어 주는 오행을 선택 후, 선택된 오행과 월지(月支)의 힘을 비교해서 일간의 힘을 강(强)하게 만들어 주는 오행이 용신이 된다.

이러한 신약(身弱) 사주에서 용신 선택법을 바탕으로 아래 사주에서 용신을 판단해보자.

구분	천간	지지	육친		지장간
년주(年柱)	辛	酉	비견	비견	庚, 辛
월주(月柱)	甲	①午(화)	정재	편관	丙, ⓐ己(토), 丁
일주(日柱)	㉮辛(금)	②巳(화)	·	정관	ⓑ戊(토), 庚, 丙
시주(時柱)	㉠戊(토)	③子(수)	정인	식신	壬, 癸

우선 위 사주가 신강(身强) 사주인지? 아니면 신약(身弱) 사주인가? 확인 후 용신(用神)을 판단해 보자

첫째, 사주 구성에서 약 3배의 힘을 가지고 있는 월지(月支) 그리
고 그 다음의 일지(日支) 그리고 시지(時支) 이들 3개와 일간
(日干)과의 관계로 판단한다. 즉 일간 ㉮辛(금)과 월지, 일지,
시지 3개 와의 작용 관계를 아래 표를 이용하여 내편과 내편
이 아닌 경우로 판단해보자.

구분	내 편인 경우	내 편이 아닌 경우
일간 (日干)과 다른 오행과 의 비교	• 일간과 같은 오행 • 일간을 생(生)해 주는 오행	• 일간과 서로 극(剋)하는 오 행 • 일간이 생(生)해주는 오행
	• 비겁(비견, 겁재), 인성(편인, 정인= 인수)인 경우	• 식상(식신, 상관), 재성(편 재, 정재), 관성(편관, 정관) 인 경우
	※<참고> 1. 신강 사주 판단 ; 내 편이 많은 경우 2. 신약 사주 판단 ; 내 편이 아닌 경우가 많은 경우	

-일간 ㉮辛(금)을 기준으로 월지 ①午(화)와는 화극금(火剋金)이 되
므로 일간을 극(剋)하니 내편이 아니다.
-일간 ㉮辛(금)을 기준으로 일지 ②巳(화)와는 화극금(火剋金)이 되
므로 일간을 극(剋)하니 내편이 아니다.
-일간 ㉮辛(금)을 기준으로 시지 ③子(수)와는 금생수(金生水)가 되
어 일간이 오히려 시지를 생(生)해 주어 힘이 빠지는 설기(泄
氣) 작용이 이루어지므로 내편이 아니다.

따라서, 일간 ㉮辛(금)과 사주 구성에서 힘이 가장 강(强)한 월
지, 일지, 시지의 3개와의 관계만 확인해 보면 3개 모두 내편
이 아니므로 일간 ㉮辛(금)은 힘을 잃어 약(弱)하게 되었으므로
위 사주는 신약(身弱) 사주가 된다.

여기서 이들 일간과의 관계 판단에서 지지 3개 중 2개~3개가
내편이고 힘이 가장 강한 월지(月支)가 포함되어 있다면 신강
사주로 판단하고, 1개가 내편인 경우는 사주 전체를 구성하는
7개 전체 오행의 힘 모두를 일간(日干)과 판단해서 신강(身强)

과 신약(身弱) 사주를 판단해 주면 된다.

둘째, 위의 첫째 방법에서 적용된 월지, 일지, 시지 중 가장 강(强)한 힘을 발휘하는 월지(月支) 하나만으로 일간과 비교해서 판단해도 무방하다. 즉, 위 사주의 일간 ㉮辛(금)과 사주 구성에서 가장 강(强)한 힘을 발휘하는 월지(月支) ①午(화)와 비교해 보니 월지의 화(火)는 일간 금(金)을 화극금(火剋金)으로 극(剋)하는 관계가 성립되므로 일간의 힘을 약(弱)하게 만들기 때문에 위 사주는 신약(身弱) 사주가 된다. 또는 위 사주는 월지 ①午(화)가 편관이므로 신약(身弱) 사주가 된다. 만약 월지 ①午(화)가 비겁이나 인성이면 신강(身强) 사주가 된다.

셋째, 본인에 해당되는 일간 ㉮辛(금)을 기준으로 천간과 지지 오행 7개 모두를 조사하여 일간과 같은 편(일간과 같은 오행 이거나 혹은 일간을 생(生)해 주어 일간에게 힘을 실어주는 오행)과 일간과 다른 편(일간을 극(剋)하는 오행 이거나 혹은 일간이 생(生)해 주어 일간의 힘을 빼주는 오행)을 전부 확인해서 신강과 신약 사주를 판단한다. 그래도 판단하기 어려운 경우 지장간의 힘을 반영해서 신강과 신약을 판단해야 한다. 위 사주의 경우 일간 ㉮辛(금)과 천간과 지지 오행 7개 그리고 지장간 오행 모두를 일간과 비교 판단해 보면 일간 ㉮辛(금)기운이 약(弱)하게 되므로 위 사주는 신약(身弱) 사주이다. 또는 위 사주는 일간 ㉮辛(금) 주위에 비겁이나 인성보다는 식상, 재성, 관성이 많으므로 신약(身强) 사주이다.

넷째, 만약 위 사주에서 신약과 신강 사주를 판단할 수 있는 일간 ㉮辛(금)과 월지 ①午(화)가 합(合), 공망(空亡), 충(沖) 등으로 변화(化)되었을 경우 혹은 이들이 다른 오행들의 작용으로 이들에게 영향을 주어 변화되었을 경우, 일간과 월지는 변화된 오행 작용으로 신약과 신강 사주를 판단하고 용신을 선택해야 된다.

다섯째, 위 사주는 신약(身弱) 사주로 판단되었으므로, 이제 이를 토대로 용신(用神)을 판단해보자. 판단 방법은 신약 사주에서

신약 사주가 된 이유를 찾아서 아래와 같이 일간과 나머지 오
행들의 조건을 만족시킬 수 있도록 균형(均衡)을 유지시켜 주
면 된다.

구분	일간(日干)	일간(日干) 외 오행
신강 사주 용신 선택	• 일간(日干)의 힘을 빼주는 오행을 선택한다.	• 월지, 일지, 시지 등에서 신강으로 판단된 것들의 힘을 빼주는(설기) 오행을 선택한다.
신약 사주 용신 선택	• 일간(日干)의 힘을 더해주는 오행을 선택한다.	• 월지, 일지, 시지 등에서 신약으로 판단된 것들의 힘을 더해주거나 혹은 힘을 빼주는(설기) 오행을 선택한다.

즉, 신강 사주에서는 일간의 힘을 약(弱)하게 하고, 아울러 핵심
오행들의 힘을 빼주는 오행이 용신이 되고, 신약(身弱) 사주에
서는 일간의 힘을 더해주어 강(强)하게 하고, 아울러 핵심 오행
들의 힘을 더해주거나 혹은 빼주는 오행이 용신이 된다.
위 사주는 신약 사주이므로 신약 사주가 된 이유는 ①午(화)와
②巳(화) 즉 관성(편관, 정관)의 화(火)기운이 강(强)하기 때문에
일간 ㉑辛(금)을 화극금(火剋金)이 되어 극(剋)하여 무력화 시
켜서 일간이 힘이 약(弱)해졌기 때문에 신약 사주가 되었다. 따
라서 ①午(화)와 ②巳(화) 즉 관성(편관, 정관)의 힘을 빼주고
일간(日干)의 힘을 더해주는 오행(五行)이 용신이 되는 것이다.
따라서, 관성(편관, 정관)의 힘을 빼주는 방법은, 식상(식신, 상
관)으로 관성을 극(剋)하든지 아니면, 관성이 생(生)해주는 인
성(편인, 인수)을 적용시켜서 힘을 빼주면 된다. 즉 설기(泄氣)
시켜주면 된다.
이제 위 사주를 다시보자. 용신이 될 조건은 관성(편관, 정관)과
인성(편인, 인수)으로 압축되었으므로 이들을 위 사주에서 찾
아보면 시간(時干)의 정인 ㉠戊(토) 아니면, 시지(時支)의 식신
③子(수)의 둘 중에 하나가 용신이 된다.
이들 중 시지의 식신에 해당되는 ③子(수)는 본인에 해당되는

일간 ㉮辛(금)과의 관계를 확인해 보면 금생수(金生水)가 되어 일간의 힘을 빼주게 되어 신약사주 조건에 맞지 않는다. 신약 사주의 용신 조건은 일간(日干)의 힘을 강하게 만들어 주는 것이어야 하기 때문이다. 따라서 위 사주에서는 ③子(수)는 용신이 될 수 없다.

이번에는 시간(時干)의 정인 ㉠戊(토)를 확인해 보자. 일간 ㉮辛(금)과의 관계를 확인해 보면 토생금(土生金)이 되어 일간의 힘을 강(强)하게 만들어 주고 또한 월지와 일지의 화(火)와는 화생토(火生土)가 되어 힘을 빼주니 신약 사주의 중화 조건이 맞다. 따라서 용신은 정인 ㉠戊(토)가 된다.

또한 다른 방법으로 용신을 찾는 방법은 위 사주는 식상(식신, 상관)과 재성(편재, 정재) 그리고 관성(편관, 정관)의 힘이 강(强)하게 적용되는 신약 사주가 된다. 따라서 신약 사주에서 용신은 인성이 된다. 이렇게 간단하게 판단 해봐도 용신은 정인 ㉠戊(토)가 맞다.

지금까지 신약 사주인 위의 조건에서 용신 찾기를 종합해 보면 일간 ㉮辛(금)의 힘을 강(强)하게 만들어 주는 오행이 용신이 되므로 금생금(金生金)의 금(金) 아니면 토생금(土生金)의 토(土)가 된다. 그러나 최종 용신 선택은 월지(月支) ①午(화)와 비교해서 일간 ㉮辛(금)을 강(强)하게 만들어 주는 오행이 용신이 되는 것이다. 따라서, 토(土)의 경우 일간 금(金)을 토생금(土生金)으로 강하게 만들어 주고, 또한 월지 ①午(화)와 관계는 화생토(화생토)로서 화(火)의 기운을 약(弱)하게 만들어 주기 때문에 이것은 일간 ㉮辛(금)을 작게 극(剋)히므로 용신으로 합당한 것이다.

이제 용신을 찾았으니 길(吉)하게 작용되는 희신(喜神)과 흉(凶)으로 작용되는 기신(忌神), 구신(仇神) 그리고 한신(閑神)을 판단해 보자.

용신이 토(土)이니, 희신은 용신 토(土)를 생(生)해 주는 화(火)이고, 기신은 용신 토(土)를 극(剋)하는 목(木)이 되고, 구신은 기신 목(木)을 생(生)해주는 수(水)이며, 한신은 희신 화(火)가 극(剋)하는 금(金)이 된다.

이렇게 용신을 판단했다면 최종 확인해야 될 사항이 있다. 용신으로 선택된 오행은 탄탄한 뿌리 즉 통근(通根)이 형성되어야하고, 공망(空亡)과 충(沖)이 작용되지 말아야하고, 합(合)으로 변화(化)되는 기능이 없어야만 용신으로 선택 할 수 있다. 그 이유는 용신으로 판단된 오행은 힘이 있어야만 용신으로 기능을 할 수 있기 때문이다. 만약 이러한 조건을 갖추지 못한 용신이라면 성공(成功)이나 출세(出世)할 수가 없다. 아울러 용신이 천간(天干)에 존재하는 것이 가장 좋고, 그 다음은 지지(地支) 그리고 지장간(支藏干)에 존재해도 무방하며, 사주 구성에 없는 용신은 밖에서 선택할 수도 있다.

위 사주는 용신으로 판단된 시지(時支)의 정인 ㉠戊(토)은 같은 토(土)로써 지장간 ⓐ己(토)와 ⓑ戊(토)에 뿌리를 내리고 있다. ⓐ己(토)의 경우 자오충(子午沖)이 성립되어 기능을 상실하지만 ⓑ戊(토)에 튼튼한 뿌리를 내리고 있기 때문에 용신으로 적합하다. 또한 용신으로 선택된 ㉠戊(토)은 정인이므로 길성 용신(정관, 재성, 정인, 식신)에 해당되고 어머니 복은 물론 지능이 띄어난 사람으로 판단할 수 있다. 또한 용신 토(土)주의에 용신을 생(生)해주는 오행 즉 화(火) 등이 존재하면 좋은 팔자로 보기 때문에 위 사주의 경우 화(火)가 존재하므로 살아가는데 무난한 사주로 판단할 수 있다.

또한 신약 사주에서 용신 찾는 방법은 일간 기준으로 월지를 비교해서 일간을 강(强)하게 만들어 주는 오행(五行)이 용신(用神)이 된다.

일반적인 신약이거나 신강 사주에서 용신 선택 오행은 2개로 압축할 수 있으나,

그러나 유일하게 신약 사주에서 일간이 화(火)이고 월지가 토(土)인 경우,

일간(日干)을 강(强)하게 만들어 주면서 용신(用神) 조건을 만족시켜 주는 오행(五行)은 총 3개가 된다. 아래 사주를 보자.

구분	천간	지지
년주(年柱)	○	○
월주(月柱)	○	②토
일주(日柱)	①화	○
시주(時柱)	○	○

<<용신 선택 조건>> 일간 ①화를 강(强)하게 만들어 주는 오행 => 화(火), 목(木)이며, 또한 금(金)의 경우 일간 ①화가 금(金)을 극(剋)하여 일간 화(火)가 더욱 강(强)해지고, 아울러 금(金)은 월지 (月支) ②토를 토생금(土生金)하여 ②토의 기운을 약(弱)하게 만들어 주니 일간 ①화와 월지 ②토의 관계에서 일간 ①화의 힘을 강 (强)하게 만들어 주니 위 사주에서 금(金) 역시 용신 사용으로 합당하다.

따라서, 신약 사주에서 일간이 화(火)이고 월지가 토(土)인 위 사주에서 용신 선택 조건은 총 3개(火, 木, 金)가 된다.

이러한 조건으로 본다면 위 사주에서의 용신은 1개가 아니라 2개 이상인 경우로 판단할 수 있으며, 이 중에서 계절(조우), 통근(通根) 등을 고려해서 가장 합당한 오행을 용신으로 판단할 수 있다.

■ 억부법 용신 찾기<2>

신강(身强) 사주에서 용신 판단법
신강(身强) 사주에서 용신 판단은 월지(月支)의 힘을 약(弱)하게 만들어 주는 오행을 선택 후, 선택된 오행과 일간(日干)의 힘을 비교해서 일간의 힘을 약(弱)하게 만들어 주는 오행이 용신이 된다.

이러한 신강(身强) 사주에서 용신 선택법을 바탕으로 아래 사주에서 용신을 판단해보자.

구분	천간	지지	육친		지장간
년주 (年柱)	㉠辛 (금)	卯	상관	정관	甲, 乙
월주	甲	①午(화)	편관	정인	丙, ⓑ己(겁재), 丁

(月柱)					
일주 (日柱)	㉮戊 (토)	②寅(목)	·	편관	©戊(비견), 丙, 甲
시주 (時柱)	ⓐ戊	③午(화)	비견	정인	丙, ⓓ己(겁재), 丁

우선 용신 판단에 앞서 신약(身弱)과 신강(身强) 사주를 판단하기 위하여 일간(日干)과의 작용되는 힘을 판단해 보자.

우선 일간 ㉮戊(토)를 기준으로 작용 힘이 가장 강한 월지(月支)의 ①午(화), 일지(日支)의 ②寅(목) 그리고 시지(時支)의 ③午(화)와의 작용 관계를 확인해보자.

우선 일간 ㉮戊(토)를 기준으로 월지 ①午(화)는 화생토(火生土)가 되어 일간에게 힘을 실어 주는 것이므로 내편이 된다. 일지 ②寅(목)은 목극토(木剋土)가 되어 일간을 극(剋)하므로 내편이 아니며, 시지 ③午(화)는 화생토(火生土)가 되어 일간에게 힘을 실어주는 것이므로 내편이 된다.

따라서, 힘이 가장 강(强)하게 작용되는 월지와 시지가 내편이 되어 일간(日干)에 힘을 실어주는 것이므로 위 사주는 신강(身强) 사주이다.

또는, 힘이 가장 강한 월지(月支)의 ①午(화)가 일간 ㉮戊(토)를 화생토(火生土)로 생(生)하여 일간의 힘을 강(强)하게 만들어 주니 신강 사주가 된다. 그리고 힘이 가장 강한 월지(月支) ①午(화)가 정인이므로 신강 사주이며, 또한 일간 ㉮戊를 기준으로 식상, 재성, 관성보다는 내편에 해당되는 비겁과 인성이 많은 사주로 구성되어 있으므로 이렇게 판단해도 위 사주는 신강(身强) 사주이다.

이제 신강 사주를 알았으니 이를 토대로 용신(用神)을 판단해보자. 신강 사주에서 용신 판단은 신강 사주가 된 이유에 해당되는 일간에 힘을 강하게 만들어준 오행(五行)이 있었으므로 이들을 찾아서, 이들과 일간의 힘을 빼주는 즉 설기(泄氣)시키는 오행이 용신이 된다.

즉, 월지 ①午(화)와 시지 ③午(화)는 일간 ㉮戊(토)에게 화생토(火生土)로써 힘을 실어주었기 때문에 신강 사주가 되었기 때문에 이들의 균형(均衡)을 맞추려면 이들의 힘을 설기 즉 **빼주는** 것이 용신이 된다.

이들은 둘다 모두 정인이므로 정인의 힘을 설기(泄氣) 즉 **빼주려**면 비겁(비견, 겁재)를 생(生)해주든지, 아니면 재성(편재, 정재)으로 정인을 극(剋)하여 정인의 힘을 **빼주면** 된다.

따라서, 위 사주에서 용신을 선택하기 위하여 우선 비겁을 찾아보니 비겁은 시간(時干) ⓐ戊(토)는 물론 지장간(支藏干)에 ⓑ己(겁재), ⓒ戊(비견), ⓓ己(겁재)가 존재하여 뿌리를 내리기 때문에 ⓐ戊는 물론 지장간의 오행들도 용신으로 사용할 수 있다. 그러나 이들은 모두 토(土)이기 때문에 일간 ㉮戊(토)에게 오히려 힘을 강(强)하기 만들어주기 때문에 신강 사주에서의 용신(用神) 선택에 위배된다. 따라서, 비겁 토(土)는 위 사주에서 용신을 될 수 없다. 비겁(비견, 겁재)이 용신으로 사용할 수 없으므로 이때는 비겁 다음 오행(五行)을 찾아서 용신을 결정해 주면 된다. 즉, 비겁-식상-재성-관성-인성 순(順)에서 비겁 다음의 식상(식신, 상관)이 용신이 된다.

따라서 이 사주에서 식상은 연간의 상관 ㉠辛(금)이 해당되므로 용신은 ㉠辛(금)이며 이것은 육친으로 보면 상관이며 이것이 길성(吉星)으로 작용되는 것이다.

용신으로 선택된 ㉠辛(금)의 경우 위의 신강 사주에서 일간 ㉮戊(토)와는 토생금(토생금)가 되어 일간의 힘은 **빼주니** 용신으로 합당하다.

특히 독자들은 첫 번째 용신 선택이 성립되지 않는 경우는 반드시 다음 육친 오행을 선택하여 용신으로 결정해 주면 된다.

이번에는 위 사주에서 두 번째 다른 방법으로 용신을 판단해 보자. 재성(편재, 정재)으로 일간과 월지 정인 즉 ①午(화)를 극(剋)하게 하여 신강 사주에서 용신을 찾아보자. 재성에 해당되는 수(水)는 사주 원국은 물론 지장간에도 없다. 이런 경우 즉 재성 다음 오행을 찾아서 용신을 선택해 주면 된다. 이때는 역순(逆順)이 되므로 인성-관성-재성-식상-비겁 순(順)으로 적용한다. 재성 다음 오행은 식상이다. 따라서 위 사주에서 용신은 상관 ㉠辛(금)이 된다. 물론 위 사주는 비겁과 인성이 강(强)한 신강 사주이므로 용신은 식상(식신, 상관), 재성(편재, 정재), 관성(편관, 정관) 중에서 용신이 결정되므로 상관 ㉠辛(금)은 용신으로 합당한 것이다.

따라서, 독자들은 위의 용신 찾기에서 첫 번째 방법이나 두 번째 방법 모두 동일한 용신 찾는 방법이다. 이번에는 같은 방법이지만 오행(五行)의 순환으로 용신을 찾아보자.

위의 사주는 신강 사주이므로 신강에서의 용신 선택법은 가장 힘이 강(强)하게 미치는 월지(月支) 즉 ①午(화)의 힘을 약(弱)하게 해주는 오행 즉 수극화(水剋火)의 수(水) 혹은 화생토(火生土)의 토(土)가 용신이 되는데 최종 결정은 일간 ㉠戊(토)와 비교해서 일간을 약(弱)하게 하는 오행이 최종 용신이 되는 것이다.

토(土)의 경우 월지(月支) ①午(화)의 관계는 화생토(火生土)가 되어 힘을 약(弱)하게 해주니 용신으로 합당하나, 문제는 일간 ㉠戊(토)와는 토생토(土生土)가 되어 힘을 오히려 강(强)하게 만들어 주니 용신 오행이 되지 못한다. 이경우는 오행의 순행 작용으로 토(土) 다음 오행인 금(金)이 용신이 된다.

이번에는 수(水) 오행을 판단해 보자. 수(水)는 월지(月支) ①午(화)의 관계는 수극화(水剋火)가 되어 힘을 약(弱)하게 해주니 용신으로 합당하나, 문제는 일간 ㉠戊(토)와는 토극수(土剋水)가 되어 힘을 오히려 강(强)하게 만들어 주니 용신 오행이 되지 못한다. 이경우는 월지를 극(剋)했으므로 오행의 역행으로 다음 오행이 최종 용신으로 판단한다. 즉 수=>금=>토=>화=>목이 되어 수(水) 다음 역오행의 금(金)이 최종 용신이 된다.

따라서, 용신 선택은 월지나 일간 모두 필요 충분 조건이 성립되지 않는 경우 순기능 다음 오행을 선택하거나 혹은 역기능 다음 오행을 선택하거나 용신은 모두 동일하다.

이렇게 하여 위 사주에서 용신으로 선택된 연간 ㉠辛(금)은 상관(傷官)으로 위 사람은 상관 운으로 살아가게 된다. 또한 용신 ㉠辛(금) 주위에 금(金)을 생(生)해주는 토(土)가 존재하여 좋은 사주이기도 하나, 용신 금(金)을 극(剋)하는 화(火) 등도 존재하고 있다.
특히 위 사람의 용신으로 선택된 ㉠辛(금)은 지지(地支)나 지장간
에도 같은 금(金)이 없기 때문에 통근(通根) 즉 뿌리를 내리지 못
했으므로 용신(用神)으로서의 기능은 물론 상관에 해당되는 아들,
조모, 손녀들로 부터 아무런 역할이나 영향력이 없이 들러리 삶으
로 살아가고 있는 사람이다.

이제 신강 사주에서 용신이 금(金)이란 것을 알았으니, 희신, 기신,
구신, 한신을 판단해 보자.

일반적인 사주에서 희신(喜神) 판단은 용신을 생(生)해주는 것을
희신으로 선택한다. 그러나 일간(日干)이 지장간(支藏干)에 강(强)
하게 통근(通根) 즉 뿌리가 내리고 있는 신강 사주에서의 희신 판
단은 용신(用神)과 일간(日干)과의 관계를 판단해서 결정하는데 이
때는 용신이 생(生)해주는 오행을 희신으로 선택하기도 하고, 용
신을 생(生)해주는 오행을 희신으로 선택하기도 한다.

이에 대한 내용을 확인하기 위해서 위 사주를 보자. 위 사주의 용
신은 금(金)이다. 그러나 일간 ㉮戊(토)는 용신 금(金)을 토생금(土
生金)으로 생(生)해 주므로 이때의 희신은 토(土)가 아니라, 용신
금(金)이 생(生)해주는 수(水)가 희신이 된다. 기신은 화(火), 구신은
토(土), 한신은 목(木)이다.

이렇게 신강 사주에서 희신(喜神) 판단은 순용(順用)과 역용(逆用)
의 원칙에 준하여 판단하는데 그 이유는 사주 구성에서 용신 오
행의 힘이 너무 강(强)한 것을 중화시키기 위함에 있다. 이것을 위
의 사주에서 구체적으로 확인해 보자.

월지(月支)가 인성이어서 강(强)한 신강 사주이며 일간(日干)이 강
(强)하게 지장간(支藏干)에 통근(通根) 즉 뿌리가 내린 사주이다.
즉 일간 토(土)와 용신 금(金)과의 관계는 일간이 용신을 생(生)해
주므로 이때의 희신 판단은 용신을 생(生) 해주는 오행에 해당되
는 토(土)가 아니라, 용신이 생(生) 해주는 오행 즉 수(水)가 희신이
된다. 이것을 다시 쉽게 설명하면, 일간(日干)의 힘이 강(强)한 신
강 사주에서 희신 판단 방법은 용신이 일간을 극(剋)하는 경우에

는 용신을 생(生)해주는 오행이 희신이 되지만, 일간(日干)이 용신을 생(生)해주거나 혹은 일간이 용신을 극(剋)하는 경우 혹은 용신이 일간을 생(生)해 주거나 혹은 일간과 용신이 같은 오행인 경우에서의 희신 판단은 용신이 생(生)해주는 오행이 희신이 된다. 아래 사주를 보자.

A사주					B사주				
					庚	子	정재	편관	壬癸
丙	寅	비견	편인	戊,㉮丙,甲	己	Ⓑ卯(목)	식신	편인	戊㉠丙,甲
甲	②午(화)	편인	겁재	㉯丙,己,㉰丁	Ⓐ丁(화)	卯	·	편인	戊㉡丙,甲
①丙(화)	申	·	편재	戊壬庚	丁	未	비견	식신	㉢丁,乙己
壬	辰	정관	식신	乙癸戊					

A사주의 경우 월지 ②午(화)가 겁재이고 화(火)가 되어 일간 ①丙(화)와의 관계는 서로 같은 화(火)가 되고, 또한 일간은 화(火)로서 지장간의 ㉮丙, ㉯丙, ㉰丁와 같은 화(火)로서 통근 즉 뿌리가 강(强)하게 구성된 신강 사주이다.

따라서, 용신은 월지 ②午(화)의 힘과 일간 ①丙(화)의 힘을 빼주는 수(水)를 사용하면 필요충분 조건이 성립되므로 용신은 수(水)이다.

이제 희신을 판단해 보자. 신강 사주에서 용신 수(水)는 일간 ①丙(화)를 수극화(水剋火)하여 일간을 극(剋)하므로 이때 희신 판단은 용신 수(水)를 생(生)해주는 금(金)이 희신이 된다.

그러나 B사주를 보자. B사주는 월지 Ⓑ卯(목)이 편인이자 목(木)이되어 일간 Ⓐ丁(화)의 관계는 목생화(木生火)가 성립되고, 또한 일간 Ⓐ丁(화)는 지장간의 ㉠丙, ㉡丙, ㉢丁과는 같은 화(火)로서 통근 즉 뿌리가 강(强)하게 구성된 신강 사주이다.

이 때 용신 선택은 월지 Ⓑ卯(목)의 힘을 빼주는 것이 용신이 되는데 이 경우 월지를 극(剋)하는 금(金)아니면, 월지를 설기 시키는 화(火)가 용신이 된다.

화(火)를 용신으로 판단해 보면, 월지 목(木)의 힘은 빼주나, 일간화(火)의 힘을 오히려 강(强)하게 만들어 주기 때문에 필요충분조건이 성립되지 못하므로 화(火) 다음 오행에 해당되는 토(土)가 용신이 된다.

이제 희신을 판단해 보자. 신강 사주에서 용신 토(土)는 일간 Ⓐ丁(화)와 관계를 확인해 보면 화생토(火生土)가 성립되어 일간 화(火)가 용신 토(土)를 극(剋)하지 않고 생(生)해 주므로 이때의 희신 판단은 용신 토(土)를 생(生)해주는 화(火)가 아니라, 용신 토(土)가 생(生)해주는 토생금(土生金)의 금(金)이 희신이 된다. 이때 기신은 용신을 극(剋)하는 목(木)이며 구신은 기신 목(木)이 생(生)하는 화(火)이고 한신은 수(水)이다.

이렇게 일간(日干)의 뿌리가 강(强)한 신강 사주에서 용신이 일간을 극(剋)하는 경우와 그 외의 경우 희신 판단 방법을 다르게 적용하는 이유는 용신으로 인하여 너무 강(强)한 일간(日干)의 작용은 전체 사주가 중화됨을 방해하기 때문이란 사실을 잊지 말자.

그러나 신강 사주일 경우도 일간(日干)이 지장간(支藏干)에 강(强)하게 통근(通根) 즉 뿌리가 내리고 못하는 경우에는, 일간이 용신을 생(生)해 주든지 아니면 일간이 용신을 극(剋)해 주든지 아니면 일간과 용신이 같은 경우 혹은 용신이 일간을 생(生)해주거나 혹은 용신이 일간을 극(剋)하는 경우에 상관없이 이때의 희신(喜神) 판단은 용신을 생(生)해주는 오행이 희신이 된다.

■ 억부법 용신 찾기<3> : 지장간(支藏干)에서 용신 찾기

구분	천간	지지	육친		지장간
년주 (年柱)	丁	未	겁재	상관	丁, 乙, 己
월주 (月柱)	ⓐ庚	①戌 (토)	편재	식신	辛, 丁, 戊
일주 (日柱)	㉮丙 (화)	②辰 (토)	·	식신	乙, ㉠癸(水, 정관), 戊
시주 (時柱)	丙	③申 (금)	비견	편재	己, ㉡壬(水, 편관), 庚

위 사주는 일간 ㉮丙(화)를 기준으로 월지(月支) ①戌(토), 일지(日支) ②辰(토) 그리고 시지(時支) ③申(금)의 작용 관계를 판단해 보

면, 화생토(火生土) 및 화극금(火剋金)이 성립되어 일간과 다른 편이 더 많으므로 신약(身弱) 사주이다.

아울러, 일간 ㉮丙(화)는 힘이 가장 강한 월지(月支) ①戌(토)와의 관계는 화생토(火生土)가 되어 일간의 힘이 약(弱)해지기 때문에 신약 사주이며, 그리고 사주 구성에서 힘이 가장 강한 월지(月支) ①戌(토)가 식신이므로 신약 사주이다. 또한 일간 ㉮丙(화)를 기준으로 비겁과 인성보다는 재성, 관상, 식상이 많은 사주로 구성되어 있으므로 이렇게 판단해도 위 사주는 신약(身弱) 사주이다.

이제 신약 사주를 알았으니 용신을 판단해 보자.

위 사주는 ①戌(토)와 ②辰(토)의 기운이 강(强)하기 때문에 일간 ㉮丙(화)의 힘이 약해져서 신약 사주가 되었으므로 용신 오행은 일간 ㉮丙(화)에게는 힘을 강(强)하게 만들어 주는 오행이 되어야 하고, 월지와 일지의 ①戌(토)와 ②辰(토)에게는 힘을 약(弱)하게 만들어 주는 오행이 용신이 된다. 즉 월지와 일지의 식신의 힘을 설기(泄氣) 즉 빼주어야 한다.

우선 인성(인수, 편인)으로 극(剋)하여 식신의 기운을 빼보자. 위 사주는 인성이 없으므로 이것은 해당이 없다.

이제 재성(편재, 정재)을 적용시켜 식신을 생(生)하여 힘을 빼보자. 재성 즉 ⓐ庚(편재)는 금(金)이므로 이것으로 월지와 일지와의 관계는 토생금(土生金)이 되어 월지와 일지에 힘을 빼주니 용신의 조건으로 합당하다. 다음은 일간에 금(金)을 적용시켜 보자. 화극금(火剋金)이 되어 일간의 힘을 강(强)하게 만들기 주니 신약 사주에서 용신으로 재성의 금(金)은 합당하다.

그러나 위 사주를 다시 한 번 보자.

위 사주는 화(火)기운이 년간, 일간, 시간에 3개가 존재하는 매우 강한 불덩어리 사주이다.

따라서, 용신으로 선택된 금(金)은 화극금(火剋金)이 되어 녹아 없어지므로 용신으로 사용할 수 없다.

따라서, 위 사주에서 용신은 재성(편재, 정재)의 금(金)은 합당하지 못하다.

이 경우 재성 다음의 순환 오행에 해당되는 관성을 적용시켜 월지와 일지에 있는 식신의 힘을 설기(泄氣) 즉 빼주고 이것을 용신을 선택한다.

즉, 비겁-식상-재성-관성-인성의 순환구조에서 재성 다음의 수(水)의 관성(편관, 정관)을 용신으로 적용해 주어야 한다.

위 사주에서 관성은 사주 원국에는 없고, 지장간(支藏干) ㉠癸(수)와 ㉡壬(수)에 존재한다. 이제 이들 둘 중에 하나를 선택해 한다. 이렇게 사주 원국의 8개의 오행 중에 수(水) 오행이 없는 경우에 한해서 지장간에서 용신을 찾는다.

월지 ①戌과 일지 ②辰는 진술충(辰戌沖)이 성립되어 ㉠癸(수)의 정관은 용신으로 사용할 수 없고, ㉡壬(수)의 편관이 용신이 된다. 아울러 위 사주는 강한 불덩어리 사주이므로 수(水) 중에서도 작은 이슬 등에 해당되는 ㉠癸(수)는 합당하지 못하고, 큰 강물에 해당되는 ㉡壬(수)가 용신이 되는 이치(理致)이기도 하다.

위 사주에서 다른 방법으로도 쉽게 용신을 판단할 수 있다.

우선 월지(月支) ①戌(토)가 식신이므로 신약 사주이다. 일간 ㉮丙(화)과 월지 ①戌(토)와의 관계를 판단해 보면 화생토(火生土)로 일간의 힘이 빠지는 설기 현상이 발생되므로 이를 중화시켜주는 것이 용신이 된다.

즉, 용신은 일간 화(火)를 강(强)하게 하고, 월지 토(土)를 약(弱)하게 해주는 것이 용신이 된다. 따라서 용신은 월지 토(土)를 극(剋)하는 목(木)을 사용하면 월지는 목극토(木剋土)로 약(弱)해지고 일간은 목생화(木生火)로 강(强)한 힘이 발생되므로 신약 사주에서 필요충분 조건이 성립되어 용신은 목(木)이다. 그러나 사주 원국에는 목(木)이 없고 ②辰의 지장간에 목(乙)이 존재하기 때문에 이것을 용신으로 사용할 수 있다. 그러나 ①, ②는 진술충(辰戌沖)이 성립되어 지장간의 목(乙)기운은 소진되어 용신으로 사용할 수 없다. 그것뿐만 아니라 지장간의 목(乙)은 천간에 투출(透出, 같은 木이 없음)되지 못했기 때문에 용신으로 사용할 수 없다(※만약 천간에 같은 木오행이 존재한다면 투출이 성립되어 木을 용신으로 사용할 수 있다). 위 사람은 인수 즉 木오행이 존재하지만 유명무실(有名無實)하기 때문에 어머니는 물론 누구에게 도움을 받을 수 없는 사람이란 뜻이다. 따라서 목(木) 다음 오행이 용신이 되는데 월지를 목(木)으로 극(剋) 했으므로 용신은 목(木) 이전의 오행에 해당되는 수(水) 즉 지장간의 ㉡壬(수)가 용신이 된다.

또한 용신을 선택함에 있어서 하나 더 알아야될 사항은 위 사주처럼 사주 구성에서 화(火)기운이 3~4개의 강한 사주(水, 木, 土, 金도 동일함)인 경우 용신 선택은 강(强)한 화(火)를 극(剋)하여 중화시켜주는 수(水) 오행이 용신(用神)이 된다. 이렇게 용신을 선택하는 방법을 병약법(病藥法) 용신 찾기라고 하는데 이것은 이어서 배운다.

서울 가는 방법은 여러 가지가 있듯이 용신 찾는 방법 역시 여러 형태가 있다. 독자들은 쉽고 정확하게 찾을 수 있는 방법을 선택하여 용신을 판단해 주면 되겠다.

위 사주는 용신이 수(水)이니, 희신은 용신 수(水)를 생(生)해 주는 금(金)이고, 기신은 용신 수(水)를 극(剋)하는 토(土)가 되고, 구신은 기신 토(土)를 생(生)해주는 화(火)이며, 한신은 희신 금(金)이 극(剋)하는 목(木)이다.

■ 억부법 용신 찾기<4> : 합(合)으로 변화(化)되는 용신 찾기

구분	천간	지지	육친		지장간
년주(年柱)	ⓐ甲	ⓑ辰	식신	편관	乙, 癸, ㉠戊(토)
월주(月柱)	丙	①子(수)	편재	겁재	壬, 癸
일주(日柱)	㉮壬(수)	②子(수)	·	겁재	壬, 癸
시주(時柱)	乙	③巳(화)	상관	편재	㉡戊(토), 庚, 丙

위 사주는 일간 ㉮壬(수)를 기준으로 월지(月支) ①子(수), 일지(日支) ②子(수) 그리고 시지(時支) ③巳(화)의 작용 관계를 판단해 보면, 수(水)와 수(水) 그리고 수극화(水剋火)가 되어 월지와 일지는

같은 수(水)이므로 내편이지만 시지는 극(剋)이 작용되므로 내편이 아니다. 따라서 내편으로 작용되는 힘이 강(强)하므로 신강(身强) 사주이다.

또는, 힘이 가장 강한 월지(月支)의 ①子(수)가 일간 ㉑壬(수)를 수생수(水生水)로 생(生)하여 일간의 힘을 강(强)하게 만들어 주니 신강 사주가 된다. 그리고 힘이 가장 강한 월지(月支) ①子(수)가 겁재이므로 신강 사주이며, 또한 일간 ㉑壬(수)를 기준으로 식상, 재성, 관성보다는 내편에 해당되는 인성과 비겁이 강(强)한 사주로 구성되어 있으므로 이렇게 판단해도 위 사주는 신강(身强) 사주이다.

또한 월지 ①子와 년지 ⓑ辰는 자진합(子辰合)으로 수(水)기운으로 변화되므로 월지 ①子는 더 큰 수(水)기운이 되어 이것 역시 신강 사주가 된다.

이제 신강 사주를 알았으니 이를 토대로 용신(用神)을 판단해 보자.

신강 사주가 된 동기는 월지 ①子(수)와 일지 ②子(수)가 일간과 같은 수(水)로써 일간에게 큰 힘을 실어주었기 때문이다.

따라서 ①子(수)와 일지 ②子(수)의 겁재의 힘을 빼주고, 아울러 강(强)해진 일간 ㉑壬(수)의 힘을 빼주는 것이 용신이 된다.

겁재 힘을 빼주려면, 식상(식식, 상관)을 적용시키거나 혹은 관성(편관, 정관)으로 겁재를 극(剋)해주면 된다. 위 사주에서는 ⓐ甲(식신)과 ⓑ辰(편관)이 존재하므로 이들 둘은 용신 조건에 해당되므로 각각 확인해야 한다.

우선 년간에 존재하는 ⓐ甲(식신)을 확인해 보자. 이것은 목(木)이므로 월지 및 일지의 수(水)기운과 일간의 수(水)기운을 수생목(水生木)이 작용되어 이들의 힘을 빼주니 용신(用神)으로 합당하다.

다음은 년지에 존재하는 ⓑ辰(편관)을 확인해 보자. 이것은 토(土)로써 월지, 일지 그리고 일간과의 관계는 토극수(土剋水)가 되어 수(水)를 제압하여 힘을 빼주는 것이므로 이것 역시 용신(用神)으로 합당하다.

따라서 ⓐ甲(목)과 ⓑ辰(토) 중 용신을 선택해야 한다.

위 사주는 월지가 자월(子月)이니 추운 11월이고 수(水)기운이 강한 사주이므로 목(木)을 용신으로 잡는다는 것은 추위를 이길 수 없다. 따라서 ⓐ甲(목)은 용신으로 합당하지 못한다.

ⓑ辰(토)는 수(水)를 강하게 극(剋)하여 제압하니 추위를 이길 수 있는 조건이므로 위 사주에서 용신은 당연 토(土)가 용신(用神)이 된다.

그러나 용신으로 선택된 년지(年支)의 진(辰) 토(土)는 월지(月支) 자(子)와 자진합(子辰合)이 성립되어 수(水)로 변환(化)되므로 이것 역시 용신으로 선택하기란 다분이 문제가 있다.

따라서, 위 사주는 토(土)를 찾아서 용신으로 선택해야 한다. 사주 원국에 토(土)가 없으므로 지장간에 다른 토(土)를 찾아서 용신으로 선택해야 한다.

년지 지장간에 존재하는 ㉠戊(토)는 지지 ⓑ辰가 자진합(子辰合)이 되므로 불순물이 가득 찼기 때문에 용신으로 사용하기는 곤란하다. 따라서 용신은 지지 지장간에 존재하는 ㉡戊(토)가 위 사주에서는 진정한 용신이 된다.

위 사주는 신강 사주이고 용신은 토(土)이다. 그러나 용신 토(土)는 일간(日干) ㉮壬(수)를 극(剋)하므로 이때의 희신은 용신을 생(生) 해주는 오행이 희신이 되므로 위 사주에서 희신은 화(火)가 된다. 기신은 용신 토(土)를 극(剋)하는 목(木)이 되고, 구신은 기신 목(木)을 생(生) 해주는 수(水)이며, 한신은 금(金)이다.

독자들은 용신을 선택할 때 사주 원국에 용신 오행이 없는 경우 혹은 용신이 합(合)이나 충(沖) 등으로 불순물이 많은 사람의 경우 인생 운로는 절대적으로 나쁘다는 것을 알아야 한다.

위와 같이 합(合)으로 변화(化)되어 다른 오행(五行)으로 전환되는 것들은 용신으로 선택할 경우 참고하여 판단해 주길 바란다.

■ 억부법 용신 찾기<5>

천간(天干)과 지지(地支)가 합(合)이나 충(沖)으로 인하여 다른 오행으로 변화(變化)되었을 경우는 변화된 오행으로 신강(身强)과 신약(身弱) 사주를 판단하고 이에 따른 오행을 찾아 용신(用神)을 적용해 주어야 한다. 아래 사주는 최초 신약 사주에서 지지가 합(合)이 되어 신강 사주로 전환된 사주로 이에 맞는 용신을 판단해 보자.

구분	천간	지지	육친		지장간
년주(年柱)	戊	②戌	식신	식신	辛, 丁, 戊
월주(月柱)	己	①未	상관	상관	丁, 乙, 己
일주(日柱)	㉮丙	③午	·	겁재	丙, 己, 丁
시주(時柱)	庚	④寅	편재	편인	戊, 丙, 甲

위 사주는 일간 ㉮丙(화)과 월지 ①未(토)와 비교해 보면 신약(身弱) 사주이다. 그러나 지지의 ②, ③, ④는 인오술(寅午戌)의 합(合)이 되어 월지 ①未를 포함해서 지지 전체가 화(火)기운으로 변화(化) 되었으므로, 월지 ①未(토)기운 역시 토(土)기운이 아니라, 화(火)기운으로 본다. 따라서 일간 ㉮丙(화)와 월지 ①未(토)는 화(火)와 토(土)관계가 아니라, 화(火)와 화(火)관계가 성립되기 때문에 신약사주가 아니라 신강(身强) 사주가 된다.

따라서 용신은 월지 화(火)기운을 약(弱)하게 하는 토(土) 아니면 수(水)가 용신이 된다. 그러나 6월(未月)은 무더운 날씨이므로 용신은 수(水)가 된다. 그런데 수(水)기운은 사주 원국은 물론 지장간에도 없다. 따라서 수(水)는 월지의 화(火)기운을 극(剋)했으므로 수(水) 이전의 오행인 금(金)이 최종 용신이 된다.

이제 천간(天干) 합(合)으로 변화되는 오행에서 용신을 판단해 보자.

구분	천간	지지	육친		지장간
년주(年柱)	癸	巳	편인	상관	戊庚丙
월주(月柱)	ⓐ庚	①辰	정관	정재	乙癸戊
일주(日柱)	㉮乙	巳	·	상관	戊庚丙
시주(時柱)	己	酉	편재	비견	甲乙

위 사주는 천간 ㉮乙과 ⓐ庚는 을경합(乙庚合)이 성립되어 금(金)

기운으로 변화됨으로써 일간(日干) ㉮乙는 목(木)이 아니라 금(金)이 된다.

따라서 위 사주는 신약(身弱) 사주가 아니라 신강(身强) 사주가 된다.

이제 용신을 찾아보자.

일간(日干) ㉮乙은 금(金)이 되고, 월지 ①辰는 토(土)가 되어 신강 사주가 되므로 월지 토(土)의 힘을 빼주는 금(金) 혹은 극(剋)하는 목(木)이 용신이 된다. 이 중 금(金)으로 판단해 본다면 월지 토(土)의 힘을 빼주는 대신 일간의 금(金)은 힘을 쎄게 만든다. 따라서 금(金) 다음 오행에 해당되는 수(水)가 용신이 된다.

이렇게 용신을 판단할 때는 천간(天干)과 지지(地支)에서 합(合)이나 충(沖)으로 인해서 변화된 오행들은 이를 적용해서 용신을 판단해 주어야 한다.

■ 억부법 용신 찾기<6>
이제 1986년 6월 11일 22:50 출생(亥時)에 출생한 이길동의 사주에서 용신을 찾아보자.

구분	천간	지지	육친	
년주(年柱)	丙	①寅(목)	비견	편인
월주(月柱)	ⓑ甲	②午(화)	편인	겁재
일주(日柱)	㉮丙(화)	③戌(토)	·	식신
시주(時柱)	ⓐ己	④亥(수)	상관	편관

이길동은 일간 ㉮丙(화)를 기준으로 힘이 가장 강한 월지(月支) ②午(화)가 겁재이므로 신강 사주가 된다.

혹은 지지 ①, ②, ③은 인오술(寅午戌)의 합(合)으로 화(火)기운으로 전환되기 때문에 월지 ②午는 더욱 강력한 화(火)기운이 된다. 이렇게 판단해도 신강 사주가 된다.

이제 신강 사주에서 용신(用神)을 판단해 보자.

신강 사주가 된 결정적인 동기는 가장 강한 월지(月支) 겁재가 일간에게 미치는 힘이 결정적인 역할을 하였으므로 월지의 힘을 빼주고, 아울러 강한 일간(日干)의 힘 역시 빼주는 오행이 용신이 된다.

따라서, 겁재의 힘을 빼는 방법은 식상(식신, 상관)을 생(生)하여 주든지, 아니면 관성(편관, 정관)으로 겁재를 극(剋)하여 제압하는 방법이 있다.

이것을 오행으로 나타내 보면 토(土)기운의 식상을 적용하거나 혹은 수(水)기운의 관성을 적용해서 용신을 찾으면 된다.

먼저, 시간(時干)에 존재하는 상관 ⓐ己(토)를 월지 ②午(화)에 적용시켜 보자. 지지 모두는 ①②③의 인오술(寅午戌) 삼합의 화(火)기운으로 변화(化)되기 때문에 지지 전체가 더욱 강력한 화(火)기운으로 변화(化)된다. 따라서 己(토)는 월지 ②午(화)와의 관계는 화생토(火生土)가 되어 월지의 힘을 빼주기 때문에 설기(泄氣)시키고, 아울러 일간 ㉮丙(화)기운 역시 화생토(火生土)가 성립되어 힘을 빼주니 신강 사주에서 일간과 월지 모두 힘을 빼주는 관계로 토(土)는 용신으로 합당하다.

다음은 관성 즉 시지에 존재하는 편관 수(水)를 적용시켜 용신을 판단해 보자. 신강 사주에서 편관 ④亥(수)는 월지 ②午(화) 포함해서 지지의 강(强)한 화기운을 수극화(水剋火)로 제압하기 때문에 일간과 월지(지지 포함) 모두 힘을 약(弱)하게 해주니 수(水)역시 용신으로 합당하다.

따라서, 이길동의 용신 판단은 토(土) 아니면, 수(水)가 된다. 이제 이들 오행 중 하나를 선택해야 한다.

이길동은 5월(午)에 출생한 무더운 사주이므로, 더위를 확실하게 식혀줄 수 있는 오행은 토(土)보다는 수(水)가 되므로 이길동의 용신은 시지에 존재하는 편관 ④亥(수)가 최종 용신이 된다.

용신이 수(水)이니 희신 판단은 용신을 생(生) 해주는 오행이 희신이 되므로 금(金)이다. 기신은 용신 수(水)를 극(剋)하는 토(土)가 되고, 구신은 기신 토(土)를 생(生)해주는 화(火)이며, 한신은 희신 금(金)이 극(剋)하는 목(木)이다.

이러한 억부론(抑扶論) 용신을 찾는 방법을 독자들에게 다시 한 번 더 정리해 보면, 신약(身弱)과 신강(身强) 사주로 분리해서 용신을 찾을 수 있다.

즉, 신약(身弱) 사주는 월지(月支)가 식상, 관성, 재성인 경우이다. 때문에 일간(日干)에 작용되는 힘이 약(弱)한 경우이다. 따라서 신약 사주에서 용신은 일간(日干)의 힘을 강(强)하게 작용시켜주는 비겁과 인성을 용신으로 판단한다.

신강(身强) 사주는 월지(月支)가 인성이나 비겁인 경우이다. 때문에 일간(日干)에 작용되는 힘이 강(强)한 경우이다. 따라서 신강 사주에서 용신은 일간(日干)의 힘을 약(弱)하게 작용시켜주는 식상, 관성, 재성을 용신으로 판단한다.

따라서 용신(用神) 판단은 사주 구성에서 균형을 유지시켜서 중화시켜 주는 오행(五行)이 용신(用神)이 되는 것이다.

그러나 신약 사주일지라도 힘이 가장 쎈 월지(月支)와 일간(日干)에 뿌리가 있는 강(强)한 사주라면 신약 사주일 경우라도 신강(身强) 사주로 판단하고, 신강(身强) 사주에서 월지와 일간에 뿌리가 없고 약(弱)하면 신약(身弱) 사주로 판단한다.

따라서, 사주 구성에서 용신을 판단하는 방법은 앞 절에서 배웠던 용신 판단 방법은 물론 아래와 같은 기준으로 적용하고 판단하면 쉽게 확인할 수 있다.

1. 신약(身弱) 사주에서 용신 판단법=> 일간(日干)의 힘이 약(弱)하기 때문에 신약 사주가 되었으니, 일간의 힘을 강(强)하게 만들어 주는 비겁, 인성을 용신(用神)으로 판단한다.
2. 신강(身强) 사주에서 용신 판단법=> 일간(日干)의 힘이 강(强)하기 때문에 신강 사주가 되었으니, 일간의 힘을 약(弱)하게 만들어 주는 관성, 식신, 재성을 용신(用神)으로 판단한다. 그러나 신강 사주에서 월지(月支)가 인성인 경우는 재성은 제외하고 관성, 식신이 용신이 된다.
3. 또한 사주에서 추운 겨울(10월 亥, 11월 子, 12월 丑)에 태어

난 경우의 용신은 더운 화(火)기운이 추가되고, 무더운 여름 (4월 巳, 5월 午, 6월 未)에 태어난 경우의 용신은 시원한 기 운의 수(水) 혹은 금(金)이 추가된다. 또는 사주 구성에서 무 더운 화(火)기운이나 혹은 추운 수(水)기운이 많은 사주의 경 우에는 수(水)기운과 화(火)기운이 추가된다.

※<참고> 남녀 궁합(宮合) 판단도 신약, 신강 사주의 용신으 로 확인하면 쉽게 판단할 수 있다.

예) 1986년 6월 11일 밤 22:50분에 태어난 건명(乾命) 즉 남자 이길 동(李吉童) 사주에서 용신(用神)을 판단해 보자.

구분	천간	지지	육친	
년주(年柱)	丙	寅	비견	편인
월주(月柱)	甲	②午	편인	겁재
일주(日柱)	①丙	④戌	·	식신
시주(時柱)	③己	⑤亥	상관	편관

이길동은 월지(月支)가 겁재이므로 신강(身强) 사주이다. 따라서, 일간 ①丙(화)의 힘을 약(弱)하게 작용시켜 주는 ③己(토)의 상관 혹은 ⑤亥(수)의 편관이 용신이 된다. 따라서 사주 해석에서 상관 과 편관은 이길동에게 좋은 길성(吉星)으로 작용 된다.

따라서 이길동은 대운(大運)은 물론 세운(歲運) 판단에서 토(土)와 수(水)와 관련된 오행(五行)에서는 행운의 길성(吉星)이 되는 것이 다.

독자들은 용신을 선택할 때 이런 방법을 판단하고, 적용시키면 간 단하게 사주에서 용신을 판단할 수 있고 해석할 수 있다.

그러나 이들 2개 중 구체적으로 하나의 오행(五行)을 용신으로 판 단한다면 월지 ②午(화)의 힘은 물론 일간 ①丙(화)의 힘을 약(弱) 하게 만들어 주는 ③己(토)와 ⑤亥(수) 모두는 용신으로 판단할 수 있겠으나, 이길동은 무더운 ②午(5월)에 출생했고, 또한 사주 구성 에서 더운 화(火)기운이 강(强)하므로 용신은 편관의 ⑤亥(수)가 된 다.

지금까지 삶의 운로(運路)를 판단할 수 있는 만능키에 해당되는 용신(用神) 찾기 중 1~6개 억부법(抑扶法) 용신 찾기를 판단해 보았다.

그럼 지금까지 확인된 양력 1986년 6월 11일 22:50 출생(亥時)에 출생한 이길동의 사주를 용신이자 길성(吉星)으로 판단된 수(水)를 통하여 사주 해석(解析) 즉 통변(通辯)을 확인해 보자.

구분	천간		지지		육친	
년주 (年 柱)	丙 (화)	용신 수(水)와 비교	寅 (목)	용신 수(水)와 비교	비 견	편 인
	※<판단> 수극화(水剋火)가 되므로 이길동은 비견(형제) 즉 형제 복(福)은 없다.		※<판단> 수생목(水生木)이 되므로 이길동은 편인(조부) 즉 할아버지 복(福)은 있지만, 시지와 해인파(亥寅破)가 성립되고, 화(火)가 강한 사주가 되어 목생화(木生火)로 설기(泄氣)되어 이길동 조부는 일찍 사망했다.			
월주 (月 柱)	甲 (목)	용신 수(水)와 비교	午 (화)	용신 수(水)와 비교	편 인	겁 재
	※<판단> 수생목(水生木)이 되므로 이길동은 편인(조부) 즉 할아버지 복(福)은 있지만, 시지와 해인파(亥寅破)가 성립되고, 화(火)가 강한 사주가 되어 목생화(木生火)로 설기(泄氣)되어 이길동 조부는 일찍 사망했다.		※<판단> 수극화(水剋火)이 되므로 이길동은 겁재(친구) 즉 친구 복(福)은 없다.			
일주 (日 柱)	.		戌 (토)	용신 수(水)와 비교	.	식 신
			※<판단> 토극수(土剋水)이 되므로 이길동은 식신(장모) 즉 장모 복(福)은 없다. 또한 공망(空亡)과 백호대살(白狐大殺)이 성립되어 장모 역시 일찍 사망했다.			
시주 (時	己	용신 수(水)와 비교	亥 (수)	용신 수(水)와 비교	상 관	편 관

(토)		
柜	※<판단> 토극수(土剋水)이 되므로 이길동은 상관(조모) 즉 할머니 복(福)은 없다.	※<판단> 수(水)와 수(水)이 되므로 이길동은 편관(아들) 즉 아들 복(福)은 있다. 그렇지만 해인파(亥寅破)가 성립되고, 본인 즉 일간(日干)과 득지(得地) 등이 성립되지 않는 관계로 아들 복(福)을 기대하기란 어렵다.

이렇게 용신(用神)은 물론 길성(吉星)으로 작용된 수(水)기운 즉 편관을 통하여 이길동 사주를 확인해 보았다. 여기서 빠진 것은 지장간(支藏干), 대운(大運)과 세운(歲運) 그리고 이들과 작용되는 육친(六親)의 상호 관계이다. 특히 이들의 판단은 <사주 해석>에서 참고해주길 바란다.

이제 독자들은 억부론에서 용신 판단법 그리고 이들의 활용법을 알았다. 이어서 학습될 전왕격(專旺格) 용신을 판단해 본다.

(3) 전왕격(專旺格) 용신 찾기

전왕격(專旺格) 용신(用神)은 억부(抑扶) 용신(用神)으로는 판단하지 않으며 왕성한 기세를 보고 판단 한다. 따라서 격(格)중에서 용신을 취하는 경우를 말하며 일행득기격(一行得氣格) 혹은 독상(獨像)이라고도 한다. 즉 외격이며 한쪽으로 편중된 것으로 정격이 일간을 월지와 대조하여 용신을 정하는 것과 달리 전국(全局)의 기세를 보고 결정하기 때문에 통상적으로 전왕격 용신은 천간에 존재하는 식상이나 인성이 된다. 전왕격 용신의 종류는 5가지가 있으며 이들의 특징은 아래와 같다.

첫째, 곡직인수격은 목(木) 일간으로 봄에 태어나고 월지(月支)에 목(木)을 바탕으로 목(木)국이나 목방을 이루는 것으로 용신은 천간의 식상이나 인성이 된다.
둘째, 염상격은 화(火) 일간으로 여름에 태어나고 월지(月支)에 화(火)를 바탕으로 화(火)국이나 화방을 이루는 것으로 용신은 천간의 인성이 된다. 만약 식상은 용신으로 삼지 않지만 식상이 용신인 경우에는 부자는 되지만 관운은 없다.

셋째, 가색격은 토(土) 일간으로 시계에 태어나고 월지(月支)에 토(土)를 바탕으로 토(土) 국이나 토방을 이루는 것으로 용신은 월지가 진(辰)일 때는 가색격으로 보지 않고 잡기재관격으로 처리하며, 월지가 술(戌)과 축(丑)월에는 병(丙)의 인성을 용신으로 삼고, 월지가 미(未)에는 경신(庚申)의 식상을 용신으로 삼는다.

넷째, 종혁격은 금(金) 일간으로 가을에 태어나고 월지(月支)에 금(金)을 바탕으로 금(金)국이나 금방을 이루는 것으로 용신은 천간의 식상을 우선적으로 취하고, 식상이 없거나 관살을 인화할 때만 인성을 용신으로 판단한다.

다섯째, 윤하격은 수(水) 일간으로 겨울에 태어나고 월지(月支)에 수(水)를 바탕으로 수(水) 국이나 수방으로 이루는 것으로 용신은 천간의 화(火)를 용신으로 삼는다.

특히, 전왕격 용신은 사주 구성에서 전왕격 용신에 맞게 구성된 사주일 경우 귀격(貴格) 사주로 판단하는 특징이 있다. 이제 이들을 보기를 들어 설명해 보자.

(가) 곡직인수격

구분	천간	지지	육친	
년주(年柱)	㉠壬	戌	인수	정재
월주(月柱)	ⓐ甲	②寅	겁재	겁재
일주(日柱)	①乙	亥	·	인수
시주(時柱)	己	ⓑ卯	편재	비견

위 사주는 ①목(乙) 일간에 월지(月支)는 목(木)으로 ②봄(寅)에 태어났으며, 또한 지지 ②寅, ⓑ卯 및 천간 ⓐ甲은 목(木)방을 이루고 있으므로 곡직인수격이다. 따라서 천간에 존재하는 인수 즉 ㉠壬이 용신이다. 위 경우 사주 구성이 모두 곡직인수격의 조건에 맞는 사주이므로 귀격(貴格)이다.

(나) 염상격

구분	천간	지지	육친		지장간
년주(年柱)	㉠甲	ⓐ戌	편인	식신	
월주(月柱)	②丙	ⓑ寅	비견	편인	戊, ㉡丙, ㉢甲
일주(日柱)	①丙	ⓒ午	·	겁재	
시주(時柱)	庚	子	편재	정관	

위 사주는 ①화(火) 일간에 월지(月支)는 ⓑⓒⓐ(寅午戌) 합(合)으로 화(火)기운으로 변화(化)되니, ⓑ寅는 봄(寅)이 아니라 지지 모두 여름의 강(强)한 화(火)기운이 되었다. 또한 천간의 ②丙역시 화(火)기운으로 화방을 이루고 있으므로 염상격이다. 용신은 천간의 인수 ㉠甲(목)이 되며, 위 사주는 염상격 조건에 맞는 사주이므로 재상이며 귀격(貴格)이다.

또한 월지 ⓑ寅의 지장간 ㉡丙과 ㉢甲는 천간 ②丙과 ㉠甲(목)에 투출이 성립되었다. 이 중 지지(地支)가 모두 화(火)기운이 되었으므로 ②丙(화)가 ㉠甲보다 힘이 더쎈 관계로 ①丙(화)-화(火)기운의 비견격이 된다. 따라서 월지 ⓑ寅(목)은 목(木) 다음의 화(火)기운으로 전환되므로 최종 적용되는 격국은 ①丙(화)-화(火)기운의 비견격이 된다. 또한 화(火)기운은 천간 ②丙(화)에 투간이 성립되므로 유정사주가 되어 귀격이다.

따라서 위 사주의 경우 격국의 고저(高低)로 판단해 보면 화(火)기운이나 화(火)기운을 생(生)해주는 목(木)기운에서 발복하게 된다. 이는 염상격 용신 즉 인성의 ㉠甲(목)과 희신의 수(水)기운과 격국의 고저에서 판단된 화(火), 목(木)기운은 좋은 운로이니 이들을 서로 비교해서 사주 전체 운로를 판단해 주면 된다.

(다) 가색격

구분	천간	지지	육친		지장간
년주(年柱)	癸	ⓑ未	편재	비견	
월주(月柱)	壬	ⓐ戌	정재	겁재	辛, 丁, 戊

일주(日柱)	①己	ⓒ丑	·	비견	
시주(時柱)	甲	㉠午	정관	편인	

위 사주는 ①己(土) 일간에 월지(月支)는 ⓐ戌(土)으로 9월의 초가을에 태어났다. 또한 ⓑ未, ⓒ丑 역시 모두 토(土) 방으로 구성되어 있어 가색격이다. 따라서 월지가 술(戌)이 되므로 용신은 병(火)의 인성 ㉠午(화)를 용신으로 삼는다.

(라) 종혁격

구분	천간	지지	육친		지장간
년주(年柱)	㉠壬	辰	식신	편인	
월주(月柱)	己	ⓐ酉	인수	겁재	庚, 辛
일주(日柱)	①庚	ⓑ申	·	비견	
시주(時柱)	ⓒ庚	戌	비견	편인	

위 사주는 ①庚(金) 일간에 월지(月支)는 ⓐ酉(金)으로 8월의 초가을에 태어났다. 또한 ⓑ申, ⓒ庚 역시 모두 금(金)방으로 구성되어 있어 종혁격이다. 따라서 천간의 식상 즉 ㉠壬(수)이 용신이다.

(마) 윤하격

구분	천간	지지	육친		지장간
년주(年柱)	ⓓ壬	ⓑ子	비견	겁재	
월주(月柱)	ⓔ壬	ⓐ子	비견	겁재	壬, 癸
일주(日柱)	①壬	申	·	편인	
시주(時柱)	戊	ⓒ子	편관	겁재	

위 사주는 ①壬(水) 일간에 월지(月支)는 ⓐ子(水)로 12월의 한겨울에 태어났다.
또한 ⓑ子, ⓒ子, ⓓ壬, ⓔ壬 역시 모두 수(水)방으로 구성되어 있어 윤하격이다. 따라서 용신은 화(火)이다.
위와 같이 전왕격(專旺格) 용신(用神)은 억부(抑扶) 용신(用神)으로는 판단하지 않는다, 따라서 독자들은 전왕격 용신의 5가지에 맞는 용신을 선택을 선택하고 판단해 주길 바란다. 특히 전왕격은 사주 구성에서 조건에 맞는 전왕격 사주일 경우 귀격(貴格)사주로 판단하는 특징이 있다. 또한 다른 전왕격 역시 위의 염상격에서 제시된 격국(格局)의 고저(高低)를 판단해서 서로 비교하고, 전체 사주에 따른 운(運)의 흐름을 판단해 주면 된다.

(4) 조후법(調侯法) 용신 찾기

조후법은 기후(氣候)를 적용하여 용신(用神)을 찾는 것으로 적용 범위가 넓다. 앞 절에서 설명한 억부법(抑扶法)으로 용신 찾기가 어려운 것들은 조후법(調侯法)으로 찾는 것이 현명한 방법이 된다. 그 이유는 우주(宇宙)와 인체(人體) 작용은 동일하며 사주(四柱) 태동 과정은 농경(農耕)과정으로 보기 때문이다.

따라서, 조후(調侯)는 수(水)와 화(火)를 기본으로 목(木), 금(金), 토(土)의 조화를 이용하여 용신(用神)을 찾는 방법이다.

이것은 춘하추동(春夏秋冬)의 한난조온(寒暖潮溫)과 풍한서습(風寒暑濕)의 기후 변동에 따라 용신(用神)을 판단하는데, 겨울에 태어나면 기본적으로 따뜻한 기운을 필요로 하고, 봄에는 시원한 기운, 여름에는 찬 기운을 필요로 한다고 보는 것이다. 가을과 겨울도 마찬가지로 부족한 온기를 보완해야 한다.

즉, 조열(燥熱)과 한습사주(寒濕四柱)를 말한다.

이러한 이유로 조후 용신법은 용신(用神)을 찾는 것은 물론 조후용신표(調侯用神表) 이것 하나만으로 사주 해석(解析) 즉 통변(通辯術)을 활용하는 경우도 있기 때문에 폭넓게 적용되고 있다.

조후(調侯) 용신(用神)을 찾기 위해서는 조후용신표가 필요하고 여기서 파생된 것이 수(水)와 화(火)의 조화를 이용한 용신 찾기와 조후(調侯) 순환(循環)을 이용한 용신 찾기 등으로 표시할 수 있다. 조후 용신이 사주 명리학에서 큰 의미는 조후용신표에 제시된 오행(五行)을 기준으로 용신(用神)을 찾는데 있다.

즉, 조후용신(調侯用神)과 보좌용신(補佐用神)이 사주 원국 내에 존재하는 사람의 사주라면 좋은 사주이고, 이와는 반대로 조후용신과 보좌용신이 사주 구성에 없거나 혹은 멀리 떨어져 약(弱)한 사주라면 나쁜 사주로 본다. 이제 조후(調侯) 용신 찾기를 알아보자.

이것은 본인에 해당되는 일간(日干)을 기준으로 가장 영향을 많이 미치는 월지(月支)와의 관계 및 조후(調侯)의 순환(循環)을 이용하여 용신(用神)을 찾는 것이다. 이것이 기초가 되어 왕상휴수사(旺相休囚死) 원리가 완성되었고, 이는 용신(用神) 찾는 잣대이자, 사주 해석(解析) 즉 통변술의 핵심이기도 하다.

이것은 水, 木, 火, 土, 金의 강약과 허실을 구별하여 판단하는데 조후에 따른 균형을 잡아주는 용신이 사주 원국 내에 있으면 조후용신(調侯用神)을 사용하고, 조후 용신이 충(沖), 공망(空亡) 등으로 소멸되었거나 혹은 사주 구성에서 사용할 수 없는 경우에는 보좌용신(補佐用神)을 사용한다.

예를 들면, 일간(日干)이 己(토)이고, 子月(11월)에 태어난 경우 동절기 이므로 당연 화(丙)를 용신(用神)으로 사용하고, 사주에 화(丙)가 없거나 화(火)를 사용할 수 없는 경우, 추위를 막아주는 무(戊) 토(土)와 곧 태동하는 갑(甲) 목(木) 즉 보좌용신을 용신(用神)으로 사용하면 된다.

만약 사주 구성에서 조후용신과 보좌용신 중에서도 알맞는 용신이 없다면 그 때는 '억부법(抑扶法) 용신 찾기'에서 제시된 신약과 신강 사주를 판단하여 용신을 찾거나 혹은 격국(格局)에서 제시된 용신을 판단해 주면 된다.

그렇지만 사주 구성에서 특정 오행이 3개~4개 이상으로 구성된 사주는 조후용신표 대신 병약법(病藥法) 용신을 적용시키는 것이 현명한 판단법이다. 조후용신표(調侯用神表)는 아래아 같다.

<조후용신표(調侯用神表)>

일간 \ 월지		寅	卯	辰	巳	②午	未	申	酉	戌	亥	子	丑
甲	조후용신	丙	庚	庚	癸	癸	癸	庚	庚	庚	庚	丁	丁
	보좌용신	癸	戊丙丁	壬丁	庚丁	庚丁	庚丁	壬丁	丙丁	壬甲癸丁	戊丁丙	丙庚	丙庚
乙	조후용신	丙	丙	癸	癸	癸	癸	丙	癸	癸	丙	丙	丙

日干	구분												
①丙	보좌용신	癸	癸	戊丙	·	丙	丙	己癸	丁丙	辛	戊	·	·
	조후용신	壬	壬	壬	壬	③壬	壬	壬	壬	甲	甲	壬	壬
丁	보좌용신	庚	己	甲	癸庚	庚	庚	戊	癸	壬	庚戊壬	己戊	甲
	조후용신	甲	庚	庚	甲	壬	甲	甲	甲	甲	甲	甲	甲
戊	보좌용신	庚	甲	庚	庚	癸庚	壬庚	丙戊庚	丙戊庚	戊庚	庚	庚	庚
	조후용신	丙	丙	甲	甲	壬	庚	丙	丙	甲	甲	丙	丙
己	보좌용신	癸甲	癸甲	癸丙	癸丙	丙甲	丙甲	癸甲	癸	癸丙	丙	甲	甲
	조후용신	丙	甲	丙	癸	癸	癸	丙	丙	甲	丙	丙	丙
庚	보좌용신	甲庚	癸丙	癸甲	丙	丙	丙	癸	癸	癸丙	戊甲	戊甲	戊甲
	조후용신	戊	丁	甲	壬	壬	丁	丁	丁	甲	丁	丁	丁
辛	보좌용신	甲丁丙壬	甲丙庚	丁壬癸	戊丙丁	癸	甲	甲	丙甲	壬	丙	丙甲	丁甲
	조후용신	己	壬	壬	壬	壬	壬	壬	壬	壬	壬	丙	丙
壬	보좌용신	壬庚	甲	甲	庚甲	癸己	庚甲	戊甲	甲	甲	丙	戊甲壬	壬戊己
	조후용신	庚	戊	庚	壬	癸	辛	戊	庚	庚	戊	戊	丙
癸	보좌용신	戊丙	辛庚	庚	庚辛癸	辛庚	甲	丁	庚	丙	庚丙	丙	丁甲
	조후용신	辛	庚	丙	辛	庚	庚	丁	辛	辛	庚	丙	丙
	보좌용신	丙	辛	辛甲		壬辛癸	壬癸辛		丙	壬癸甲	辛戊丁	辛	丁

이제 조후용신표(調侯用神表)를 이용하여 1986년 6월 11일 밤 22:50분에 태어난 건명(乾命) 즉 남자 이길동(李吉童)의 용신(用神)을 찾아보자.

이길동은 일간(日干)이 병(①丙)이고, 월지(月支)는 오(②午)가 되므로, 임(③壬, 水)이 용신이 된다. 즉, 이길동의 용신(用神)은 水(水)라는 것을 조후용신표를 통하여 확인할 수 있다.

여기에 적용된 조후 용신은 사주 오행이 전체적인 균형을 이루고 있다는 가정에서 작성된 것이기 때문에 이것이 실질적인 용신이 될 수도 있지만, 그렇지 않은 경우도 있다는 사실을 염두해 두길 바란다. 예를 들면, 신약 사주에서는 조후와 관계 없이 인성을 용신으로 판단하고, 신강이나 중화된 사주의 경우 더운 사주이면 물(水)을 사용하고, 추운 사주라면 불(火)를 용신으로 사용한다. 예를 들어보자.

구분	천간	지지	육친	
년주(年柱)	戊(토)	子(수)	편재	인수
월주(月柱)	癸(수)	亥(수)	인수	편인
일주(日柱)	甲(목)	辰(토)	·	편재
시주(時柱)	庚(금)	午(화)	편관	상관

위 사주는 일간이 甲(목)이고 다소 추운 해(亥)월 즉 10월이므로 용신은 午(화)가 된다.

그렇지만 독자들은 조후용신표(調侯用神表) 이것 하나만으로 사주 전체를 해석(解析)하고, 용신(用神)을 찾는데 유용하게 활용된다는 사실을 알아야 한다. 이러한 조건을 바탕으로 현실 적용에 따른 용신 판단은 억부법(抑扶法)용신 찾기를 적용함이 좋겠다. 그 이유는 남극(南極) 펭귄에게 추운 곳에서 산다고하여 무조건 화(火)기운이 맞다고 할 것이 아니라, 남극에 적응하여 살아가고 있는 펭귄에게 맞는 오행을 적용함이 현명한 방법이기 때문이다. 이러한 사실을 잘 활용하여 독자들은 용신 찾기에 정진(精進)해 주길 바란다.

사주명리학(四柱命理學)을 공부하는 독자라면 조후용신표를 바탕으로 인체(人體) 순환(循環)구조를 알아야 한다.

인체의 순환 기능은 동지(冬至)에서 하지(夏至)까지는 양(陽)기운이 태동하고, 하지(夏至)부터 동지(冬至)까지는 서늘하거나 추운 음(陰)의 기운이 태동하게 된다.

따라서, 동지에서 하지까지는 목(木)과 화(火)기운이 왕성하고, 하지에서 동지까지는 서늘하거나 추운 금(金)과 수(水)기운이 왕성하게 된다.

이것들과 신체(身體) 장기(臟器)를 보자. 목(木)은 간장(肝臟)으로 1, 2, 3월에 왕성하고, 화(火)는 심장(心臟)으로 4, 5, 6월에 왕성하며, 금(金)은 폐(肺)로 7, 8, 9월에 그리고 수(水)는 신장(腎臟)으로 10,

11, 12월에 왕성하게 된다.

이들을 좀더 쉽게 설명하면, 1월의 날씨는 매서운 영하 날씨이지만, 목(木)기운의 왕생으로 인하여 고로쇠 수액은 절정에 이르고, 태양의 화(火)기운은 6월 하지(夏至)이면 성장이 끝난 것이며, 6월 하순부터는 금극목(金剋木)이 되어, 금(金)기운은 목(木)기운을 더 이상 키우지 않고, 열매를 맺게 한다. 이후 가을부터는 수(水)기운이 화(火)기운을 수극화(水剋火)로 극(剋)하여 다음 연도에 목(木)기운을 태동시킬 때 필요한 수(水)를 확보해 놓는다.

우리가 사주명리학(四柱命理學)을 배우는 목적은 단순히 앞날의 길흉(吉凶)을 예측하기 위함도 있겠으나, 우주(宇宙)와 인체(人體)의 순환구조(循環構造)를 바탕으로 인간(人間)은 누구나 생로병사(生老病死; 사람은 <u>태어나서</u> 성장하고 <u>병들어서</u> 죽는다)의 이치(理致)를 알기 위함에 있다.

이제 이러한 의미를 알고 조후용신표에서 일간(日干)과 월지(月支)에서 선택된 용신(用神) 오행(五行) 작용을 구체적으로 알아보자.

(가) 일간이 甲(木, 큰 나무, 陽)일 때 용신(用神) 선택법

　　<공통 내용> 목(木)은 수(水)를 이용하여 열매를 맺고 화(火)를 바탕으로 쇠를 다듬고, 여름에는 물(水)을 만나야 하고, 겨울에는 토(土)로 바람을 막고, 화(丁)로 온기를 받아야 길(吉)하다.

일간(日干) 월지(月支)	구분	용신(用神 선택	설명
• <寅, 1월>, <卯, 2월>, <辰, 3월>			【나무가 땅속에서 소생하려는 시기】
甲(木) 寅(1월)	조후용신	丙	▫ 화(丙)를 토대로 수(癸)가 있어야 한다.
	보좌용신	癸	
甲(木) 卯(2월)	조후용신	庚	▫ 金(庚)을 토대로 화(丙, 丁, 戊, 己)가 필요하다.
	보좌용신	丙,丁,戊,己	
甲(木) 辰(3월)	조후용신	庚	▫ 金(庚)을 토대로 화(丁), 수(壬)가 적용되어야 한다.
	보좌용신	丁,壬	
• <巳, 4월>, <午, 5월>, <未, 6월>			【나무가 발육하는 시기】 ▫ 수(癸)와 壬, 辛과 癸, 酉가 함께 있으면 결실을 맺지 못하고 병으로 고생한다.

			▫ 간지에 금(庚, 辛)이 있으면 여름에 우박을 맞는 격으로 되는 일이 없다.
甲(木) 巳(4月)	조후용신	癸	▫ 수(癸)을 토대로 화(丁), 庚(금)이 있어야 한다.
	보좌용신	丁,庚	
甲(木) 午(5月)	조후용신	癸	▫ 수(癸)을 토대로 화(丁), 庚(금)이 필요하다.
	보좌용신	丁,庚	
甲(木) 未(6月)	조후용신	癸	▫ 수(癸)을 토대로 화(丁), 庚금이 적용되어야 한다.
	보좌용신	丁,庚	
▪ <申, 7월>, <酉, 8월>, <戌, 9월>			【나무가 결실을 맺는 시기】 ▫ 금(庚)과 화(丁)로 결실을 거두어야 한다.
甲(木) 申(7月)	조후용신	庚	▫ 금(庚)을 토대로 화(丁), 수(壬)가 있어야 한다. 토(戊, 己)가 있으면 가난하다. -丁(火)기운이 없을 때는 壬(水)를 사용한다.
	보좌용신	丁,壬	
甲(木) 酉(8月)	조후용신	庚	▫ 금(庚)을 토대로 화(丁), 丙)가 필요하다.
	보좌용신	丙,丁	
甲(木) 戌(9月)	조후용신	庚	▫ 금(庚)을 토대로 목(甲), 화(丁), 수(壬), 수(癸)가 적용되어야 한다. -甲(木)기운이 강하면 庚(金)을 사용하고, 土기운이 강하면 甲(木)을 사용한다.
	보좌용신	甲,丁,壬,癸	
▪ <亥, 10월>, <子, 11월>, <丑, 12월>			【겨울을 이겨 봄의 소생을 준비하는 시기】 ▫ 토(戊)로 바람을 막고, 화(丁)로 추위를 이기고, 금(庚)으로 보호해야 한다. ▫ 화(丁)가 힘을 발휘하지 화(丙)은 힘을 발휘하지 못한다.
甲(木) 亥(10月)	조후용신	庚	▫ 금(庚)을 토대로 화(丙, 丁, 戊)가 있어야 한다. -수(水)기운이 강하면 戊(土)를 사용 한다.
	보좌용신	丙,丁,戊	
甲(木) 子(11月)	조후용신	丁	▫ 화(丁)을 토대로 금(庚), 화(丙)가 필요하다.
	보좌용신	庚,丙	
甲(木) 丑(12月)	조후용신	丁	▫ 화(丁)을 토대로 금(庚), 화(丙)가 적용되어야 한다.
	보좌용신	庚,丙	

(나) 일간이 乙(木, 작은 화초, 陰)일 때 용신(用神) 선택법

　　<공통 내용> 乙(木)은 집에서 키우는 작은 화초라 금(庚, 辛)이 작용되면 금극목(金剋木)이 되어 여름에 우박을 맞는 격이라 상처를 입고, 되는 일이 없다.

일간(日干) 월지(月支)	구분	용신(用神) 선택	설명
▪ <寅, 1월>, <卯, 2월>, <辰, 3월>			【온실에서 제철을 만나 생기발랄한 시기】 ▫ 화(丙)가 없으면 꽃이 피지 못하고, 화(丁)가 있으면 명(命)이 짧다.
乙(木) 寅(1月)	조후용신	丙	▫ 화(丙)기운이 넘치면 수(癸)가 있어야 한다.
	보좌용신	癸	

乙(木) 卯(2月)	조후용신	丙	▫ 화(丙)을 토대로 수(癸)가 있어야만 土가 비옥하다.
	보좌용신	癸	
乙(木) 辰(3月)	조후용신	癸	▫ 수(癸)을 토대로 화(丙), 토(戊)가 적용되어야 한다.
	보좌용신	丙,戊	
▪ <巳, 4월>, <午, 5월>, <未, 6월>			【꽃이 활짝핀 시기】 ▫ 화(丙)없이 화(丁)만 있으면 흉(凶)하다. ▫ 금(庚, 辛)을 만나면 여름에 우박을 맞는 격이라 상처를 입고, 되는 일이 없다.
乙(木) 巳(4月)	조후용신	癸	▫ 수(癸)가 필요로 한다.
	보좌용신		
乙(木) 午(5月)	조후용신	癸	▫ 수(癸)을 토대로 후반기에는 화(丙)이 필요하다.
	보좌용신	丙	
乙(木) 未(6月)	조후용신	癸	▫ 수(癸)을 토대로 화(丙)가 적용되어야 한다.
	보좌용신	丙	
▪ <申, 7월>, <酉, 8월>, <戌, 9월>			【하초가 단풍으로 아름다운 시기】 ▫ 화(丙)가 있어야 하나 큰 힘을 발휘하지 못한다. 이 때는 토(土)가 있어서 뿌리를 내리는 시기이다. ▫ 수(壬, 癸)가 있으면 병치레가 많고 불길하다. 이때는 토(土)가 있어 수(水)를 극(剋)하면 길하다.
乙(木) 申(7月)	조후용신	丙	▫ 화(丙)을 토대로 수(癸), 토(己)가 필요하다.
	보좌용신	癸,己	
乙(木) 酉(8月)	조후용신	癸	▫ 수(癸)을 토대로 화(丙), 화(丁)가 있어야 한다.
	보좌용신	丙,丁	
乙(木) 戌(9月)	조후용신	癸	▫ 수(癸)을 토대로 금(辛)이 필요하다.
	보좌용신	辛	
▪ <亥, 10월>, <子, 11월>, <丑, 12월>			【온실에서 겨울을 이겨 봄을 준비하는 시기】 ▫ 화초지만 목(木)과 토(土)가 있고 화(火)가 필요로 한다. 토(辰)로 바람을 막고 화(丁)로 따스해야만 부귀(富貴)하지만, 화(火)가 없이 수(壬, 癸)가 있으면 부모덕도 없고, 평생 가난하게 살며, 이성 복도 없다.
乙(木) 亥(10月)	조후용신	丙	▫ 화(丙, 丁)을 토대로 토(戊)가 필요로 한다.
	보좌용신	戊	
乙(木) 子(11月)	조후용신	丙	▫ 화(丙, 丁)가 있어야 한다. 丙(火)는 필수이고, 수(水)는 불리(不利)하다.
	보좌용신		
乙(木) 丑(12月)	조후용신	丙	▫ 화(丙, 丁)가 적용되어야 한다. 丙(火)는 필수이고, 수(水)는 불리(不利)하다.
	보좌용신		

(다) 일간이 丙(火, 태양, 陽)일 때 용신(用神) 선택법

   <공통 내용> 화(丙)는 태양의 불로서 목(甲)과 화초 즉 목(乙)을 기르기 위해서는 수(水)가 있어야 부귀(富貴)하다. 寅, 卯,

辰, 巳, 午, 未(1월~6월)때는 태양의 화(丙)기운이 강(强)하여 수(壬)와 함께 임무를 다하나, 申, 酉, 戌, 亥, 子, 丑(7월~12월)에는 쇠약하여 힘을 발휘하지 못한다. 이때는 실제 불(fire)에 해당되는 화(丁)가 힘을 발휘한다. 천간에 금(庚)이 있으면 냉해를 맞는 격이니 되는 일이 없고, 가난하고, 이성복이 없다.

일간(日干) / 월지(月支)	구분	용신(用神) 선택	설명
•<寅, 1월>, <卯, 2월>, <辰, 3월>			【만물이 소생하는 시기】 ▫목(甲, 乙)을 기르기 위해서는 토(土)가 있어야 발복(發福)한다.
丙(火) 寅(1월)	조후용신	壬	▫수(壬)을 토대로 금(庚)이 필요하다.
	보좌용신	庚	
丙(火) 卯(2월)	조후용신	壬	▫수(壬)을 토대로 수(癸)가 필요하다. -이때 水가 넘치면 戊(土)로서 이를 제압(制壓)해야 한다.
	보좌용신	癸	
丙(火) 辰(3월)	조후용신	壬	▫수(壬)을 토대로 목(甲)이 필요하다. -토(土)기운이 강하면 甲(木)을 사용한다.
	보좌용신	甲	
•<巳, 4월>, <午, 5월>, <未, 6월>			【만물이 성장하는 시기】 ▫화(丙)가 가장 활발한 시기이며, 천간에 수(壬)와 지지에 금(金)과 수(水)가 있으면 발복한다.
丙(火) 巳(4월)	조후용신	壬	▫수(壬)가 없을 경우 수(癸)를 사용하고, 금(庚)이 적용되어야 한다.
	보좌용신	癸庚	
丙(火) 午(5월)	조후용신	壬	▫수(壬)을 토대로 금(庚)이 필요하다.
	보좌용신	庚	
丙(火) 未(6월)	조후용신	壬	▫수(壬)을 사용하고, 금(庚)은 보좌로 사용한다.
	보좌용신	庚	
•<申, 7월>, <酉, 8월>, <戌, 9월>			【성장을 멈추고 결실을 거두는 시기】 ▫화(丙)가 약해지는 시기 이므로 수(壬)로 보좌하여 결실을 얻는다.
丙(火) 申(7월)	조후용신	壬	▫수(壬)을 토대로 토(戊)가 있어야 한다.
	보좌용신	戊	
丙(火) 酉(8월)	조후용신	壬	▫수(壬, 癸)가 있어야 길(吉)하다.
	보좌용신	癸	
丙(火) 戌(9월)	조후용신	甲	▫목(甲)을 토대로 수(壬, 癸)가 필요로 한다.
	보좌용신	壬	
•<亥, 10월>, <子, 11월>, <丑, 12월>			【다음 소생을 기다리는 시기】 ▫화(丙)는 태양이지만 따뜻한 기운도 없고 힘도 없으니, 반겨주는 곳도 없다. ▫겨울에 찬바람을 막아주는 토(戊)나 따뜻

			한 기운을 주는 화(丁)가 있으면 길하다.
丙(火) 亥(10月)	조후용신	甲	▫ 목(甲)을 토대로 토(戊), 금(庚), 수(壬)가 필요로 한다.
	보좌용신	戊,庚,壬	-수(水)기운이 강하면 목(甲)으로 균형을 맞추고, 귀살(鬼殺)이 강하면 토(戊)로 융화시키고, 화(火)기운이 강하면 수(壬)로서, 목(木)이 강하면 금(庚)을 사용한다.
丙(火) 子(11月)	조후용신	壬	▫ 임(壬)을 토대로 토(戊, 己)가 있어야 한다.
	보좌용신	戊己	
丙(火) 丑(12月)	조후용신	壬	▫ 수(壬)을 토대로 목(甲)이 적용되어야 한다.
	보좌용신	甲	

(라) 일간이 丁(火, 쇠를 녹이는 불, 陰)일 때 용신(用神) 선택법

<공통 내용> 화(丁)의 임무는 목(甲)으로 불(fire)을 만들어 금(庚)을 주옥(珠玉)으로 만드는 것이다. 이때, 목(乙)은 화초 나무로서 연기만 발생하지 뜻을 이루지 못한다. 또한 화(丁)는 금(辛)과 만나면 흉신이 된다. 그 이유는 불덩어리로 이미 만든 금(辛)은 화극금(火剋金)이 되어 금(金)을 녹이는 격이 되기 때문에 금(辛)이 년간에 있으면 조상때 망했고, 월간이면 부모때 시간이면 자식 때 망했다.

일간(日干) 월지(月支)	구분	용신(用神) 선택	설명
▪ <寅, 1월>, <卯, 2월>, <辰, 3월>			【목(木)을 태워 쓸모 있는 도구로 만들기 위하여 준비하는 시기】
丁(火) 寅(1月)	조후용신	甲	▫ 목(甲)을 토대로 금(庚)이 필요하다.
	보좌용신	庚	
丁(火) 卯(2月)	조후용신	庚	▫ 금(庚)을 토대로 목(甲)이 필요하다.
	보좌용신	甲	
丁(火) 辰(3月)	조후용신	甲	▫ 목(甲)을 토대로 금(庚)이 필요하다.
	보좌용신	庚	
▪ <巳, 4월>, <午, 5월>, <未, 6월>			【날씨가 더운 관계로 불덩어리는 환영 받지 못하는 시기】 ▫ 무더운 여름에 불덩어리를 좋아하는 사람은 없다.
丁(火) 巳(4月)	조후용신	甲	▫ 목(甲)을 토대로 금(庚)이 필요하다.
	보좌용신	庚	
丁(火) 午(5月)	조후용신	壬	▫ 수(壬)가 없을 때는 수(癸)를 사용하고 금(庚)이 적용되어야 한다.
	보좌용신	庚癸	
丁(火) 未(6月)	조후용신	甲	▫ 목(甲)을 토대로 수(壬)와 금(庚)이 필요하다.
	보좌용신	壬,庚	

• <申, 7월>, <酉, 8월>, <戌, 9월>			【날씨가 추어지니 불덩어리는 제철을 만난 시기】 ◦ 화(丁)가 제철을 만남 시기로 목(甲)과 금(庚) 중 하나만 있어도 발복(發福)하며, 지지에 화(午)가 있으면 더 좋다.
丁(火) 申(7月)	조후용신	甲	◦ 목(甲)을 토대로 금(庚), 화(丙), 토(戊)가 필요하다. -목(甲)이 없을 경우 목(乙)을 사용하고 庚(金)으로 다스린다. -수(水)기운이 강하면 戊(土)를 사용 한다.
	보좌용신	庚,丙,戊	
丁(火) 酉(8月)	조후용신	甲	◦ 목(甲)을 토대로 금(庚), 화(丙), 토(戊)가 필요하다. -목(甲)이 없을 경우 목(乙)을 사용하고 庚(金)으로 다스린다. -수(水)기운이 강하면 戊(土)를 사용 한다.
	보좌용신	庚,丙,戊	
丁(火) 戌(9月)	조후용신	甲	◦ 목(甲)을 토대로 금(庚), 토(戊)가 필요하다. -甲(木)기운이 약하면 丁(火)를 사용한다.
	보좌용신	庚,戊	
• <亥, 10월>, <子, 11월>, <丑, 12월>			【쓰임이 많은 시기】
丁(火) 亥(10月)	조후용신	甲	◦ 목(甲)을 토대로 금(庚)이 적용되어야 한다.
	보좌용신	庚	
丁(火) 子(11月)	조후용신	甲	◦ 목(甲)을 토대로 금(庚)이 필요하다. 이때 토(戊)가 있으면 바람막이 역할을 하고, 화(丙)와 화(丁)이 있으면 약해지므로 흉한 작용을 한다.
	보좌용신	庚	
丁(火) 丑(12月)	조후용신	甲	◦ 목(甲)을 토대로 금(庚)이 필요하다. 이때 토(戊)가 있으면 바람막이 역할을 하고, 화(丙)와 화(丁)이 있으면 약해지므로 흉한 작용을 한다.
	보좌용신	庚	

(마) 일간이 戊(土, 큰 산의 땅, 陽)일 때 용신(用神) 선택법

<공통 내용> 토(戊)는 목(木)을 심어서 화(丙)와 수(癸)를 받아 목(木)을 잘 자라게 하고 결실을 맺게 하며, 특히 겨울 사주에 丁(화)이나 丙(화)이 부족한 경우 추위와 찬 바람을 막아주는 것이 戊(土)의 임무가 된다. 따라서, 목(木), 화(丙), 토(辰)가 있으면 젊어서 학문에 매진하고 늙어서 풍요로운 삶을 누리는 사주다.

일간(日干) 월지(月支)	구분	용신(用神) 선택	설명
• <寅, 1월>, <卯, 2월>, <辰, 3월>			【소생을 준비하는 시기】
戊(土) 寅(1月)	조후용신	丙	◦ 화(丙)을 토대로 목(甲), 수(癸)가 필요하다.
	보좌용신	甲,癸	

戊(土)		조후용신	丙	▫화(丙)를 토대로 목(甲), 수(癸)가 필요하다.
卯(2月)		보좌용신	甲,癸	
戊(土)		조후용신	甲	▫목(甲)을 토대로 화(丙), 수(癸)가 적용되어야 한다.
辰(3月)		보좌용신	丙,癸	
▪<巳, 4월>, <午, 5월>, <未, 6월>				【만물이 성장하는 시기】 ▫화(火)기운이 강하므로 열기를 식혀줄 수(水)기운이 필요로 한다.
戊(土)		조후용신	甲	▫목(甲, 乙)을 토대로 화(丙), 수(癸)가 적용되어야 한다.
巳(4月)		보좌용신	丙,癸	
戊(土)		조후용신	壬	▫수(壬)를 토대로 목(甲, 乙)과 화(丙)가 필요하다.
午(5月)		보좌용신	甲,丙	
戊(土)		조후용신	癸	▫수(癸)을 토대로 목(甲, 乙), 화(丙)가 필요하다.
未(6月)		보좌용신	甲,丙	
▪<申, 7월>, <酉, 8월>, <戌, 9월>				【결실을 준비하는 시기】 ▫결실을 준비하는 계절에서 토(戊)는 힘이 약해지고 쉬고자하는 성질 때문에 목(甲)과 화(丙)로 생기를 주어야만 길하다. ▫금(庚, 辛)은 목(木)기운을 상하게 하므로 흉하다. 이때는 화(丁)로 금(金)을 제압해 주어야 한다.
戊(土)		조후용신	丙	▫화(丙)를 토대로 목(甲), 수(癸)가 필요하다.
申(7月)		보좌용신	甲,癸	
戊(土)		조후용신	丙	▫화(丙)를 토대로 수(癸)가 필요하다.
酉(8月)		보좌용신	癸	
戊(土)		조후용신	甲	▫목(甲)을 토대로 화(丙), 수(癸)가 필요하다.
戌(9月)		보좌용신	丙,癸	
▪<亥, 10월>, <子, 11월>, <丑, 12월>				【겨울잠으로 봄을 기다리는 시기】 ▫목(甲, 乙)과 화(丙, 丁)가 있어야 길하다. 이때 지지에 토(土)가 있으면 더욱 길하다. ▫수(壬, 癸)가 있으면 흉하다. 토(戊)는 추운 겨울 사주에 바람과 추위를 막아주는 것이기 때문에 길(吉)하다.
戊(土)		조후용신	甲	▫목(甲)을 토대로 화(丙)가 필요하다.
亥(10月)		보좌용신	丙	
戊(土)		조후용신	丙	▫화(丙)를 토대로 목(甲)이 적용되어야 한다.
子(11月)		보좌용신	甲	
戊(土)		조후용신	丙	▫화(丙)를 토대로 목(甲)이 필요하다.
丑(12月)		보좌용신	甲	

(바) 일간이 己(土, 화분의 작은 흙, 陰)일 때 용신(用神) 선택법

    <공통 내용> 토(戊)와 토(己)의 공통점은 목(甲, 乙)을 심어서 기르는 것이고, 차이점은 토(戊)는 건조하고 뜨거운 성질이고, 토(己)는 촉촉하고 차갑기 때문에 수(壬, 癸)기운이 필요하지

않는다. 또한 춘하(春夏)에는 쓰임이 많지만, 추동(秋冬)때는 쓰임이 없다. 토(戊)는 큰 산의 땅이라 수(水)를 극(剋)하여 다스리고 목(木)에게는 큰 산의 흙이기 때문에 극(剋)을 당하지는 않지만, 토(己)는 화초의 작은 흙이므로 큰 강물에 해당되는 수(壬)에 오히려 극(剋)을 당하고 흙탕물로 만들며 목(木)에게 역시 극(剋)을 당한다. 천간에 금(庚, 辛)이 있으면 토(土)에 묻히기 때문에 우박을 맞는 격이라 부귀(富貴)가 어렵다. 이때는 화(丁)로 금(金)을 제압을 해야 한다. 수(壬, 癸)가 있으면 토(土)와 상극관계가 성립되어 재산이 쌓이지 않고 가정불화가 심하고 질병이 있다. 이때는 수(壬)는 토(戊)로 막아주어야 한다.

일간(日干) / 월지(月支)	구분	용신(用神) 선택	설명
• <寅, 1월>, <卯, 2월>, <辰, 3월>			【소생을 준비하는 시기】 ◦ 화(丙)을 토대로 목(甲), 수(癸)가 있으면 발복(發福)한다.
己(土) 寅(1月)	조후용신	丙	◦ 화(丙)을 토대로 금(庚), 목(甲)이 적용되어야 한다.
	보좌용신	庚,甲	
己(土) 卯(2月)	조후용신	甲	◦ 목(甲)을 토대로 화(丙), 수(癸)가 필요하다.
	보좌용신	丙,癸	
己(土) 辰(3月)	조후용신	丙	◦ 화(丙)을 토대로 목(甲), 수(癸)가 필요하다.
	보좌용신	甲,癸	
• <巳, 4월>, <午, 5월>, <未, 6월>			【성장하는 시기】 ◦ 화(丙)와 목(甲)이 있고, 지지에 토(辰)나 수(水)기운이 있으면 발복(發福)한다.
己(土) 巳(4月)	조후용신	癸	◦ 수(癸)을 토대로 화(丙)이 필요하다.
	보좌용신	丙	
己(土) 午(5月)	조후용신	癸	◦ 수(癸)을 토대로 화(丙)이 필요하다.
	보좌용신	丙	
己(土) 未(6月)	조후용신	癸	◦ 수(癸)을 토대로 화(丙)이 필요하다.
	보좌용신	丙	
• <申, 7월>, <酉, 8월>, <戌, 9월>			【결실을 준비하는 시기】 ◦ 결실을 준비하는 계절이라, 화(丙)가 필요한 계절이다.
己(土) 申(7月)	조후용신	丙	◦ 화(丙)을 토대로 수(癸)가 필요하다.
	보좌용신	癸	
己(土) 酉(8月)	조후용신	丙	◦ 화(丙)을 토대로 수(癸)가 필요하다.
	보좌용신	癸	
己(土) 戌(9月)	조후용신	甲	◦ 목(甲)을 토대로 화(丙), 수(癸)가 필요하다.

		보좌용신	丙,癸	
• <亥, 10월>, <子, 11월>, <丑, 12월>				【겨울잠으로 봄을 기다리는 시기】 ▫ 동절기라 목(甲)과 화(丙)가 있으면 발복(發福)한다.
己(土) 亥(10月)		조후용신	丙	▫ 화(丙)을 토대로 목(甲), 토(戊)가 적용되어야 한다. -동절기(冬節氣)에는 丙(火)가 우선이며, 壬(水)이 강하면 戊(土)로서 제압(制壓)하고, 戊(土)가 강하면 甲(木)을 사용 한다.
		보좌용신	甲,戊	
己(土) 子(11月)		조후용신	丙	▫ 화(丙)을 토대로 목(甲), 토(戊)가 적용되어야 한다. -동절기(冬節氣)에는 丙(火)가 우선이며, 壬(水)이 강하면 戊(土)로서 제압(制壓)하고, 戊(土)가 강하면 甲(木)을 사용 한다.
		보좌용신	甲,戊	
己(土) 丑(12月)		조후용신	丙	▫ 화(丙)을 토대로 목(甲), 토(戊)가 적용되어야 한다. -동절기(冬節氣)에는 丙(火)가 우선이며, 壬(水)이 강하면 戊(土)로서 제압(制壓)하고, 戊(土)가 강하면 甲(木)을 사용 한다.
		보좌용신	甲,戊	

(사) 일간이 庚(金, 다듬지 않는 큰 무쇳덩어리, 陽)일 때 용신(用神) 선택법

<공통 내용> 금(庚)은 목(甲)과 화(丁)를 활용하여 보석을 만든다. 따라서, 목(甲), 화(丙), 화(丁)는 분리하면 좋지 않다. 또한 금(庚)은 토(土)에서 나오고 수(水)를 만들지만 토(土)와 수(水)가 많으면 묻혀 버리니 쓸모가 없다.

일간(日干) 월지(月支)	구분	용신(用神) 선택	설명
• <寅, 1월>, <卯, 2월>, <辰, 3월>			【주옥을 준비하는 시기】
庚(金) 寅(1月)	조후용신	戊	▫ 토(戊)을 토대로 목(甲), 수(壬), 화(丙, 丁)이 필요하다.
	보좌용신	甲,壬,丙,丁	
庚(金) 卯(2月)	조후용신	丁	▫ 화(丁)을 토대로 목(甲), 화(丙), 금(庚)이 필요하다.
	보좌용신	甲,丙,庚	
庚(金) 辰(3月)	조후용신	甲	▫ 목(甲)을 토대로 화(丁), 수(壬, 癸)이 필요하다.
	보좌용신	丁,壬,癸	
• <巳, 4월>, <午, 5월>, <未, 6월>			【주옥을 담금질 하는 시기】 ▫ 수(壬)은 담금질을 하는 격이므로 부귀(富貴)하고 세상을 다스리는 격이다.
庚(金) 巳(4月)	조후용신	壬	▫ 수(壬)을 토대로 토(戊), 화(丙, 丁)이 적용되어야 한다.
	보좌용신	戊,丙,丁	
庚(金) 午(5月)	조후용신	壬	▫ 수(壬, 癸)이 필요하다.
	보좌용신	癸	

庚(金)	조후용신	丁	▫ 화(丁)을 토대로 목(甲)이 필요하다.
未(6月)	보좌용신	甲	
• <申, 7월>, <酉, 8월>, <戌, 9월>			【주옥을 만드는 시기】 ▫ 금(庚)은 차고 단단하여 목(甲)과 화(丁)로 녹이면 대길(大吉)한다.
庚(金)	조후용신	丁	▫ 화(丁)을 토대로 목(甲)이 필요하다.
申(7月)	보좌용신	甲	
庚(金)	조후용신	丁	▫ 화(丁)을 토대로 목(甲), 화(丙)이 필요하다.
酉(8月)	보좌용신	甲,丙	
庚(金)	조후용신	甲	▫ 목(甲)을 토대로 수(壬)이 필요하다.
戌(9月)	보좌용신	壬	
• <亥, 10월>, <子, 11월>, <丑, 12월>			【다음 주옥을 만들기 위하여 동면하는 시기】
庚(金)	조후용신	丁	▫ 화(丁)을 토대로 화(丙)이 필요하다.
亥(10月)	보좌용신	丙	
庚(金)	조후용신	丁	▫ 화(丁)을 토대로 목(甲), 화(丙)이 필요하다.
子(11月)	보좌용신	甲,丙	
庚(金)	조후용신	丙	▫ 화(丙)을 토대로 화(丁), 목(甲)이 필요하다.
丑(12月)	보좌용신	丁,甲	

(아) 일간이 辛(金, 다듬은 주옥(珠玉), 陰)일 때 용신(用神) 선택법
  <공통 내용> 금(辛)을 주옥으로 만들기 위해서는 화(丙, 丁)가 필요하지만, 금(辛)은 화(丙, 丁)를 만나면 광체와 형체가 사라지므로 절대적으로 꺼린다. 또한 수(壬)는 금(辛)은 깨끗이 닦아 광체를 나게 하지만, 수(癸)는 습기이므로 금(辛)을 녹슬게 하므로 아주 꺼린다.

일간(日干) 월지(月支)	구분	용신(用神) 선택	설명
• <寅, 1월>, <卯, 2월>, <辰, 3월>			【주옥을 준비하는 시기】 ▫ 금(庚)을 만나면 상처를 입고, 화(丁)을 만나면 자신은 물론 남까지 망치고, 수(癸)를 만나면 더러운 사람 취급을 당한다.
辛(金)	조후용신	己	▫ 토(土)을 토대로 수(壬), 금(庚)이 필요하다.
寅(1月)	보좌용신	壬,庚	
辛(金)	조후용신	壬	▫ 수(壬)을 토대로 목(甲)이 필요하다.
卯(2月)	보좌용신	甲	
辛(金)	조후용신	壬	▫ 수(壬)을 토대로 목(甲)이 적용되어야 한다.
辰(3月)	보좌용신	甲	
• <巳, 4월>, <午, 5월>, <未, 6월>			【주옥을 담금질 하는 시기】
辛(金)	조후용신	壬	▫ 수(壬)을 토대로 목(甲), 수(癸)가 필요하다.
巳(4月)	보좌용신	甲,癸	

辛(金) 午(5月)	조후용신	壬	◦ 수(壬)을 토대로 토(己), 수(癸)가 필요하다.
	보좌용신	己,癸	
辛(金) 未(6月)	조후용신	壬	◦ 수(壬)을 토대로 금(庚), 목(甲)이 필요하다.
	보좌용신	庚,甲	
▪<申, 7월>, <酉, 8월>, <戌 9월>			【주옥을 만드는 시기】
辛(金) 申(7月)	조후용신	壬	◦ 수(壬)을 토대로 목(甲), 토(戊)가 필요하다.
	보좌용신	甲,戊	
辛(金) 酉(8月)	조후용신	壬	◦ 수(壬)을 토대로 목(甲)이 필요하다.
	보좌용신	甲	
辛(金) 戌(9月)	조후용신	壬	◦ 수(壬)을 토대로 화(丙)이 적용되어야 한다.
	보좌용신	甲	
▪<亥, 10월>, <子, 11월>, <丑, 12월>			【주옥을 만들기 위하여 동면하는 시기】 ◦ 동면하는 시기 이므로 토(戊)로 바람을 막고 화(丙)로 따뜻하게 하면 길하다.
辛(金) 亥(10月)	조후용신	壬	◦ 수(壬)을 토대로 화(丙)이 필요하다.
	보좌용신	丙	
辛(金) 子(11月)	조후용신	丙	◦ 화(丙)를 토대로 토(戊), 수(壬), 목(甲)이 필요하다.
	보좌용신	戊,壬,甲	
辛(金) 丑(12月)	조후용신	丙	◦ 화(丙)을 토대로 수(壬), 토(戊, 己)이 필요하다.
	보좌용신	壬,戊,己	

(자) 일간이 壬(水, 강이나 바다의 큰 물, 陽)일 때 용신(用神) 선택
   법

   <공통 내용> 수(壬)는 금(辛)을 빛나게 하고 화(丙)로 목(甲)을
   기르는 것이 임무다. 또한 토(戊)로 막아서 물을 제공하는데
   있다. 계절별 역할은 봄에는 환영을 받고, 여름에는 반드시
   있어야될 존재이며, 가을이면 역할이 끝났고, 겨울이면 필
   요 없는 존재이다.

일간(日干) 월지(月支)	구분	용신(用神) 선택	설명
▪<寅, 1월>, <卯, 2월>, <辰, 3월>			【만물이 소생을 준비 하는 시기】
壬(水) 寅(1月)	조후용신	庚	◦ 금(庚)을 토대로 화(丙), 토(戊)가 필요하다.
	보좌용신	丙,戊	
壬(水) 卯(2月)	조후용신	戊	◦ 토(戊)을 토대로 금(辛), 금(庚)이 필요하다.
	보좌용신	辛,庚	
壬(水) 辰(3月)	조후용신	甲	◦ 목(甲)을 토대로 금(庚)이 필요하다.
	보좌용신	庚	
▪<巳, 4월>, <午, 5월>, <未, 6월>			【만물이 성장하는 시기】 ◦ 수(壬)가 가장 필요한 시기로 토(戊, 己)와 화(丁)은 절대적으로 꺼린다. ◦ 지지에 寅午戌의 화(火)기운이 있으면 비록

			간지에 목(甲)과 화(丙)이 있어도 재산을 탕진하고 요절한다.
壬(水) 巳(4月)	조후용신	壬	▫ 수(壬)을 토대로 금(庚), 금(辛), 수(癸)가 필요하다.
	보좌용신	辛,庚,癸	
壬(水) 午(5月)	조후용신	癸	▫ 수(癸)을 토대로 금(庚), 금(辛)가 필요하다.
	보좌용신	庚,辛	
壬(水) 未(6月)	조후용신	辛	▫ 금(辛)을 토대로 목(甲)이 필요하다.
	보좌용신	甲	
▪ <申, 7월>, <酉, 8월>, <戌, 9월>			【성장을 멈추고 결실을 거두는 시기】 ▫ 木, 火의 기운이 점차적으로 약해지는 시기이기 때문에 수(壬)의 기운이 약해진다. 이때는 토(戊)로 제방을 쌓아주어야 길하다.
壬(水) 申(7月)	조후용신	戊	▫ 토(戊)을 토대로 화(丁)이 적용되어야 한다.
	보좌용신	丁	
壬(水) 酉(8月)	조후용신	甲	▫ 목(甲)을 토대로 금(庚)이 필요하다.
	보좌용신	庚	
壬(水) 戌(9月)	조후용신	甲	▫ 목(甲)을 토대로 화(丙)가 필요하다.
	보좌용신	丙	
▪ <亥, 10월>, <子, 11월>, <丑, 12월>			【다음 소생을 기다리는 시기】 ▫ 만물이 추위에 얼어 있어 토(戊)로 제방을 쌓고 목(甲)과 화(丙)로 봄을 기다리는 시기다.
壬(水) 亥(10月)	조후용신	戊	▫ 토(戊)을 토대로 화(丙), 금(庚)이 필요하다.
	보좌용신	庚,丙	
壬(水) 子(11月)	조후용신	戊	▫ 토(戊)을 토대로 화(丙)이 필요하다.
	보좌용신	丙	
壬(水) 丑(12月)	조후용신	丙	▫ 화(丙)은 상순 때 사용하고, 화(丁)은 하순 때 사용한다. 목(甲)은 보좌로서 사용한다.
	보좌용신	丁甲	

(차) 일간이 癸(水, 습기, 陰)일 때 용신(用神) 선택법

<공통 내용> 수(癸)는 습기로서 먹지 못하고, 보석을 녹슬게 한다. 하지만, 목(甲)을 길러서 결실을 얻는데 목적이 있다. 토(土)는 수(癸)를 극(剋)한다. 수(癸)는 화(丁)와 수(癸)를 극(剋)하는 토(戊, 己)를 가장 꺼린다. 이 경우 결실을 맺지 못한다.

일간(日干) 월지(月支)	구분	용신(用神) 선택	설명
▪ <寅, 1월>, <卯, 2월>, <辰, 3월>			【만물의 소생을 준비 하는 시기】
癸(水) 寅(1月)	조후용신	辛	▫ 금(辛)을 토대로 화(丙)이 필요하다.
	보좌용신	丙	
癸(水) 卯(2月)	조후용신	庚	▫ 금(庚)을 토대로 금(辛)이 필요하다.
	보좌용신	辛	

癸(水)	조후용신	丙	▫ 화(丙)를 토대로 금(辛), 목(甲)이 필요하다.
辰(3月)	보좌용신	辛,甲	
• <巳, 4월>, <午, 5월>, <未, 6월>			【성장하는 시기】
癸(水)	조후용신	辛	▫ 금(辛)을 토대로 금(庚)이 적용되어야 한다.
巳(4月)	보좌용신	庚	
癸(水)	조후용신	庚	▫ 금(辛)을 토대로 금(庚), 수(壬, 癸)가 필요하다.
午(5月)	보좌용신	辛,壬,癸	
癸(水)	조후용신	庚	▫ 금(辛)을 토대로 금(庚), 수(壬, 癸)가 필요하다.
未(6月)	보좌용신	辛,壬,癸	
• <申, 7월>, <酉, 8월>, <戌, 9월>			【성장을 멈추고 결실을 거두는 시기】 ▫ 천간에 금(庚)이 있으면 서리를 맞는 격이다. 이때는 화(丁)로 금(庚)을 제압 한다.
癸(水)	조후용신	丁	▫ 화(丁)를 토대로 목(甲)이 적용되어야 한다.
申(7月)	보좌용신	丙	
癸(水)	조후용신	辛	▫ 금(辛)을 토대로 화(丙)이 필요하다.
酉(8月)	보좌용신	丙	
癸(水)	조후용신	辛	▫ 금(辛)을 토대로 목(甲), 수(壬, 癸)가 필요하다.
戌(9月)	보좌용신	甲,壬,癸	
• <亥, 10월>, <子, 11월>, <丑, 12월>			【다음 소생을 기다리는 시기】
癸(水)	조후용신	庚	▫ 금(庚)을 토대로 금(辛), 토(戊), 화(丁)가 필요하다.
亥(10月)	보좌용신	辛,戊,丁	
癸(水)	조후용신	丙	▫ 화(丙)를 토대로 금(辛)이 적용되어야 한다.
子(11月)	보좌용신	辛	
癸(水)	조후용신	丙	▫ 화(丙)를 토대로 화(丁)가 필요하다.
丑(12月)	보좌용신	丁	

지금까지 조후(調侯) 용신(用神) 찾기(3)에서는 조후용신표(調侯用神表)를 이용하여 용신 찾는 방법과 사주 해석(解析) 즉 통변술의 작용을 알았다.

즉, 일간(日干)을 기준으로 월지(月支)가 어떻게 변화하고, 어떤 영향을 주는가? 이러한 오행(五行)들의 관계를 통하여 전체적인 사주 틀을 알아보았다.

예를 들면, 양력 1986년 6월 11일 22:50분 출생된 이길동의 사주에서 자신에 해당되는 일간(日干)이 丙(화)이고, 태어난 월지가 오(午)이므로 5월에 해당되기 때문에, 丙(화)과 午(5月)에 작용되는 용신은 壬(수)이며, 이것이 없는 경우는 보좌용신에 해당되는 庚(금)을 용신으로 사용 할 수 있다.

또한 이길동의 사주 해석은 사주 구성에서 壬(수)과 보좌용신에 해당되는 庚(금)이 사주 구성에 존재하면서 지장간(支藏干)과 사주 뿌리 통근(通根) 작용이 성립되면 한다면 좋은 사주가 되고, 이들이 없다면 나쁜 사주라고 판단하면 된다.

이러한 원리는 다른 사람의 경우도 조후용신표를 적용하면 용신(用神)을 쉽게 찾을 수 있고 해석할 수 있다. 독자들은 용신 찾기에서 조후용신표를 활용하면 쉬운 용신 찾는 방법이 됨을 알길 바란다(※참고, 병약법(病藥法) 용신 찾기는 제외).

만약 사주 구성에서 조후용신은 물론 보좌용신도 없는 경우는 신약과 신강 사주를 판단하여 용신을 찾거나, 혹은 격국(格局)에서 제시된 용신을 선택해 주면 된다.

이제 이러한 상황을 좀더 구체적으로 확인해 보자.

이길동 사주에서 조후순환 내용을 확인해 보면 '수(壬)을 토대로 금(庚)이 필요하다.'로 되어있다. 이것은 이길동의 사주에서 필요한 조건이라는 뜻인데 천간에 더위를 식혀주는 수(壬)와 금(庚)이 있으면 좋은 사주라는 뜻이다. 하지만, 이길동의 경우 수(壬)와 금(庚)이 없다. 이것으로 보면 이길동의 사주는 좋은 사주가 아니라는 뜻이다.

하지만, 이길동은 시지(時支) 수(水)에 해당되는 亥가 존재하지만, 이것은 천간(天干)과 통근(통근)이 성립되지 않고, 아울러 이것은 본인의 일간(日干)과도 상통하지 않기 때문에 시원스럽게 풀려 나가는 사주는 아니다.

만약, 이길동 사주에서 수(壬)와 금(庚)이 존재하고, 이들은 지장간과의 통근(通根) 즉 사주 뿌리가 존재한다면 좋은 사주에 해당되므로 이길동은 나쁜 기운이 들어와도 보호막 역할을 하기 때문에 삶을 순조롭게 풀려 나가는 사주(四柱)가 된다.

특히, 독자들은 사주 해석(解析)에서 아래에서 설명된 <조후(調侯)순환(循環)에 따른 오행(五行)들의 작용>을 알고 최종 사주를 해석해야만 더욱 정확한 판단이 된다.

<조후(調侯) 순환(循環)에 따른 오행(五行)들의 작용>

1. 己(토)와 壬(수) 는 토극수(土剋水)의 기능이 성립되지 않는다.	己(토)와 壬(수)의 관계는 토극수(土剋水)의 기능이 성립되지 않는다. 그 이유는 화분의 작은 己(토)는 큰 강물 즉 壬(수)를 이길 수 없고, 오히려 壬(수)에게 극(剋)을 당한다.
2. 壬(水, 큰물)는 戊(土, 큰산)로 막아주어야 한다.	큰 강물에 해당되는 壬(수)은 큰 땅에 해당되는 戊(토)로 막아주어야 좋다. 그렇지 않으면 결과가 다 살아지고 없다.
3. 辛(金, 주옥)과 癸(水, 습기)는 金과 水로서 서로 상생(相生)되어 금생수(金生水) 관계이지만 辛의 최대적은 癸이다.	辛(金, 주옥)과 癸(水, 습기)는 금생수(金生水)로 서로 상생(相生)관계 이지만 辛의 최대 적은 癸이다. 그 이유는 辛(金, 주옥)은 구슬이나 주옥처럼 잘 다듬어진 보석이라 습기 즉 癸(水, 습기)를 만나면 쉽게 녹 쓸기 때문에 상생 관계가 아니라 적(敵)의 관계이다. 이런 경우는 본인에 해당되는 일간(日干)이 辛인 경우 사주에 癸가 존재하든지, 아니면 癸이 대운(大運)이나 세운(歲運)에 들어오는 경우 아주 나쁜 흉(凶)으로 작용한다.
4. 辛(金, 주옥)은 壬(水, 강물)을 만나면 깨끗이 닦아 광체를 나게 한다.	辛(金, 주옥)은 壬(水, 강물)에 깨끗이 닦아지기 때문에 광체가 발생 된다. 따라서 이들 관계는 매우 좋은 관계이다. 이 경우는 본인에 해당되는 일간(日干)이 辛인 경우 사주에 壬이 존재하든지, 아니면 壬이 대운(大運)이나 세운(歲運)에 들어오는 경우 길운(吉運)으로 작용한다. 또한 본인에 해당되는 일간(日干)이 辛이면 미인(美人)이다.
5. 辛(金, 주옥)과 丁(火, 쇠를 녹이는 불)은 최대의	辛(金, 주옥)과 丁(火, 쇠를 녹이는 불)은 이미 다듬어 놓은 구슬이나 주옥을 불(fire)로서 다시 녹이는 꼴 이 되니 주옥의 광

적(適)이다.	체는 잃어버려 최대의 적(敵)의 관계이다. 이 경우는 본인에 해당되는 일간(日干)이 辛인 경우 사주에 丁이 존재하든지, 아니면 丁이 대운(大運)이나 세운(歲運)에 들어오는 경우 아주 나쁜 흉(凶)으로 작용한다. ※<참고> 辛(金, 주옥)은 丙(火, 태양열)을 만나는 경우도 광채를 잃어버리기 때문에 나쁜 관계로 본다.
6. 乙(木, 화초 나무)은 목생화(木生火)의 기능을 이루지 못한다.	乙(木, 화초 나무)은 木生火이지만 큰 나무가 아니라 작은 화초 나무이기 때문에 불(fire)을 생성시키는 기능보다는 연기만 발생시키기 때문에 뜻을 이루지 못한다.
7. 금(庚, 무쇳덩어리)과 금(辛, 주옥)은 토(土)와 수(水)가 많으면 흙과 물에 묻혀 버리니 빛을 볼 수가 없어 쓸모가 없다.	금(庚, 辛)은 토(土)에서 나오고 수(水)를 만들지만 토(土)와 수(水)가 많으면 묻혀버리니 광채를 잃어버려 쓸모가 없다. 이 경우는 본인에 해당되는 일간(日干)이 庚이나 辛일 경우, 사주에 토(土)나 수(水)가 많은 경우는 나쁘게 작용되고, 이들이 대운(大運)이나 년운(年運) 등 세운(歲運)에 들어오는 경우도 나쁜 흉(凶)으로 작용한다.
8. 천간(天干)에 갑(甲)이 2개 존재하는 경우는 삶에서 한 번은 큰 변화를 겪는다.	갑(甲)은 처음 시작인데 이것이 사주 천간(天干) 구성에서 갑(甲)이 2개 이상 존재하면 새로운 판세가 다시 시작되는 것이므로 이 경우 삶에서 이혼, 재혼, 사업, 진로 등에서 한 번은 큰 변혁이 찾아온다.

'조후(調候) 순환(循環)에 따른 오행(五行)들의 작용'에서 제시된 내용들을 다시 한번 설명하면, 금(金)과 수(水)는 금생수(金生水)로서 서로 상생관계(相生關係)가 성립되지만, 보석에 해당되는 금(辛)과 습기 혹은 이슬에 해당되는 수(癸)와의 관계는 습기(癸)의 경우 보석(辛)을 쉽게 녹슬게 하므로 실질적인 둘의 관계는 상생관계가 아니라 절대적으로 꺼리는 관계가 된다.

또한, 이러한 것들은 사주 구성에서 본인에 해당되는 일간(日干)

중심으로 적용되는데, 일간이 보석에 해당되는 금(辛)일 경우 천간(天干)이 토(土)에 해당되는 무(戊)와 기(己)가 존재하거나 혹은 수(水)에 해당되는 임(壬)과 계(癸)가 존재하는 경우 또는 지지(地支)의 경우에도 토(土)나 수(水)가 존재하는 사주라면, 보석에 해당되는 금(辛)은 토(土)와 수(水)에 파묻혀 빛을 발휘할 수 없는 경우가 되는 것이므로 이런 사주의 사람들은 권력, 승진, 직장운, 관운, 재물, 결혼운, 시험 등에서 절대 승기(勝氣)를 잡을 수 없는 사주가 된다.

그 외 본인에 해당되는 일간(日干)이 사주 구성에서 乙(木, 화초나무) 혹은 辛(金, 주옥)인 경우 대부분 미인(美人)들이 많다.

이러한 조후(調侯) 순환(循環)에 따른 오행(五行)들의 작용을 조열(燥熱)과 한습(寒濕) 작용이라고 한다.

즉, 조열사주(燥熱四柱)는 화(火)기운이 많아 뜨겁고 건조한 사주로 무엇이든지 되는 일이 없는 사주가 되는데, 이 경우는 월지(月支)가 더운 여름에 해당되는 巳, 午, 未월 이거나 巳, 午, 未시에 태어난 경우이며, 사주 구성에 중화시킬 수 있는 수(水)기운이 있어야 길(吉)하며, 용신은 뿌리가 존재하는 수(水) 혹은 금(金)으로 많이 사용한다.

그러나, 대운(大運)이나 세운(歲運)에서 금(金)기운이 들어오면 사주 구성에 존재하는 화(火)기운에 의하여 극(剋)을 당하기 때문에 나쁘고, 화(火)기운이 들어오면 사주 원국에서 필요한 금(金)기운을 극(剋)하므로 불운이다. 토(土)기운이 들어오면 사주 구성에서 필요한 수(水)기운을 극(剋)하기 때문에 불운(不運)을 면치 못한다. 그렇지만 수(水)기운이 들어오면 사주 구성에 존재하는 강한 화(火)기운을 극(剋)하여 중화시켜주니 길(吉)하다.

한습사주(寒濕四柱)는 조열과 반대로 출생 월지(月支)가 추운 겨울에 해당되는 子, 丑, 寅, 卯월 이거나 밤에 태어난 경우의 사주인데 사주 구성에 화(火)기운이 있어야 길(吉)하며, 용신은 뿌리가 있는 화(火) 혹은 목(木)으로 많이 사용 한다. 그러나, 대운(大運)이나 세운(歲運)에서 화(火)기운이 들어오면 사주 구성에 존재하는

수(水)기운에 의하여 극(剋)을 당하니 나쁘고, 수(水)기운이 들어오
면 사주 원국에서 필요한 화(火)기운을 극(剋)하므로 불운이다. 금
(金)기운이 들어오면 사주 구성에 필요한 목(木)기운을 극(剋)하기
때문에 불운(不運)을 면치 못한다.

그렇지만 토(土)기운이 들어오면 사주 구성에 존재하는 강한 수
(水)기운을 극(剋)하여 중화시켜주니 길(吉)하다.

독자들을 위하여 '조후(調侯) 순환(循環)에 따른 오행(五行)들의 상호
작용'에 따른 내용을 아래 보기와 같이 3월 운(運)을 판단해 보자

<사주>			<월운>				
구분	천간	지지	5월	4월	3월	2월	1월
年柱					②辛		
月柱							
日柱	①丁	○			○		
時柱							

3월 월운은 천간이 ②辛(금, 주옥)이고, 사주 원국의 일간이 ①丁
(火, 불)이므로 화극금(火剋金)이 되어 주옥은 불에 쉽게 녹아 광
체가 없어지게 되므로 3월의 운세는 뜻을 이룰 수가 없고 나쁜 운
(運)이 발생하게 된다는 뜻이다.

독자들은 사주 해석에 있어서 전체 조후(調侯) 순환(循環)에 따른
오행(五行)들의 상호 작용은 물론 위에서 소개된 내용들을 바탕으
로 사주를 판단하고 해석하는 습관이 필요하다.

(5) 병약법(病藥法) 용신 찾기

병약법 용신은 특정 오행(五行)이 사주에 차지하는 비중에 절대적
으로 강(强)하거나 많을 때 적용하는 것이다.

8개의 오행으로 구성된 사주에서 최소한 3개 혹은 4개 이상 동일
한 오행(五行)이 구성되어 있다면, 힘이 너무 쎈 오행이 되므로 이
때는 강(强)한 오행에 대하여 힘을 극(剋)하거나 빼주어 오행간의
균형을 맞추어 주는 것이다. 즉, 관련 오행에 대하여 약(藥)을 주
고 병(病)을 주어 사주의 균형(均衡) 즉 중화를 맞추는 것이다.

구분	천간	지지	육친		오행		지장간(支藏干)
년주(年柱)	己	未	정재	정재	토	토	丁, ②乙, 己(火, 木, 土)
월주(月柱)	戊	辰	편재	편재	토	토	③乙, 癸, 戊(木, 水, 土)
일주(日柱)	(甲)	辰	·	편재	(목)	토	④乙, 癸, 戊(木, 水, 土)
시주(時柱)	①甲	子	비견	인수	목	수	壬, 癸(水, 水)

위 사주는 전체 구성에서 재성의 토(土)가 5개로 토(土)기운이 매우 강(强)하다.

토(土)기운을 극(剋)하는(이기는) 오행은 비견의 목(木)이 된다. 따라서 비견 ①목(木)이 용신(用神)이 된다. 따라서 사주 구성에서 비견 ①甲(목)은 지장간(支藏干)에서 같은 목(乙)에 해당되는 ②乙(목), ③乙(목), ④乙(목)이 각각 3개가 통근(通根) 즉 강(强)한 뿌리가 존재하므로 용신(用神) 기능으로 합당하다.

참고로 용신 선택의 우선순위는 천간, 지지 그리고 지장간이며 이때 이들은 지장간과 통근 즉 사주 뿌리가 형성되어야 이상적인 용신이 된다.

대부분 사주는 특정 오행이 강(强)한 경우 병약법 용신 찾기를 적용하면 된다. 그러나 그렇지 않은 경우도 있다는 것을 독자들은 알아야 한다.

예를 들면, 수(水)기운이 강(强)한 수다목부(水多木浮) 사주의 경우 토(土)가 용신이지만, 토(土)기운이 약(弱)한 경우에는 둑이 터지는 경우가 있기 때문이다.

구분	천간	지지	육친		오행		지장간(支藏干)
년주(年柱)	癸	丑	비견	편관	수	토	癸, 辛, 己
월주(月柱)	癸	亥	비견	겁재	수	수	戊, ①甲(목), 壬
일주(日柱)	癸	亥	·	겁재	수	수	戊, 甲, 壬
시주(時柱)	癸	丑	비견	편관	수	토	癸, 辛, 己

위 사주는 수(水)기운이 강한 수다목부이기 때문에 토(土)를 용신으로 사용하나, 이 경우 토(土)기운은 강(强)한 수(水)기운을 감당할 수 없기 때문에 이 때는 지장간에 존재하는 ①甲(목)을 용신으로 사용한다.

독자들은 병약법(病藥法) 용신에서 추가로 알아야 될 사항은 사주 구성에서 병(病)을 치료해 줄 수 있는 오행 즉 용신이 없거나, 지장간과 뿌리가 약한 사람의 경우 평생 병고(病苦)로 시달리거나 혹은 단명(短命)하는 사람들이 많다.

예를 들면 위의 사주 모두는 용신에 해당되는 목(木)기운이 존재하지 않는 사주라면 치료약도 없을 뿐만 아니라, 단명(短命)하게 된다.

용신 찾기 중 이러한 병약법(病藥法) 용신 찾기와 비슷비슷하게 적용되는 것들이 많이 존재하는데 독자들은 이러한 것들을 응용해서 용신 찾기에 이용해 주어야 한다. 예를 들면 신약 사주에서 재성(편재, 정재)이 강(强)한 재다신약(財多身弱) 사주의 경우 재성을 극(剋)하는 비겁(비견, 겁재)을 용신(用神)으로 사용하고, 비겁이 없으면 인성을 용신으로 사용하는데 이 경우 비겁운이 세운(歲運)에 들어오면 재물(財物)을 얻게 된다. 식상(식신, 상관)이 강(强)한 경우 인성(편인, 인수)을 용신으로 사용하는데, 차선책으로 재성을 용신으로 사용하는 경우도 있다. 또한 관성(편관, 정관)이 강(强)한 경우 인성이나 식상 혹은 비겁으로 중화시켜 용신으로 선택한다.

또한 신강 사주에서 비겁이 강(强)한 경우 관성이나 식상을 용신으로 사용하고, 인성이 강(强)한 경우 극(剋)하는 재성이나 식상을 용신으로 사용한다.

이러한 것들 중 신약 사주에서 식상(식신, 상관)이 강(强)한 아래 사주에서 용신을 선택해보자.

구분	천간	지지
년주(年柱)	○	○
월주(月柱)	○	①申(금, 상관)
일주(日柱)	㉮己(토)	○
시주(時柱)	○	○

용신은 일간 ㉮己(토)의 힘을 강(强)하게 만들어 주는 것을 용신으로 사용하므로 화생토(火生土)의 작용에서 인성에 해당되는 화(火) 또는 토생토(土生土)의 작용에서 비겁의 토(土)가 용신이 된다. 그

러나 이 중 토(土)는 월지 ①申(금)을 토생금(土生金)으로 강(强)하
게 만들어 주기 때문에 신약 사주에서 용신으로 합당하지 못하다.
따라서 용신은 인성의 화(火)가 된다. 그러나, 일간(日干) ㉮己(토)
가 극(剋)하는 재성의 수(水) 오행의 경우 일간 ㉮己(토)의 힘을 강
(强)하게 할뿐만 아니라, 월지 ①申(금)을 금생수(金生水)의 작용으
로 약(弱)하게 만들기 때문에 이것 역시 용신으로 합당하다. 따라
서 식상이 강(强)한 위 사주는 인성의 화(火)가 용신이 되는 것이
지만, 그러나 신월(申月) 즉 가장 무더운 7월에 태어났으므로 이것
을 고려한다면 재성의 수(水)도 용신으로 사용할 수 도 있다. 따라
서 이러한 경우 사주 전체 구성과 작용을 보고 용신을 판단해야
하는데 인성의 화(火)가 사주 조건에서 용신으로 합당하다면 화
(火)를 용신으로 사용하고, 사주 원국이나 지장간(支藏干)에서 인
성의 화(火)가 없거나 조후(調侯)의 조건에서 재성의 수(水)가 용신
으로 합당하다면 재성 수(水)를 용신으로 사용하면 된다. 따라서,
독자들은 용신을 선택할 때는 사주 전체 구성을 보고 판단하는
습관이 필요로 한다.

(6) 부법(扶法), 통관(通關), 전왕(專旺) 용신 찾기
부법(扶法) 용신이란? 사주 구성에서 식신, 상관, 편재, 정재, 편관,
정관이 많은 신약(身弱)할 때는 힘을 더하여 신강(身强)하게 만들
어 줌으로써 균형(均衡)을 유지시켜 주는 것이다.
예를 들면, 상관(傷官)이 많을 때는 인수(印綬)가 용신이 되고, 식
신(食神)이 많을 때는 편인(偏印)이 용신이 되며, 식신(食神)과 상
관(傷官)이 많을 때는 인성이 용신이 된다.
통관(通關) 용신이란? 사주 구성에서 두 오행(五行)이 서로 싸우는
데, 가운데서 말려주는 오행을 통관 용신이라고 한다.
예를 들면, 사주 구성에서 金, 木이 싸우면 水가 용신이며, 木, 土
가 싸우면 火가 용신이 된다. 이때 통관 용신은 형충회합(刑沖會
合)의 영향을 받는다.
전왕(專旺) 용신이란? 사주 전체가 한 가지 오행(五行)으로 구성된

경우를 말하는데, 이때는 많은 오행을 용신으로 삼는다. 이것은 일종의 격국에서 종격(從格) 작용으로 보는 것으로, 강한 세력으로 부터 받을 때는 발복(發福)하지만, 반대로 설기(泄氣)하거나 혹은 극(剋)할 때는 흉(凶)하다. 예를 들어보면 아래와 같다.

사주 구성	용신	사주 구성	용신
비견과 겁재로 구성된 사주	비견 또는 겁재	木으로 구성된 사주	水木火
식신과 상관으로 구성된 사주	식신 또는 상관	火로 구성된 사주	木火土
편재와 정재로 구성된 사주	편재 또는 정재	土로 구성된 사주	火土金
편관과 정관으로 구성된 사주	편관 또는 정관	金으로 구성된 사주	土金水
편인과 인수로 구성된 사주	편인 또는 인수	水로 구성된 사주	金水木

이렇게 용신(用神)을 찾는 방법은 여러 가지가 존재하고 적용된다는 사실을 알고, 적용할 수 있는 능력이 있어야 하겠다.

지금까지 사주에서 용신(用神)을 판단하는 방법을 알아보았고 배웠다.

즉, 용신을 찾는 방법으로, 억부법(抑扶法), 조후법(調侯法), 병약법(病藥法), 부법(扶法), 통관법(通關法), 원류법(源流法), 전왕법(專旺法), 종왕격(從旺格), 격국(格局) 용신, 조후법(調侯法) 용신 등이 있다.

그러나 용신을 판단한다는 것은 매우 광범위하고 어렵다.

원래 용신이란? 사주 구성에서 가장 균형(均衡)을 이룰 수 있는 오행(五行)을 찾는 것이고, 이를 적용시켜 중화를 유지 시키는 것이 용신이며 사주 해석은 용신으로 파생된 것이라고 보면 맞는 것이다.

참고로, 자신의 용신 오행으로 알맞은 직업군 판단은 아래와 같다.

용신	성격	직업	문과, 이과
목 (木)	추진력과 적극성이 부족하여 처음 시작이 어렵다.	의류, 디자이너, 교육, 미용, 음악가, 가구점, 청과물, 당구장, 환경직, 시설직, 목공예, 과수원, 원예업, 제지업, 농장, 곡물판매업, 제지 및 종이, 섬유, 교사, 교수, 출판, 간호원, 종교, 생물학, 실험실, 보건 위생	• 갑(甲) : 문과 • 을(乙) : 이과

화 (火)	끈기와 열정이 부족하여 쉽게 식어버린다.	전자업, 정보 통신, 광고업, 전력 에너지, 가스, 발전소, 전기, 소방, 주유소, 전열기구업, 언론인, 군인, 연예인, 의사, 법관, 광고업, 조명기구, 교육, 학원, 정치, 문인, 언론, 사법부, 경찰, 군인, 미술, 미용, 공예, 연극, 화장품, 정치인, 그림, 악기	• 병(丙) : 문과 • 정(丁) : 문과와 이과
토 (土)	정착이 어렵고, 자신의 일에 만족하지 못한다.	분식업, 정육점, 외교관, 인류학자, 천체 물리학자, 토목 기술자, 극장업종, 농업, 부동산업종, 임업, 원예, 요업, 운수업, 창고업, 석재, 도자기, 양조업, 골동품, 고고학, 사원, 성당, 의사, 의복	• 무(戊) : 문과 • 기(己) : 문과
금 (金)	마무리가 약하기 때문에 먼 안목이 필요하다.	기계업, 금속업, 광공업, 자동자 업종, 반도체업종, 금형 설계업종, 귀금속, 조각, 재봉사, 선반가공업종, 금속기술자, 인쇄업, 보일러, 침구업, 금융업, 경리, 스포츠, 조사, 정육점, 감정사, 증권, 은행, 의사	• 경(庚) : 문과 • 신(辛) : 이과
수 (水)	인내심은 좋지만, 마음의 여유가 없다.	카페, 무역, 의사, 약사, 주류업종, 유통업, 수산, 어업, 냉방, 음식점, 식품 제조업, 횟집, 수도설비업, 서비스업, 수상요원, 오락실, 카바레, 접객업, 소방대, 술, 운동가, 여행사, 중계업종, 목욕탕, 해산물	• 임(壬) : 이과 • 계(癸) : 문과

이제 독자들은 사주 명리학에서 허공에 맴돌 수 있는 용신(用神) 찾는 방법은 물론 이와 동일한 길성(吉星)과 흉성(凶星) 오행(五行)을 찾고 적용할 수 있는 능력을 터득했다고 본다. 따라서 사주 해석(解析) 즉 통변(通辯)에서 이러한 것들을 활용함으로써 행운(幸運)과 행복(幸福)한 삶을 선택해 주길 바란다.

또한 대운(大運)과 세운(歲運)의 흐름 판단 역시 용신(用神)을 적용시킴으로써 판단할 수 있는 것이다. 따라서 10년 단위로 적용되는 대운(大運)과 년(年)과 월(月)에 적용하는 세운(歲運)을 통하여 삶의 운로(運路)를 더욱 정교하게 판단해 보길 바란다.

해석 편

[사주(四柱)]

해석 편

사주(四柱)를 공부하고 학습(學習)하는 이유는 사주 해석(解析) 즉 통변술(通辯術)의 능력을 배양하는 것이다.

특히, 해석편에서는 독자들을 위해서 통변술의 순서대로 혹은 체계적으로 보기를 들어 쉽게 전개시켰다.

따라서, 독자들은 저자가 제시한 통변의 의도대로 학습하고, 활용해 준다면 좋은 지침서가 될 것이다.

특히, <종합사주 해석편>에서는 격국과 용신의 흐름 판단은 물론 이들을 적용시킴으로써 사람의 성향(性向)과 품격(品格) 그리고 등급(等級)을 쉽게 판단할 수 있도록 예제 풀이를 제시함으로써 가일층 정확한 통변술이 될 수 있도록 전개시켰다.

〔해석 편〕

사주를 배우는 목적(目的)은 해석(解析) 즉 통변(通辯)을 하기 위함에 있고, 이것을 바탕으로 앞으로의 길흉(吉凶)의 운로(運路)를 확인함에 있다.

어떻게 하면 어렵게만 느껴진 사주 해석을 쉽게 해석(解析)할 수 있을까? 이것을 제시하고자 여기서는 통변 관련 내용들을 따로따로 분리하여 설명하였고, <사주해석 종합편>에서는 이것 들을 연속적으로 이어서 쉽게 설명하였다. 그 이유는 빠른 시간에 통변술을 체계적(體系的)으로 익히는데 있다. 특히 독자들은 사주를 해석(解析)함에 있어서 단순하게 신살(神殺)로만 판단하여 통변(通辯)하는 경우는 사주 해석이 될 수 없기 때문에 전체적인 기운(氣運)과 오행(五行)의 흐름을 적용하고 판단해야만 된다.

따라서 독자들은 저자의 의도대로만 적용하고 판단한다면 통변술(通辯術)을 이해는 물론 빠르게 응용할 수 있다고 확신한다.

독자들의 마음을 잘 알고 있는 저자는 이러한 목적을 달성시키기 위하여 양력으로 1986년 6월 11일 밤 22:50분에 태어난 남자 이길동의 사주(四柱)를 바탕으로 통변술을 쉽고 누구나 활용할 수 있도록 설명하였다.

- 사주 해석(解析)은 오행(五行)들을 중화 즉 오행들의 균형(均衡)을 찾아서 맞추는 것이다. 따라서 사주 공부는 균형(중화)을 이루기 위하여 가장 적합한 오행(五行)을 찾는 것이다. 예를 들면 지구(地球)에 존재하는 인구(人口)가 늘었거나 혹은 줄었을 경우 45억년 전의 지구 무게나 지금의 지구 무게는 동일 하듯(질량보전의 법칙), 사주 공부 역시 사주 구성에서 균형(均衡)을 맞추기 위한 오행(五行)을 찾는 것이다. 따라서 가장 좋은 사주는 오행(五行)들이 골고루 편재되어 있고, 이들의 힘은 균형이 이루어진 중화된 사주가 된다.

- 사주 균형(중화)을 맞추기 위하여 활용되는 대표적인 오행(五行)

이 바로 용신(用神)이고, 이것들은 신강(身强) 및 신약(身弱) 사주는 물론 오행의 강약(强弱)으로 사주를 판단하는 것이다. 즉 한 곳으로 편중된 오행들의 중화를 통한 통변이나 무더운 조열(燥熱)과 추운 한습(寒濕) 사주는 물론 합(合)작용으로 변화(化)된 오행(五行)의 흐름을 통하여 길흉성(吉凶星)을 찾아서 사주에 적용시켜 주어야 한다.

▪ 사주 해석(解析) 즉 통변(通辯) 방법들은 여러 형태들이 존재하지만, 그 중에서 독자들이 꼭 알고 활용되어야될 통변술(通辯術) 즉, 일간(日干)의 강약(强弱), 오행(五行)의 강약(强弱), 육친(六親) 관계, 신살(神殺), 물상(物像), 조열(燥熱)과 추운 한습(寒濕) 사주 그리고 궁(宮)을 통한 해석(解析), 일주론(日柱論), 십간 희기론(喜忌論), 주류무체(周流無體)는 물론 관성에서 파생된 길흉성 판단을 토대로 특히 유, 무정사주에 따른 격국(格局)과 용신(用神)의 고저(高低)를 통하여 사람의 등급(等級)을 판단하고 적용해야만 사주 해석(解析) 즉 통변(通辯)이 완성됨을 알길 바란다. 또한 이들과 작용되는 대운(大運)과 세운(歲運)을 통한 통변(通辯) 적용 방법을 독자들에게 제시하도록 한다. 또한 <사주해석 종합편>에서는 이들 모두를 취합해서 종합적(綜合的)으로 가장 쉽고, 정확하게 통변이 될 수 있는 방법을 제시하였다.

이제부터 시주 해석에 있어서 쉽고 체계적(體系的)으로 각각 분리해서 비교를 들어 꼭 알아야될 핵심(核心)적인 내용을 토대로 사주 해석(解析) 즉 통변술(通辯術)을 제시하면 다음과 같다.

1. 일간(日干)의 강약(强弱)으로 해석(解析)하자(용신과 격국).

사주 해석 즉 통변(通辯)에서 기본적으로 적용되어야하는 것은 바로 본인에 해당되는 일간(日干)의 강약(强弱)에 따라 작용되는 기운(氣運)을 적용시켜 주어야 한다. 즉, 일간의 힘이 강(强)한 사주인지? 혹은 약(弱)한 사주인지?를 찾고, 이를 토대로 사주 원국은 물론 대운(大運)과 세운(歲運)에서 길흉성(吉凶星)을 찾아내고 판단하는 것이다.

우리들은 일간의 힘을 확인하게 위하여 앞 절에서 용신(用神)을 찾았고, 이에 따른 신강(身强)과 신약(身弱) 사주를 판단했으며, 가장 강(强)한 영향력을 주는 월지(月支)를 통해서 격국(格局)을 배웠다.

용신(用神) 찾는 대표적인 방법으로 일간(日干)의 강약에 따른 억부법(抑扶法)으로 용신 찾기를 확인해 보면, 일간(日干)을 중심으로 비겁과 인성의 힘이 강(强)한 사주는 신강(身强) 사주이고, 일간을 중심으로 재성, 관성, 식상이 강(强)한 사주는 신약(身弱) 사주이다. 또한 힘이 가장 강(强)한 월지(月支)가 비겁과 인성이면 신강(身强) 사주이고 나머지는 신약(身弱) 사주이다. 이렇게 신강 사주와 신약 사주를 찾았다면, 신강 사주에서의 용신 판단은 일간(日干)의 힘을 약(弱)하게 해주는 오행(五行)이 용신이 되고 아울러 이것이 길성(吉星)이 되며 이때 대운(大運)이나 세운(歲運)에서 발복(發福)하게 된다. 신약 사주에서의 용신은 일간(日干)의 힘을 강(强)하게 만들어주는 오행(五行)이 용신이 되고 이것이 길성(吉星)이며 이때 발복(發福)하게 된다. 그러나 나쁘게 작용되는 흉성(凶星)은 신강 사주에서는 일간(日干)의 힘을 강(强)하게 만들어 주는 오행(五行)이며, 신약 사주에서 나쁜 흉성(凶星)은 일간(日干)의 힘을 약(弱)하게 만들어 주는 오행(五行)이 흉성이 된다.

또한 이것들을 다른 말로 표현하면, 신강 사주에서의 용신은 재성, 관성, 식상이 되고, 신약 사주에서 용신은 비겁과 인성이 된다. 따라서, 이렇게 판단된 용신(用神)은 물론 길성(吉星)과 흉성(凶星)을 사주 원국은 물론 대운(大運)과 세운(歲運)에 적용시켜서 판단하는 것이 사주 해석(解析) 즉 통변술(通辯術)이다.

이제 이길동의 사주에서 본인에 해당되는 일간(日干)의 강약(强弱)에 따른 용신과 격국은 물론 이들에게 작용되는 길성과 흉성을 적용하여 사주 해석(解析) 즉 통변(通辯)을 해보자.

양력 1986년 6월 11일 22:50 출생(亥時)에 출생한 이길동의 용신

(用神과 격국(格局) 판단은 앞 장에서 상세히 설명하고 제시 하였음으로 참고해 주길 바란다. 이제 이들을 통해서 이길동 사주를 간단하게 해석해 볼 것이니 독자들은 참고해서 활용해 주면 되겠고, 특히 이러한 과정 모두는 본문을 참고해 주기 바란다.

<이길동 사주>

구분	천간	지지	육친		지장간(支藏干)
년주(年柱)	丙	寅	비견	편인	戊, 丙, 甲
월주(月柱)	甲	午	편인	겁재	丙, 己, 丁
일주(日柱)	(丙)	戌	·	식신	辛, 丁, 戊
시주(時柱)	己	亥	상관	편관	戊, 甲, 壬

이길동은 사주 구성에서 자장 큰 힘을 발휘하는 월지(月支)가 겁재(午) 이므로 신강(身强) 사주이다.

신강 사주에서는 본인에 해당되는 일간(日干) 丙(火)의 힘을 약(弱)하게 만들어 주는 오행(五行)이나 육친(六親)이 길성(吉星)으로 작용되므로, 수극화(水剋火)의 수(水)기운이나 혹은 화생토(火生土)의 토(土)기운이 이길동에게는 길성(吉星)이되고 이에 해당되는 편관과 상관이 길성(吉星)이 된다. 하지만 이길동의 신강 사주에서 일간(日干) 丙(火)의 힘을 강(强)하게 만들어주는 화(火)기운이나 혹은 목(木)기운 그리고 금(金)기운은 이길동에게 나쁘게 작용되는 오행(五行)이자 육친(六親)이다.

그렇지만 이것들 역시 실질적인 길성(吉城)인지? 혹은 흉성(凶星)인지? 판단은 전체적인 사주 구성을 보고 최종 판단해야 한다.

이러한 것을 감안해서 판단해 보면, 이길동의 용신은 시지(時支)의 해(亥)의 수(水) 편관이다. 그 이유는 이길동은 무더운 오월(午)에 출생되었기 때문에 더위를 식혀줄 물(水)이 가장 좋은 용신이 되는 것이다.

따라서, 이들 길성(吉星)과 흉성(凶星)으로 작용되는 오행(五行)과 육친(六親)을 사주 원국은 물론 대운(大運)과 세운(歲運)에 적용해서 비교 판단해 보면 이길동의 운로(運路)는 물론 길흉성(吉凶星) 전체를 알 수 있다.

참고로 이길동에게 좋은 길성(吉星)에 해당되는 용신의 수(水)기운과 희신의 금(金)기운 그리고 토(土)기운을 육친(六親)으로 판단해 보면, 수(水)기운은 아들의 편관이고, 토(土)기운은 식신으로 장모이다. 금(金)기운은 부인이며 정재가 된다. 따라서 이 길동은 아들과 부인은 용신과 희신이므로 복(福)이 있는 사람으로 판단할 수 있다. 그러나 이들에게 최종 판단을 확인하려면 전체 사주에서의 운로(運路)와 이들에게 작용되는 신살(神殺)을 적용해 봐야 알 수 있다. 따라서 수(水)기운 즉 아들 편관은 천간과 통근 즉 뿌리가 형성되어 있지 못하고, 일주와 시주에서 궁(宮)으로 자식복을 판단해 보면 아들에게 오히려 도움을 주어야 되고, 또한 해인파(亥寅破)가 성립되어 마음이 맞지 않아 자주 싸운다는 것을 알 수 있다. 이번에는 희신에 해당되는 금(金)기운에 해당되는 부인을 확인해 보자.

일주(日柱)로 본 부부의 궁합은 화(火)와 토(土)가 되어 상생관계가 성립되어 마음은 맞으나 강한 화(火)기운은 부인의 정재 금(金)기운을 녹여 주므로 부인은 명(命)이 짧다. 또한 부인을 품고 있는 지장간의 일지는 공망(空亡)과 백호대살(白狐大殺)이 성립되어 부인에게 복(福)을 주거나 받을 수 없는 관계가 성립된다.

이러한 작용은 대운(大運)은 물론 세운(歲運)에서도 동일하게 적용 된다. 특히, 사주 통변(通辯)에서 본인에 해당되는 일간(日干)은 신약(身弱)이든 신강(身強) 사주이든지 혹은 어떤 사주에 상관없이 뿌리 즉 통근(通根)이 강(强)하게 성립되어야 한다. 아무리 사주가 좋은 사람의 경우도 뿌리 즉 통근이 약(弱)하면 사상누각(沙上樓閣) 형태를 면치 못한다.

이길동의 통근 즉 뿌리를 판단해 보면 일간 丙(화)의 화(火)기운과 같은 화(火)기운을 지장간에서 찾아보면 丙(화)와 丁(화)이 존재하여 강(强)하게 뿌리를 내린 것이 되지만, 지지 寅, 午, 戌, 亥는 공망(空亡)과 해인파(亥寅破)가 작용되어 강한 뿌리가 형성되었다고는 볼 수 없다.

이제 격국(格局)으로 이길동의 사주를 판단해 보자. 일간(日干)에 가장 큰힘을 미치는 월지(月支) 지장간의 주권신(主權神)은 병(丙)이므로 이길동은 비견격이다.

따라서 이길동은 조상 유산은 물론 형제, 자식, 배우자의 복(福)이 없고, 남들과 동업(同業)을 할 수 없으며 남들에게도 도움을 받을 수 없다는 것을 알 수 있다.

2. 오행(五行)의 강약(强弱)으로 해석(解析)하자.

앞 절에서는 사주 해석 즉 통변(通辯)은 일간(日干)의 강약(强弱)에 따라 작용되는 기운(氣運)을 적용시켜 주었다면, 이제는 사주 구성(構成)에 존재하는 전체 오행(五行)의 강약(强弱)을 판단해서 이를 사주 통변(通辯)에 적용시켜 주어야 한다. 이것들의 판단은 동일한 오행(五行)이 사주 구성에 3개 이상 존재하여 강(强)한 기운(氣運)으로 편중된 경우이거나 혹은 1개나 2개가 존재하는 사주의 경우 대운(大運)이나 세운(歲運)에서 다시 오행(五行)이 들어오거나 혹은 합(合)으로 변화(化)된 기운이 동일한 오행 기운으로 변화되어 강(强)한 기운(氣運)으로 작용되는 경우 편중된 사주가 된다. 이러한 편중된 사주의 경우, 반드시 세력을 약(弱)하게 해서 중화를 통하여 사주 균형을 맞추어 주어야 하는데 그 방법은 편중된 강(强)한 기운을 극(剋)하거나 혹은 강(强)한 기운이 생(生)하여 약(弱)하게 만들어 주면 길성(吉星)이 되는 것이다. 따라서 사주 해석(解析) 즉 통변(通辯)에서 이들이 작용에 따른 해석(解析)과 적용 방법은 아래와 같다.

구분	작용/해석
▪ 비겁태왕 (比劫太旺) 사주	• 사주 구성에서 비겁(비견, 겁재)이 강(强)하게 구성된 사주를 군겁쟁재(群劫爭財) 혹은 군비쟁재(群比爭財) 사주라고도 한다. • 사주 구성에서 비견과 겁재가 존재하면 비겁혼잡(比劫混雜)이 되어 형제, 동료 복(福)이 없다. • 비겁(비견, 겁재)은 재성(편재, 정재)를 극(剋)하므로 부친, 형제덕이 없고 재물에 대한 형제간 쟁탈전이 발생되고, 남자의 경우 처(妻)와 이혼한다. • 재물은 형제, 남편, 다른 사람들에게 빼앗긴다 (※보증, 돈 빌려주면 절대 안된다). • 형제, 동료, 인덕이 없고, 고집이 세다.

	• 돈이 생기면 곧 쓸 곳이 기다리고 있다. • 동업(同業)하면 백전백패(百戰百敗)한다. • 비겁태왕의 경우 이를 극(剋)하는 관성운이 들어오면 발복하지만, 대운(大運)이나 세운(歲運)에서 비겁(비견, 겁재)운이 들오는 경우 비겁태왕은 더욱 강(强)하게 작용하므로 나쁜 흉성(凶星)이 된다. 또한 인성운 들어오는 경우 더욱 강(强)한 비겁이 되므로, 이것 역시 나쁜 불운(不運)이 발생되지만, 비견은 식상을 생(生)하기 때문에 식상운에서는 비겁의 힘이 약(弱)해저 설기(泄氣)되어 발복(發福)한다.
• 상식태왕 (傷食太旺) 사주	• 사주 구성에서 식상(식신, 상관)이 강(强)하게 구성된 사주를 상식태왕(傷食太旺) 사주라고 하는데, 이 경우 관(官) 즉 관성(편관, 정관)을 극(剋)하므로 아랫사람과 윗사람의 싸움 즉 관식투전이 발생된다. • 식상은 밥그릇을 의미하며 의식주와 장수의 뜻하지만, 식상은 관성을 극(剋)한다. • 사주 구성에서 식상 즉 식신과 상관이 존재하면 식상혼잡(食傷混雜)이 되어 관록(官祿)을 손상시키고, 여자의 경우는 남편이 보기 싫거나 혹은 자식들은 남편을 해치게 된다. • 남자의 경우 식상이 강하면 아들(편관)과 정관(딸)은 물론 자신의 관(官)을 해친다. • 여자의 경우 상식태왕이면 남편을 해친다. • 여자의 경우 득자하면 남편(정관)을 극(剋)하므로 이혼하는 경우가 발생 된다. • 관성(편관, 정관)이 들어오는 대운(大運)이나 세운(歲運)에서는 패가망신한다. • 상식태왕(傷食太旺)은 이를 극(剋)하는 인성운에서는 발복한다. 그러나 대운(大運)이나 세운(歲運)에서 다시 식상(식신, 상관)운이 들오는 경우 더욱 강(强)한 상식태왕이 되어 나쁜 흉성(凶星)이 된다. 또한 비견운 역시 식상(식신, 상관)

	을 생(生)하여 힘을 실어주니 나쁘다. 그러나 재성운에서는 식상이 재성을 생(生)해 주어 힘이 약(弱)하게 설기(泄氣)되기 때문에 길성(吉星)으로 작용한다.
▪ 재성태왕 (財星太旺) 사주 및 간(日干)이 약(弱)한 ▪ 재다신약 (財多身弱) 사주	• 사주 구성에서 일간(日干)이 신약(身弱)하고, 재성(편재, 정재)이 강(强)하게 구성된 사주를 재성태왕(財星太旺) 혹은 재다신약(財多身弱) 사주라고 하며, 이는 재물(財物)과 여자에 목매인 사람을 말한다. 또한 사주 구성에서 재성 즉 편재와 정재가 공존하면 재성혼잡(財星混雜)즉 재다신약(財多身弱) 사주가 되어 재물을 자신의 것으로 만들지 못하고 처(妻)복이 없다. • 재물과 여자 욕심은 많지만 이것을 본인의 것으로 만들지는 못한다. 즉 부자집에 가난한 사람이라 재물을 쓸 수가 없다. • 미남이고, 잘 웃지만, 처(妻)에게 시달리며 돈 자랑을 하지만 실제 사용되는 돈은 없다. • 도처에 여자들이 많고, 여자들을 밝히고, 의처증이 있다. • 사업은 망하지만, 직장생활이 맞고, 회계, 경리, 증권이나 은행원 등으로 남의 돈을 관리해 주는 사람이 많고, 직장생활이 맞는 직업이다. • 재다신약(財多身弱) 사주의 경우 대운(大運)이나 세운(歲運)에서 다시 재성(편재, 정재)이 들어오는 경우 더욱 강(强)한 재다신약이 성립되어 나쁜 흉성이 되지만, 재성을 극(剋)하는 비겁(비견, 겁재)운에서는 재물을 얻는다. 또한 재성을 생(生)해주는 식상(식신, 상관)운에서는 재성의 힘이 강(强)해지므로 재물을 잃거나 부인복이 없으며 부인과의 어떤 문제가 발생된다.
▪ 관성태왕 (官星太旺) 사주	• 사주 구성에서 관성(편관, 정관)이 강(强)하게 구성된 사주를 관성태왕(官星太旺) 사주라고 한다. • 일하는 것은 여러 곳이나 옳은 직업은 없으며

	여기저기 옮겨 다니나 그 역시 옳은 직업은 없으며, 재물이 없다. • 건강이 부실하고 질병이 많고, 좋은 일하고 욕을 먹는다. • 여자의 경우 홀로 사는 경우가 많고, 남편이 무능하고 남편 복이 없다. • 사업은 망하지만, 직장 생활은 맞다. • 사주 구성에서 관성 즉 편관과 정관이 공존하면 관살혼잡(官殺混雜) 사주가 되어, 여자는 남편복이 없고, 남자는 자식복이 없다. • 관살태왕의 경우 대운(大運)이나 세운(歲運)에서 다시 관성(편관, 정관)이 들오는 경우 더욱 강(强)한 관살태왕이 되어 흉성이 된다. 재성 역시 관성을 생(生)하여 강(强)한 관성을 만들어주기 때문에 나쁘게 작용되어 직위나 혹은 자식들에게 문제가 발생되지만, 강(强)한 관성을 극(剋)하는 식상이 들어오거나 혹은 관성이 인성을 생(生)하면 관성의 힘이 약(弱)해지는 설기(泄氣)가 되어 길성이 된다.
▪ 인수태왕 (印綬太旺) 사주	• 사주 구성에서 인수=정인이 강(强)하게 구성된 사주를 인수태왕(印綬太旺) 사주라고 한다. 이것은 다른 말로 인성과대(印星過大)라고 하며 모자멸자(母慈滅子) 즉, 어머니가 많으니 자식이 버르장머리가 없다는 뜻이다. 특히 인성과대는 토다매금(토다埋金), 화염토조(火炎土燥), 수다목부(水多木浮) 등이 되어 어떤 결과를 얻을 수 없고, 무자식(無子息) 팔자이기도 하다. • 인수가 많으니 양모, 서모 등이나 혹은 여럿 어머니가 있다. • 어머니가 많으니 마마보이 즉 어머니 곁을 못 벗어나고 판단력이 없다. • 주변머리가 없고, 직업이 변변하지 못하고, 가난을 면치 못하고, 인덕이 없다. 그러나 착한 성품과 인정이 많고, 화려한 것을 좋아한다.

	• 사주 구성에서 편인(偏印)과 인수(印綬)=정인(正印)가 공존하면 인성혼잡(印星混雜) 사주가 되어 쓸데없는 혼자만의 고민, 산만, 변덕스럽고, 터무니없고 쓸데없는 자신만의 발상으로 고통을 겪는다. • 인수태왕은 이를 극(剋)하는 재성운에서는 발복하지만, 대운(大運)이나 세운(歲運)에서 다시 인수=정인이 들어오는 경우 더욱 강한 인수태왕이 되기 때문에 고독, 이혼 혹은 문서상 나쁜 불운(不運)이 발생되며 흉성이 된다. 그러나 강(强)한 인성을 극(剋)하는 재성이 들어오거나 혹은 인성이 비겁을 생(生)하면 인성의 힘이 약(弱)하게 설기(泄氣)되어 길성이 된다.
• 재살태왕 (財殺太旺) 사주	• 사주 구성에서 재성(편재, 정재)와 관성(편관, 정관)이 강(强)하게 구성된 사주를 말한다. • 재살태왕 사주의 특징은 비겁태왕, 인수태왕, 상식태왕, 재다신약, 관살태왕과 같이 나쁜 사주에 속한다. • 재물(財物)과 관(官)의 중복으로 일과 사업 등에서 평생 고생만 한다. • 월급자가 맞지만, 사업하면 백전백패한다. • 남자의 경우 처(재성)와 자식(관살)이 합세하여 나를 따돌리며, 자식이 크면서 집안에서 왕따 당한다. • 여자의 경우 시모(재성)과 남편(관성)이 합세해서 나를 따돌리고 시집살이 시킨다. 특히 시어머니(재성)와 남편이 모사꾼이며, 시어머니는 남편한테 속닥거려 일을 만들고, 나를 시집살이 시킨다. • 돈이 생기면 몸이 아프고 번 돈 다 들어간다. • 여자는 남편의 의처증으로 인하여 가출도 하며, 실제 바람도 피운다. • 남에게 이용당하고, 남 돈 벌어 주는 사주이며 죽도록 일해주고 일당도 못 받고 쫓겨난다.

	• 인정이 많고 인물은 훤하게 잘생겼으며, 여자는 예쁘장하여 주변에 남자가 많다. • 똑똑한 척 하지만 실제로는 상식태왕에게 사기를 당한다.

이러한 사주 구성에서 편중된 오행의 강약(强弱) 들은 특정 오행한 가지만 존재하는 것이 아니라, 두 가지 이상도 사주 구성에 존재하는 경우도 있다. 예를 들면 사주 구성에서 비겁(비견, 겁재)과 관성(편관, 정관)의 힘이 강(强)하게 편중된 경우들도 존재하기 때문이다. 따라서 독자들은 이러한 사주가 구성된 기운(氣運)은 물론 작용되는 대운(大運)과 세운(歲運)의 기운을 보고 판단하고 해석(解析)해 주면 된다. 이길동의 사주에서 오행(五行)의 강약(强弱)에 따른 편중된 오행을 통하여 통변(通辯) 즉 해석(解析)해 보자.

이길동의 사주 구성을 확인해 보면 아래와 같다.

木 (인성)	火 (비겁)	土 (식상)	金 (재성)	水 (관성)
2	3	2	·	1

이길동은 오행(五行)들의 기운(氣運) 중 가장 강(强)한 기운은 화(火)기운이므로 화(火)기운으로 편중된 사주이기 때문에 강(强)한 화(火)기운을 중화시켜 주어야 한다. 이길동에게 화(火)기운은 비겁이며 비겁은 이길동의 형제를 나타낸다.
참고로 이길동에게 금(金)기운 즉 정재(부인)는 사주 원국 8개에는 없지만 지장간에 금(金)에 해당되는 辛(금)의 재성이 존재하므로 이길동에게는 부인이 존재하는 것이 된다.
이길동의 사주 구성은 강(强)한 힘을 발휘하는 월지(月支)가 화(火)기운의 겁재이고 또한 년주(年柱)에도 비견이 존재하는 것으로 보아 비겁(비견, 겁재)이 강(强)한 태왕 사주가 되고 아울러 형제간에 쟁탈전이 벌어지는 군겁쟁재(群比爭財) 사주이기도 하다.
따라서 이길동은 사주 원국은 물론 대운(大運)이나 세운(歲運)에서 비겁(火)이 들어오거나 혹은 인성(木)이 들어오는 경우 비겁이 더욱 강(强)해지므로 형제난이 발생되거나 혹은 나쁜 불운(不運)이 찾아오지만 비견을 극(剋)하는 관성(水)이 들어오거나 혹은 비견이 식상을 생(生)하면 강(強)한 비겁이 설기(泄氣) 되어 발복(發福)한다.

이제 이들 관계가 맞는지 확인해 보자. 이길동에게 화(火)기운 은 비겁이고 이것은 형제 관계인데 이것은 공망(空亡)과 백호 대살(白狐大殺)이 작용되고, 인오술(寅午戌)의 합(合)작용으로 화(火)기운은 더욱 강(強)한 화(火)기운이 되어 나쁜 운(運)으로 작용된다. 따라서 이길동은 형제 복은 없다. 다음의 목(木)기운 의 인성을 판단해 보자. 이길동에게 편인은 조부(祖父)가 된다. 그러나 조부와의 관계는 인해합(寅亥合)이 되어 목(木)기운으로 변화(化)되고 이것은 다시 목생화(木生火)가 되어 더욱 무더운 사주로 만들기 때문에 조부 복(福)은 없다.

마지막으로 길성(吉星)으로 작용되는 관성(水)과 식상(土)을 판 단해 보자. 관성은 시지(時支)에 존재하는 亥(수)로서 이것은 편 중된 화(火)기운을 수극화(水剋火)로 극(剋)하여 강(強)한 화(火) 기운을 제압하니 길성(吉星)으로 작용된다. 그러나 아들 편관을 판단해 보면 뿌리가 형성되어 있지 못하고, 궁(宮)으로 보면 아 들에게 오히려 도움을 주어야 되고, 또한 파(破)가 성립되어 아 들과 마음이 맞지 않아 자주 싸운다는 것을 알 수 있기 때문에 아들에게 복(福)을 기대하기란 다소 어렵다.

식상은 일지(日支)의 戌(토)와 시간(時干)의 己(토)이다. 이들은 편중된 화(火)기운을 화생토(火生土)로 생(生)해 주어 강(強)한 화(火)기운을 약(弱)하게 만드니 길성(吉星)으로 작용된다. 그러 나 이들은 백호대살(白狐大殺)과 공망(空亡) 그리고 갑기합(甲 己合)이 이루어져 금(金)기운으로 변화(化)되어 화극금(火剋金) 으로 전환되기 때문에 강한 화(火)기운을 더욱 강(強)하게 만드 는 역할을 하므로 강(強)한 화(火)기운으로 편중된 이길동의 사 주에서는 오히려 나쁜 관계가 성립된다. 따라서 戌(토)와 시간 (時干)의 己(토)의 식상은 이길동에게 장모와 조모가 되므로 이 들은 이길동에게는 복(福)을 주는 관계가 아니다. 이러한 작용 은 대운(大運)은 물론 세운(歲運)에서도 동일하게 적용 된다.

지금까지 설명된 이길동 사주를 한마디로 일축한다면 이길동 은 비견과 겁재가 공존하는 비겁혼잡(比劫混雜) 사주이자 식신 과 상관이 사주 구성에서 존재하기 때문에 식상혼잡(食傷混雜) 이 되어 이들과 관련된 형제, 동료 그리고 장모, 조모 복(福)이

3. 육친(六親)관계로 해석(解析)하자.

사주를 해석(解析)함에 있어서 육친(六親)관계나 혹은 오행(五行) 관계 모두 동일하다. 이것은 양력 1986년 6월 11일 22:50 출생(亥 時)에 출생한 이길동 사주에서 이들을 확인해 보자.

이길동은 사주 구성에서 자장 큰 힘을 발휘하는 월지(月支)가 겁 재이므로 신강(身强) 사주이다.

신강 사주에서는 본인에 해당되는 일간(日干) 丙(火)의 힘을 약(弱) 하게 만들어 주는 오행(五行) 즉 수극화(水剋火)의 수(水)기운이나 혹은 화생토(火生土)의 토(土)기운은 이길동에게는 일간의 화(火) 기운을 약(弱)하게 만들어 주는 오행이 되므로 길성(吉星)으로 작 용되는 오행(五行)이 된다.

하지만 이길동의 신강 사주에서 일간(日干) 丙(火)의 힘을 강(强)하 게 만들어주는 화생화(火生火)의 화(火)기운이나 혹은 목생화(木生 火)의 목(木)기운 그리고 화극금(火剋金)의 금(金)기운은 이길동에 게 나쁘게 작용되는 흉성(凶星) 오행(五行)이다.

이것을 이길동 사주(四柱)에서 육친(六親)으로 전환시켜 보면, 길 성(吉星)에 해당되는 수(水)기운은 편관이 되고, 토(土)기운은 상관 이 된다.

흉성(凶星)에 해당되는 화(火)기운은 겁재에 해당되고, 목(木)기운 은 편인에 해당되며, 금(金)기운은 식신에 해당된다.

즉, 이길동에게 길성(吉星)으로 작용되는 육친(六親)은 수(水)기운 의 편관과 토(土)기운 상관이며, 흉성(凶星)으로 작용되는 육친(六 親)은 화(火)기운의 겁재, 목(木)기운의 편인 그리고 금(金)기운은 식신이 된다.

이제 사주 해석(解析) 즉 통변(通辯)을 적용하기 위하여 이길동의 길성(吉星)과 흉성(凶星)을 정리하면 다음과 같다.

구분	오행	육친	천간	지지
이길동 길성(吉星)	수(水)	편관, 정관	임(壬), 계(癸)	해(亥), 자(子)
	토(土)	상관, 식신	무(戊), 기(己)	진(辰), 술(戌), 축(丑), 미(未)
이길동 흉성(凶星)	화(火)	겁재, 비견	병(丙), 정(丁)	사(巳), 오(午)
	목(木)	편인, 정인	갑(甲), 을(乙)	인(寅), 묘(卯)
	금(金)	편재, 정재	경(庚), 신(辛)	신(申), 유(酉)

위의 내용을 토대로 사주 원국은 물론 대운(大運)이나 세운(歲運)에서 이들을 적용하여 길성(吉星)과 흉성(凶星)을 판단하고 해석(解析)해 주면 된다.

따라서, 이길동의 경우 사주 원국은 물론 대운(大運)이나 세운(歲運)에서 수(水)기운의 편관과 토(土)기운 상관이 들어오면 길성(吉星)이므로 발복(發福)하게 되고, 흉성(凶星)에 해당되는 화(火)기운의 겁재, 목(木)기운의 편인 그리고 금(金)기운은 식신이 들어오면 불운(不運)이 발생된다. 물론 최종 판단은 사주 구성은 물론 이들에게 적용되는 신살(神殺)을 보고 최종 판단해야 한다. 이러한 판단이 사주 해석(解析) 즉 통변(通辯)이다.

예를 들어보자.

만약 2021년 신축년(辛丑年)에서 이길동의 길흉(吉凶) 즉 신수를 판단해 보자.

2012년의 천간은 흉성(凶星)에 해당되는 재성의 금(辛)과 지지는 길성(吉星)에 해당되는 식상의 토(丑)이므로 상반기는 재물관련 나쁜 운이 발생되지만, 하반기 때는 얻는 것이 생긴다는 뜻으로 판단한다.

이러한 사주 해석은 래정법(來情法) 즉 다음 년도의 운세 및 신수(身數)를 판단할 때 많이 활용되고, 결혼, 이혼, 선거, 승진, 시험, 신규 사업, 투자, 입학, 자녀, 부부, 합격, 이사, 소송, 수술, 암, 질병, 사망 등에 따른 어떤 문제가 발생되는 것들을 판단하기에 용이하다.

독자들은 이러한 통변술(通辯術)을 바탕으로 정확하고 빠른 사주 해석(解析)을 적용해 주길 바란다.

특히, 독자들은 육친(六親)을 판단할 때 반드시 알아야될 사항이 있다.

육친(六親)을 판단할 때 나쁜 흉신(凶神)에 해당되는 편관(칠살), 상관(傷官), 비겁(比肩), 겁재(劫財)이 들어오는 때는 모두 나쁜 운세(運勢)로 판단하고, 좋은 길신(吉神)에 해당되는 정관(正官), 편재(偏財), 정재(正財), 정인(正印), 식신(食神)이 들어오는 운세에서는 좋은 운(運)으로 판단하면 안된다.

이들의 판단은 반드시 사주 전체에서 작용되는 길성(吉星)과 흉성(凶星)에 가려내고 이를 바탕으로 판단해야 된다.

예를 들어보자.

나쁜 육친(六親)으로 분류된 비겁의 경우 사주 구성에서 용신(用神)이 되어 길성(吉星)으로 작용된 경우를 보자. 이때는 대운(大運)이나 세운(歲運)에서 비겁운의 판단은 '투쟁은 있겠지만 소원이 이루어 진다' 라고 해석을 해야 한다.

특히 비겁운은 재다신약(財多身弱) 사주의 경우 재물(財物)을 얻게 된다.

다음은 정관의 경우를 보자.

정관은 원래 좋은 육친(六親)으로 분류된다. 따라서 사주 구성에서 길성(吉星)으로 판단된 경우는 당연히 '승진이나 결혼운이 이루어진다로 판단해야 한다. 그러나 좋은 정관일 경우라고 사주 구성에서 정관이 흉성(凶星)으로 판단된 경우 즉 대운(大運)이나 세운(歲運)에서 편관이 들어 올 때는 나쁜 관살혼잡(官殺混雜)이 성립되어 여성(女性)의 경우 이혼(離婚)을 하게된다.

독자들은 이러한 육친(六親) 관계를 알고 사주를 통변(通辯)을 완성해 주기 바란다.

---

4. 합(合) 작용으로 변화(化)되는 기운(氣運)을 해석(解析)하자.

사주에는 변화(化)되는 기운(氣運)이 존재한다. 이런 변화(化)되는 기운들은 반드시 사주 해석에서 적용하고 판단해 주어야 한다.
변화되는 기운들 대부분은 천간(天干)과 지지(地支)에서 작용되는
합(合)작용에 따른 기운(氣運)이다.

이에 따른 내용들은 이미 앞 절 길흉성(吉凶星)의 합(合)작용에서
배웠다.

여기서는 양력 1986년 6월 11일 22:50에 출생한 이길동의 사주(四
柱)를 보고 변화(化)되는 기운(氣運)에 대한 핵심(核心) 내용만 자
세히 설명(說明)하도록 한다.

구분	천간	지지	육친	
년주(年柱)	丙	寅	비견	편인
월주(月柱)	①甲	午	편인	겁재
일주(日柱)	(丙)	③戌	·	식신
시주(時柱)	②己	亥	상관	편관

이길동은 천간 ①甲과 ②己은 갑기합(甲己合)이 성립되고 이것은
식상의 토(土)기운으로 변화(化)된다.

①甲은 편인으로 이것은 이길동의 조부(祖父)이고, ②己은 상관으
로 이것은 이길동에게는 조모(祖母)에 해당된다.

이들이 합(合)을 이루니 이길동의 조부와 조모는 서로 사이가 좋
은 관계였음을 알 수 있다.

그러나 갑기합(甲己合)은 토(土)기운으로 변화 되니, 사주 해석에
서는 조부와 조모는 토(土)기운을 따져 주어야 한다.

이길동에게 토(土)기운은 식상(식신, 상관)운이 되며 이것은 장모
가 된다.

또한 토(土)기운은 이길동의 신강(身强) 사주에서 일간 병(丙)의 기
운을 화생토(火生土)의 작용으로 약(弱)하게 만들어주는 오행(五
行)이므로 길성(吉星)으로 작용되는 좋은 오행(五行)임에 틀림이
없다.

그러나, 이길동은 무더운 조열(燥熱)사주이다. 따라서 토(土)기운
은 귀한 수(水)기운을 토극수(土剋水)작용으로 없애는 작용을 하므
로 결국 좋지 못한 기운으로 작용된다.

따라서, 조부와 조모는 둘의 사이는 좋았지만, 이길동에게는 큰 도움을 주지 못했다는 것을 알 수 있다. 아울러 조부와 조모는 토(土)기운으로 변화(化)되고 이것은 이길동에게 ③戌(식신)의 장모에 해당된다.

이러한 취지로 식신에 해당되는 장모를 판단해 보면, 장모는 도움을 주는 유익한 사람이 된다.

그러나 장모에 해당되는 ③식신(戌)은 공망(空亡)과 丙-戌의 백호대살(白狐大殺)이 성립되므로 장모는 사고로 인하여 일찍 세상을 떠난 사람으로 판단할 수 있다.

지금까지 사주에는 변화(化)되는 기운(氣運)을 단지 이길동의 사주 하나를 가지고 변화되는 기운을 판단해 보았다.

이러한 내용 모두는 사주 해석(解析) 즉 통변(通辯)에서 다른 오행(五行)은 물론 전체 육친(六親)에 해당되는 것으로 합(合)작용에서 변화(化)되는 내용은 적용하고 판단해 주어야 한다.

---

5. 무더운 조열(燥熱)과 추운 한습(寒濕) 사주로 해석(解析)하자.

무더운 조열(燥熱) 사주의 판단은 태어난 월(月)이 무더운 4, 5, 6, 7, 8월이고 태어난 시간(時間)이 무더운 한낮이며, 사주 구성에서 불(fire)에 해당되는 병(丙), 정(丁), 사(巳), 오(午)의 화(火)기운이 많은 사주를 말하고, 추운 한습(寒濕) 사주는 조열 사주와 반대로 태어난 월(月)이 추운 10, 11, 12, 1, 2월이고 태어난 시간(時間) 역시 추운 밤 시간에 태어났으며, 사주 구성에서 추운 임(壬), 계(癸), 자(子), 해(亥) 등의 추운 수(水)기운이나 庚, 辛, 신(申), 유(酉) 등의 추운 금(金)기운이 많은 사주를 말한다.

무더운 조열(燥熱) 사주는 반드시 더위를 식혀줄 수 있는 추운 수(水)기운이 존재해야 되고, 반대로 추운 한습(寒濕) 사주에서는 더운 화(火)기운이 존재해야만 중화 기능이 성립되어 좋은 사주가 된다. 그렇지 않은 경우는 나쁜 사주가 된다.

물론 조열과 한습은 태어난 시간의 경우도 큰 영향을 미친다.

예를 들면, 무더운 6월 즉 미(未)월의 경우 태어난 시간 역시 무더운 시간에 해당되는 오(午)시에 출생된 사람이나 이와 반대로 추운 12월 축(丑)월에 추운 한 밤중의 자(子)시에 태어난 경우의 사람이라면 이들 역시 조열(燥熱)과 한습(寒濕)사주가 된다. 이런 경우는 태어날 시기는 가세(家勢)가 기울거나 어렵고 가난(家難) 했다고 판단할 수 있고, 아울러 이러한 사람은 살아가는데 어렵고 나쁜 운로(運路)로 살아가게 된다. 물론 무더운 조열 사주에서 차가운 수(水)기운이 존재하거나 혹은 대운(大運)이나 세운(歲運)에서 차가운 수(水)기운이 들어오거나 혹은 합(合)기운으로 변화(化)된 기운이 수(水)기운일 경우는 발복(發福)하게 되고, 차가운 한습 사주의 경우는 위와 반대가 된다.

이제 이러한 조열(燥熱)과 한습(寒濕) 관계를 통하여 이길동 사주를 해석(解析)해 보자.

> 이길동은 무더운 5월(午)에 출생하였고, 아울러 사주 구성에 화(火)기운이 많아 무더운 조열(燥熱) 사주이다. 따라서 이길동은 더위를 식혀줄 수 있는 추운 수(水)기운 즉 관성이 들어오면 발복(發福)하게 된다.
>
> 이제 이길동에게 길성(吉星)으로 작용되는 관성(水)은 아들인데 사주 구성에서 아들에 해당되는 편관과의 관계를 확인해본 결과, 파(破)작용과 통근(通根) 즉 뿌리가 약(弱)하여 아들에게 큰 복(福)은 기대하기란 다소 어렵다(※사주해석 본문 참조). 이러한 작용은 대운(大運)은 물론 세운(歲運)에서도 동일하게 적용된다.

6. 궁(宮)으로 해석(解析)하자.

궁(宮)으로 해석(解析)하는 방법은 사주 구성에서 년주(年柱), 월주(月柱), 일주(日柱), 시주(時柱)를 초년(年柱), 청년(月柱), 장년(日柱), 노년(時柱)으로 구분하여 비교해서 판단하는 방법을 말한다. 특히 이것은 장점은 조상(祖上) 판단은 물론 조상의 묘지(墓地) 그리고

초년, 청년, 장년, 노년운의 흐름을 쉽게 판단할 수 있다. 그 방법
은 아래와 같다.

구분		궁(宮)으로 해석하는 방법
사주 궁(宮) 으로 간명	초년운 년주 (年柱)	초년운은 년주(年柱)로 판단하는데, 년주 즉 년간(年干)이나 년지(年支)에 식신, 정재, 정관, 인수 등의 길성(吉星)이 있고, 합(合)의 작용이 이루어진 경우는 조상이나, 조부모가 출세(出世)는 물론 부귀(富貴)했다는 뜻이다. 따라서, 초년기(1세~20세)에는 조상(祖上)의 덕(德)으로 부귀영화(富貴榮華)를 누리면서 생활하게 된다. 특히 이 경우 조상(祖上)의 묘지(墓地)는 양지 바르고 명당(明堂)에 위치해 있다.
		이와는 반대로 년주(年柱)에 비겁, 상관, 편관, 편인의 흉성(凶星)이 존재하거나, 형충해파(刑沖害破)가 작용되거나, 3대 악살(惡殺)에 해당되는 백호, 괴강, 양인살이나 공망(空亡) 등의 나쁜 흉살(凶殺)이 존재하는 경우 조상 즉 선대에서 몰락했거나, 학식도 없다는 뜻으로 판단하고, 이 경우 조상(祖上)의 묘지(墓地) 역시 깊은 골짜기나 험준한 흉지(凶地)에 자리 잡고 있다는 것을 알 수 있다. 이런 사주의 경우 초년기에는 빈천(貧賤)하게 살게 된다. 또한 년주와 월주에 형충해파(刑沖害破)가 작용되면 조부와 부모 사이는 서로 싸우고 나쁜 사이가 된다. 따라서, 초년기(1세~20세)에는 학업이 중단되었고, 가난하게 살아간다.
	청년운 월주 (月柱)	월주(月柱)에 식신, 정재, 정관, 인수 등의 길성(吉星)이 있고, 합(合)의 작용이 이루어진 경우는 부모, 형제가 화목하고, 부귀(富貴)했다는 뜻이다. 따라서, 청년기(20세~40세)에는 출세(出世)와 결혼(結婚)은 물론 행복을 누리

		면서 생활하게 된다.
		이와는 반대로 월주(月柱)에 비겁, 상관, 편관, 편인의 흉성(凶星)이 존재하고, 형충해파(刑沖害破)가 작용되거나, 3대 악살(惡殺)에 해당되는 백호, 괴강, 양인살이나 공망(空亡) 등의 나쁜 흉살(凶殺)이 존재하는 경우 청년기(20세~40세)에는 부모, 형제복도 없고, 흉액(凶厄)은 물론 빈천(貧賤)하게 살아가게 된다.
부부운 일주 (日柱)		일주(日柱)는 장년운이자 부부운이다. 이것 역시 초년, 청년궁과 동일하게 일주가 길성(吉星)으로 구성된 경우는 부부는 부귀영화를 누리게 된다. 그러나 일주와 월주(月柱)가 형충해파 및 나쁜 살이 작용되면 부모덕이 없고, 일주와 시주(時柱)가 형충해파, 공망, 나쁜 살 등이 작용되면 결혼이 늦고, 자식복이 없으며, 결혼생활이 평탄하지 못하며 부부간 불화한다.
자식운 시주 (時柱)		시주(時柱)는 노년운이자 자식운이다. 이것 역시 초년, 청년궁과 동일하게 시주가 길성(吉星)으로 구성된 경우는 자식복이 좋다. 그러나 시주(時柱)와 일주(日柱)에 형충해파, 공망, 나쁜 살 등이 작용되면 자식복이 없고, 노년이 불행하다.

※<참고1> : 다른 장년운(日柱, 부인운, 40세~60세)과 노년운(時柱, 자식운, 60세 이후) 적용과 판단도 위의 청년운과 동일하게 적용시켜 주면 된다.

※<참고2> : 양력 1986년 6월 11일 밤 22:50분에 태어난 남자 이길동(李吉童)의 사주를 궁(宮)으로 판단해 보자.

이길동은 년주(年柱)가 비겁과 편인의 흉성(凶星)이고, 년지의 인(寅)은 시지와 해인파(亥寅破)가 존재하는 것으로 보아 초년 때는 조상덕을 받지 못했고, 조상 때 몰락했으며, 조상 묘지 역시 명당(明堂)이 아닌 험준한 산골짝에 존재하고 있고, 초년 때는 조상덕을 받지 못했다. 청년기(20세~40세)에 해당되는 월주(月柱)는 흉성(凶星)의 편인과 겁재이고, 아울러 월지의 오(午)는 양인살(陽刃殺)과 공망(空亡)이 작용되어 부모덕이 없었으며, 장년기(40세~60세)에 해당되는 일지의 술(戌)은 식신으로 이것은 길성(吉星)으로 작용되나, 이것 역시 백호대살(白狐大殺)과 공망(空亡)이 작용되어 부인복이 없으며, 노년기(60세 이후)는 시주(時柱)로서 상관과 편관으로 흉성(凶星)이며, 아울러 년지와 해인파(亥寅破)가 성립되어 자식복이 없다고 판단할 수 있다.

사주를 해석(解析)하고 통변하는 통변술(通辯術) 방법은 여러 가지가 존재하지만, 지금까지 확인된 것들은 그 중에서 가장 많이 활용되는 것을 토대로 일간(日干)의 강약(强弱), 오행(五行)의 강약(强弱), 육친(六親)관계, 조열(燥熱)과 추운 한습(寒濕) 사주 그리고 궁(宮)을 통하여 해석(解析)하는 방법을 독자들에게 제시하였다. 그러나 이들 해석하는 방법 중 궁(宮)으로 해석하는 방법을 제외한 나머지 5가지 모두는 크게 보면 모두 동일한 사주 해석이자 통변술이 된다.

따라서 독자들은 쉽고 정확하게 판단할 수 있는 사주 통변법을 터득해 주길 바란다. 이렇게 해서 양력으로 1986년 6월 11일 밤 22:50분에 태어난 남자 이길동의 사주를 해석(解析)을 확인해 보았는데 마지막으로 추가해야될 사항이 있다. 바로 충(沖), 공망(空亡) 등과 그리고 각종 신살(神殺) 적용이다. 물론 이들은 사주를 분석(分析)하면서 어떤 형태로든지 적용하고 판단해야 됨은 당연한 것이다. 그래야만 최종적으로 운로(運路)를 판단할 수 있기 때문이다.

7. 신살(神殺)을 적용시켜 해석하자.

사주 해석 즉 통변(通辯)에서는 어떤 형태로든지 신살(神殺)을 적용시켜서 최종 판단해야 한다. 신살(神殺)의 종류는 많으나 대표적으로 충(沖)이나 나쁜 살(殺)이 작용되면 성공이 실패하고, 이루어지는 것들도 이루어 질 수 없는 것이 된다. 또한 이루어졌다고 해도 투쟁이나 나쁜 구설수나 혹은 사건이 발생 된다. 그러나 신살(神殺)도 길성(吉星)이 작용되면 나쁜 운에서도 복(福)을 받고 성공하게 된다.

신살 작용을 예를 들어보면 충(沖)이나 공망(空亡)이 작용되면 일찍 사망했다는 뜻이고, 형(刑)이나 파(破)가 혹은 3대 악살(惡殺)로 분류되는 양인살(陽刃殺), 백호대살(白狐大殺), 괴강살(魁罡殺)이 작용되면 싸움, 이별, 사망, 실직, 수술 등이 발생된 것이고, 또한 기운(氣運) 잃는 현상 즉 설기(泄氣)현상이 발생되면 손해(損害)를 보거나 단명(短命) 등으로 판단한다.

이제 양력 1986년 6월 11일 밤 22:50분에 태어난 건명(乾命) 즉 남자 이길동(李吉童) 사주 구성을 통하여 신살(神殺)을 판단해 보자.

<양력, 1986년 6월 11일 밤 22:50분에 태어난 이길동(李吉童) 사주 구성>

구분	\<4\>사주			\<3\>지장간		\<3\>육친		
	干	支	오행	주권신 및 지장간		사주		지장간
年	①丙	②寅	화+ 목+	戊(土)	㉠戊, ㉡丙, ㉢甲 (土, 火, 木)	①비견 (형제)	②편인 (조부)	㉠식신(장모), ㉡비견(형제), ㉢편인(조부)
月	③甲	④午	목+ 화+	丙(火)	㉣丙, ㉤己, ㉥丁 (火, 土, 火)	③편인 (조부)	④겁재 (형제)	㉣비견(형제), ㉤상관(조모), ㉥겁재(형제)
日	⑤丙	⑥戌	화+ 토+	辛(金)	㉦辛, ㉧丁, ㉨戊 (金, 火, 土)		⑥식신 (장모)	㉦정재(부인), ㉧겁재(형제), ㉨식신(장모)
時	⑦己	⑧亥	토- 수-	戊(土)	㉩戊, ㉪甲, ㉫壬 (土, 木, 水)	⑦상관 (조모)	⑧편관 (아들)	㉩식신(장모), ㉪편인(조부), ㉫편관(아들)

합	충	파	형	해	묘	백호양인 괴강	공망
寅		寅/亥					
午/甲						午/양인	午/戌
戌					戌/火	戌/백호	
己/亥							

이길동은 월지(月支) ④午(겁재, 형제)에는 양인살(羊刃殺)과 공망

(空亡)이 작용 되어 형제들이 일찍 죽었든지 아니면 형제덕을 기대할 수가 없고, 또한 일지(日支)의 ⑥戌(식신, 장모)은 백호대살(白狐大殺)과 공망(空亡)이 작용되므로 장모 역시 일찍 죽었든지 아니면 장모덕이 없고 장모와 나쁜 관계가 유지된다는 것을 알수 있다. 나머지 모두는 시주 구성에서 작용되는 신살 모두를 적용해서 판단해 주면 되고, 아울러 이것은 대운(大運)이나 세운(歲運) 모두에 적용해서 판단해 주면 된다.

8. 물상(物像)으로 해석하자.

이길동의 일간(日干)은 ⑤丙(火)이며 이것은 큰불 즉 햇볕이나 번개 등을 말한다. 또한 일간의 힘이 강(强)한 신강(身强) 사주이다. 따라서 이길동은 일간 ⑤丙(火)의 힘을 설기 즉 힘을 약(弱)하게 만들어주는 기운에서 발복(發福)하게 된다. 즉, 화생토(火生土)의 토(土)기운이나 혹은 수극화(水剋火)의 수(水)기운이 된다.
이를 토대로 이길동의 2022년 임인년(壬寅年)의 운세(運勢)를 판단해보자.
이길동의 일간 ⑤丙(화)는 햇볕 등의 강(强)한 큰불이다.
임인년(壬寅年)은 바다물 또는 큰 강물에 해당 되는 큰물 즉 임(壬)이다. 즉 큰 불(丙)과 큰 물(壬, 편관, 관록, 아들)이 만남 즉 수극화(水剋火)가 되므로 강(强)한 ⑤丙(火)의 큰 불이 약(弱)해 지므로 임인년(壬寅年)은 좋은 길성(吉星)이 된다. 따라서 2022년 이길동 운세(運勢)는 국가에 관록(편관)을 먹는 것들이나 혹은 승진이 이루어지고, 나아가서는 아들(편관)과의 사이도 좋은 운(運)으로 작용 된다.
만약 2023년 계묘년(癸卯年)의 이길동의 운세는 큰불 ⑤丙(화)과 습기(癸, 정관, 딸)와의 만남이 되어 수극화(水剋火)로 큰불이 다소 약(弱)해지는 경향이 있기 때문에 좋은 길성(吉星)이 되는 해가 된다. 그러나 큰불이 습기를 만났으므로 연소는 되지만 연기가 심하게 발생되기 때문은 어려운 일들이 다소 봉착하게 된다. 또한 딸

(정관)과의 관계도 때로는 다소 풀리지 않는 일들이 발생하게 된다.

이렇게 운세(運勢)를 판단하는 대운(大運)과 세운(歲運)에서도 이와 같이 적용하여 판단하면 된다.

사실 이러한 물상 해석법은 위에서 제시된 용신(用神) 판단법과 동일하나, 사주 구성에서 용신을 판단하기가 어려운 관계로 천간(天干)의 물상은 물론 이들이 상호 작용하는 관계 그리고 60갑자(甲子)에서 제공되는 납음오행(納音五行) 물상의 상호 작용을 비교하여 적용하여 판단하면 통변(通辯)을 쉽게 확인할 수 있는 장점이 있다.

※<참고1> 물상(物像) 구성

甲	乙	丙	丁	戊	己	庚	辛	壬	癸
큰 나무	화초	햇볕 큰불	작은 불, 화롯불	큰 산의 흙	화초에 붙은 작은 흙	무쇳덩어리, 큰 바위	보석	바다 큰 강물	습기

※<참고2> 물상(物像)의 특별한 작용

1. 己(토)와 壬(수)는 토극수(土剋水)의 기능이 성립되지 않는다. 그 이유는 화초에 붙어 있는 작은 흙의 己(토)는 큰 강물 즉 壬(수)를 이길 수 없고, 오히려 壬(수)에게 극(剋)을 당한다.

2. 辛(金, 보석)과 癸(水, 습기)는 金과 水로서 서로 상생(相生)되어 금생수(金生水)의 관계이지만 辛(보석)의 최대적은 癸(습기)이다. 그 이유는 보석은 습기를 만나면 녹슬기 때문이다. 그렇지만 辛(보석)은 壬(큰 강물)을 만나면 깨끗이 닦아 광체가 빛나게 된다.

3. 辛(金, 보석)과 丁(火, 화로불)은 최대의 적(適)이다. 그 이유는 화로 불은 보석을 녹이기 때문이다.

4. 금(庚, 무쇳덩어리)과 금(辛, 보석)은 토(土)와 수(水)가 많으면 흙과 물에 묻혀 버리니 빛을 볼 수가 없어 쓸모가 없다.

5. 갑(甲)은 처음 시작하는 것인데 이것이 사주 천간(天干) 구성에서 갑(甲)이 2개 이상 존재하면 새로운 판세가 다시 시작되는 것이므로 이 경우 삶에서 이혼, 재혼, 사업, 진로 등에서 한 번은 큰 변혁이 찾아온다.

9. 사주 구성과 대운(大運)을 상호 비교 판단하자.

사주를 통변(通辯) 함에 있어 최종 마지막에는 사주 구성과 대운(大運)을 상호 비교해서 판단해 주어야 한다.

사주 해석(解析)은 사주 구성 운(運)과 절대적인 영향을 미치는 대운(大運)의 운(運)으로 판단할 수 있는데 이들을 종합해 보면 아래와 같은 4가지 유형이 된다.

사주 구성	내용
• 사주 구성이 좋고, 대운(大運)도 좋은 사람	큰 업적을 이루는 사람
• 사주 구성이 좋고, 대운(大運)이 나쁜 사람	눈높이는 높으나, 일이 풀리지 않아 만족하지 못하는 사람(※풀리지 않는 사주로 불행지수가 높다)
• 사주 구성이 나쁘고, 대운(大運)이 좋은 사람	눈높이는 낮지만, 만족하는 사람(※고생은 하지만 술술 풀려나가는 사람으로 행복 지수가 높다)
• 사주 구성이 나쁘고, 대운(大運)이 나쁜 사람	눈높이가 낮고, 만족하지 못하는 사람(※고생도 하지만, 일이 풀리지 않는 사람)

사주 구성이 좋다는 것은 사주를 구성하고 있는 8개의 천간(天干)과 지지(地支) 그리고 지장간(支藏干)이 모두 좋은 오행들이 구성되어 있고, 이들은 나쁜 충(沖), 형(刑), 공망(空亡) 그리고 나쁜 살(殺) 등이 없는 사주를 말한다. 대운(大運)이 좋다는 것은 용신(用神)과 희신(喜神)으로 대운(大運)을 비교해서 전체 운(運)을 판단하는 것이다.

특히, 사주 구성이 나쁘고, 대운이 좋은 사람은 자신의 주어진 운(運)은 약(弱)하여 고생은 하겠지만 일이 술술 풀려나가기 때문에 행운의 운로가 이어지는 사람으로 삶의 만족도가 가장 높은 사람이 된다.

따라서, 독자들은 사주 통변(通辯) 즉 해석 때 사주 구성이 나쁜 사람이라고 해서 사주 전체가 나쁜 사람이라고 판단해선 안되고,

반드시 대운(大運)도 같이 비교 판단 후 최종 통변(通辯)을 결정해 주어야 된다는 사실을 잊지 말길 바란다.

예를 들면 여자 사주 구성에서 남편에 해당되는 정관이 다른 육친과 합(合)을 이루어 다른 오행으로 변화(化)되는 경우, 백호대살(白狐大殺), 양인살(陽刃殺), 관살혼잡(官殺混雜) 등으로 구성된 경우는 대부분 팔자가 쎄고, 남편복이 없고 이혼(離婚)을 하게 되어 나쁜 사주이다. 그렇지만 이 경우 용신(用神)과 희신(喜神)으로 본 전체 대운(大運)의 운로가 양호하다면 설사 이혼을 했고 고생을 했더라도 이어지는 운로(運路)는 강건(剛健)하게 흘러가기 때문에 오히려 전화위복(轉禍爲福)이 된다는 사실이다.

이길동의 경우 사주 구성으로 본다면 격국(格局)은 비견격(比肩格)이기 때문에 조상의 유산을 계승하지 못하고 부모, 배우자, 형제 덕이 없고, 자수성가하며 노후가 고독하다란 것을 알 수 있고, 백호대살(白狐大殺), 양인살(陽刃殺), 공망(空亡)은 물론 십간 희기론(喜忌論)으로 이길동의 삶의 운로(運路)와 성향을 판단해 보면, 일간(日干)이 병(丙)이고 월간이 목(甲)으로 구성되어 있어 목화통명(木火通明) 사주와 관련된 丙-甲에 따른 비조부혈(飛鳥跌穴)의 귀격사주이나 무더운 시기 즉 오(午)월에 출생했고, 화(火)기운이 강(强)하기 때문에 조열사주(燥熱四柱)가 되어 이것들은 성립되지 않는 나쁜 사주이다. 그러나 시간(時干)이 토(己)로 구성되어 있어 시간과의 관계는 丙-己의 대지보조(大地普照) 사주가 성립되어 표현 능력이 우수하여 종교계나 서비스업종에서는 다소 능력을 발휘할 수 있는 사람으로 판단할 수 있다. 이렇게 사주 구성으로 본 이길동 사주는 사실 좋은 사주는 아니다. 그러나 용신(用神)과 희신(喜神)을 통해서 전체 대운(大運)의 흐름을 판단해 보면, 초년에는 고생을 했지만, 40세부터 부분적으로 90세 까지는 괜찮은 운로가 연결되는 사주가 된다.

따라서 이길동은 사주 구성과 대운(大運)으로 본 전체 사주 판단은 자신의 노력(努力)에 따라서 좋은 운(運)으로 변화시킬 수 있는 사주(四柱)라고 판단할 수 있다.

지금까지 독자들에게 양력으로 1986년 6월 11일 밤 22:50분에 태어난 남자 이길동의 사주를 해석(解析)함에 있어서 사주 통변술(通辯術)이 어떻게 이루어지는가? 이것을 일깨워 주고 빠른 이해를 심어주기 위하여 여기서는 통변 방법들을 모두 완성해 보았다.

---

10. 용신(用神), 방합(方合), 시지(時支)로 대운(大運)과 세운(歲運)을 판단하자.

사주의 운세 즉 대운(大運)과 세운(歲運)을 판단함에 있어서 가장 많이 활용되는 용신(用神) 판단법, 방합(方合) 판단법 그리고 시지(時支)로 운세(運勢)를 판단법을 소개하니, 독자들은 이들을 활용해서 사주 통변술(通辯術)에 활용하면 매우 편리하다.

■ 용신(用神)으로 대운(大運)과 세운(歲運)을 판단하자.
사주(四柱)에서 대운(大運)이 차지하는 비중은 아래와 같다.

> ▫ 대운(大運)은 10년간 작용하는 가장 큰 천재지변으로 본다면,
> ▫ 년운(年運)은 1년간 작용하는 보통 천재지변이고,
> ▫ 월운(月運)은 1달간 작용하는 작은 천재지변이고,
> ▫ 일운(日運)은 1일간 작용하는 아주 작은 천재지변에 해당된다.
> ▫ 여기서 작용되는 각종 살(殺)은 그때 그때 마다 달려드는 강도(强盜)로 보며, 살을 제거해주는 천을귀인(天乙貴人) 등은 강도를 구조해주는 경찰로 보면 된다.
> ▫ 삶의 운로에 가장 큰 영향을 미치는 10년 동안 대운을 해석할 때는 앞의 5년간에 해당되는 천간과 지지의 반영 비중을 70%와 30%로 하고, 뒤의 5년간은 천간과 지지의 반영 비중을 30%와 70% 정도로 한다.
> ▫ 천간과 지지에 용신과 희신이 작용하더라도, 지지에 나쁜 기신이나 구신이 작용하거나 반대일 경우도 반영 비율을 70%와 30% 및 30%와 70% 정도로 한다.

이러한 대운의 중요성을 알았으니, 양력으로 1996년 6월 11일 낮 13:50분에 태어난 이길동의 대운(大運)을 판단해 보자. 이길동의 용신은 수(水)이고, 희신은 금(金)이다.

이길동 사주(四柱)							
	천간	지지	오행		육친	
年	①丙	⑤寅	화	목	비견	편인
月	②甲	⑥午	목	화	편인	겁재
日	③(丙)	⑦戌	(화)	토	·	식신
時	④己	⑧亥	토	수	상관	편관

이길동 대운(大運)								
89	79	69	59	49	39	29	19	9
癸	㉦壬	辛	㉠庚	己	戊	丁	丙	乙
水	水	金	金	土	土	火	火	木
정관	편관	정재	편재	상관	식신	겁재	비견	인수
卯	寅	丑	㉣子	亥	戌	酉	㉢申	未
木	木	土	水	水	土	金	金	土
인수	편인	상관	정관	편관	식신	정재	편재	상관

이길동의 대운(大運)을 판단하기 위해서 대운에 작용되는 신살(神殺)을 확인해 보자.

용신이 수(水), 희신이 금(金)이므로 이길동은 천간(天干) 대운의 운(運)으로 판단해 보면, 59세 이후부터 쭉 늦게 풀려나가는 사주로 판단할 수 있고, 지지(地支) 대운의 운(運)으로 판단해 보면, 19세~39세 그리고 49세~68세에 다소 풀려나가는 사주로 판단할 수 있다.

그러나, 이길동의 사주 원국의 천간(天干) ②甲은 이길동의 대운 59세~68세에 해당되는 ㉠庚과 갑경충(甲庚沖)이 성립되고, 또한 ①丙과 대운 79세~88세에 해당되는 ㉦壬은 병임충(丙壬沖)이 성립된다. 또한 사주 원국 지지(地支) ⑤寅과 대운 지지(地支) 19세~28세에 해당되는 ㉢申은 인신충(寅申沖)이 성립되고, 또한 ⑥午와 59세~68세에 해당되는 대운 지지(地支) ㉣子와는 자오충(子午沖)이 각각 성립된다. 따라서, 이러한 기간 동안 이길동은 병, 실직, 사고 등에 주의해야겠다. 나머지 사주 원국과 대운에 작용되는 합(合), 충(沖), 형(刑), 파(破), 해(害)에 적용되는 것들도 같은 방법으로 상호 적용시켜서 판단해 주면된다. 이들의 특성은 육친(六親)

으로 판단하고 해석해 주면 된다. 이러한 운세(運勢) 판단은 년운(年運)과 월운(月運)에 해당되는 세운(歲運)을 적용하고 판단하는 것들도 모두 동일하니, 이것들은 독자들이 판단해 보길 바란다.

▣ 방합(方合)을 적용한 대운(大運)과 세운(歲運)의 길흉(吉凶)을 판단하자.

대운(大運)이나 세운(歲運)의 지지(地支)는 주기적(週期的)이기 때문에 방합(方合)을 적용하면 길흉(吉凶)의 운세(運勢)를 알 수 있다.

독자들은 이것을 판단할 때는 앞 절에서 소개된 방합(方合)의 원리를 참조하면 된다. 이러한 변화(化)되는 원리는 천간합은 물론 삼합, 육합도 동일하다.

예를 들어보자, 양력으로 1986년 6월 11일 밤 22:50분에 태어난 남자 이길동의 대운 지지(地支)에서 방합(方合)을 적용하여 운세(運勢)를 판단해 보자.

대운	69세	59세	49세	39세	29세	19세
	辛	庚	己	戊	丁	丙
	丑	子	亥	戌	酉	申
방합 적용 에 따른 대운 의 운세 판단	亥子丑=>水			申酉戌=>金		
	이길동의 대운(大運) 지지(地支) 해자축(亥子丑)은 49세~68세까지이며 이때 방합(方合)을 적용시켜 보면 해자축(亥子丑)은 관성 수(水)로 변화(化)되고 이것은 북쪽에 해당된다. 따라서, 이때의 이길동의 길성(吉星) 방향은 북쪽이며 겨울이다. 또한 이때는 직업은 겨울 업종으로 수(水)에 해당되는 유흥업, 마케팅, 관광업, 요식업 업종			이길동의 대운(大運) 지지(地支) 신유술(申酉戌)은 19세~38세까지이며 이때 방합(方合)을 적용시켜 보면 신유술(申酉戌)은 재성의 금(金)으로 변화(化)되고 이것은 서쪽에 해당된다. 따라서, 이때의 이길동의 길성(吉星) 방향은 서쪽이며 가을이다. 또한 이때는 직업은 가을 업종으로 금(金)에 해당되는		

을 선택한다면 발복(發福)하게 된다. 이때는 관성운에 해당되므로 이길동은 승진(昇進)이나 직위에 오르게 된다. 아울러 이 시기는 이길동의 용신(用神) 수(水)와는 같은 수(水)기운이기 때문에 용신과 상비 관계가 성립되어 좋은 시기라고 볼 수 있다. 그렇지만 용신 수(水)를 극(剋)하는 토(土)기운과 관련된 계절과 방향(方向)은 나쁘다.	보석, 전자, 컴퓨터, 액세서리, 철물, 기계, 의약 업종을 선택한다면 발복(發福)하게 된다. 이때는 재성운에 해당되므로 재물(在物)을 얻게 된다.

■ 시지(時支)로 대운(大運)과 세운(歲運)을 판단하자.

통상적으로 대운(大運)과 세운(歲運)의 운로 판단은 용신(用神)이나 지지(地支)에서 방합(方合) 등을 통하여 판단하지만, 사주 구성은 모두 관련된 조합으로 이루어졌기 때문에 태어난 시간 즉 시지(時支)를 기준으로 전개시켜 운세(運勢)를 판단하여 활용하기도 한다.

이제 이것을 소개하고자 하니 독자들은 사주 해석 즉 통변(通辯)에서 이를 적용하여 활용해 보기 바란다. 음력 1961년 11월 25일 해시(亥時)에 출생한 아래 사주를 보자.

구분	천간	지지	육친		오행	
年	①辛	⑤丑	식신	비견	금	토
月	②庚	⑥子	상관	편재	금	수
日	③己	⑦亥	·	정재	토	수
時	④乙	⑧亥	편관	정재	목	수

위 사주는 월지가 ⑥子이라 추운 11월인데 여기서 또다시 추운 저녁 때 즉 ⑧亥(저녁 10시경)에 태어난 사주이다.

전체 사주 구성에서 보면 차가운 수(水)와 금(金)기운은 많지만 더운 화(火)기운 즉 화(丙)나 혹은 정(丁)은 없다. 따라서 위 사주는 더운 화(火)기운이 작용되는 시기부터 발복(發福)하게 된다.

이제 이러한 발복 시간을 확인하기 위해서 태어난 시간 즉 해시 ⑧亥時(10시경)를 출발점(기준)으로 子丑寅卯辰巳午未申酉戌亥 등으로 이어지는 10년 주기의 대운(大運)을 작성해 보면 아래와 같다.

구분	대운								
	10대	20대	30대	40대	50대	60대	70대	80대	90대
해시 (亥時)	子時	丑時	寅時	卯時	辰時	巳時	午時	未時	申時
10시경	12시경	2시경	4시경	6시경	8시경	10시경	12시경	14시경	16시경
상태	추운 기운		더운 기운						
	불운한 시기		발복하는 시기						

10년 주기 대운에서 子, 丑時까지는 매우 추운 시간이므로 이때는 불운(不運)한 시기가 되고, 아침 3시에서 5시에 해당되는 인시(寅時)부터는 햇살이 돋을 준비를 하고 이때부터 기온이 서서히 올라가게 되므로 위 사람은 子時(10대), 丑時(20대), 寅時(30)에서 30대부터 발복(發福)하기 시작해서 기온이 춥기 전의 시간 즉 신시(申時)에 해당되는 90대까지는 좋은 운로를 갖춘 사람임을 알 수 있다.

특히 30대의 세운(歲運) 판단은 1990년이 30세이니 이때 경오년(庚午年)의 오(午)시의 무더운 시간이 되고 이어서 31세(辛未), 32세(壬申)까지도 무더운 열기가 존재하기 때문에 좋은 운로(運路)로 판단할 수 있다.

대운 판단에서 유시(酉時)는 저녁 18시부터는 추운 기운에 해당되기 때문에 위 사람은 100세 이후부터 다시 불운(不運)이 찾아오는 시기로 판단한다.

참고로 위 사주에서 통변(通辯) 즉 사주 해석을 작성해 보면, ①辛은 가공 보석이므로 별빛으로 판단하고, ②庚은 가공되지 않는 보석이므로 달빛으로 판단할 수 있기 때문에 위 사람이 태어날 때의 집안 형편은 11월의 추운 겨울밤에 태어났지만 그래도 달빛과 별빛이 존재하므로 가난하지만 삶의 희망이 보이는 집안이라고 판단할 수 있다. 만약 위 사주에서 별빛과 달빛에 해당되는 ①辛과 ②庚이 없는 사주라면 집안이 몰락한 시기에 태어났음을 알 수 있다. 그러나 추운 사주 구성에서 더운 기운에 해당되는 사(巳)와 오(午)가 존재한다면 비록 추운 밤에 출생되었지만 부유한 집안에서 출생된 것으로 판단한다.

또한 위 사람은 추운 11월에 출생되었기 때문에 겨울의 수(水)는 혼탁하지 않고 맑고 깨끗하기 때문에 양심적인 성품을 갖춘 사람임을 알 수 있다.

그러나 더운 시기 즉 사(巳)와 오(午) 그리고 미(未)월에 출생된 사람이면서 여름에는 무덥고 물이 혼탁한 시기이므로 깨끗하지 못한 사람으로 판단한다.

이러한 더운 기운의 사람의 경우 삶의 운로는 시지(時支)의 시간을 기준으로 시원한 기운에 접어드는 신시(申時)에 해당되는 시기부터 서서히 풀려나가는 사주로 판단한다.

독자들은 사주 통변 즉 해석에서 이러한 내용들을 적용시켜서 대운에 따른 운세(運勢)의 흐름을 판단할 수도 있다.

지금까지 태어난 시간 즉 시지(時支)를 기준으로 운세를 전개시켜 운로를 판단해 보았다. 이때 천간(天干)을 구성시켜 시지와 시간(時干) 모두를 판단해서 확인해 보면 더욱 정확한 운로를 알 수 있겠다. 이 경우는 시간(時干)에 해당되는 것의 설정 방법은 대운수 조견표를 바탕으로 남자와 여자를 구분해서 작성해주면 된다.

독자들은 이러한 시주(時柱) 즉 시간(時干)과 시지(時支)를 통하여 연결된 통변법(通辯法)을 알고 사주 해석에 적용하고 판단해 보는 것도 사주 통변의 좋은 방법이기도 하다.

11. 일주론(日柱論)으로 해석하자.

사주를 해석(解析)하는데 60 일주론(日柱論) 역시 한 가지 방법이 된다.

따라서 독자들은 일주를 참조해서 사람의 성향을 판단해 보는 것도 통변(通辯)의 방법이다.

참고로 1986년 6월 11일 밤 22:50분에 태어난 남자 이길동의 일주(日柱)는 병술(丙戌)이다. 따라서 이길동은 고집이 강(强)하고, 무골호인으로 강직하며 상업보다는 법관, 군인, 의사, 교수 등에 진출하면 성공할 수 있는 성향의 사람이라는 것을 알 수 있다.

60 일주		<내용>
갑자 (甲子) 1		총명하며 인정이 있다. 고집이 대단하여 남에게 굽히는 것을 싫어하나 유혹에 잘 넘어가기도 한다. 부부간에 문제가 생기기 쉽고 어머니에 수심이 따른다.
	남 자	야망과 포부는 있으나 성사되기 어렵다. 남을 위해 노력을 많이 하지만 백수건달이 되기 쉽다. 공처가가 많으며 아내 덕으로 사는 경우가 많다. 자(子)水는 맑고 깨끗한 물이니 가장 좋은 직업은 교육자가 좋다. 사주 전체가 냉한이 겹치면 유흥업, 건달, 승려 팔자다. 사주팔자에 토(土)가 많으면 잔병 치례를 많이 하며 키가 작다. 대개 처가의 도움을 받으며 자식이 귀하고 주색 풍파가 많다.
	여 자	재물욕이 강하며 이해 타산적이나 소득은 적다. 남자 덕이 없고 자존심이 강하여 애정 풍파가 많다. 숙박, 식당에 종사하는 경우가 많다. 전체적인 사주팔자에 화(火)가 잘 구성되어 있으면 교육, 예능, 언론 등으로 진출하여 편하게 지낸다. 자녀는 딸을 많이 두며 아들은 있어도 키우기 어렵다.
을축 (乙丑) 2		축(丑)이 얼어붙은 땅이라 을(乙)木이 성장하기 어렵다. 가을이나 겨울에 태어난 사람은 더욱 그렇고, 여름 생은 무난하다. 을목(木)은 화초, 넝쿨 나무, 연필 문구류, 의류 등을 나타낸다. 재주가 비상하고 말솜씨가 좋아 임기응변에 뛰어나지만 의타심이 많다. 은행, 경찰, 의약, 교육, 농업 등에 종사하는 경우가 많다.

	남자	일주에 관이 있으니 무골호인으로 행정직에 종사하는 경우가 많다. 남자로써 박력이 부족하고 아내를 고생시키며 아내가 가권을 잡는다. 공처가가 되기 쉬우며 부부가 해로하기가 어렵다.
	여자	비관을 많이 하며 남편의 무덤을 깔고 앉은 상이라 남편 덕이 없다. 남편이 병약하며 생사이별이 따르고 내가 벌어먹고 살아야 한다.
		직업은 돈놀이, 그릇, 과일, 농업 등과 인연이 있다. 또한 부동산으로 재물을 모으거나 은행, 경찰, 군인 남편을 만나 행복한 경우도 있다.
병인 (丙寅) 3		지혜가 출중하고 다정다감하며 인물이 빼어나다. 고집이 대단하고 귀여움을 받는다. 여자는 매력이 넘친다. 쓸데없는 고집이나 이기심이 강하니 반드시 후견인이 필요하다. 욕심은 많으나 달성하기 어려우니 남을 위해 봉사하면 성공할 기회와 귀인을 만난다. 사주팔자 중 불(火)이 많으면 만사 불성이라 고집과 성급함으로 망한다. 인생비관, 화재, 약물, 식중독 등이 염려된다. 변덕이 심하니 성공하려면 초지일관하라.
	남자	지혜가 출중하고 인정이 많으며 인물이 준수하다. 명예욕이 강하고 겉으로는 강해도 속으로는 인정이 많다.
		여자에게 강하고 남에게 지기 싫어한다. 재주가 뛰어나 권위, 교육, 의약 등으로 나가면 길하다.
		아내 복은 있으나 다른 사람의 유혹을 조심해야 일부종사 할 수 있다. 사업을 할 경우에는 반드시 후견인을 두어라.
		속빈 강정이 되기 쉽다.
	여자	총명하며 다정다감하고 활동적이나 이기적이며 고집과 욕심이 많다. 미인형에 남자 욕심이 많아 애인을 둘 이상 두기 쉽다.
		지나치게 재물 욕심을 부리지 말고 신용을 잘 지키도록 노력해야 한다.
정묘 (丁卯)		포부와 야심이 있지만 막힘이 많으니 어찌할꼬. 그러나 학문이나 철학을 깊이 공부하면 크게 될 수도 있다.

4		남녀 모두 배우자가 인연이 바뀌고 단명하는 경우가 많다. 설득력이 좋으나 초지일관이 어렵다. 한량이 되기 쉬우며 욕심이 많으면서도 겉으로는 없는 척 한다.
	남자	지혜가 비상하여 교육, 예능, 언론, 방송계에 진출하면 대성할 수 있으나 음주 가무를 멀리해야한다. 고독한 사주로 부모 형제를 떠나 사는 경우가 많고 부부궁이 불리하며 배우자가 두세번 바뀐다.
	여자	인정이 많으며 똑똑하고 화끈하며 재치가 뛰어나나 신경질 적이다. 고독한 팔자로 혈육 간에 생사 이별하고 혼자 사는 사람이 많다. 아나운서, 신문, 교육, 의학 등으로 진출하는 것이 좋다. 특별한 재능을 살리도록 노력하라.
무진 (戊辰) 5		호인으로 우직하고 고지식하고 고집이 대단하다. 신용은 좋으나 기회를 잡기 어렵고 설사 기회를 얻어도 지키기 어렵다. 부부궁이 좋지 않으니 이별수가 무상하다. 기술직이나 월급 생활이 좋고 사업은 불리하다.
	남자	똑똑한 척 하지만 어리석을 정도로 고지식하고 박력이 없다. 호인으로 인정은 많으나 화가 나면 물불을 가리지 않고 스스로 근심과 비밀을 만든다. 실패가 많고, 고독하다. 토건, 공무원, 교육, 의약업 등에 지출하면 성공한다. 만약 범죄를 저지르면 평생 헤어나지 못한다. 부부궁도 불리하여 아내에게 잔병이 많다.
	여자	중성적이며 황소고집이고 제 잘난 맛에 산다. 남편이 있어도 경제 활동을 해야 하고 만일 집안에만 있으면 남편이 바람 날 수 있다. 음식업에 종사해도 좋다.
기사 (己巳) 6		총명하며 지혜가 있다. 호인이며 활동성이 좋아 일이 많고 분주하다. 고집이 대단하고 자존심이 강하여 남의 밑에 있기를 싫어하니 자유업이 적합하다. 교육자, 변호사, 부동산 중개인 등으로 나가면 길하다.
	남	총명하며 재주는 많으나 변화가 심하다. 남의 일

	자	을 잘해주며 투기나 브로커 등과 인연이 있다. 상권은 의사, 변호사, 교육자 등과 인연이 많다. 하권은 별 볼일 없는 한량으로 자기일을 안하면서 남의 일만 많이 하는 사람이다. 부부인연도 바뀌기 쉬우나 사주 짜임을 잘 살펴야 한다.
	여자	지혜가 있고 재주가 많다. 끈기가 부족하고 이기적이고 타산적이기 쉽다. 의학, 보험, 화장품, 예능, 교육 등으로 나가면 길하다. 남편도 교육이나 의학 계통의 남자가 좋다. 나이 차이가 많은 남자에게 재취로 가기 쉬우니 늦게 결혼하는 것이 좋다. 인정이 있지만 변덕이 심하다. 남을 위해 봉사하는 마음을 가지면 길하리라.
경오 (庚午) 7		의지가 강건하며 사상이 건전하고 의관이 단정하다. 그러나 항상 분주하여 겉과 속이 다를 염려가 있다. 사주팔자 조화가 잘 이루어 운이 좋으면 공직으로 성공하나, 대인이 되는 경우는 드물다.
	남자	공직생활에 접합하며 사고방식이 건전하다. 그러나 이중인격자로 겉으로는 진실한 것 같지만 속으로는 함정이 있다. 대외적으로는 인정을 받으나 가정에는 등한하다. 사주팔자가 신강하면 현모양처의 내조를 받으나 신약하면 가권을 아내에게 빼앗기고 아내의 낭비와 사치가 심하다.
	여자	남자같이 활동적이며 화려한 것을 좋아한다. 유흥업, 정육점, 음식업 등에 종사한다. 상권은 예능방면이나 교육자로 많이 나간다. 남편도 공직자로 철도공무원, 미술, 음악, 교육자 등이 인연이다. 하권은 유흥업이나 음식점 등 험한 일에 종사하고, 남편도 같은 계통이나 운전을 하는 사람이다. 인생비관, 약물, 가스, 화재, 변비, 하혈 등을 조심하라.
신미 (辛未) 8		지혜롭고 재주가 다양하며 욕심도 많다. 상권은 교육, 예능, 의약 등에서 대성하나 하권은 철학관, 막노동, 정육점, 소장사 등으로 나간다. 군인으로 진출하면 대성한다. 재물복이 있다.

	남자	재치, 설득력, 수단이 대단하고 욕심도 많다. 군인, 한의사, 경찰, 토건업으로 대성한다. 재물 욕심이 대단하다. 아내를 고생시키며 생사 이별이 따르고 장모를 두 분 모신다. 겉과 속이 다르며 타산적이다. 인정을 베풀 때는 간이라도 빼줄 것 같지만 돌아서면 칼날보다 날카롭다.
	여자	식복과 재물복이 있다. 지혜와 눈치가 비상하고 무슨 일이든 능숙하게 처리한다. 인정이 많지만 욕심도 대단하다. 역마성 때문에 평생 분주하다.
임신 (壬申) 9		천재적인 두뇌와 재치로 언변과 수완이 능수능란하며 설득력이 강하다. 인정이 있으면서도 냉정하며 잔인하고 이해 타산적이며 욕심이 대단하다. 부모 형제와 생사 이별이 따르며 고향을 떠나 객지 생활을 많이 한다.
	남자	영웅 기질과 특출한 인품으로 종교계로 나가면 두각을 나타낼 수 있다. 상권은 타고난 설득력과 수완으로 교육, 의약, 예능 방면에 진출하면 성공한다. 하권은 평생 남의 집 생활로 이루어 놓은 것이 없으며 행상, 사기, 유흥 등으로 나간다. 부부궁은 좋지 않으며 두세 번 결혼하여 동서남북에 여자가 있다.
	여자	미인형으로 겉으로는 귀부인 같아도 속으로는 금전 고통이 심하며 과부 팔자다. 두뇌가 총명하며 언변이 좋고 재치가 비상하나 남편을 무시하며 바가지를 긁는다. 사회 활동을 해야하고 철학, 교육, 종교, 의상, 연예인 등으로 나간다. 남편복도 없고, 자식복도 약하니 오히려 남의 덕이 더 있다고 볼 수 있다.
계유 (癸酉) 10		고독한 사주이고 부모덕이 없으며 객지생활이나 건달 생활이 많다. 욕심이 대단하다. 군인, 경찰, 교육, 정치가, 예능과 인연이 많다.
	남자	천재적인 총명함과 수완으로 만사를 능히 헤쳐 나가나 나라도 훔쳐 먹을 정도로 큰 야망을 가진 사람이다. 상권은 경찰, 법조계, 군인, 정치가 등으로 활동한다. 하권은 건달이나 한량으로 여자가 버는

		돈으로 먹고산다. 여자를 자주 바꾸며 변화가 많고 비밀이 많으며 이해타산적이다. 필요할 때는 아부를 잘하지만 돌아설 때는 언제 봤느냐는 식이다. 명문가 여자와 인연이 있으며 아내덕이 있다.
	여자	똑똑하며 재치와 수완이 뛰어나나 남편을 무시하니 웬만한 남자가 아니면 살기 어렵다. 유부남이나 나이가 많은 남자와 인연이 있다. 교육, 의사, 언론, 변호사 등으로 진출하나 대개는 예능, 연예인, 의상, 식당, 유흥업, 돈놀이 등과 인연이 많다. 돈을 중요하게 여긴다. 고독지상으로 부모덕이 없고 자식복도 없는 편이다.
갑술 (甲戌) 11		큰 산에 있는 나무라 고독하고 고달프다. 총명하고 지혜가 있고 사리 판단이 빠르다. 고집이 대단하고 만사가 마음대로라 고독해지기 쉽다. 고집으로 망하니 수양이 필요하다. 역마가 있으며 부모와 일찍 헤어져 객지 생활을 하나 사주가 신왕하면 유산을 물려받기도 한다. 공업, 은행, 기술업에 종사하면 길하다. 건축업, 부동산, 금융업 등으로 재물을 모은다. 또한 투기, 주식, 도박 등과 인연이 많다.
	남자	머리가 비상하고 재주가 많으나 고집이 대단하다. 재물 욕심이 많아 도박이나 투기성 사업에도 손을 댄다. 중개업, 건축업, 기술업 등으로 나가면 길하다. 아내가 몸이 아프거나 두 번 결혼하는 경우가 있고 공처가가 된다. 사업을 하다 실패하면 야반도주 할 수도 있다.
	여자	허세나 재물 욕심을 부리지 말라. 눈이 높아 남자를 무시하며 결국에 이상형을 만나지 못할 수도 있다. 정작 부부연이 되는 남자는 별 볼일이 없다. 남편 복이 없어 남편을 자식처럼 키우며 살아야 한다. 피부질환, 위장질환, 심장질환 등으로 고생하며 몸에 흉터가 있다. 운전, 부동산, 보험, 철학관 등과 인연이 많다. 컴퓨터나 경리계통으로 나가면 길하다. 독신녀가 많다.

을해 (乙亥) 12		천문성으로 지혜가 비상하고 사상이 건전하며 성품이 고상하다. 역마가 있으니 활동성이 강하며 객지 생활을 하고 고독하며 분주하다. 외국과 관련된 직업이 길하다. 인물이 뛰어나며 한량으로 교육, 문교, 의약 등으로 성공한다. 사주팔자 중에 수(水)가 많으면 안주하지 못하고 변화가 많다.
	남 자	총명하고 지혜가 있으며 생활력도 강하다. 아내복이 있고 큰 그릇으로 공직이나 기술계에서 대성한다. 상권은 교육, 의약, 공직으로 이름을 떨친다. 하권은 물장사 밥장사로 나가며 아내가 경제활동을 하는 경우가 많고 아들이 귀하며 딸은 남자 같다.
	여 자	다정다감하고 순하면서도 활동성이 좋다. 그러나 무능하기 쉽고 명랑해도 속으로는 근심과 비밀이 많다. 성격이 강한 편이다. 상권은 부부 금실이 좋으며 귀부인이 될 수 있다. 하권은 남편이 있어도 무능하니 생활을 꾸려나가기 위해 식당, 청소, 농업 등과 인연이 많다. 돈놀이는 금물이다. 산액이 염려되며 자녀 근심이 많다. 학문 예술적으로는 부족하니 전문 자격증을 따는 것이 좋다.
병자 (丙子) 13		병화(火)는 태양이며 자(水)는 맑은 물이다. 총명하고 천성이 맑으며 인자하고 고결하다. 사상이 건전하고 의관이 단정하다. 그러나 너무 고지식하고 정직하여 기회를 놓치기도 한다. 융통성이 부족하여 큰 인물이 되기 힘들다. 공직생활이 적합하다.
	남 자	지혜롭고 다정하다. 사상이 건전하고 단정하다. 그러나 우물안 개구리라 사기나 관재가 염려된다. 응큼한 기질이 있으며 여자를 다루는 수완이 능숙하다. 아내에게 산액이 따르며 부부이별, 불화, 관재, 수술 등이 염려된다. 공직이나 직장생활이 적합하다. 사주가 신왕하면 사업으로 대성하기도 한다. 전자, 전기, 운수, 무역, 경찰 등으로 나가면 길하다.
	여 자	총명하고 다정하나 자존심과 자만심이 강하다. 고지식하고 정결하여 공무원이나 초등학교 선생님

		스타일이다. 공무원, 간호사, 경찰, 교육자 등과 인연이 많다. 부부 애정은 무난하며 남편은 권력 계통 공직 생활자와 인연이 많다. 남편덕이 있다. 사주중 수(水)가 많으면 의식주에 고통이 따른다. 재물 욕심은 많으나 돈이 들어와도 나가는 것이 더 많다. 부동산에 투자하면 길하다.	
정축 (丁丑) 14		백호가 있으니 극과 극을 달리는 경향이 많다. 천상천하유아독존(天上天下唯我獨尊) 격으로 잘못해도 인정하지 않는다. 총명하며 언변이 능숙하고 야심이 많으나 성격이 거칠다. 사주 구성이 길하지 못하면 평생 애로가 많다. 권력, 의약, 금융, 승려, 철학관, 무당 등에 종사하는 경우가 많다.	
	남 자	백호살로 과격하고 혁명적이라 군인이라도 정보나 수사계 등으로 많이 나가나 대길하는 일은 극히 드물다. 교수나 은행 등으로도 진출한다. 철학관, 무당, 운수업, 굴뚝, 자동차, 청소, 닭 장사, 정육점, 생선 장사 등에 종사한다. 부부 생사이별과 아내에게 액운이 따르며 자식이 아플까 염려된다.	
	여 자	혼자 똑똑한 척 잘한다. 평소에는 인정이 많으며 시시비비가 분명하지만 화가 나면 잘잘못을 가리지 않고 난폭해진다. 부부간에 생사이별이 있고 관을 능멸하는 기세로 남편을 무서워하지 않는다. 돈놀이, 생선, 닭, 무당 등, 칼을 드는 일을 한다. 수술을 받는 경우가 많고 남편복과 자식복이 모두 없는 팔자다. 종교를 갖는 것이 좋다.	
무인 (戊寅) 15		영리하고 재치가 있고 마음이 깊다. 의욕적이며 활동적이다. 재물이든 명예이든 대성하지만 일은 많으나 소득은 적고 변동수가 많으며 부부 갈등이 따른다.	
	남 자	활동적이며 개척정신이 강하나 욕심이 많다. 외국출입이 있으며 관록을 먹거나 만인을 지휘한다. 사업은 무역, 건축, 부동산 등으로 대성한다. 그러나 아내에게 산액이 따르며 공방수나 사별수가 있다. 사주가 신강하면 아들을 많이 두는데 아들이 크게 된다.	

	여자	고집이 대단하며 지나치게 똑똑하다. 자만심이 강하여 거만한 느낌을 준다. 그러나 한번 무너지면 걷잡을 수 없다. 남자같이 활동하는 사람이 많다. 공직이나 교육계통으로 진출하면 길하다. 남편은 교사, 사업가 등과 인연이 많다. 사주가 신약하면 부부연이 나빠 만남과 이별을 반복한다. 동정결혼, 강제 결혼 혼전임신으로 결혼을 하는 경우가 많고 부부 갈등, 공방이 따른다.
기묘 (己卯) 16		자존심과 명예욕이 강하며 의협심이 있으나 성급하다. 남 좋은 일만 많이 한다. 고독하며 이성문제가 복잡하다. 그러나 수양을 많이 하면 남을 다스리는 일에 종사할 수 있다.
	남자	자존심과 명예욕이 강하고 성급하며 까다롭다. 상권은 권력계통에서 대성한다. 하권은 깡패가 되기 쉽다. 법보다 주먹이 가까운 사람이다. 여자관계가 복잡하며 실속 없다. 화려한 것을 좋아하고 여자를 잘 이용한다. 군인, 경찰, 법관, 의사, 교사 등이 되지 못하면 건달이다. 아내가 아프든지 사별 하는 경우가 많다.
	여자	약한 것 같으면서도 끈질기고 괴팍하다. 남편과 이별하거나 구타를 당하기 쉽다. 상권은 의사, 간호사, 교육, 예능 등으로 진출하며 남편도 권력 기관이나 의약업에 종사하는 사람을 만나 행복하게 산다. 하권은 음식업, 화류계, 농업 등에 종사하며 건달 남편을 만나기 쉽다.
경진 (庚辰) 17		눈치와 재치가 비상하고 이기적이고 지배욕과 권세욕이 강하다. 극과 극을 달린다. 운세가 좋으면 크게 성공하나 운세가 나쁘면 걷잡을 수 없이 내리막길을 달린다. 군인, 경찰 등 권력 계통으로 많이 진출하나 부모를 일찍 떠나고 고독하며 매우 빈곤한 경우도 있다.
	남자	지혜로운 사람이다. 강직한 성품으로 결백성, 지배욕, 권세욕이 강하다. 군인, 경찰, 의사 등에 많다. 자신이 권력이 없으면 관제 구설이 많고 한번 실패한 일에는 뒤돌아보지 않는 냉정함이 있다. 아

		내와 자식복은 있으나 딸이 많고 아들은 귀한 편이다.
	여자	여장부로 총명하고 재치가 뛰어나며 활동적이다. 중성적 기질로 사회 활동을 하게 된다. 남편이 의사나 권력 계통에 종사하지 않으면 본인이 가정을 꾸려나간다. 대개 과부가 많고 남편에게 봉사해야 하니 기구한 운명이 아닐 수 없다. 자식복도 있는 편이 아니다. 물과 인연이 있는 음식업, 미장원 등에 종사하거나 철학관이나 교육자도 많다.
신사 (辛巳) 18		다정하고 사상이 건전하나 의외로 날카롭기도 하다. 공직생활에 적합하며 역마가 있으니 분주하다. 의약업에 많으나 대개 기술계통으로 사진관, 영화, 방송, 조종사, 전기전자 등에 많이 종사한다. 간혹 군인이나 경찰로 성공하는 경우도 있다. 관재수를 조심해야 한다.
	남자	지혜롭고 날카로우며 손재주가 뛰어나다. 인정이 많으나 성급하다. 객지 생활을 하며 분주하다. 의사, 군인, 경찰 등으로 대성하나 대부분은 운전수, 조종사, 사진관, 방송, 영화 현상소, 유리점, 안경점 등에 기술직에 종사한다. 현모양처와 인연이 있지만 그렇지 않으면 아내가 성격이 강하여 견디지 못 하니 다른 여자를 찾아본다.
	여자	원만하며 현모양처 감으로 부부 금실이 좋다. 사회 활동에 하는 경우가 많은데 의사, 비행기, 승무원, 경찰, 군인 등의 남편을 만나 행복하게 살 수 있다. 겉으로는 사상이 건전하고 귀부인 같지만 속으로는 비밀이 많다. 기술직에 종사하는 남편과 인연이 있다.
임오 (壬午) 19		지혜가 비상하여 잔머리가 잘 돌아간다. 다정다감하고 활동적이다. 사교적이며 영웅적 기질이 있으나 비밀이 많고 능청스럽다. 객지 생활을 많이 한다. 교육, 전자, 무역회사 등으로 성공한다. 부부가 해로하나 주색을 좋아한다.
	남자	총명하며 순하면서도 활달하나 비밀이 많다. 경찰, 군인, 형사, 첩보원 등으로 많이 진출한다. 상권은

		대단한 권력가나 재력가가 된다. 하권은 유흥업, 목욕탕, 마약, 전자오락 등으로 나가기가 쉬우며 주색으로 패가 망신 한다. 여자를 좋아하며 연상의 여자와 인연이 있다.
	여자	미모가 뛰어나고 대중적이며 활동적이라 집안일 보다. 대외적인 활동을 많이 한다. 보험이나 화장품 등 외판원이나 음식업에 인연이 많다. 재물복과 남편복이 좋고 사상도 건전하여 행복하게 살 수 있으나 부부가 모두 외도를 즐기는 경향이 있다. 임오 일생은 사주의 짜임과 운의 흐름에 따라 극과 극을 달리게 된다. 만약 천한 직업에 종사해도 멋쟁이가 많다. 활동적이며 좋은 남자를 만나나 남편을 무시하는 기질이 있다. 신앙과 인연이 깊은 편이다.
계미 (癸未) 20		포부가 대단하며 냉철한 판단력을 지니고 있으나 잔인한 면이 있다. 부부의 운이 약하여 일부 종사 못하고 이부 종사할 사주이다.
	남자	타고난 재주와 야망으로 출세가 제일 목표이다. 출세를 위해서는 수단과 방법을 가리지 않으며 이기적이다. 상권은 명예와 직위가 높은 고관대작이 될 수 있다. 하권은 깡패, 중노동 등 범법자가 되며 없으면서도 있는척하며 비밀이 많다. 자녀에 대한 애정은 깊으나 아내에게는 무정하다. 결혼은 두세번 할수 있다.
	여자	총명하고 인정이 많으나 다정한 것이 병이다. 생선이나 물장사 동물과 인연이 많으며 남편복이 없다. 신병이 많으니 무당이 되는 경우가 많고 나이가 많은 남자와 인연이 있다. 남자를 사귀면서도 돈을 바란다. 잘못되면 건달 같은 남자를 만나 고통 받는다. 평생 분주하다 외국에 니가 살면 좋다.
갑신 (甲申) 21		갑목(木)이 바위 위에 홀로 서있으니 고독하다. 목(木)이 왕하면 크게 권세를 누린다. 그러나 목木이 약하거나 사주중 물 수(水)가 강하면 썩은 나무로 무용지물이니 분주해도 소득이 적다. 역마가 있으니 객지 생활을

		하고 부부운이 무정하니 고독하다. 성급하고 인내심이 부족하니 성공의 비결은 참을인(忍)자 뿐이다.
	남자	명예욕과 출세욕이 강하나 성급하고 과격하여 중도에 좌절하는 경우가 많다. 의욕은 있으나 브로커 기질이 있으며 항상 분주하다. 교통사고를 조심해야하고 관재, 신경통 등이 따른다. 현침살이 있으니 공무원 설계, 건축, 부동산 등과 인연이 있다.
	여자	재물이 있으며 남편이 있어도 애인이 있을 수 있다. 자존심이 강하고 황소고집이라 굽히기를 싫어한다. 사회생활을 하면 호박씨를 까는 형이다. 강제나 동정적인 결혼을 할 수도 있다. 고집부리지 말고 순종하라. 교육업, 의약업, 의류업 등으로 나가지 않으면 화류계로 나갈 수도 있다.
을유 (乙酉) 22		을목(木)이라 재치가 있으며 재주와 인정이 많다. 그러나 일주에 칼을 차고 있으니 권위적이며 날카롭고 끈기가 있다. 약한 듯 하면서도 냉혹하나 중도에 좌절하기 쉽다. 남을 의심하면서도 의타심이 강하다.
	남자	재주는 많으나 자신감이 부족하고 의타심이 많다. 강한 것 같으면서 부드럽고 부드러운 것 같으면서 강하다. 법관이나 의약업으로 진출하나 이발사, 정육점. 생선, 기술자 등과 인연이 많다. 일주에 살이 있으니 수술이나 부상이 따른다. 아내가 가권을 잡는 경우가 많다.
	여자	재주가 많으며 미인형이다. 약고 의심이 많으나 믿는 도끼에 발등 찍힌다. 이성의 배신과 구타가 염려된다. 남편이 무정하며 부부가 불화하니 이별수가 있다. 의사나 법관으로 나가며 경찰, 군인, 의사, 법관 등의 남편을 만난다. 유금(金)은 칼이요, 바늘이요, 돈을 뜻하므로 돈놀이, 음식업, 의류업 등과도 인연이 많다. 자궁질환, 간경화, 담석증 등으로 수술수가 있다. 질병에 조심에 하고 건강검진을 꾸준히 하는 것이 좋다.
병술 (丙戌)		태양이 산 밑으로 들어가는 형상이다. 일주에 백호가 있으니 극단적이며 고집이 대단하다. 비명횡사하는 형

23		제가 있다. 과장이 심한 편이다.
	남자	무골호인이나 고집은 강하다. 겉으로는 호탕하고 강직한 것 같으면서도 속으로는 인정이 많다. 법관, 군인, 의사, 교수 등에 진출하여 대성한다. 결혼은 일찍 연애 결혼을 하면 이혼할 확률이 높다. 백호가 있으니 본인이나 아내에게 질병, 사고 수가 있다.
	여자	총명하나 고집이 대단하다. 정이 많으나 임자 있는 남자를 좋아하며 사기성이 농후하다. 교육이나 의약업에 많이 진출하고 미용이나 의류업에도 종사한다. 낙천적일 때는 한없이 낙천적이다. 앞뒤 없이 일을 하여 실수 할 때가 있다. 남편복이 있는 것은 아니다.
정해 (丁亥) 24		두뇌가 명석하며 명철하다. 속으로는 근심과 비밀이 많다. 바다위에 떠 있는 기름과 같이 이중적인 면이 있다. 역마가 있으니 분주하며 객지 생활을 한다. 배우자 인연은 좋다. 가정과 직업에 변화가 많고 사업은 실패하기 쉬우니 월급 생활이 좋다.
	남자	천문성이 있으니 두뇌가 비상하며 언변이 능하지만 이중적이다. 언행이 일치하지 못하고 자신감이 부족하며 의심이 많다. 주색을 밝히니 바람이 나면 걷잡을 수 없고 화가 나면 물불을 가리지 않으나 후회도 잘한다. 상권은 교육, 의약, 법조계로 진출한다. 하권은 침술, 술장사, 주유소 등으로 나간다. 늘~초지일관하라!
	여자	미인으로 착하고 자상하고 손재주가 있으며 꼼꼼하나 질투심이 많다. 남을 속일 줄 모르나 자기는 잘 속는다. 특히 남편에게 잘 속지만 바람이 나면 막을 길이 없다. 관살(官殺)이 혼잡되지 않아 깨끗하면 평생이 평안하다.
무자 (戊子) 25		무토(戊土)가 일주에 정재를 놓아 지혜는 총명하나 어리석은 면이 있어 잘 속는 편이다. 보수적이며 꼼꼼하고 신용은 있으나 대성하기는 힘들다. 관(官)을 만나면 관록을 먹지만 그렇지 않으면 말단직원이다. 돈은 많

		이 만지지만 재물을 지키지 못한다. 식신(食神)이 있고 신왕(身旺)하면 재물복을 타고난 사람이다. 사주중 진축(辰丑)이 있으면 의처증이 있을 수 있다.
	남자	고집은 대단하나 귀가 얇고 박력이 없다. 남에게 잘 속으며 대업을 성취하기 어렵다. 현모양처와 인연이 있으나 정이 많은 편은 아니고 의견충돌이 많으며 공방수가 있다. 공무원이나 월급쟁이가 적격이나 성공하기 어렵다. 나이 차이가 많은 여자와 인연이 있다.
	여자	응큼하며 고집이 대단하나 인정이 많고 마음이 약하여 눈물이 많다. 팔방미인이며 현모양처감이나 근심과 변화가 많다. 남편복이 없고 대개는 한번 결혼했던 사람과 인연이 된다.
기축 (己丑) 26		호인이나 성급하며 고집이 대단하고 우둔하다. 남을 위해 진력하니 자신은 실속이 없다. 학자 타입으로 공부를 하면 학식이 대단하고 인품이 고상하나 학업이 중단되면 농사나 하권 직종에 종사한다. 상권은 교육, 부동산, 문교부 등과 인연이 많다. 탕화살(湯火殺)이 있으니 장애가 많으며 인생 비관, 가스 사고, 약물 사고 등이 따른다. 수술이나 부상으로 몸에 흉터가 많다. 일반적으로 기토(己土)는 무토(戊土)에 비하여 실속 없는 행동을 많이 한다. 만일 수(水)가 있으면 흙탕물이 된다.
	남자	인정이 많으며 영웅적인 기질이 있으나 실속이 없으며 고집으로 망하기 쉽다. 돈을 잘 쓰고 잘 놀면서도 인색한 면이 있고 겉으로는 용맹하면서도 뒤가 무르다. 대개 자유업에 종사하는 경우가 많다. 상권은 교육이나 의약업으로 진출한다. 하권은 과일 장사, 농업, 미장공 등으로 나간다. 종교와 철학과 인연이 깊다.
	여자	자존심과 고집이 대단하며 자기 성질대로 행동한다. 남자를 무시하며 비밀이 많다. 한번 결혼한 사람과 인연이 있다. 남편이 애인이 생기는 경우도 있다. 상권은 교육, 예능, 은행, 의약업 등으로 진출한다. 하권은 생선 장사, 무당 등이 많으며 남편

		도 철학인이나 승려와 인연이 깊다. 겉으로는 남자를 싫어하는 것 같으면서도 속으로는 좋아한다. 사주팔자가 좋으면 남편복이 있고 남을 가르치는 직업에 종사한다. 사주중 축술미(丑戌未)가 있으면 의약 계통으로 진출한다.
경인 (庚寅) 27		의리지상으로 집착, 개척정신, 투쟁심, 명예욕이 대단하나 변화가 많다. 경인일생은 신약해야 길하다. 관(官)이 잘 짜여져 있으면 권력계통에 많이 종사하고 무역이나 외국인 회사와도 인연이 많다. 교통사고, 화재, 위장병을 조심해야한다.
	남 자	재치가 비상하고 끈질긴 면이 있다. 인정이 많으나 살기가 있으니 무섭고 변화가 많다. 분명한 것 같으면서도 실수나 거짓말을 해놓고 시치미를 잘 뗀다. 상권은 은행, 큰 사업 등으로 많이 진출한다. 하권은 건달, 유흥업에 많이 종사한다. 애인이 있거나 재혼하는 경우가 많다.
	여 자	남편을 무시하는 경향이 있고 가권을 쥐고 흔든다. 이기적이며 혼자만 잘 살면 된다는 식이다. 활동력이 좋으며 식성도 좋다. 상권은 큰 사업가나 권력계 남자와 인연이 있으나 대개는 무능한 남편을 만나 먹여 살린다. 비관, 산후병, 부부불화, 도박과욕 등을 조심하지 않으면 망하기 쉽다.
신묘 (辛卯) 28		재주가 많으며 특히 손재주가 많다. 개척정신과 이해능력이 강하나 끈기가 부족하다. 성격이 변덕스러워 변화가 많다. 묘(卯)는 부부이별을 암시한다. 사주가 신왕하면 사업으로 능력을 발휘한다. 사주가 신약하면 평생 고생만 많이 하고 얻는 것은 적다. 경찰, 의사, 의류, 잡화계통으로 진출하여 큰돈을 벌 것 같아도 크게 되는 경우는 드물다.
	남 자	내성적이나 성급하여 변화가 많고 손재주가 있으나 대단한 기술은 아니다. 아내에게 의지하며 고생시키는 경우가 많다. 기술 계통, 월급 생활, 잡화점, 목공소, 도장, 화원, 분식점 등에 종사한다.
	여	재치가 있고 이해 능력이 뛰어나다. 돈 때문에 항

	자	상 우는 상이다. 남편에게 희생하나 남편이 무능하며 주색에 빠지기 쉬우니 행복한 가정을 이루기 어렵다. 봉사정신이 강하여 공짜를 좋아하지 않는다. 상업이나 기술직에 종사하는 경우가 많으나 하권은 화류계로 나간다. 손재주가 있으니 재봉, 간호사, 의사, 의상, 의류 판매, 미용 계통으로 많이 나간다.
임진 (壬辰) 29		영웅호걸로 만인을 지도할 만한 권력을 갖고 태어났다. 지혜가 출중하며 인정이 있으나 고집이 대단하다. 명예를 중히 여기고 결백하며 품위가 있으나 비밀이 많다. 말이 적으며 큰일도 충분히 처리할 수 있는 능력이 있다. 진(辰)을 많이 만나면 큰 권력을 쥐게 된다. 부부궁은 무정한 편으로 공방수가 있다. 상권은 교수, 판사, 검사, 군인, 경찰, 의사 등으로 대성한다. 하권은 음식업, 도둑, 밀수 등으로 나간다.
	남 자	타고난 능력과 지도력으로 만인을 제도한다. 재물보다 명예와 형식을 중히 여기며 대업을 성취한다. 상권은 군인, 경찰, 법원, 무역, 사업 등으로 대성한다. 하권은 토건업, 수산, 배, 밀수, 기술 계통에서 고생한다. 평생 실속이 없어 불안정한 생활을 하며 남 좋은 일만 한다. 나를 지배하는 고집이 대단한 여자와 인연이니 부부불화가 심하며 생사 이별, 공방 등을 겪는다. 주색을 조심해야 한다.
	여 자	총명하며 재치가 있고 이익이 없어도 사회 활동을 한다. 팔자로 늙거나 연하의 남편을 만나 생사이별이 따른다. 응큼하며 겉으로는 아닌 척하면서 남자를 밝힌다. 상권은 교육이나 음식업에 종사한다. 겉으로는 화려하나 근심이 많고 경제적으로도 어렵다. 부부가 해로하기 어려운 일주이다.
계사 (癸巳) 30		머리가 비상하며 활동적이고 권위와 야망이 강하다. 상권은 좋은 가문 출생으로 부모가 귀한 분이다. 법관, 의사, 기업, 방송, 언론, 무역회사, 수업과 인연이 많다. 하권은 부모를 일찍 잃거나 객지생활을 한다. 관재 구설이 따르며 운전수, 행상, 유흥업 등으로 진출한다.

	해년(亥年)에는 부부 이별, 관재, 부도, 수족 부상이 따른다.	
	남자	총명하고 양순하나 속으로는 권위와 야망이 있으며 잔인한 면도 있다. 출세길이라면 남을 죽이고라도 덤벼든다. 꿈과 야망은 법관, 의사, 기업체 사장인데 운을 잘 만나면 반드시 성취할 것이다. 부부궁도 상권과 하권의 차이가 심하다. 상권은 재색을 겸비한 현모양처와 인연이 있다. 하권은 아내가 가정을 이끌어 나가며 유흥업이나 보험, 화원, 의류 행상 등을 한다. 의심이 많은 편이며 도둑심보가 있다.
	여자	내성적인 것 같으면서도 욕심이 많다. 이해 능력이 뛰어나며 사회 활동을 많이 하는 편이다. 의심이 많지만 믿는 도끼에 발등을 찍힌다. 잘되면 부귀영화를 누리고 망하면 야반도주 한다. 의사, 법관, 조종사 등과 인연이 있다. 대부분 두 마음을 갖고 있는 이중적인 경우가 많다. 한번 결혼에 실패한 남자로 위로 아래로 나이 차이가 많은 남자와 인연이 있다.
갑오(甲午) 31		일주에 상관이 있으니 지혜가 비상하고 말솜씨와 재치가 뛰어나다. 명예심이 많으나 성사되기 어렵고 관(官)을 무시하는 경향이 있다. 일주오(午)라 午는 말이니 역마성(驛馬星)이다. 객지생활을 하며 일생이 분주하다. 적응력이 빠르며 인정이 많고 정의감이 강하며 남의 일에 관심이 많다. 마른 나무에 불을 지른 격이니 겉으로는 아름다워도 본인은 괴롭다. 반드시 사주 중 수(水)가 필요하다. 반면 사주 중 화(火)가 왕하면 흉하다. 상관은 기술을 나타내므로 기술이 있으면 건축업, 중개업, 가수, 통역 운수업 등과 인연이 있다. 자년(子年)에 충(沖)되면 부부에게 문제가 발생하기 쉽다. 오(午)는 탕화살(湯火殺)에 해당하니 인생비관, 가스, 마약, 식중독, 화상, 파편부상 등이 따르니 조심해야한다.
	남자	지혜롭고 달변가이다. 항상 분주하며 인정이 많다. 애처가이며 처나 장모를 돌보는 경우가 많고 자

		식이 귀하다. 연애결혼을 하며 아내 몰래 화류계 여인과 접촉하는 일이 있다. 아내의 성격은 활동적이나 고집이 강하고 급하다. 아내가 의술업이나 활인업에 종사하면 길하고 의약업이나 예능 방면으로 진출하면 평생 먹고사는 일에는 지장이 없다. 건축업, 운수업, 중개업, 통역, 연예인 등과 인연이 많다.
	여자	융통성이 있고 재치가 뛰어나다. 말이 청산유수이며 통반장 타입이다. 남편에게 구속 받기를 싫어하며 오히려 남편을 관리한다. 활동적이며 계산적이니 돈도 잘 번다. 인색한 것 같으면서도 쓸 때는 화끈하게 잘 쓰고 노래도 잘 부른다. 피아노, 그림, 연예인, 부동산, 건축업, 전자오락, 나이트클럽 등과 인연이 많다. 남편은 잘 생긴 편이나 무능하거나 주말부부가 되기 쉽다.
을미 (乙未) 32		꼼꼼한 편이나 파란만장하다. 수(水)가 없는 것이 문제이나 있어도 고생은 마찬가지다. 부모덕이 없어 초년 고생이 많고 일찍 부모를 떠난다.
	남자	인정이 있으며 똑똑하고 재주가 많으나 성급하다. 부모덕은 없고 오히려 중년에 아버지의 뒷바라지를 할 수도 있다. 종교와 인연이 깊으며 하는 일 없이 바쁘다. 아내에게 병액이 따르고 해로하기 어렵다. 첫 부인과는 사별하는 경우가 많다. 교육, 승려, 당구장, 부동산, 서점 등과 인연이 많으나 가능하면 월급 생활이 좋다. 축(丑) 년(年)을 조심하라.
	여자	과부가 많고 질병에 잘 걸린다. 특히 자궁질환이 많다. 임기 응변에 능하고 경제활동을 하며 돈이 최고라고 생각한다. 투기성이 있으며 부동산, 화장품, 도박, 밀수 의류와 인연이 많다. 꿈을 많이 꾸며 꿈이 잘 맞는다. 무당 기질도 있다.
병신 (丙申) 33		일주가 역마와 문창귀인이 있으니 지혜가 비상하고 문장에 능하며 이치가 밝다. 명예욕과 출세욕이 강하며 사교적이고 활동적이다. 객지 생활을 많이 하며 말이 많고 속이 넓은 것 같으면서도 소심하며 의심이 많다.

	재물 운이 좋으며 무역, 외교, 관광 등으로 진출한다. 신약한 사주는 출세하기 어렵다.	
	남자	영웅격으로 명예욕과 출세욕이 강하고 활동적이며 사교성이 좋다. 월급 생활을 해도 재물은 모은다. 사업은 기계, 무역, 운수업 등과 인연이 많으나 교육, 의약, 문인 등으로 나가기도 한다. 일주에 편재가 있으니 부부 공방이나 축첩이 따른다. 주말부부가 많고 돈 버는 재주가 좋다.
	여자	사회활동을 하려는 기질이 있고 총명하며 재주가 비상하나 소득은 적다. 경제활동 중에 애정 관계를 갖는 경우가 많다. 상권은 의약, 학자, 연구소, 문인 등으로 진출한다. 하권은 행상을 면하지 못하며 음식업에 종사한다. 상권은 남편이 출중하고 평생 안락한 생활을 한다. 하권은 남편을 먹여 살려야하며 애인이 있을 수 있다. 사주팔자가 신왕하면 훌륭한 내조를 하나 신약하면 내 돈주고 뺨 맞는다.
정유 (丁酉) 34	지혜가 있고 학문과 문장에 능하다. 귀인 타입으로 만인에게 호감을 준다. 착하고 인정이 많으나 유 금(金) 칼이 있으니 냉정하고 예민한 면도 있다. 남자보다 여자에게 유리한 일주이다.	
	남자	호인으로 총명하며 부모덕과 형제덕이 있다. 은행, 경리, 회계사, 교육 등과 인연이 많다. 천을귀인으로 현모양처와 인연이다. 그러나 아내를 고생시키며 다른 사람을 보게 되면 결혼을 두 번 한다. 몸에 흉터나 수술수가 따른다.
	여자	여자에게는 무난한 일주이다. 현모양처 감으로 내조를 잘하나 가권을 잡으려 한다. 남편의 수입이 적어 경제활동을 하려는 기질이 있다. 화장품, 미용실, 포장마차 등으로 나간다.
무술 (戊戌) 35	지혜가 비상하고 재주가 많으나 능력을 발휘할 기회가 적다. 고집이 대단하며 부모와 형제덕이 없으니 자립하여 혼자 사는 경우가 많다. 큰 사고나 수술로 몸에 흉터가 생길까 염려된다. 고집을 죽이고 남을 위해 봉	

		사하라. 매사 장애가 많으니 과욕은 금물이다. 월급 생활이나 예능 방면으로 진출하는 것이 좋다.
	남자	재주가 뛰어나며 고집이 강하다. 사업은 불리하나 간혹 기술 공업으로 나가는 경우도 있다. 종교와 인연이 깊으니 목사나 승려가 되는 것이 오히려 길하다. 밖에서는 호인이며 신용이 좋으나 집에서는 아내에게 매정하며 아내를 고생시킨다. 인덕이 약하며 좋은 일을 하고도 배신 당하기 쉽다.
	여자	고집으로 망하기 쉬우니 수양이 필요하다. 경제활동을 하며 남편이 있어도 무시하는 경향이 있다. 남편이 바람이 나거나 내가 애인이 생길 수 있다. 상권은 교육, 예능, 보험, 약사 등으로 나간다. 물장사나 서비스직에 종사하는 경우도 있다. 자궁질환이 늘 따르는 사주이니 조심하는 것이 좋다. 재, 관이 강하면 부잣집 마님이 되는 경우도 있지만 남편 문제가 따른다.
기해 (己亥) 36		두뇌가 총명하고 사상이 건전하며 의관이 단정하다. 그러나 비밀이 있고 겉과 속이 다를 염려가 있다. 재물복은 있으나 인정이 많아 남에게 속기 쉽고 고향을 떠나 객지 생활을 하며 분주하다.
	남자	총명하고 건전하니 귀인지상이다. 상권은 법관, 의사, 공직 등으로 대성하여 이름을 떨친다. 하권은 음식업, 농업, 운수업 등에 인연이 있다. 사업보다는 월급 생활이 길하며 자식복이 있으며 삼형제를 둔다.
	여자	현모양처로 생활력이 강하다. 권태가 많아 남편에게 싫증을 빨리 느끼는 편이다. 사회 활동을 하는 경우가 많으며 월급 생활, 교육 등에 진출한다. 자식은 귀한 편이다. 사주중 금수가 많으면 서비스업, 유흥업, 화류계로 나가기 쉽다. 늘 불안함을 잘 느낀다. 비밀이 많고 응큼한 편이다.
경자 (庚子)		머리가 좋고 손재주가 있으며 의리가 강하다. 약자에게 약하고 강자에게 강하다. 신왕한 사주는 대성하게 된다. 사주에 물이 많고 신약하면 성공하기 어렵고 관

37		재 구설이 많다. 변화가 많으며 경우에 따라 매우 냉정한 면도 있다.
	남자	머리가 비상하고 재주가 있고 강건하며 의리가 있다. 상권은 의사, 법관, 경찰, 군인, 교육 등으로 진출하여 대성한다. 하권은 실속이 없으며 건달이 되기 쉽다. 관재가 많이 따르며 시작은 있으나 성사되는 일이 없다. 아내궁이 불안하여 자식을 낳은 후 부부간에 이별이 따른다. 성공하려면 신용을 지키고 초지일관 하라. 사업을 하려거든 유흥업, 음식업, 전자기계 등으로 진출하면 좋다.
	여자	지혜롭기는 하나 신경이 예민하고 남자를 무시하며 이기적이다. 상권은 권력 계통 남자와 인연이 되어 편히 산다. 하권은 부부궁이 무상하며 본인이 경제활동을 해야 하고 남자에게 싫증을 빨리 느끼고 상대도 나에게 싫증을 빨리 느끼는 편이다. 인정이 많으니 보증 등 관재를 조심해야 한다. 예능방면이 아니면 유흥업으로 진출한다.
신축 (辛丑) 38		총명하고 어질며 점잖으나 융통성이 부족하고 마음이 넓지 못하다. 욕심은 많으나 결과가 없다. 상권은 공무원, 의사, 교육, 학자 등이 된다. 신경이 예민하며 종교와 인연이 깊다.
	남자	꼼꼼하며 재주와 재치는 있으나 마음이 넓지 못하다. 9급 공무원 같이 성실하게 신용 위주로 사는 사람이다. 상권은 공무원, 교육자, 의사 등으로 진출한다. 하권은 막노동이나 농업 기술 계통에 종사한다. 아내에게 의지하며 두 번 이상 결혼한다.
	여자	머리는 좋으나 박복하여 막힘이 많다. 이쁘장하게 생겼으나 융통성과 도량이 부족하여 큰 일을 하지 못한다. 일부종사하기 어려우며 남편복이 없다. 상권은 교육, 의사, 간호사 등에 종사한다. 하권은 점원, 포장마차, 호프집, 주방장 등이 많이 된다. 몸에 흉터가 많고 자궁 수술이 따른다.
임인 (壬寅)		일주에 문창귀인이 있으니 배움을 즐겨 학식이 풍부하나 학업이 중단되는 경우가 있다. 임인 일주는 사주가

39		전체적으로 신왕하여야 길하다. 상권은 교육이나 사업으로 대성한다. 하권은 평생 남 좋은 일만하고 실속이 없다. 그러나 이 일주는 운에 따라 직업이 달라진다. 교통사고, 중풍, 가스, 약물중독 등을 조심해야 한다.
	남자	총명한 두뇌와 학식으로 상권은 대학교수나 무역업에 진출하여 평생 풍부하며 아내덕도 있다. 그러나 하권은 노동, 박수 무당, 유흥업, 밀수 등에 종사하며 평생 남을 위해 고생만하고 득이 없다. 아내에게 의지하여 사는 경우가 많다.
	여자	재능이 뛰어나고 생활력이 강하다. 상권은 남편덕이 있으며 재능을 살려 교육이나 예능 방면에 종사한다. 그러나 대개 남편덕이 없어 가장 노릇을 하며 동분서주 바쁘다. 자식덕은 있다. 하권은 음식업, 화류계, 무당 등으로 고생한다. 배우자는 나이 차이가 많으며 보수적인 대머리 남자를 만난다.
계묘 (癸卯) 40		총명하며 지혜가 있고 선하며 다정다감하다. 귀인을 만나 도움도 받을수 있다. 의외로 과감한 면도 있다. 교육, 문학, 조경, 화원, 봉직 등과 인연이 있다.
	남자	지성과 미모가 출중하며 귀인상으로 타인에게 호감을 준다. 큰 어려움 없이 평범하게 일생을 지낸다. 상권은 교육, 의약, 문학, 예능, 서예, 문구, 의류, 서점 등에 종사한다. 목(木), 화(火)가 왕하면 낭비와 사치가 심하여 말년에 곤궁해진다. 아내가 착하여 미인이다.
	여자	미모에 총명하며 다정다감하고 남에게 좋은 인상을 주며 악의가 없다. 상권은 남편도 선하고 좋은 인연을 만나며 교육, 언론, 문학, 의약업 등으로 나간다. 하권은 화류계로 나간다. 남편은 좋은 사람이나 나이 차이가 많다.
갑진 (甲辰) 41		천간 갑목(甲木)에 백호로 인하여 신왕해지면 큰 부자가 된다. 그러나 성격과 고집이 강하여 포악해질까 염려된다. 진토(辰土)에 뿌리를 두고 있으니 갑목(木) 뿌리가 건강하다. 그러나 수(水)가 많으면 뻘흙이니 썩기 쉬우니 부평초 신세로 평생 분주하나 소득이 없고 정

	착하기 어렵다. 교육업이나 의약업으로 대성하지 못하면 대개는 천한 직업에 종사한다. 해변가에서는 선박과 수산업, 농촌에서는 농사를 지으며 도시에서는 음식업과 인연이 많다. 술년(戌年)에 큰 변화가 따르는데 부부 이별, 관재구설, 물난리 등에 조심해야 한다.	
	남 자	자존심이 강하여 남에게 지는 것을 매우 싫어한다. 지혜가 있고 속이 깊으나 비밀이 많다. 양 부모님 중 한쪽 부모님께서 일찍 돌아가실 수 있다. 책임감과 개척정신이 강하며 출세욕도 강하다. 상권은 권력가, 의약업, 교수 등으로 나간다. 하권은 토건업, 선원, 농업, 노동 등과 인연이 있다. 아내궁에 수심이 많아 생사 이별이나 아내가 잔병으로 평생 고생한다. 아내에게 의지하며 고생시키기 쉽고 사업가는 금전 융통까지 의지한다. 사주중 토(土)가 강하고 목(木)이 약하면 승려가 된다.
	여 자	활동적이며 고집이 대단하다. 남편이 있어도 무능하니 가장 노릇을 하며 가정을 꾸려나가야 한다. 만약 가정에서 살림만한다면 남편이 일찍 죽는 수가 있다. 시부모 공양은 잘한다. 식당, 수산업, 채소 등과 인연이 많으며 보험, 교육, 의약업 등도 가능하다. 낭비심이 강하니 아껴 쓰는 습관을 들이는 것이 좋다.
을사 (乙巳) 42	을목(乙木)이 사(巳)를 타고 있다. 사(巳)는 뱀, 공기, 풍선, 비행기이니 재주를 많이 부린다. 총명하여 지혜가 있고 말솜씨가 뛰어나며 인정이 많고 재치와 정의감이 있으나 남의 일에 관심이 많다. 학업이 중단되는 경우가 있고 객지 생활을 하며 주거가 불안하다. 남녀 모두 형제덕이 없고 부부 이별이나 공방수가 있으며 결혼 전에 임신하는 경우가 많다. 스튜어디스, 비행사, 교육, 간호사, 화가 계통으로 많이 진출한다.	
	남 자	지혜롭고 인정이 많다. 임기응변이 뛰어나지만 경솔하고 끈기가 부족하여 변화가 많다. 초지일관하지 못하니 한 가지 직업에 종사하지 못한다. 객지

		생활을 하며 결혼 전에 자식을 두는 경우도 있다. 아내가 사회생활을 하며 장모를 모시기도 하지만 가정에는 무관심하다. 사진사나 주방장 등과 인연이 많고 간혹 비행기 승무원을 하기도 한다. 성공하고 싶으면 인내심을 갖고 초지일관하라~!
	여 자	인정이 많고 생활력이 강하다. 그러나 남편덕이 없고 생사이별이 따르며 가업을 이끌어가는 경우가 많다. 미용실, 식당, 쌀장사 등과 인연이 많다. 상권은 예능 방면이나 교육자, 아나운서, 스튜어디스로 진출하지만 하권은 화류계 팔자이다. 관(官)이 건전하면 부부 금실이 좋으나 관(官)이 충(沖)하면 자식을 낳고 살다가도 이별한다. 반드시 사주 중 수(水)가 있어야 좋다.
병오 (丙午) 43		병화(丙火)가 양인을 놓고 있으니 고집이 대단하고 권위적이며 남에게 시키는 것을 좋아한다. 밖에서는 호인이나 집안에서는 폭군이고 게으르고 고집덩어리이다. 소방서, 군인, 경찰, 의약, 정육점, 운동 등으로 나간다.
	남 자	독선적이며 이기적이라 적을 만들기 쉬우나 수양이 깊으면 존경을 받기도 한다. 경찰, 정보, 소방, 군인 등으로 나가는 경우가 많으며 의약, 유리공업 부동산 등으로 진출한다. 가장 좋은 직업은 군인이다. 사업은 불리하니 직장생활을 하는 것이 좋다. 만일 전업이 없으면 가정을 돌보지 않는 사람이 된다. 일주의 양인으로 아내에게 산액이 따르거나 여자문제가 복잡하다. 약속과 의리를 중요하게 여겨야 한다. 자(子)를 만나면 관재와 수술이 따른다.
	여 자	고집과 이기심으로 부부간에 이별하고 일찍 결혼하면 반드시 실패한다. 교육, 아나운서, 전화 교환원 등으로 나가는 경우가 많다. 하권은 정육점, 생선, 통닭집 등 칼을 드는 직업에 많이 종사한다. 바람을 피울 수 있고, 과장이 심하며 남편에게 만족하지 못한다.

		자기 자랑을 많이 하며 소문을 잘 낸다. 시작은 있으나 끝은 없다.
정미 (丁未) 44		총명하고 호인이다. 월시(月時)에 수(水)가 있으면 관직에 나가는 경우가 있으나 수(水)를 만나지 못하면 거지 팔자다. 간혹 교육, 언론, 부동산 등으로 진출한다. 사주에 역마가 없어도 평생 분주하다. 형제간에 우애가 있고 인정도 많으나 폭발적인 면이 있어 일을 즉흥적으로 처리하기도 한다.
	남 자	지혜롭고 학식도 풍부하다. 그러나 학업에 장애가 따르고 인내심을 기르고 성급함을 없애야 성공할 수 있다. 모든 일에 앞장서기 때문에 손해를 보는 경우가 있다. 공직, 교육, 부동산 등과 인연이 있으며 처가를 잘 살핀다.
	여 자	현모양처감이나 눈물짓는 일이 많다. 성격이 깨끗하나 성급하고 음식이 탁하여 좋은 말을 해도 화가 난 것같이 들린다. 결혼에 실패하기 쉬우며 자식복이 없는 편이고 남의 자식을 키우는 경우가 있다.
무신 (戊申) 45		생활력과 활동성이 강하고 재주가 비상하여 무슨 일이든 능숙하게 처리한다. 사막에 버려도 굶어 죽지 않을 만큼 식복을 타고난 사람이다. 월급 생활보다 자기 사업을 하는 사람이 많으며 부모의 유업도 좋은 편이다. 남녀 모두 배우자 덕이 있다.
	남 자	재주와 능력이 뛰어나 사업으로 진출한다. 신발, 수산업, 음식업 등으로 대성한다. 간혹 운수업이나 기계공업으로도 진출한다. 현모양처를 두니 가정이 화목하고 자식은 적은편이다. 부부간에 애정은 좋은 편이나 외도를 하는 경우도 있다.
	여 자	식복이 풍부하고 고대광실 높은 집에서 다복하게 잘 사는 편이다. 만일 남편궁에 이상이 생기면 자신이 사업가로 나선다. 많은 사람을 상대하는 음식업이나 숙박업 등에서 이름을 날린다. 대개 딸이 많고 아들이 귀하며 남

		편보다 자식을 우선하는 사람이다. 고란살이 있으니 간혹 남자문제가 따르기도 한다.
기유 (己酉) 46		지혜가 출중하며 학문과 예술에 재능이 있다. 인정이 많아 다정다감 하지만 속으로는 냉혹한 면이 있다. 월급 생활이 무난하며 법조계, 교육, 문화, 예술, 의학 등으로 진출하는 경우가 많다. 사주가 신약하고 금수(金水)가 많으면 아무리 계획이 많아도 실행하기 어려우며 신용이 없다.
	남 자	천재적이라 머리가 비상하고 총명하다. 인정을 많이 베풀며 사교적이고 원만하다. 상권은 식복이 풍부하며 법조계, 의약, 문교, 교육 등에 길하다. 하권은 시작은 있고 끝이 없으며 과장이 심하며 사기꾼이 되기 쉽다. 기술을 갖는 것이 좋다. 부부궁은 좋은 편은 아니고 화류계 여자와 인연이 있다.
	여 자	재주가 있고 내조를 잘하나 남편을 무시하는 경향이 있다. 7~10년 나이 차이가 있는 사람을 만나는 경우가 많다. 음식, 숙박, 하숙업 등으로 진출한다. 만약 사주 중 묘유충(卯酉沖)이 있으면 자식을 낳은 후 부부간에 이별한다.
경술 (庚戌) 47		극과 극을 달리는 일주이다. 상권은 권력, 의약 사업으로 대성한다. 하권은 기술, 철학관, 건달 등이 많다.
	남 자	영웅 아니면 건달로 총명하며 재치가 뛰어나다. 상권은 경찰, 의약, 군인 등으로 많이 활동한다. 하권은 고물, 기계, 기술, 철학 등에 종사한다. 부부 인연이 변하기 쉽고 사업보다는 명예를 찾는 것이 길하다. 의약업이 최선이다.
	여 자	천재적이며 재치가 뛰어나나 혼자 사는 사람이 많다. 사회활동을 하며 자신감이 강하고 남편을 무시한다. 결백한 것 같으면서도 뒤에서 불만이 많은 타입이고 재물 욕심이 많아 과욕을 부리다 빚잔치를 한다. 아들은 귀하며 딸이 많고 키우기 어렵거나 아픈 자식이 있다. 상권은 교육이나 의약업계로 많이 진출한다. 하권은 가정부나 유흥업으로 나간다.

신해 (辛亥) 48		천성이 착하고 두뇌가 비상하며 재치가 번뜩인다. 언변이 능숙하고 정의감이 강하여 여장부 기질이 있다. 일주가 상관(傷官)으로 화토(火土)가 보조를 이루면 길하다. 반면 수토(水土)가 너무 강하면 재주가 있어도 무용지물이 된다.
	남 자	재치가 뛰어나고 사리 분별이 명확하며 모든 일에 적응이 빠르다. 강자에게 강하고 약자에게 약한 면이 있다. 인정이 많으나 돌아설 때는 냉정하다. 과장이 심하며 용두사미 격이다. 신용을 지키며 초지일관하라. 현모양처와 인연이 있으며 의사, 경찰, 군인, 교육적으로 성공한다. 교통사고나 물을 조심해야 한다.
	여 자	총명과 재치가 지나쳐 불만이 많고 남편을 무시한다. 대개 남편복이 없어 본인이 생활을 책임진다. 노력은 많으나 성과가 적다. 사주중 금수(金水)가 많으면 유흥업이나 수산업으로 나간다. 관(官)이 잘 짜여져 있는 사주는 그런대로 잘 산다.
임자 (壬子) 49		지혜로우나 포악하고 인정과 이내심이 있으나 비밀이 많다. 일주의 양인(羊刃)으로 영웅적 기질로 고집이 대단하고 수완이 능수능란하다. 재물보다 명예를 더 소중히 여긴다. 부부 사이가 좋지 못해 일부종사하기 어렵다. 검사, 판사 등 권력계로 진출하면 큰 인물이 된다.
	남 자	영웅격으로 지혜롭고 수단이 좋다. 임자 일주로 다른 년,월,시의 사주구성이 좋은 상권은 우두머리가 되어 만인의 존경을 받는다. 그러나 하권은 인생이 파란만장하며 운동, 깡패, 밀수 등과 인연이 있다. 아내에게도 산액이 있거나 몸이 약하고 주색에도 일가견이 있어 풍파가 따른다. 자식도 건강이 좋지 않다. 자오충(子午沖)되면 정육점을 경영한다.
	여 자	여장부로 머리가 좋고 재치가 뛰어나 만인을 거느린다. 남을 위해 봉사하는 일주로 전도사, 철학관,

		교육자 등으로 진출하면 길하다. 식당이나 화류계도 인연이 있다. 남편복이 없는 편이며 나이 차이가 많이 나는 연상의 남자나 또는 연하의 남자와 인연이 있으니 정상적인 부부생활은 하기 어렵다. 군인, 보안대, 안기부, 헌병대, 형사 등의 남편을 만나야 액땜을 할 수 있다.
계축 (癸丑) 50		극과 극을 달리는 일주로 사주 팔자 중 목화금(木火金)이 조화를 잘 이루어져 있는 상권은 크게 성공할 수 있다. 영웅심과 지혜가 비상하나 도둑놈 배짱을 가지고 있다. 어느 방면이든 우두머리가 되려고 몸부림치며 잔인함도 있다.
	남자	백호살로 당대의 영웅이 될 수 있으나 타고난 지혜와 배짱, 계산 등으로 우두머리가 되려고 매우 노력한다. 과욕을 부리면 믿는 도끼에 발등 찍히니 조심하고 학문과 수양이 필요하다. 아내덕이 별로 없는 편이다. 가스, 비관, 화상 등과 같은 살기(殺氣)를 조심해야 한다.
	여자	험한 백호살을 가진 여자로 좋은 사주라 할 수 없다. 남편을 무시하고 사별하거나 남편 때문에 고통을 받는다. 나이든 남자와 인연이 있다. 인간미가 없고 돈을 최우선하니 봉사 정신을 갖도록 노력하라. 상권은 의약업에 진출하나 하권은 물장사, 생선, 정육점, 화류계 등으로 나간다. 남자는 깡패, 건달과 인연이며 남편보다 돈을 더 좋아한다.
갑인 (甲寅) 51		자립정신이 강하고 주관이 확고하며 유혹에 강하다. 그러나 자만심으로 실패하기 쉽다. 지목(地木)이 뿌리를 튼튼하게 박고 있으니 누구에게 허리를 굽히겠는가? 고집으로 망하기 쉬우니 특별히 유의해야 한다. 인(寅)은 탕화이므로 인생비관, 화상, 가스, 약물, 식중독 등을 조심해야 한다. 특히 사신(巳申)이 가중될 때는 더욱 조심해야한다.
	남자	자립심이 강하여 부모와 형제를 떠나 자수성가하는 경우가 많다. 갑인은 木이라 수(水)를 많이 흡수하므로 물을 많이 사용하는 직업이나 기름, 전

		자, 건축업 등과 인연이 있다. 부부궁은 서로 고집을 내세우니 언쟁이 있고 밖에서는 호인이나 집에서는 난폭하다.
	여자	고독하고 외로운 일주이다. 경제활동을 하는 직업 여성상이다. 교육, 예능, 의약, 식당업 등에 많이 종사한다. 자식덕은 있으나 남편덕은 없다. 결혼을 일찍하면 실패할 확률이 높다. 총명하며 지혜가 있으나 남성적인 성품으로 곧고, 고집이 강하다. 남편을 무시하고 자기주장만 내세우다가 다른 여자에게 빼앗긴다. 모(母) 어머니와 고충이 따르고 사이가 안좋을 수 있다.
을묘 (乙卯) 52		자신의 뿌리가 대단히 강하다. 재주가 비상하여 무엇이든 못하는 것이 없다. 활동적이며 말솜씨가 뛰어나다. 고집, 자립심, 자만심, 자존심이 강하다. 부모덕은 크게 없고 있어도 끝까지 지키기 어렵다. 배우자가 비견(比肩)으로 되어있어 서로 고집이 강하여 실패하거나 병약으로 백년해로하기 어렵다. 묘(卯)는 남녀 모두 배우자가 둘인 모양이다. 일확천금의 욕심이 있어 도박, 주식, 밀수 등과 언연이 많다. 사주팔자가 신왕(身旺)하고 관(官)이 있으면 군인이나 경찰이 되는 경우가 많다.
	남자	말솜씨가 뛰어나며 다재다능하다. 임기응변에 능하나 하는 일에 꼬임이 많고 방해가 많다. 고집으로 실패하기도 한다. 밖에서는 호인이나 집에서는 잘난 척하며 무정하고 대외적으로는 융통성이 좋지만 집에서는 부족하여 자기 몸을 아끼며 멋을 내기 바쁘다. 아내관(官)이 불안하여 생사이별이 따르며 해로하기 어렵다. 결혼을 늦게하는 것이 좋다.
	여자	말솜씨가 뛰어나며 재주가 비상하다. 한마디로 너무 똑똑한 것이 탈이다. 인정도 있지만 때로는 독하며 의심이 많고 고집이 강하며 잘난 척을 한다. 외모는 좋으나 대개는 남편과 이별하거나 남편이

		무능하여 경제활동을 하는 경우가 많다. 돈은 아무리 벌어도 나가는 곳이 많다.
병진 (丙辰) 53		지혜롭고 다정하나 영웅심과 투지가 강하며 고집이 대단하다. 공업이나 기술 방면으로 재능이 있고 너무 앞으로만 진격하다가 실패하는 경향이 있다. 경찰, 군인, 교도관 등에 종사하지 않으면 감옥에 갈 수도 있다.
	남 자	호탕하고 투지가 강하고 영웅심이 있다. 인정이 많으나 고집이 대단하여 꺾이지 않고 강자에게 강하다. 사업은 너무 맹진하면 실패가 따를 수 있으니 후견이 필요하다. 현명한 아내를 얻어 의지하는 경향이 있으며 교육, 의학, 기술계 연인과 인연이 많다. 직업이 있으면 열심히 노력하는 타입이지만 직업이 없으면 한량이 될까 염려된다. 자식은 귀하고 키우기 어려우니 정성을 기울여야 한다. 장모를 모시고 사는 경우도 있다.
	여 자	현모양처 감이나 남편복이 없다. 착할 때는 양처럼 순하나 고집이 대단하며 화가 나면 물불을 가리지 않는다. 재물 욕심은 많으나 없는 척한다. 남편이 권력이나 의약 등에 종사하지 않으면 사별한다. 두 번 이상 결혼 할 수도 있다. 자기희생이 많이 따르며 남편의 위해 헌신해야 한다. 철두철미한 면이 있고 나서는 기질도 있다. 부부, 자식 일로 눈물이 마를 날이 없다. 항상 봉사하는 마음으로 살면 재화가 복으로 바뀔 것이다.
정사 (丁巳) 54		지혜가 비상하고 고집이 대단하다. 성격이 불같으나 뒷끝은 없으며 빨리 후회한다. 언변이 청산유수이며 배짱이 두둑하고 시력이 나쁘다. 우두머리로 행동하며 독립적인 직업을 갖는 경우가 많다. 변화가 많은 일주이다.
	남 자	언변이 능수능란하다. 천하를 먹어도 양에 차지 않을 만큼 배짱이 크고 남의 밑에 있는 것을 싫어하며 사업에 변동이 많다. 큰 사업가나 운수업, 수산업, 술장사 등과 인연이 있으나 농업에 종사하는 경우도 있다.

		활동적이나 초지일관과 의리가 부족하다.
	여자	현명하고 알뜰하나 재물 욕심이 대단하며 남편복이 없다. 대개 과부가 많고 남편이 있어도 직장을 가지고 경제활동을 한다. 일부종사하기 어렵다. 사주 팔자 중 유(酉), 축(丑)이 있으면 재물복이 있다. 주택, 부동산. 돈놀이 등 남성적인 직업과 인연이 많다. 재(財)가 약하고 수(水)가 살아나면 좋은 남편을 만나 살 수 있다.
무오 (戊午) 55		황소고집에 자만심도 대단하나 지나치게 고지식하여 융통성이 부족한 것이 큰 결점이다. 열 가지 재주가 있으나 성급하다. 거짓말은 할 줄 모르나 게으르다. 부모 중에 승려가 있거나 종교와 인연이 깊다. 고독한 팔자로 부모와 형제를 떠나 객지 생활을 하는 경우가 많다. 보기에는 그럴 듯해 보이지만 속으로는 고통이 많고 실속이 없다.
	남자	성급하고 욕심이 많으며 고집과 자만심이 강하다. 자신을 분간하기 어려우며 남에게는 인색하면서도 낭비가 심하다. 사업은 운수, 섬유, 관광, 문구, 기계, 부동산 등이 길하다. 부모와 형제덕이 거의 없고 본인이나 어머니가 종교와 인연이 깊다. 어려서 잔병이 많다. 부부관이 약하여 한 여자와 오래가지 못하니 이별이 무상하다. 나이 차이가 많은 여자와 인연이 있으며 계해일생, 갑인일생은 길하다.
	여자	양인이 있으나 남자 같은 성격에 욕심이 많으며 파란만장하다. 언변과 수완이 능수능란하여 사회 활동을 잘 한다. 직업은 약사, 의사, 보험, 안내원 전화 교환원 등에 종사한다. 남편관이 불리하며 한 남자로 만족하지 못하는 경향이 있으니 혼자 사는 것도 나쁘지 않다.
기미 (己未)		자존심이 강하고 고집이 대단하다. 비밀이 많으며 성급하고 남 좋은 일을 많이 한다. 장애와 경쟁이 많이 따르며 종교와 인연이 깊다. 사업은 실패수가 많으니

56		월급 생활이 좋으며 교육자가 적합하다. 남녀 모두 부부궁이 좋지 않으니 이별이나 잔병치레를 많이 한다. 건강하려면 사주팔자 중 반드시 수(水)가 있어야 한다.
	남자	쓸데없는 자존심과 고집으로 망한다. 밖에서는 무골호인이나 집에서는 폭군이다. 교육, 은행, 종교 등과 인연이 많다. 부부간에 생사 이별이 있고 아내에게 잔병이 따른다. 아내와 연상이든 연하든 나이 차이가 많으며 자식 걱정도 많다. 골재상, 건축상, 축대 쌓는 직업 등 건축으로 나간다. 일복이 많으니 평생 분주하고 자신의 일보다 남의 일에 더 신경을 많이 쓴다.
	여자	고집이 대단하고 직업여성으로 경제활동을 하는 경우가 많다. 남편은 교도관이나 경찰 등과 인연이 있고 대부분 일부종사 못하고 두번 결혼 할 수 있다. 직업은 간호사나 교육 등에 종사하고 그렇지 못하면 화류계로 나간다. 평생 근심이 많으니 종교를 갖는 것이 좋다.
경신 (庚申) 57		의기가 강건하며 명예욕과 권세욕이 강하다. 박력과 혁명 기질이 있어 만사에 갑작스런 변혁을 좋아한다. 권력 계통에서 이름을 떨치나 관재 구설이 많으며 고집으로 망하고 힘을 사용하는 기술자, 노동자, 운동선수 등에 많다. 극과 극을 달리는 일주로 영웅 아니면 건달이다. 남녀 모두 부부궁이 나쁘니 고독하고 외로운 면이 많다.
	남자	종혁지상으로 혁명정신이 강하니 권력 계통으로 진출하여 군인, 경찰, 정치 등에서 대성한다. 그렇지 못하면 건달, 기계, 운전 등에 종사한다. 결혼을 하고도 밖에 여자 친구를 두는 경우가 많다. 물보다 불을 가까이 하는 직업이 길하다. 남자는 무조건 의사나 권력 계통으로 나가는 것이 좋다.
	여자	권세를 휘두르는 큰 인물이 많으나 그렇지 못하면 눈물만 흐르는 외로운 팔자가 많다. 가정을 꾸려 나가는 가장 노릇을 하여야하니 유흥업에 빠지기 쉽다.

신유 (辛酉) 58		의지가 강건하고 재주가 있으며 자립심이 강하고 고집이 대단하며 모사에도 능하다. 대외적으로는 사교적이나 가정에서는 무정하다. 공무원, 의약업, 금은방, 군인, 경찰 등으로 나간다.
	남 자	재주가 있고 자립심이 강하다. 모사에 능하며 고집이 대단하다. 인정을 베풀 때는 봄눈 녹듯이 다정하나 냉혹하고 잔인한 면이 있다. 기술직으로 운전, 수산, 조패 조각, 기계, 금은세공 등에 종사한다. 부부궁은 고집 때문에 충돌이 많고 첩을 두거나 이별한다.
	여 자	돈에 대한 집착이 강하여 알뜰하니 쓸데없는 낭비를 하지 않는다. 생활력과 자립심이 강하여 사회 활동을 많이 한다. 공무원, 백화점, 바느질, 교환원, 정육점, 음식점 등에 종사한다. 부부운이 좋지 않아 이별이 무상하고 본인이 생활을 꾸려나가야 하는 경향이 많다. 남편보다는 자식에 애정이 깊다.
임술 (壬戌) 59		임술 백호로 총명하며 배짱이 두둑하니 영웅적인 인물이다. 지나치게 강직하고 과격한 면이 있으나 학문이 깊고 수양하면 대인이 된다. 은행, 교육, 의약, 부동산, 공업, 임야, 종교 등에 종사한다.
	남 자	타고난 지혜와 배짱으로 군인, 경찰, 금융계통에서 명성을 떨치나 직업이 없으면 건달로 아내에게 의지하게 된다. 사주 전체적으로 신왕하여 재관(財官)이 길신이라면 자식복과 아내복이 좋다.
	여 자	양인 백호라 혼자 살거나 남편으로 인한 근심이 있다. 배우자는 나이가 많은 사람이 인연이다. 칼을 들고 생활하는 격이니 식당, 정육점, 가정부 등으로 나간다. 배짱이 크고 자신만만하니 재주와 수단을 부려 만인을 지배하며 사업에도 진출하나 성패가 빈번하다. 실패해도 꿈쩍하지 않는다. 남자로 인하여 고민이 많으나 남자를 다루는 기술이 있다.

계해 (癸亥) 60		수(水)가 왕하니 태어난 시간이 갑인시, 무오시, 기미시에 출생하면 편안하게 잘 산다. 지혜가 비상하며 활동적이고 만인을 거느리는 영웅이다. 고향을 떠나 객지 생활을 하는 경우가 많다. 법관, 경찰, 교도관, 교육 등에 진출하여 만인을 제도한다.
	남 자	뛰어난 총명함과 재치로 대업을 달성하면 영웅이나 그렇지 않으면 건달이 되기 쉽다. 우두머리로 있다가 급격히 추락하여 천한 직업어 종사하더라도 부끄럼 없이 수행하는 무서운 사람이다. 수산업, 음식업, 선박, 선원 등으로 나간다.
	여 자	총명하며 생활력이 강하나 다정한 것이 병이다. 생활이 항상 불안하며 경제활동을 하는 경우가 많다. 무오시(戊午時)나 기미시(己未時)에 태어난 사람은 남편덕이 있고 일생이 좋으나 대부분은 남편덕이 없다. 식당, 찻집, 술집 등과 물과 인연이 많은 직업에 종사한다. 자식은 다둥이로 자식복이 있다.

<60 일주_참고>

1. 일간(日干)과 일지(日支)를 비교해서 판단하는데 (여자)의 경우 일간과 일지와의 관계가 관(官)이거나 비견(比肩)이면 나쁘게 판단하며, 상관(傷官)의 경우도 관(官)을 상하게 하는 것으로 판단한다.

2. 출생 택일, 결혼 날짜 잡을 때 일주(日柱)는 물론 년주(年柱), 월주(月柱), 시주(時柱)에 괴강살(魁罡殺)에 해당되는 戊辰, 戊戌, 庚辰, 庚戌, 壬辰, 壬戌은 피한다.

12. 십간 희기론(喜忌論)으로 해석하자.

지금까지 사주 통변(通辯) 즉 해석(解析)은 용신(用神)은 물론 격국(格局) 등을 토대로 활용해 왔다. 이러한 것들은 상생(相生)과 상극(相剋) 작용의 준거의 틀을 말하는데, 사주 해석에서 이러한 작용의 범위를 넘어서는 어떤 특정한 것들이 분명 가로막고 있는 것이 사실이다.

예를 들면 큰 나무에 해당되는 갑(甲) 목(木)의 열매에 해당되는 밤이나 잣보다는 작은 화초 종류에 해당되는 을(乙) 목(木)의 열매에 해당되는 호박, 수박, 참외 등이 훨씬 더 크다. 이러한 것들은 명리학의 한계이기도 하다. 따라서 명나라와 청나라 때 나온 자평진전(子平眞詮)은 이러한 구조적인 문제들을 해결하고자 접근되었고, 적천수(滴天髓)와 난강망(欄江網) 역시 이런 구조적인 문제들을 상생과 상극 작용보다 상위개념으로 배치하는 모습을 보여주고 있다.

따라서, 사주 해석의 최종 마무리는 상생과 상극 작용의 범위를 넘어서 기세(氣勢) 양면에 작용되는 격국(格局)의 성패(成敗)는 물론 길흉(吉凶)의 희기(喜忌)를 조율하고 종합적으로 판단해야 한다.

사주 간명이 어려운 이유는 바로 희기(喜忌)의 결정이 잘 되지 않기 때문이다. 즉, 육친이나 신살 등을 활용한 단식 통변만으로는 팔자 전체의 윤곽을 잡아내기가 어려운 실정이다. 따라서 사주 해석(解析) 즉 통변(通辯)에서는 십간 희기론(喜忌論)이야말로 중요한 테마라고 볼 수 있다.

십간 희기론(喜忌論)은 십간론 또는 십간조합의 희기(喜忌) 관계라고도 하는데, 이것의 의미는 사주 원국은 물론 대운(大運)까지 빠르고 손쉽게 통변(通辯)할 수 있다는데 큰 의미가 있다.

이것의 판단은 본인에 해당되는 일간(日干)을 중심으로 일간과 월간(月干) 또는 일간과 시간(時干)과의 관계를 판단하는 것이다.

이러한 십간 희기론의 결과는 나쁜 기신(忌神)일 경우도 타격을 입지 않으며, 나쁜 십간 희기론 이라면 그것이 희신으로 작용되어도 권력이나 재물은 오래가지 않는다. 특히 이것은 좋은 사주와 나쁜 사주를 곧바로 판단하는 잣대로 많이 활용되기 때문에 용신(用神)과 격국(格局) 그리고 십간 희기론(喜忌論)을 통하여 사주 해석을 손쉽게 판단하고 해석(解析)할 수 있음을 알길 바란다.

그러나 십간 희기론(喜忌論)의 작용이 항상 용신(用神)이나 격국

(格局) 그리고 조후를 무시하게 작용되는 것은 아니다.

따라서, 독자들은 사주 명리 해석의 최종 판단은 이러한 양면성에 작용되는 것들을 적용하고 판단해야만 최종 마무리가 됨을 알고 폭넓게 활용해 주길 바란다.

사주 명리학(命理學)에서 십간 희기론(喜忌論)이 적용되는 관점은 아래와 같다.

> • 십간 희기론(喜忌論)은 천간(天干)의 1:1 상호작용으로 판단하는데, 보통은 일간(日干)을 중심으로 일간과 월간(月干) 또는 일간과 시간(時干)과의 관계로 판단하며, 일간과 멀리 떨어진 경우는 퇴색되고 의미가 없다. 경우에 따라서는 일지(日支) 혹은 월지(月支)도 판단하는 경우도 있다.
> • 십간 희기론에 적용되는 오행(五行)은 통근(通根) 즉 사주 뿌리가 강(强)한 것들만 적용되며, 뿌리가 약(弱)한 오행은 성립되지 않는다.
> • 십간 희기론은 사주 원국과 대운(大運)까지만 적용 된다.

예를 들면, 양력 1986년 6월 11일 밤 22:50분에 태어난 남자 이길동은 일간이 병(丙)이고 월간이 목(甲)으로 구성되어 있어 목화통명(木火通明)으로 판단해 보면 丙-甲은 비조부혈(飛鳥跌穴)이 되어 귀격 사주이나 무더운 시기 즉 오(午)월에 출생했기 때문에 이들이 성립되지 않는다. 그러나 일간과 시간과는 丙-己가 되어 대지보조(大地普照)가 성립되기 때문에 표현 능력이 우수하고 학술, 종교, 서비스업에서 능력발휘를 할 수 있는 성향의 사람이라는 것을 알 수 있다.

따라서 독자들은 사주를 해석함에 있어서 십간 희기론을 적용해 보면 사람의 성향을 쉽게 판단할 수 있는 방법이 된다.

십간 희기론(喜忌論)
<범례> ◎-最吉,   ○-吉,   △-凶,   ×-最凶
<일간 : 甲木>
甲-甲 : 雙木爲林(쌍목위림) ◎ 숲의 기상, 활동력이 왕성하고 모든 경쟁력에 강함.
甲-乙 : 藤蘿繫甲(등라계갑) ◎ 담쟁이 넝쿨이 소나무를 휘감은

격으로 튼튼한 명.

甲-丙 : 靑龍返首(청룡반수) ◎ 양기(陽氣)의 전면적 표출, 실력과 권위가 뚜렷해짐.

甲-丁 : 有薪有火(유신유화) ◎ 장작에 불이 붙은 격. 학문이나 예술적 재능이 탁월.

甲-戊 : 禿山孤木(독산고목) △ 민둥산의 고목 형상. 부의 산실을 겪고 안정감이 떨어짐.

甲-己 : 壤土育木(양토육목) ○ 좋은 토양에서 잘 자라는 나무의 형상. 부명(富命)

甲-庚 : 欣木爲財(흔목위재) ○ 좋은 재목의 상. 주군을 한결같이 모시는 지조가 있음.

甲-辛 : 木棍碎片(목곤쇄편) × 잘게 부수어져 쓸모 없는 조각. 고위직에 오르지 못함.

甲-壬 : 橫塘柳影(횡당유영) ○ 가로지른 연못에 수양버들 그림자가 늘어진 격. 인기인.

甲-癸 : 樹根露水(수근로수) ○ 초목이 비를 맞아 싱싱한 격. 두루 호평을 받는 처세가.

<일간 : 乙木>

乙-甲 : 藤蘿繫甲(등라계갑) ◎ 담쟁이 넝쿨이 소나무를 휘감은 격. 귀인의 조력을 받음.

乙-乙 : 伏吟雜草(복음잡초) △ 주변의 조력을 입지 못하는 격. 형제나 동료의 덕이 박함.

乙-丙 : 艶陽麗花(염양려화) ○ 아름다운 꽃이 찬란한 빛을 받아 빛나는 격. 재물을 득함.

乙-丁 : 火燒草原(화소초원) △ 초원이 불타는 격. 재능을 인정받지 못하는 불우함이 있음.

乙-戊 : 鮮花名瓶(선화명병) ○ 청순한 꽃이 그려진 화병 형상. 수완으로 부(富)를 이룸.

乙-己 : 壤土培花(양토배화) ◎ 양토에 꽃이 잘 자라는 격. 예능계의 경영 수완을 발휘.

乙-庚 : 白虎猖狂(백호창광) × 백호가 난폭하게 날 뜀. 갑작스런 재앙을 예고함.

乙-辛 : 利剪　花(이전최화) × 날카로운 가위로 꽃을 자름. 일반 직장 근무가 맞지 않음.

乙-壬 : 出水芙蓉(출수부용) ○ 물 위에 떠 있는 연꽃의 형상.
순식간에 상류사회에 진입.

乙-癸 : 靑草朝露(청초조로) ○ 대인 관계가 좋으며 남의 힘을
이용하여 뻗어나감.

<일간 : 丙火>

丙-甲 : 飛鳥跌穴(비조부혈) ◎ 굴러 들어온 호박처럼 뜻하지
않은 행운이 일생을 따라 다님

丙-乙 : 艶陽麗花(염양려화) ◎ 주변의 조력을 입지 못하는 격.
형제나 동료의 덕이 박함.

丙-丙 : 伏吟洪光(복음홍광) △ 너무 밝아 오히려 혼탁해진 격.
실력을 다 발휘하지 못함.

丙-丁 : 三奇順遂(삼기순수) ◎ 호감이 가는 처신으로 친밀감이
많고 귀여움을 받음.

丙-戊 : 月奇得使(월기득사) ◎ 자신이 하고 싶은 일이 생업이
되는 등 복록이 두텁다.

丙-己 : 大地普照(대지보조) ○ 표현 능력이 우수하고 학술, 종
교, 서비스업에서 능력발휘.

丙-庚 : 熒惑入白(형옥입백) × 종종 사나운 마음이 일어 인기가
없고 고위직이 어려움.

丙-辛 : 日月相會(일월상회) ○ 실력이나 재능 이상으로 인정받
아 자기 것을 확고히 챙김.

丙-壬 : 江暉相暎(강휘상영) ○ 충성심과 복종심이 두터우므로
조직이나 직장 생활에 적합.

丙-癸 : 黑雲遮日(흑운차일) × 직장생활이 맞지 않으며 조직 내
에서 두각이 어려움.

<일간 : 丁火>

丁-甲 : 有薪有火(유신유화) ◎ 사물에 대한 이해가 빠르고 두
뇌가 명석하여 강한 경쟁력.

丁-乙 : 乾柴烈火(건시열화) × 마른 나무에 화염이 휩싸인 격으
로 학문적 성취가 어려움.

丁-丙 : 奔娥奔月(항아분월) ○ 역경에 분투하는 기상이 높아

빠른 성과를 나타냄.

丁-丁 : 兩火爲炎(양화위염) ◎ 두 불길이 타오르는 격으로 빠른 기선을 제압하여 성공함.

丁-戊 : 有火有爐(유화유로) ○ 재능을 충분히 발휘하게 되어 큰 발전과 성공을 거둠.

丁-己 : 星墮勾陳(성타구진) △ 자신의 의지대로 진로가 잘 개척되지 않은 불운함이 있음.

丁-庚 : 火鍊眞金(화련진금) ○ 재능을 충분히 발휘하게 되어 큰 발전과 성공을 거둠.

丁-辛 : 燒毁珠玉(소훼주옥) × 주옥을 불에 태워 훼손한 격, 세상 모르는 무기력함이 있음.

丁-壬 : 星奇得使(성기득사) ○ 좋은 인연과 만나는 연이 작용 상사나 귀인의 조력이 있음.

丁-癸 : 朱雀投江(주작투강) △ 조직 생활에 잘 적응하지 못하고 순조로운 승진이 어려움.

<일간 : 戊土>

戊-甲 : 巨石壓木(거석압목) △ 줏대가 없어 본인 주장이라고는 없으니 출세하기 어려움.

戊-乙 : 靑龍合靈(청룡합령) ○ 상사나 윗사람의 복이 많아 청탁이 잘 통하는 길함이 있음.

戊-丙 : 日出東山(일출동산) ○ 처음에는 고생스럽더라도 나중에는 대성하는 길조가 있음.

戊-丁 : 有火有攄(유화유로) ○ 사물의 처리나 대책을 솜씨 있게 다루는 재능을 발휘.

戊-戊 : 伏吟峻山(복음준산) △ 꿈만 크고 실속이 없거나 지나친 고집으로 인기가 없음.

戊-己 : 物以類聚(물이류취) △ 내면의 유연성이 드러나지 않아 타인과의 융합이 어려움.

戊-庚 : 助紂爲虐(조주위학) × 참견이 심하여 그로 인한 손해를 보기 십상. 득이 없음.

戊-辛 : 反吟洩氣(반음설기) × 참견이 심하여 그로 인한 손해를 보기 십상. 득이 없음.

戊-壬 : 山明水秀(산명수수) ○ 지능에 의해 대성공을 거둘 수 있는 우수한 두뇌의 소유자.

戊-癸 : 岩石侵蝕(암석침식) × 인색하기 짝이 없으며 그릇이 작
아 대성하기 어려움.

<일간 : 己土>

己-甲 : 木强土山(목강토산) × 역경을 헤쳐 나가는 힘이 미약하
며 건강이 악화되기 쉬움.

己-乙 : 野草亂生(야초난생) × 사업이나 일에 야무진 데가 없어
행운이 따르지 않음.

己-丙 : 大地普照(대지보조) ○ 경쟁 구도에서 뜻하지 않은 원
조자를 만나 영광을 거머쥠.

己-丁 : 朱雀入墓(주작입묘) ○ 겉으로 잘 드러나지는 않지만
시간이 지나면서 성과를 냄.

己-戊 : 硬軟相配(경련상배) ○ 사회적으로나 개인적으로나 대
인 관계가 원만하여 대성함.

己-己 : 伏吟軟弱(복음연약) △ 일의 진행에 장애가 자주 발생
하며 진척 속도가 느림.

己-庚 : 顚倒刑格(전도형격) × 참견이 심하여 그로 인한 손해를
보기 십상. 득이 없음.

己-辛 : 濕泥汚玉(습니오옥) × 참견이 심하여 그로 인한 손해를
보기 십상. 득이 없음.

己-壬 : 己土濁壬(기토탁임) × 재물 운이 나쁘며 이성의 덕이
박하고 색정 문제를 일으킴.

己-癸 : 玉土爲生(옥토위생) × 좋은 토양이 윤습하게 된 격으로
큰 부자를 기대해 볼만함.

<일간 : 庚金>

庚-甲 : 伏宮 殘(복궁최잔) × 재목을 깨뜨려 쓸모 없게 만든
격으로 내실이 부실한 경향.

庚-乙 : 白虎猖狂(백호창광) × 백호가 난폭하게 날 뜀. 갑작스
런 재앙을 예고함.

庚-丙 : 太白入熒(태백입형) × 직장 근무에 적합하지 않으며 그
재능을 발휘하기가 어려움.

庚-丁 : 亭亭之格(정정지격) ○ 자기의 재능을 충분히 발휘하게

되어 큰 발전과 성공을 함.

庚-戊 : 土多金埋(토다금매) × 타인으로부터의 조력도 도움이
　　　　안되고 실제로는 해가 됨.

庚-己 : 官府刑格(관부형격) × 타인으로부터의 조력도 도움이
　　　　안되고 실제로는 해가 됨.

庚-庚 : 兩金相殺(양금상살) × 일생 가운데 크게 다치는 일이
　　　　한번은 발생함.

庚-辛 : 鐵鎚碎玉(철추쇄옥) × 어쩌다 무서운 성격을 드러내면
　　　　큰 사고를 일으킬 소지.

庚-壬 : 得水而淸(득수이청) ○ 지식의 흡수가 뛰어나고 재능을
　　　　다 발휘하여 성공을 거둠.

庚-癸 : 寶刀已老(보도사로) × 칼에 녹이 스는 격으로 참견이
　　　　많아 실패하는 유형.

<일간 : 辛金>

辛-甲 : 月下松影(월하송영) △ 잘게 부수어져 쓸모 없는 조각.
　　　　재적인 성취를 보기 어려움.

辛-乙 : 利剪摧花(이전최화) × 날카로운 가위로 꽃을 자름. 재
　　　　물이 신속하게 흩어짐.

辛-丙 : 干合佩師(간합패사) ○ 위엄을 발하며 그 권위가 실추
　　　　되는 일이 좀체 없음.

辛-丁 : 火燒珠玉(화소주옥) × 주옥을 불에 태워 훼손한 격으로
　　　　세상을 모르는 무기력함.

辛-戊 : 反吟被傷(반음피상) △ 타인으로부터의 조력도 별 큰
　　　　도움이 안되며 인복이 없다.

辛-己 : 入獄自刑(입옥자형) △ 타인으로부터의 조력도 별 큰
　　　　도움이 안되며 인복이 없다.

辛-庚 : 白虎出力(백호출력) × 어쩌다 무서운 성격을 드러내면
　　　　큰 사고를 일으킬 소지.

辛-辛 : 伏吟相剋(복음상극) × 복수심을 강화하여 잔인한 성격
　　　　을 드러낼 소지가 강함.

辛-壬 : 淘洗珠玉(도세주옥) ○ 지닌 재능을 충분히 발휘하고
　　　　총명하여 매사 순조로움.

辛-癸 : 天牢華蓋(천뢰화개) × 재능을 다 드러내기도 힘들고 타

인에게 인정받기가 어렵다.

<일간 : 壬水>

壬-甲 : 水中柳影(수중유영) ○ 성실성이 풍부하고 재능을 충분히 발휘하는 행운이 따름.

壬-乙 : 出水紅蓮(출수홍련) ○ 자기 능력 이상으로 재능을 인정받아 남의 도움으로 성공.

壬-丙 : 江輝相映(강휘상영) ○ 운이 강하고 재운이 깃들어 일확천금의 복덕을 누린다.

壬-丁 : 干合星奇(간합성기) ○ 재물이 차곡차곡 잘 모이며 좋은 성격으로 인기가 높음.

壬-戊 : 山明水秀(산명수수) ○ 직장 근무로 성공하는 명. 조직에 잘 적응 리더십을 갖춤.

壬-己 : 己土濁壬(기토탁임) × 재물 운이 나쁘며 이성의 덕이 박하고 색정 문제를 일으킴.

壬-庚 : 庚發水源(경발수원) ◎ 많은 원조를 받아 대성하는 명. 창조력 기획력이 탁월함.

壬-辛 : 陶洗珠玉(도세주옥) ○ 총명하고 학업이 우수한 결과로 나타남.

壬-壬 : 汪洋大海(왕양대해) × 물결이 이는 망망대해 격으로 무슨 일이든 지나쳐 실패함.

壬-癸 : 天津之洋(천진지양) ◎ 경쟁에 강하며 그 결과 매사 순조롭게 일을 진행시켜 나감.

<일간 : 癸水>

癸-甲 : 楊柳甘露(양류감로) ○ 표현능력이 탁월하고 지능이 높아 재능을 인정받게 됨.

癸-乙 : 梨花春雨(이화춘우) △ 실력이나 재능을 충분히 다 발휘 못하는 불운함이 있음.

癸-丙 : 華蓋　師(화개패사) △ 재물이 뜻대로 쉬 모이지 않고 손실을 보는 일이 잦음.

癸-丁 : 騰蛇妖嬌(등사요교) × 재운이 약하며 투자나 매매 행위의 성과를 내지 못함.

癸-戊 : 天乙會合(천을회합) ○ 직장 근무로 성공하는 명. 조직에 잘 적응 리더십을 갖춤.

癸-己 : 濕潤玉土(습윤옥토) ○ 직장 생활이 적성에 맞으며 관청이나 대기업이 적합한 명.

癸-庚 : 反吟浸白(반음침백) × 부모나 윗사람의 덕을 기대하기 어려운 명으로 자수성가함.

癸-辛 : 陽衰陰盛(양쇠음성) × 부모나 윗사람의 덕을 기대하기 어려운 명으로 자수성가함.

癸-壬 : 沖天奔地(충천분지) × 저돌 맹진하여 실패하는 기상으로 건강 재산에 타격을 입음.

癸-癸 : 伏吟天羅(복음천라) × 일의 진행에 장애가 자주 발생하며 진척 속도가 느림.

<기타 다자간 십간별(十干別)의 조합 관계>

• 甲+甲+甲=>삼목위삼(三木爲森) : 활동력이 강하며 모든 경쟁에서 우수한 귀명이다.

• 甲+癸+己+丙, 乙+癸+己+丙=>비조부혈(飛鳥跌穴) : 이재적인 능력이 강하고 뜻밖의 행운이 일생을 따라 다니며 성공을 거둔다. 학술, 종교, 서비스 업종에 특히 강하다. 단 癸水가 丙火 옆에 첩신(貼神)하면 '비조부혈'이 성립되지 않는다.

• 甲+乙+戊=>등라반갑하고(藤蘿絆甲下固) : 귀인, 관청 등의 천거로 원조를 입어 매우 출세하며 癸水가 더해지면 학문적으로도 명성을 날리고 물질적으로도 성공한다.

• 甲+丁+戊=>유신유화유로(有薪有火有爐) : 지식의 습득 능력이나 발표력이 탁월한 구조로 학업이 극히 우수한 특성으로 나타난다.

• 甲+丁+丁=>양화위염(兩火爲炎) : 속전속결형으로 어떤 문제라도 속도로 기선을 제압하여 성공한다.

• 庚+甲+丁=>벽갑인정(劈甲引丁) : 지식의 흡수가 뛰어나고 명석한 두뇌로 특히 경쟁력에 강하다.

• 庚+丁+戊=>화련진금(火煉眞金) : 자신의 재능을 충분히 발휘할 수 있게 되어 크게 출세, 성공한다.

• 壬+庚+丁=>득수이청 득화이예(得水而淸 得火而銳) : 지식의 흡수가 뛰어나고 가진 재능을 모두 발휘하여 인정받

> 는 귀한 구조이다.
> - 壬+甲+丙, 壬+乙+丙=>강휘상영부유영(江輝相映浮柳影) : 뛰어난 교제 능력으로 업계에서 출세한다. 특히 유통 관련 업종에서 출세한다고 전해진다.
> - 壬+戊+丙=>산명수수 강휘상영(山明水秀 江輝相映) : 조직 생활에 잘 적응하며 직장 근무로 성공하는 명식이다.

아울러, 십간 희기론(喜忌論)의 일부분으로 사주 해석에서 중요하게 많이 활용되는 금백수청(金白水淸) 혹은 금수상관(金水傷官) 사주와 목화통명(木火通明) 사주를 알아보자.

▣ 금백수청(金白水淸) 혹은 금수상관(金水傷官) 사주
금백수청은 십간 희기론에서 일간이 금(庚)으로 구성되어 있고, 월지나 일지가 상관(傷官)에 해당되는 수(壬)로 구성된 경우에 해당된다.
금(金)과 수(水)가 서로 상생하여 좋은 결과를 얻는 것으로 천재두뇌를 말하며 총명하고 결백하기 때문에 고위 공직자 사주이며 귀격사주이다. 금백수청 사주는 추운 겨울에는 화(丙, 丁)가 있어야 식물이 성장될 수 있는 최적의 조건이 되고, 무더운 여름엔 더위를 식혀줄 임(壬) 수(水)가 존재해야만 된다.
그러나 이것의 성립은 반대로 일간이 수(壬)이고, 월지나 일지가 금(庚)인 경우에도 성립되는데 이때는 경발수원(庚發水源)이 되어 이것 역시 좋은 귀격사주가 된다. 물론 이것들은 모두 통근 뿌리가 강(强)해야 된다.
이때 월지가 천간에 투출(透出)이 성립되면 금백수청(金白水淸) 혹은 금수상관(金水傷官) 격(格)이 되어 더욱 견고한 금백수청이 된다. 특히 이것이 성립되는 대운(大運)이나 세운(歲運) 시기에는 고시(考試)나 대학(大學) 혹은 취업(就業)에 합격하는 시기로 판단한다. 원래 금백수청(金白水淸)은 차가운 금(金)기운과 수(水)기운의 조화가 이루어지는 관계로 춥고 냉습(冷濕)하므로 용신은 관(官)이 되는 병(丙), 정(丁), 화(巳, 午)를 사용하는데, 겨울에 태어난 사람이 금백수청이 성립되려면 화(火)기운에 해당되는 병(丙)이나 최소 정(丁)이 반드시 존재해야만 성립된다. 특히 금백수청은 여름에는 수(水)기운이 존재해야만 성립되고 그리고 봄, 가을에는 조후(調侯)가 맞아야 성립된다.

금백수청(金白水淸) 사주를 예를 들어보자.

사주(四柱)		육친(六親)		지장간(支藏干)
壬	申	식신	비견	戊, ⓐ壬, ⓑ庚
②壬	④子(수)	식신	상관	ⓒ壬, ⓓ癸
①庚(금)	寅	·	편재	戊, 丙, 甲
③丙(화)	子	편재	상관	ⓔ壬, ⓕ癸

일간 ①庚이 금(金)이고, 일간과 붙어 있는 월간 ②壬이 수(水)이므로 금백수청(金白水淸) 사주이다. ①庚과 ②壬은 금과 수로서 지장간의 ⓐ, ⓑ, ⓒ, ⓓ, ⓔ, ⓕ와 통근 즉 뿌리를 형성하고, 추운 11월(子)에 출생했고, 아울러 더운 ③丙(화)가 존재하므로 금백수청의 필요충분 조건에 해당된다.

또한 월지 상관 ④子가 수(水)이므로 일간 ①庚(금)과는 금과 수가 되어 금백수청이 성립되기도 한다.

위 사주에는 월지 ④子의 지장간 ⓒ壬는 천간 ②壬에 투출(透出)되므로 이것 역시 금백수청 격(格) 사주이기도 하다. 위 사주에서는 여러 형태의 금백수청(金白水淸)의 성립조건을 제시했지만 일반적 사주에서는 이 중 1개만 성립되면 된다.

■ 목화통명(木火通明) 사주

목화통명은 십간 희기론에서 일간이 목(甲)이고, 월지나 일지가 화(丙)으로 구성된 경우에 해당된다.

목(木)과 화(火)의 조화는 식물로 본다면 추운 겨울에 성장하는데 최적의 상태이기도 하다. 이것은 학문이 높고 박식하며 손해가 있어도 명예나 자존심을 선택하는 귀격사주이다.

그러나 이것의 성립은 반대로 일간이 화(丙)이고, 월지나 일지가 목(甲)인 경우 에도 성립되는데 이때는 비조부혈(飛鳥跌穴)이 되어 이것 역시 좋은 귀격사주가 된다. 물론 이것들은 모두 통근 뿌리가 강(強)해야 된다.

월지 지장간에서 천간에 투출(透出)이 성립되면 더 견고한 목화통명 격(格)이다.

특히, 목화통명(木火通明)의 성립은 목기운(甲, 乙, 寅, 卯) 옆에 화기운(丙, 丁, 巳, 午)이 붙어 있어야 성립되며, 무더운 여름에 태어난 경우는 성립되지 않는다. 목화통명 사주를 보자.

사주(四柱)		지장간(支藏干)
甲	辰	ⓐ乙, 癸, 戊
②丙	寅	戊, ⓑ丙, ⓒ甲
①甲(목)	③午(화)	ⓓ丙, 己, ⓔ丁
④丁(화)	卯	ⓕ甲, ⓖ乙

일간 ①甲이 목(木)이고, 월간 ②丙이 화(火)이며 추운 인(寅)월 즉 1월에 태어났기 때문에 목화통명이 성립되며, 아울러 ①甲과 ②丙은 목(木)과 화(火)로 지장간의 ⓐ, ⓑ, ⓒ, ⓓ, ⓔ, ⓕ, ⓖ와 통근이 성립된다.

또한 일간 ①甲(목) 밑에 시간의 ④丁(화)과의 관계는 유신유화(有薪有火)가 성립되기 때문에 더욱 빛나는 귀격 사주가 된다.

아울러 위 사주는 월지 인(寅)의 지장간 ⓑ丙(화)이 천간 ②丙에 투출(透出)되므로 이것 역시 더욱 견고한 목화통명 격(格) 사주이기도 하다.

위 사주에서 여러 형태의 목화통명의 사주 성립 조건을 제시했지만, 일반적 사주에서는 이 중 1개만 성립되면 된다.

---

13. 주류무체(周流無體)와 생생불식(生生不息) 사주로 판단하자.

주류무체와 생생불식 사주는 인생 운로가 평범하게 물흐르듯 막힘없이 잘 풀려나가는 사주로 귀격사주이다.

이것의 성립은 년주(年柱), 월주(月柱), 일주(日柱), 시주(時柱) 및 천간(天干)과 지지(地支) 그리고 지장간(支藏干)의 오행(五行)이 차례차례로 서로서로 상생관계(相生關係)가 성립되는 것을 말한다. 아래 사주를 보자.

A. 주류무체 사주				B. 생생불식 사주		
구분	천간	지지	지장간	구분	천간	지지
년주(年柱)	①甲(목)	申		년주(年柱)	①壬(수)	寅
월주(月柱)	庚	②午(화)	Ⓐ丙(화), 己 Ⓑ丁(화)	월주(月柱)	②甲(목)	辰
일주(日柱)	③戊(토)	④申(금)		일주(日柱)	③丁(화)	亥
시주(時柱)	⑤癸(수)	丑		시주(時柱)	④己(토)	酉

A. 주류무체 사주는 년주(年柱)의 ①甲(목), 월주(月柱)의 ②午(화), 일주(日柱) ③戊(토)와 ④申(금), 시주(時柱)의 ⑤癸(수)의 오행들은 목생화(木生火), 화생토(火生土), 토생금(土生金), 금생수(金生水)의 상생관계(相生關係)가 성립되어 서로 서로 연결되었기 때문에 주류무체 사주가 성립된다. 이때 해당 오행(五行)이 천간과 지지에 없는 경우 지장간에 존재한다면 이것 역시 주류무체가 성립된다. 위 사주에서 예를 들면 ②午(화)가 월지에 존재하지 않고 지장간에 동일한 화기운에 해당되는 Ⓐ丙(화)과 Ⓑ丁(화)가 존재하므로 이것 역시 주류무체 사주가 성립된다. 물론 공망(空亡)이나 충(沖)을 받으면 성립되지 않으나, 합(合)이 성립되고 지장간의 장합(藏合)이 성립되면 충과 공망을 받아도 괜찮다. B. 생생불식 사주는 천간이 년(年), 월(月), 일(日), 시(時)에서 ①壬(수), ②甲(목), ③丁(화), ④己(토)의 상생(相生關係)가 성립되어 생생불식 사주이다. 생생불식 사주는 간지가 아닌 지지 오행도 성립된다.

주류무체(周流無體)와 생생불식(生生不息) 사주 모두는 년주(年柱), 월주(月柱), 일주(日柱), 시주(時柱)로 이어지면서 상생관계가 이루어져야만 성립되는 것이지, 이와 반대로 시주, 일주, 월주, 년주로 이어지는 상생작용은 주류무체나 생생불식 사주가 아니며, 이것은 나쁜 사주가 되어, 자식이 부모를 위해서 몸을 파는 화류계 등에서 볼 수 있는 흉(凶)한 사주이다.

> 14. 간여지동(干與支同), 인성과대(印星過大),
>   수다목부(水多木浮), 토다매금(土多埋金),
>   양권(楊圈)과 음권(陰圈) 판단으로 해석하자.

사주 구성에서 대표적으로 가장 많이 활용되는 것들은 간여지동, 인성과대, 수다목부, 토다매금, 양권과 음권 등이 있는데, 이들을 판단하고 해석(解析)해 보자.

■ 간여지동(干與支同) 사주
년주, 월주, 일주, 시주의 구성이 천간(하늘)과 지지(땅)이 같은 오행으로 구성된 것을 말하는데, 예를 들면 갑인(甲寅, 목목), 을묘(乙卯, 목목), 병오(丙午, 화화), 정사(丁巳, 화화)… 등을 말한다. 이 경우 음양(陰陽)의 조화가 맞지 않는 관계로 타인과 사이가 나쁘고, 고집과 성질이 더럽고 남을 생각하지 않는 자기주장이 강한 사람을 말하는데 년주에 간여지동(干與支同)이 있으면 조상복이 없고 조부와 조모는 사이가 나빴으며, 월주에 존재하면 부모들의 사이가 나쁘고, 일주에 존재하면 첩을 두거나 이혼 등이 있으며, 시주에 존재하면 자식과 사이가 나쁘다. 물론 합(合)을 이루어 변화(化)되거나 혹은 충(沖)이나 공망(空亡) 등이 작용되면 그 힘은 약(弱)해진다. 예를 들어보자.

구분	천간	지지
년주(年柱)	乙	巳
월주(月柱)	戊	子
일주(日柱)	①甲(목)	②寅(목)
시주(時柱)	癸	未

위 사주는 일주의 천간 ①甲(목)과 지지 ②寅(목)은 같은 목(木)으로 구성되어 있어 간여지동이 성립된다. 이 경우 일주(日柱)에 성립되어 있으므로 위 사람은 부부간 사이가 나쁘다고 판단한다.

■ 인성과대(印星過大) 사주

인성(편인, 인수)은 본인에 해당되는 일간(日干)을 생(生)해주는 오행을 말하는데, 본인에게 힘을 실어주는 것이므로 큰 도움을 주게 되기 때문에 인성이 강한 사주는 신강(身强) 사주가 된다.

그러나 인성이 너무 과도하게 자신에게 도움을 많이 준다면 부작용이 발생된다.

이것을 인성과대(印星過大) 혹은 모왕자쇠(母旺子衰)라고 하여, 이것은 어머니는 강(强)하고 자식은 약(弱)하기 때문에 부작용이 발생된다. 즉 아들은 버르장머리가 없고, 자립(自立)하지 못하고 약(弱)하다. 때문에 아들을 극(剋)하고 단명하는 모자멸자(母慈滅子)한다. 사주 구성에서 인성 과다를 정리하면 아래와 같다.

일간 오행	인성 오행		내용
수(水)	금(金)	금다수락(金多水濁)	금(金)이 많으면 물(水)이 탁해진다.
금(金)	토(土)	토다매금(土多埋金)	흙(土)이 많으면 금(金)이 빛을 발휘하지 못하고 흙속에 묻힌다.
		토다금매(土多金埋)	
		토후금매(土厚埋金)	
토(土)	화(火)	화염토조(火炎土燥)	화(火)가 강하면 흙(土)이 말라버린다.
		화다토조(火多土燥)	
화(火)	목(木)	목다화식(木多火熄)	나무(木)가 너무 많으면 불(火)이 꺼진다.
목(木)	수(水)	수다목부(水多木浮)	물(水)이 너무 많으면 나무(木)가 물에 뜬다.
		수범목부(水泛木浮)	

특히 인성과대(印星過大) 사주는 자식(子息)을 두지 못하는 무자식(無子息) 사주(四柱)로도 판단한다. 그 외 무자식(無子息) 사주 판단은 남자의 경우 자식에 해당되는 관성(편관, 정관)을 극(剋)하거나, 여자는 식상(식신, 상관)을 극(剋)하는 경우도 무자식으로 판단하는데 사주 구성에서 무자식 사주를 정리하면 아래와 같다.

무자식(無子息) 사주	내용
인성과대(印星過大) 사주	인성과다 내용 참조
금한수냉(金寒水冷) 사주	사주에 차가운 금과 수가 많아도

	자식이 없다.
관재태왕(官財太旺) 사주	사주에 관살(편관, 정관)과 재살(편재, 정재)이 너무 많아도 자식이 없다.
만국식상(滿局食傷) 사주 식상태강(食傷太强) 사주	사주에 식신과 상관이 너무 많아도 자식이 없다.
식상심약(食傷甚弱) 사주	사주에 식신과 상관이 너무 약(弱)해도 자식이 없다.
인수첩첩(印綬疊疊) 사주	사주에 인수가 너무 많아도 자식이 없다.
토금습체(土金濕滯) 사주	사주에 흙이 너무 습하고 힘이 없는 사주도 자식이 없다.

이러한 인성과대(印星過大) 사주 중 수다목부(水多木浮)과 토다매금(土多埋金)을 예를 들면 아래와 같다.

■ 수다목부(水多木浮) 사주

사주 구성에서 수(水)기운이 가한 사람 즉 임(壬), 계(癸), 해(亥), 자(子)가 3개 이상인 사람을 수다목부(水多木浮) 사주라고 하는데 이 경우 한곳에 정착하지 못하고 평생 부평초처럼 떠돌아다니게 된다. 용신(用神)은 수(水)를 극(剋)하는 토(土)를 사용한다. 그러나 수(水)기운이 아주 강(强)하여 토(土)가 감당이 안될 경우는 목(木)으로 용신으로 사용하는데, 이 경우 목(木)은 뿌리가 강(强)해야 되며 그렇지 못한 경우 목(木) 역시 수(水)의 힘에 쓸려 내려가기 때문에 토(土)와 목(木)에 해당되는 육친(六親)은 유명무실하게 된다.

■ 토다매금(土多埋金) 사주

사주 구성에서 토(土)기운이 강한 사람 즉 무(戊), 기(己), 신(辰), 술(戌), 축(丑), 미(未)가 3개 이상인 사람을 토다매금(土多埋金) 사주라고 하는데 이 경우 빛나는 금(金)을 땅에 묻기 때문에 우둔하고 두각을 나타내기 어렵다.

■ 양권(楊圈)과 음권(陰圈) 판단

양권과 음권은 음(陰)과 양(陽)과는 다른 것으로 천간(天干) 10간
(干)과 지지(地支) 12지(支)를 절기로 구분해 놓은 것이다.

이것이 사주 명리학에서 의미는 일간(日干) 기준으로 양권은 양권
끼리 만나면 좋고, 음권은 음권끼리 만나면 좋은 것으로 판단한
다. 그 이유는 이들의 관계는 서로 충(沖)의 관계가 이루어지지 않
고, 같은 것끼리 큰 힘을 발휘하기 때문이다. 따라서 이것으로 육
친(六親), 대운(大運)과 세운(歲運) 그리고 궁(宮)의 해석은 물론 궁
합(宮合)을 쉽게 판단하기도 한다.

양권(楊圈)	천간	乙, 丙, 戊, 癸, 庚
	지지	卯, 辰, 巳, 午, 未, 申
음권(陰圈)	천간	甲, 己, 丁, 壬, 辛
	지지	戌, 亥, 子, 丑, 寅, 酉

이제 양력으로 1986년 6월 11일 밤 22:50분에 태어난 남자 이길동
의 사주에서 양권(楊圈)과 음권(陰圈)을 적용시켜 사주를 판단해
보자.

구분	천간	지지	육친		지장간
년주(年柱)	①丙	④寅	비견	편인	戊, 丙, 甲
월주(月柱)	②甲	⑤午	편인	겁재	丙, 己, 丁
일주(日柱)	기준 (丙)	⑥戌	·	식신	辛, 丁, 戊
시주(時柱)	③己	⑦亥	상관	편관	戊, 甲, 壬

이길동의 일간(日干)은 양권에 해당되는 병(丙)이다.

우선 궁으로 조상, 부모 그리고 자식에 대한 판단을 해보자. 조상
에 해당되는 년간의 ①丙은 양권(楊圈)으로 일간의 병(丙)과는 같
은 양권이므로 조상덕은 있다고 판단한다. 그러나 ①丙은 흉신(凶
神)에 해당되는 비견이므로 이길동은 조상덕은 없다. 다음은 부모
를 판단해보자. 부모는 월간의 ②甲이고 이것은 음권이다. 일간은
양권이므로 서로 다르기 때문에 부모덕 역시 없다. 자식은 시간의
③己이므로 이것은 음권에 해당되므로 일간과는 반대가 되기 때
문에 이길동은 자식복은 없다.

이제 양권과 음권을 적용시켜 지지(地支) 육친(六親)을 판단해 보

자.

부부운을 판단해 보자. 부인에 해당되는 것은 일지 ⑥戌이고 이것은 음권이다. 일간 병(丙)은 양권이므로 이길동의 부부운은 나쁘다.

형제복을 판단해 보자. 형제에 해당되는 ⑤午(겁재)는 양권이고, 이것은 일간과 같은 양권이지만 ⑤午은 공망이 성립되어 이길동은 형제나 친구복은 없다.

다음은 양권과 음권으로 궁합(宮合)을 판단해 보자.

본 책의 12장 궁합에서 적용시킨 음력 1986년 8월 12일 새벽 01:40 출생한 곤명(坤命) 김미녀와 이길동과 궁합을 판단해 보자.

구분	천간	지지
년주(年柱)	丙	寅
월주(月柱)	丁	酉
일주(日柱)	①壬	戌
시주(時柱)	辛	丑

이길동은 일간 병(丙)과 김미녀의 일간은 ①壬으로 각각 양권과 음권이므로 이들의 궁합이 좋지 않다.

그러나 남녀 간의 궁합 판단은 양권(楊圈)과 음권(陰圈)의 판단만으로 결론짓는 것은 아직 이르고, 궁합을 더욱 심도 있게 판단하는 용신(用神) 등 다른 것들도 포함해서 종합적으로 적용하여 최종 판단해야 한다.

15. 재물운(財物運), 관운(官運), 법관(法官), 관성(정관, 편관 즉 관살) 사주를 판단하자.

여기서 소개하는 것들은 사주 해석에 있어서 반드시 확인하고 판단해 주어야될 사항으로 타고난 재물운, 관운, 법관 그리고 관성에서 파상된 것으로 길성(吉星)으로 작용하는 것들과 흉성(凶星)으로 작용 되는 것 중 중요한 것들을 소개할 것이니, 독자들은 사주 구성에서 이들을 잘 활용해서 통변(通辯)해 주길 바란다.

■ 식신생재(食神生財) 사주

타고난 큰부자의 사주 즉 식신생재 사주의 특징은 아래와 같다.

식신생재 사주 성립조건	• 식신은 위치에 상관없이 재성(편재, 정재)을 생(生)하면 성립 된다(식신생재 사주). • 월지(月支) 식신의 지장간은 천간 재성(편재, 정재)에 투출되면 성립 된다(식신생재격 사주). • 월지(月支) 재성(편재, 정재)의 지장간은 천간 식신에 투출되면 성립 된다(식신생재격 사주). • 서로 생(生)하는 작용은 간지(干支)나 혹은 지지(地支) 모두 상관이 없다. • 작용되는 상호간 거리가 너무 멀리 떨어진 경우는 약(弱)하다. • 충(沖), 공망(空亡)이 작용되면 성립이 안 된다. • 일간(日干)은 강(强)해야 한다. • 대운(大運)과 세운(歲運)에도 성립된다. • 재다신약 사주에서는 성립되지 않는다.
특징	• 창조력이 탁월하다. • 정열적이다. • 대인관계가 좋고, 색을 탐한다. • 봉급쟁이 보다는 장사나 사업이 적성에 맞는다.

아래 사주는 양력 1915년 11월 25일 축시(丑時)로 한국 대표 재벌에 해당되는 고 정주영 현대그룹회장의 A사주와 B사주를 보자.

A사주(정주영 사주)			B사주			
사주四柱	육친(六親)		사주四柱	육친(六親)		지장간
乙 卯	③정재木	정재	己 未	겁재	겁재	
丁 亥	④정관火	②식신水	③壬 ①申	편재	식신	戊 ②壬 庚
庚 申	①(金)	비겁	戊 子	·	정재	
丁 丑	정관	정인	庚 申	식신	식신	

우선 A사주(정주영 사주)는 ②식신(水)이 ③정재(木)를 생(生)해주고 있으므로 식신생재 사주이다. 또한 이것들은 일간(日干) 본인을 기점으로 金-水-木-火으로 생(生)하는 조건이 성립되어, 식신에서 정재 그리고 큰 부자의 필수조건의 정관 그리고 본인으로 이어지는 작용이 형성되어 더욱 탄탄한 식신생재 사주를 형성하고

있다.

특히 A사주(정주영 사주)는 정관이 존재하므로 식신생재 사주에서 큰 부자의 필수조건을 갖추게 되었다.

위 사주를 다시 대운(大運)에서 판단해 보면 45세에서 54세에 해당되는 임오(壬午) 대운에 식신이 추가로 들어오는 운(運)이 되므로 45세 이후부터 현대그룹은 본격적인 부(富)가 발복(發福)되었음을 알 수 있다.

B사주는 월지 ①申(금)이 식신이고 이것의 지장간 ②壬는 천간 재성(편재) 즉 ③壬에 투간되니 식신생재격 사주이다.

특히, 독자들은 100% 식신생재(食神生財) 사주는 아니더라도 충(沖), 공망(空亡) 등의 나쁜 흉성(凶星)이 작용되지 않는 이와 비슷한 사주 구성인 경우 재복(財福)으로 나쁘지 않다는 사실을 알아야 한다.

지금까지 식신(食神)의 작용 중 재물(財物)에 해당되는 식신생재(食神生財) 사주에 대하여 알아보았다. 특히 식상(식신, 상관)은 나쁜 칠살(편관)을 중화시켜 길성(吉星)으로 전환시켜 사주 해석에서 많이 활용되는데 이러한 것들은 무수히 많이 존재한다. 우선 여기서는 살인상생(殺印相生), 식신제살(食神制殺), 상관제살(傷官制殺)은 물론 제살태과(制殺太過), 편인도식(偏印倒食) 및 육친(六親)의 기능에 대하여 소개하니 독자들은 식신(食神)과 관련된 사주 해석(解析) 즉 통변술(通辯術)에서 꼭 활용해 주길 바란다.

■ 식신제살(食神制殺) 사주

식상(식신, 상관)이 관성(편관, 정관)을 극(剋)하는 것을 식신제살(격) 사주이다. 특히 식신이 나쁜 칠살(편관)을 극(極)하는 경우가 많다.

이 경우 신약사주에서 질병과 채무 그리고 규제로부터 해방되는 것으로 길(吉)한 사주가 된다. 이런 사람은 구질구질한 것을 싫어하고, 확실한 성격으로 잘못된 것을 바로잡아주어야 적성이 풀리는 사람

으로 윗사람에게 대들고 바른말을 잘하는 깐깐한 사람이다. 식신제
살이 있는 사람들은 상업(商業)이나 서비스 혹은 남 밑에서 근무하
는 직업엔 적성에 맞지 않고, 교육직이나 연구직 혹은 공무원, 군인,
검찰 등의 직업이 맞다. 특히 여성의 경우 식신제살이라면, 남편 길
들이기를 하면서 살아가는 사람이다. 예를 들어보자.

사주(四柱)		육친(六親)	
辛	酉	②편관	③편관
丁	酉	①식신	④편관
乙	卯	·	비견
乙	酉	비견	⑤편관

위 사주는 ①식신은 나쁜 관살에 해당되는 ②편관, ③편관, ④편
관, ⑤편관을 화(火)를 금(金)으로 화극금(火剋金)하여 극(剋)하게
됨으로 나쁜 칠살(편관)을 제압하기 때문에 식신제살(食神制殺) 사
주이다. 식신제살격은 월지에서 투간 작용으로 성립된다.

이와 비슷한 상관제살(傷官制殺)은 상관이 관성(편관, 정관)을 극
(剋)하는 것을 말하는데 이것 역시 길(吉)한 사주로 식신제살(食神
制殺)과 비슷한 결과를 초래하지만 이 경우는 관성이 약할 때 적
용한다. 특히 식신제살 사주는 나쁜 관살혼잡(官殺混雜)이 된 사
주에서 편관을 제압하여 유용하게 적용시킬 수 있는 구세주이기
도 하다.

식신제살 사주의 용신(用神)은 식상(식신, 상관)이며 대운(大運)과
세운(歲運)에서 식상운이 들어오면 발복(發福)하게 된다. 그러나
인성운에서는 식상운이 손상되기 때문에 파료상관(破了傷官)이
되어 나쁜 대난(大難)이 찾아온다. 또한 재성(편재, 정재)운에서는
관성의 힘이 강해지므로 식신제살 사주에서는 재성운 역시 흉운
(凶運)으로 나쁘다. 따라서, 식신제살 사주는 돈과 여자에 대한 욕
심을 부리면 부릴수록 편관의 힘이 강해지므로 버리는 것이 좋다.
특히, 여성의 경우 편관은 남편으로 볼 수 있기 때문에 남편과의
사이도 때에 따라서는 위태로울 수도 있다.

문제는 식상(식신, 상관)이 관성(편관, 정관)의 세력보다 강(強)하

면 안된다. 그러면 관성이 완전 무력화되기 때문에 이런 사주를 제살태과(制殺太過) 사주이다. 제살태과 사주는 아주 나쁜 사주가 된다. 그 이유는 관살 즉 나쁜 편관도 사주 구성에서 적절히 균형(均衡)있게 쓰먹어야 길(吉)하기 때문이다. 아래 제살태과 사주를 보자.

■ 제살태과(制殺太過) 사주

제살태과 사주는 식상(식신, 상관)이 관성(편관, 정관)의 세력보다 강(强)하여 관성이 완전 무력화된 사주를 말하는 것으로 아주 나쁜 사주가 된다. 예를 들어보자.

사주(四柱)		육친(六親)	
辛	卯	정재	인수
戊	戌	①식신	②식신
丙	辰	·	③식신
己	亥	상관	④편관

위 사주는 ①식신, ②식신, ③식신 3개의 강(强)한 토(土)가 약(弱)한 ④편관 1개의 수(水)를 극(剋)하여 완전 무력화시켰기 때문에 식신제살(食神制殺)이 아니라 나쁜 제살태과(制殺太過)사주가 된다. 편관은 중화시켜야 되지만 너무 과도한 중화는 나쁜 결과를 초래하기 때문이다.

제살태과 사주는 용신(用神)은 인수(정인)이고, 인성운에서 발복(發福)하게 된다. 그러나 식상(식신, 상관)운을 만나면 진법무민(盡法無民)이 되어 자손이 대흉(大凶)하고 불구, 극자, 사망하게 된다. 원래 제살태과 사주는 남자에게는 지병이 있고, 부부운이 나쁘며 소실 자손이 길(吉)하다. 여자는 남편복이 없고 여러번 재혼은 물론 이혼(離婚) 등으로 과부운이다.

위 사주에서 아래 대운(大運)을 보자.

97	87	77	67	57	47	37
戊	己(상관)	庚	辛	壬	癸	甲(편인)
子	丑(상관)	寅	卯	辰	巳	午(겁재)

대운 37세 때는 천간이 편인(甲)으로 목(木)기운은 강한 식신의 토(土)기운을 극(剋)하여 발복운을 맞이했으나, 사주 원국과 갑기합(甲己合)이 성립되어 이것은 토(土)기운으로 전환되기 때문에 오히려 식신의 토(土)기운이 더 강하게 작용됨으로 불운(不運)의 진법무민(盡法無民)이 되었고, 87세 때 역시 상관(己)의 토(土)기운이 다시 들어옴으로써 편관을 완전 무력화되어 진법무민을 맞아 사망하게 되었다.

그러나 나쁜 제살태과(制殺太過) 사주일 경우라도 지장간에 관성(편관, 정관)의 뿌리(통근)가 강(强)한 신강 사주이거나 혹은 신약 사주일 경우라도 지장간에 관성(편관, 정관)이 뿌리가 강(强)한 경우 제살태과 성립되지 않고 오히려 국가에 관(官)을 먹는 살장관로(殺藏官露) 혹은 관장살로(官藏殺露) 사주(사주 원국에 정관이나 편관이 하나가 존재하고, 지장간에 다른 관성이 존재하는 경우)가 성립된다. 아래 사주를 보자.

사주(四柱)		육친(六親)		지장간
Ⓐ乙	丑	편관	비견	癸, 辛, 己
①庚	辰	상관	겁재	㉮乙, 癸, 戊
己	Ⓑ卯	·	편관	㉯甲, ㉰乙
壬	②申	정재	상관	戊, 壬, 庚

위 사주는 신강 사주로 상관에 해당되는 ①庚(금)과 ②申(금)은 편관에 해당되는 Ⓐ乙(목)과 Ⓑ卯(목)을 금극목(金剋木)이 되어 편관을 모두 없애므로 나쁜 제살태과 사주이다. 그러나 Ⓐ, Ⓑ의 편관은 지장간에 같은 목(木)에 해당되는 ㉮乙, ㉯甲, ㉰乙의 강(强)한 통근 즉 뿌리가 형성되므로 편관이 완전 소멸되지 않고 살아남게 되어 위 사주는 제살태과 사주가 아니라, 살장관로(殺藏官露) 사주가 되어 국가에 관(官)을 먹는 사주가 된다.

■ 편인도식(偏印倒食) 사주

편인도식은 편인이 식신을 극(剋)하는 것을 말하는데 이것은 밥그릇을 도식(盜食) 즉 엎기 때문에 식신의 본래의 기능은 없어지고 가난을 면치 못하는 것을 말한다. 이 경우 가난뿐만 아니라 목표 의식이 없어지고 자식에 대한 애정도 없어진다. 편인도식이 성립 되는 사주에서 재성(정재, 편재)이 없는 경우 가난의 정도는 더 심 해진다. 편인도식 사주는 아래와 같다.

사주(四柱)		육친(六親)	
①丙	○	식신	○
②壬	○	편인	○
甲	○	·	○
○	○	○	○

위 사주는 ①丙은 식신으로 화(火)이며, ②壬는 편인으로 수(水)이 다. 이때 편인은 식신을 수극화(水剋火)로 극(剋)하므로 편인도식 이 성립된다.

■ 비겁(비견, 겁재)이 식상(식신, 상관)을 생(生)해 줄 때
사주 구성에서 비겁(비견, 겁재)이 식상(식신, 상관)을 생(生)해 주 는 경우 이거나 혹은 이들이 대운(大運)이나 세운(歲運)에서 들어 올 경우는 남들로부터 인기를 얻고, 후원자가 생기며, 아울러 주 위에 이름을 날리게 되는 운(運)이 된다. 특히 이 경우 군겁쟁재 (群劫爭財)와 군비쟁재(群比爭財) 사주가 아니라면 남들과 동업해 도 좋고, 상업적으로 성공하게 된다.
다음으로, 재물(財物)에서 필패(必敗)하는 군겁쟁재와 군비쟁재 사 주(四柱)를 알아보자.

■ 군겁쟁재(群劫爭財)와 군비쟁재(群比爭財) 사주
군겁쟁재와 군비쟁재 사주란? 사주 구성에서 남편은 부인에게, 부 인은 남편은 물론 형제나 주위 친구들로 부터 재물(財物)은 물론 배우자(남편, 부인)를 모두 빼앗기는 사주를 말하는데, 이것들의 사주 구성은 겁재(劫財)와 비견(比肩)이 강(強)하게 구성된 신강(身 強) 사주를 말한다. 이것의 성립은 재성(편재, 정재)이 약(弱)하고 겁재가 강한 사주를 군겁쟁재라고 하고, 비견이 강한 사주를 군비

쟁재라고 하지만 둘 다 동일하게 본다.

이들은 육친(六親) 작용 중 형제 혹은 동업자 그리고 부인과 남편에 해당되는 것들로 통근(通根)과 득령(得令) 등이 강(强)하게 작용되는 관계이기 때문에 처음에는 무리를 지어 강한 단결심을 나타나지만 결국 재물(財物)과 배우자(남편, 부인) 그리고 권력 문제로 인하여 서로 싸우고 파멸(破滅)하게 된다.

이 경우 동업자 혹은 남자는 여자에게, 여자는 남자들에게 재산을 빼앗긴다는 뜻이므로 결국 부부는 이혼(離婚)하게 되고 헤어지게 된다. 따라서 군겁쟁재나 혹은 군비쟁재의 사주는 양인살이 존재하거나 혹은 양인격과 건록격과 비교되는 것으로 이런 사주의 경우 사업이나 혹은 남들과 동업해선 필패(必敗)하게 되며, 권력(權力) 역시 사라지게 된다.

우리 주위에서 돈과 권력 그리고 명예를 얻고난 후 배우자(남편, 부인), 동업자, 형제들에게 필패(必敗)하는 경우가 많은데 이런 사람들의 사주를 분석해 보면 군겁쟁재와 군비쟁재에 해당되는 사람들이다. 그렇지만 비견(比肩)과 겁재(劫財) 세력을 관성(편관, 정관)으로 극(剋)하든지 아니면 충(沖), 공망(空亡) 등으로 세력을 약(弱)하게 하는 경우 오히려 잘 풀려나가는 경우도 가끔은 있다. 아래 A와 B사주를 보자.

A사주			B사주		
사주(四柱)	육친(六親)		사주(四柱)	육친(六親)	
庚 辰	상관	②겁재	丙 午	①비견	③겁재
丁 亥	편인	정재	甲 午	편인	④겁재
己 未	·	③비견	丙 戌	·	식신
戊 辰	①겁재	④겁재	丁 酉	②겁재	정재

위의 A와 B사주 모두는 사주 구성에서 비견과 겁재가 절대적으로 강(强)하기 때문에 재산이나 배우자(남편, 부인)에 해당되는 정재를 목표로 삼아 서로 싸움으로써 필망하게 되는 군겁쟁재(群劫爭財) 및 군비쟁재(群比爭財)의 사주이다.

이들이 들어오는 시기는 대운(大運)이나 세운(歲運)에서 다시 비견과 겁재가 추가로 들어올 때 조심해야 된다. 특히 B사주의 경우

화(火)기운이 강(强)한 군겁쟁재(群劫爭財) 사주이므로 화려한 것
을 좋아하고, 남들 앞에 나서거나 자랑하려는 습관이 매우 강한
성격의 소유자이기도 하다.

본래 군겁쟁재과 군비쟁재(群比爭財)는 육친(六親) 관계에서 비견
과 겁재에 해당되는 형제가 사주 구성에 많다는 뜻으로 이는 재
물(財物) 즉 재성(편재와 정재)을 파멸시키며(극하고), 돈이 많으면
인성(편인, 인수) 즉 어머니를 버리는 것(극한다)과 동일하게 작용
되는 것이다.

참고로 재다신약(財多身弱) 사주라는 것은 사주 구성에서 재성(편
재, 정재)이 많고, 본인에 해당되는 일간(日干)이 이들 오행들과 사
주 뿌리 통근(通根)은 물론 득령(得令), 득지(得地), 득세(得勢)를 얻
지 못하는 신약(身弱)한 사주를 재다신약 사주 혹은 재성태왕(財
星太旺) 사주라고 한다. 이러한 재다신약 사주는 마음이 소심하고,
자린 고비가가 많으며, 부인에게 꼼짝을 못하고, 남들과의 경쟁력
은 약(弱)하고 돈과 여자를 추구하는 성격이 강(强)하나 이것들을
자신의 것으로 만들지는 못한다. 건강(健康) 또한 나쁘다. 문제는
재다신약의 경우 본인에 해당되는 일간(日干)이 강(强)하게 통근(通
根)되지 않는 경우 재성(정재, 편재)이 사주에 존재한다고 해서 재
물(財物)이 들어오는 것이 아니라 재물이 흩어지므로 부자집에 가
난한 사람이 된다. 또한 고향(故鄉)을 떠나서 살며, 부부 사이가 나
쁘며 부인(婦人)이 사회활동을 해야만 좋다. 재다신약 사주에서 용
신(用神) 판단은 재성 즉 편재, 정재를 극(剋)하는 비겁(비견/겁재)을
용신으로 사용하고, 비겁운이 들어오면 재물(財物)을 얻게 된다. 그
러나 식상(식신, 상관) 운에서는 재물을 잃는다.

■ 관운(官運), 출세운(出世運), 승진운(昇進運) 판단
사주에서 관운(官運)과 출세운(出世運), 승진운(昇進運)을 판단할
때는 관성 즉 편관(偏官)과 정관(正官)으로 판단한다.
이제 타고난 관운(官運) 사주에 해당되는 관인상생(官印相生)과 살
인상생(殺印相生) 사주에 대하여 알아보자.

관인상생(官印相生)과 살인상생(殺印相生)은 국가에 관(官)을 먹는
사주로 높은 벼슬은 물론 고위 공직자에 오를 수 있는 사주다. 사
주 구성에서 이들의 성립조건은 정관이나 편관이 정인이나 혹은
편인은 물론 본인에 해당되는 일간(日干)과 서로서로 상생(相生)
작용이 이루어져야 하고, 이것들의 지장간(支藏干)은 천간(天干)에
존재하는 편관 등에 투출(透出)작용이 성립되어야 한다.

이러한 작용이 이루어지는 근본 이유는 관성(편관, 정관)은 나를
극(剋)하는 오행이므로 일간(日干)이 튼튼하지 못하면 질병이나 명
예손상이 찾아오게 된다. 그러나 인성(편인, 인수=정인)이 존재하
면 관성은 더 이상 본인을 괴롭히지 않고, 인성을 생(生)하고자 하
기 때문에 사주 균형(均衡)이 유지될 뿐만 아니라 국가에 관록(官
祿)을 먹고 사는 귀격사주가 된다. 이런 작용에는 관인상생(官印
相生)과 살인상생(殺印相生)이 있다. 이제 이들의 성립되는 조건은
다음과 같다.

구분	성립조건
▫ 관인 상생 (官印相 生) 사주	● 정관은 정인(인수)과 일간(日干)을 생(生)하는 작용이 이루어지면 성립된다(관인상생 사주). ● 월지(月支) 정관의 지장간은 천간 정인(인수)과 투출(透出)이 이루어지면 성립된다(관인상생격 사주). ● 이들의 성립조건은 일간(日干)을 중심으로 정관, 인성이 반드시 붙어 있어야 한다.
▫ 살인 상생 (殺印相 生) 사주	● 편관은 편인과 일간(日干)을 생(生)하는 작용이 이루어지면 성립된다(살인상생 사주). ● 월지(月支) 편관의 지장간은 천간 편인과 투출(透出)이 이루어지면 성립된다(살인상생격 사주). ● 이들의 성립 조건은 일간(日干)을 중심으로 편관, 인성이 반드시 붙어 있어야 한다.
<공통 사항>	● 일간(日干)이 강(强)해야 한다. ● 3개가 상호 작용되는 거리가 멀리 떨어진 경우는 성립되지 않는다. ● 충(沖)이나 공망(空亡)이 작용되면 성립이 안 된다.

이제 이들의 성립조건은 물론 성립되지 않는 조건을 보기를 들어 관인상생과 살인상생 사주를 확인해 보자.

▣ 관인상생(官印相生) 사주

관인상생 사주는 정관이 정인(인수)과 일간(日干)을 생(生)하는 작용이 이루어지거나(관인상생 사주) 또는 월지(月支) 정관의 지장간은 천간 정인(인수)과 투출(透出)이 이루어지면 성립된다(관인상생격 사주).

아래 A사주와 B사주를 보자.

A사주					B사주			
사주(四柱)		육친(六親)			사주 (四柱)		육친(六親)		지장간 (支藏干)
○	○	○	○		甲	子	정관	편재	
壬	申	②정인(水)	①정관(金)		⑤丙	寅	②인수(火)	①정관(木)	④丙안녕,己丁
乙	巳	③(木)	상관		己	丑	③(土)	비견	
○	○	○	○		甲	子	정관	편재	

A사주는 ①정관(金)은 ②정인(水) 그리고 일간의 ③(木)과 금생수생목(金生水生木)의 상생관계가 성립될 뿐만 아니라, 일간, 정인, 정관이 상호 붙어있으므로 관인상생 사주이다. B사주는 월지(月支) 정관의 지장간 ④丙(인수)는 천간 ⑤丙(인수)와 투출(透出)이 이루어지면서 일간과 목생화생토(木生火生土)의 상생관계가 성립되기 때문에 관인상생과 동일한 관인상생격 사주가 된다.

따라서 관인상생이나 관인상생격이나 이들은 모두 고위 공직자 사주이다.

▣ 살인상생(殺印相生) 사주

살인상생 사주는 편관이 편인과 일간(日干)을 생(生)하는 작용이 이루어지거나(살인상생 사주) 또는 월지(月支) 편관의 지장간은 천간 편인과 투출(透出)이 이루어지면 성립된다(살인상생격 사주). 이것은 나쁜 칠살(편관)을 중화시키기 위한 것으로 아래 사주를 보자.

사주(四柱)		육친(六親)	
己	未	①편관(土)	편관
癸	酉	비견	②편인(金)
癸	未	③(水)	편관
丙	辰	정재	정관

위 사주는 ①편관(土)은 ②편인(金) 그리고 일간의 ③(水)와 토생금
생수(土生金生水)의 상생관계가 성립되고, 상호 붙어 있으므로 살
인상생 사주가 된다. 또한 살인상생격 사주는 월지(月支)가 편관
이고 지장간의 편인은 천간과 투출이 이루어지면 성립된다. 이것
역시 국가에 관록(官祿)을 먹는 사주이다.

■ 살인상생(殺印相生)이 성립되지 않는 사주

사주(四柱)		육친(六親)	
癸	丑	①편관(水)	식신
己	未	식신	식신
丁	未	③(火)	신신
乙	巳	②편인(木)	겁재

위 사주는 년간의 ①편관(水)은 시간의 ②편인(木)과 본인에 해당
되는 ③일간(火)까지 수생목생화(水生木生火)의 상생 작용이 성립
되어 살인상생(殺印相生) 사주이나, 문제는 ①편관(水)과 ②편인
(木)의 둘 사이는 거리가 너무 멀리 떨어져 있기 때문에 살인상생
사주가 성립되지 않는다.

이러한 조건은 관인상생(官印相生) 사주에서도 동일하게 작용된다.
이제 양력으로 1986년 6월 11일 밤 22:50분에 태어난 남자 이길동
의 사주에서 살인상생(殺印相生)을 판단해 보자.

구분	천간	지지	육친	
년주(年柱)	①丙	②寅	비견	편인
월주(月柱)	③甲	④午	편인	겁재
일주(日柱)	⑤丙	⑥戌	·	식신
시주(時柱)	⑦己	⑧亥	상관	편관

이길동은 시지(時支)의 ⑧亥(편관)은 수(水)로서 월간 ③甲(목)과 본인에 해당되는 일간 ⑤丙(화)과는 수생목생화(水生木生火)의 작용이 성립되기 때문에 살인상생(殺印相生) 사주이다. 그러나 월지 ④午가 공망(空亡)으로 월간 ③甲(목)의 기능은 상실됨으로 살인상생 사주가 성립되지 않는다. 또한 시지(時支) ⑧亥(편관)과 편인의 년지 寅(목)은 거리가 너무 멀리 떨어져 있기 때문에 이것 역시 살인상생이 성립되지 않는다.

가끔 주위에 사주를 판단해 보면, 큰 돈을 벌 수 있는 식신생재(食神生財) 사주이거나 혹은 국가(國家)에 큰 관직(官職)을 할 수 있는 관인상생(官印相生)과 살인상생(殺印相生) 사주를 접할 수 있는데 이들의 이러한 출세운에 준하는 조건을 갖춘 사람들이 대부분이다. 이제 법관(판사, 검사) 사주를 확인해 보자.

▣ 법관(판사, 검사) 사주

통상적으로 법관(판사, 검사) 사주는 정의, 공명정대, 생사여탈권 등과 밀접한 관계가 있다. 그러나 법관 사주일 경우 운세(運勢)에서 이를 부합시키지 못하면 법관 사주는 오히려 범죄자 즉 범법자 사주가 된다. 법관으로 출세될 사주를 9가지로 요약하면 아래와 같다.

• 신왕관왕자(身旺官旺者) 사주
 -일간(日干)이 강(强)하여 관(官)을 충분히 소화시킬 수 있는 사주
• 정기일(丁己日) 재관격자(財官格者) 사주
 -정기일(丁己日)에 태어나 재(財)와 관(官)이 있는 사주로 공명정대(公明正大)를 생활화시키는 사주
• 병경성(丙庚星) 사주
-庚(금) 일주에 丙(화)를 만나거나 혹은 丙(화) 일주에 庚(금)을 만나는 사주로 정의감(正義感)과 강(强)자는 억제하고 약자(弱子)를 보호하는 사주(검찰, 경찰, 군인)
• 일주가 수목(水木)이고, 지지(地支)가 戌, 亥 및 卯, 酉, 戌이 존재하는 사주

- 일지봉형(日支逢刑)사주 => 형(刑)이 많은 사주
- 천라지망살(天羅地網殺)이 존재하는 경우 => 포위 법망이 존재하는 사주
-이것의 성립은 지지(地支) 중 일지(日支)에 戌, 亥(천라)와 辰, 巳(지망)의 4글자 중 1개가 존재하고, 다른 것들은 시지(時支)나 월지(月支)에 존재하거나 혹은 대운(大運)이나 세운(歲運)에서 이들이 들어올 때 성립된다(※일지, 시지, 월지는 붙어 있어야 한다).
- 양인살(羊刃殺)이 존재하는 사주 => 생살권
- 수옥살(囚獄殺)이 존재하는 사주 => 범인을 수감
- 비천록마(飛天祿馬) 및 비천록마격(飛天祿馬格) 사주 => 생사여탈권 사주

<비천록마(飛天祿馬)> 사주
-일주가 庚子, 辛亥, 壬子, 癸亥이고, 사주에 정관, 정재가 없는 사주

<비천록마격(飛天祿馬格) 사주>
-일주가 庚子, 辛亥, 壬子, 癸亥이고, 사주에 정관, 정재가 없고 지지가 3개인 사주

※<참고1> 庚子, 壬子 일주는 지지(地支)에 寅/戌/未가 존재하면 허공의 午火를 육합/삼합하는 寅午合/午戌合/午未合으로 불러올 수 있어 더 좋다. 그러나 사주 내 子水와 합을 하거나 삼형/상충하는 오행을 만나면 허공의 午火를 불러올 수 없으며 비천록마격(飛天祿馬格)이 될 수 없다.

※<참고2> 辛亥, 癸亥 일주는 지지에 酉/丑/申이 존재하면 허공의 巳火를 육합/삼합하는 巳申合/巳酉合/巳丑合으로 불러올 수 있어 더 좋다. 그러나 사주 내 亥水와 합을 하거나 삼형/상충하는 오행을 만나면 허공의 巳火를 불러올 수 없으며 비천록마격(飛天祿馬格)이 될 수 없다.

예)

구분	A사주	B사주	C사주

년주	○	○	壬	戌	식신	식신	丙	午	편재	정재
월주	○	○	壬	子	식신	상관	壬	子	비견	겁재
일주	癸	亥	庚	子	·	상관	壬	子	·	겁재
시주	○	○	丙	子	편관	상관	壬	子	비견	겁재

A사주는 일주(日柱)가 癸亥이므로 비천록마(飛天祿馬) 사주이며, B사주는 庚子 일주에 동일 지지 자(子)가 3개 이상이고, 사주 구성에 정관과 정재가 없기 때문에 비천록마격 사주가 된다. 또한 수(水)가 많아 오(午)를 허공에서 도충해서 올 수가 있는 조건으로 판단해도 미천록마격이 성립된다. 그러나 C사주는 사주 구성에 정재가 존재하므로 비천록마격 사주가 아니라, 거지 사주가 된다.

※ <참고> 일주가 丙午, 丁巳이고 사주에 정관, 정재가 없고, 지지(地支)가 3개인 경우를 가비천록마격(假飛天祿馬格) 또는 도충록마격(倒沖祿馬格)이라 하며, 이것 역시 귀격이며 비천록마격(飛天祿馬格)에 준한다.

▣ 관살혼잡(官殺混雜) 사주

관살혼잡(官殺混雜)이란? 사주 구성에서 정관과 편관이 각각 1개씩 존재하면서 이들의 힘이 비등(比等)할 경우에 성립된다. 또한 월지(月支)가 정관(정관)이거나 혹은 편관(편관)이고, 이들의 지장간은 천간(天干)에 이들(정관, 편관)이 투간(透干)이 성립된 경우는 관살혼잡격(官殺混雜格) 사주가 된다.

그렇지만, 관살혼잡 사주는 사주 구성에 정관과 편관이 존재한다고 해서 성립되는 것이 아니라, 인성(인수, 편인)과 비겁(비견, 겁재)의 힘이 적어야만 편관과 정관의 힘이 비등하므로 성립 된다. 그러나 이들의 힘이 강하거나 상생(相生) 및 설기(泄氣)작용으로 인하여 힘의 균형(均衡)이 깨지거나 합(合)작용으로 변화(化) 되는 경우 혹은 극(剋)이나 충(沖)을 받게 되면 관살혼잡이 성립되지 않는다. 그러나 나쁜 관살혼잡이라도 뿌리가 강(强)하고 일간(日干)이 강한 사주에서는 큰 영향을 미치지 못한다. 이러한 것들은 비록 관살혼잡 뿐만 아니라 편관이 적용되어 나쁘게 작용되는 것들 모두에게 적용된다.

사주 구성에서 편관과 정관이 존재하는 관살혼잡(官殺混雜) 사주는 삶이 있어서 아주 나쁜 악(惡)영향을 미치는 것으로 남자에게 관살혼잡은 편관과 정관이기 때문에 자식(子息)에 해당되어 자식복이 없으며 거처와 직업이 안정되지 못하고, 이동이 많고, 주변 사람들과 갈등으로 명예를 훼손하며 파멸이 찾아오고, 여자의 경우는 관살혼잡 즉 정관과 편관은 남편에 해당되므로 남편복이 없으며, 남편의 행동에 제약(制約)을 가하고, 숨겨 놓은 정부와 내연 남자를 두고 이별(離別)과 이혼(離婚)을 하게 된다. 따라서 여자가 관살혼잡인 경우 결혼(結婚)을 늦게 하는 것이 좋다.

지금까지 설명된 관살혼잡(官殺混雜) 사주를 다시 정리하면 아래와 같다.

- 사주 구성에서 편관과 정관이 존재하는 경우에 관살혼잡(官殺混雜)이 성립되며, 편관과 정관의 위치와 존재 개수에 상관없이 편관과 정관이 사주 구성에 존재하면 성립된다.
- 여자가 관살혼잡이면 남편복이 없고 부부 이혼(이별)을 하거나 부정을 하는 경우가 많으며, 남자에게는 자식복(정관, 편관)이 없다.
- 지장간(支藏干) 속에 편관과 정관이 존재하는 경우는 관살혼잡으로 보지 않는다.
- 년주(年柱), 월주(月柱), 시주(時柱)에 정관과 편관 혹은 편관과 정관이 동주(同柱)해 있는 관살혼잡은 성립되지 않는다 (※아래 설명 참조).
- 관살혼잡에서 충(沖), 공망(空亡) 등이 작용되거나 혹은 합(合)이 되어 다른 오행(五行)의 기운으로 변화(化)되거나 혹은 같은 관성(편관, 정관) 오행(五行) 기운으로 변화(化)되는 경우 관살혼잡은 성립되지 않고 제거된다. 그러나 100% 해소는 되지 않는다.
- 관살혼잡에서 편중된 오행(五行)에서 대운(大運)이나 세운(歲運)에서 다시 관성이 들어오는 경우는 아주 위험하며, 편관과 정관이 1개가 존재하는 경우 대운(大運)이나 세운(歲運)에서 다른 관성이 들어오는 경우 관살혼잡이 성립된다.

- 사주 구성에서 관살을 극(剋)하여 관살혼잡을 제거하기 위한 오행(五行) 조건은 뿌리가 강(強)하고 힘이 있는 오행이어야 한다. 그러나 제거하기 위한 오행이 힘이 없는 오행의 경우에는 관살 즉 살(殺)을 제거할 수 없다. 이렇게 관살 즉 편관을 제거하면 어떤 형태로든지 크게 발복(發福)하는 사주가 된다.
- 일간(日干)이 강(強)하고 통근(通根) 즉 뿌리가 강(強)하거나 혹은 신강(身強) 사주에서의 관살혼잡은 다소 약(弱)하게 작용되나, 뿌리가 약(弱)하거나 혹은 신약(身弱) 사주에서의 관살혼잡은 나쁜 영향이 강(強)하게 미친다.

관살혼잡을 아래 사주에서 예를 들어보자.

사주(四柱)		육친(六親)		지장간(支藏干)
③庚	○	편관	○	
○	①酉	○	정관	②庚, 辛
甲	○	·	○	
○	○	○	○	

위 사주는 월지(月支) ①酉는 정관이고, 년간 ③庚이 편관으로 이들의 힘이 비등하게 정관과 편관이 서로 혼잡되어 있으므로 관살혼잡(官殺混雜) 사주이다. 또한 월지 ①酉의 지장간 ②庚(편관)은 천간 ③庚(편관)에 투간이 성립되므로 이것은 관살혼잡격(官殺混雜格) 사주가 된다. 관살혼잡이나 관살혼잡격 사주나 모두 나쁜 사주이다.

또한 사주 구성에서 정관과 편관 혹은 편관과 정관이 존재하는 경우는 관살혼잡(官殺混雜)이지만, 그러나 년주(年柱), 월주(月柱), 시주(時柱)에 정관과 편관 혹은 편관과 정관이 동주(同柱)해 있는 경우에는 관살혼잡은 성립되지 않는다.

아래 (A)사주와 (B)사주를 통해서 월주(月柱)에 동주한 관살혼잡 사주를 예를 들어보자.

(A)사주			(B)사주		
사주(四柱)	육친(六親)	지장간	사주(四柱)	육친(六親)	지장간
○	○	○	○	○	○

① 壬	② 子	편 관	정 관	Ⓐ壬(편관), 癸(정관)
丙	○	·	○	
○	○	○	○	

① 辛	② 酉	정 관	정 관	庚(편관), Ⓐ辛(정관)
甲	○	·	○	
○	○	○	○	

(A)사주는 월주(月柱)에 ①壬(편관)과 ②子(정관)이 동주한 관살혼잡이다. 그러나 지장간 Ⓐ壬(편관)은 천간 ①壬과 같은 임(壬)이므로 투출되어 지지 ②子는 정관 힘이 더 강(强)해졌다. 따라서 ①壬의 편관은 정관과 균형이 성립되지 않으므로 관살혼잡이 성립되지 않는다.

만약, 지지(地支) 중 편관이 정관보다 더 강(强)하게 작용되었다면 이것 역시 편관과 정관의 상호 균형이 깨지므로 관살혼잡이 성립되지 않는다. 이러한 원리를 일기(一氣)가 승왕(乘旺) 한다고 하여 일기승왕(一氣乘旺)이라고 한다.

이러한 것들은 년주(年柱), 월주(月柱), 시주(時柱)에 정관, 편관 혹은 편관, 정관이 동주(同柱)한 관살혼잡 모두가 적용되며 이때는 관살혼잡이 성립되지 않는다.

(B)사주는 월주(月柱)에 ①辛(정관)과 ②酉(정관)이 있지만, 월지(月支) ②酉의 지장간에 Ⓐ辛(정관)이 존재하여 월간 ①辛(정관)에 투출되어 지지는 힘이 쎈 편관만 남게 되어 월주(月柱)는 편관 힘이 더 강(强)해지므로 정관과 편관의 상호 균형이 깨지게 되므로 이것 역시 관살혼잡이 성립되지 않는다.

또 다른 관살혼잡 사주가 성립되는 다음 사주를 보자.

사주(四柱)		육친(六親)	
①乙	○	편관	○
②辛	○	정관	○
甲	○	·	○
○	○	○	○

위 사주는 천간(天干)에 ①乙(편관)과 ②辛(정관)이 존재하기 때문에 관살혼잡 사주가 성립된다.

만약 위 사주에서 ①乙의 편관 목(木)을 제압하는 금(金)기운 즉 식신이 사주에 존재하거나 혹은 관살(편관)이 비겁을 극(剋)하는 경우에는 편관이나 정관이 1개만 남게되어 관살혼잡이 성립되지 않고, 오히려 길성(吉星)으로 작용된다. 이런 경우를 관살병용(官殺並用) 사주이다. 또한 관성(편관, 정관)이 지지(地支) 지장간에 암장되어 있으면 길성(吉星)의 살장관로(殺藏官露) 사주가 된다. 이어서 설명(說明)되는 거관유살(去官留殺), 거살유관(去殺留官), 살장관로(殺藏官露), 시상편관격(時上偏官格)과 시상정관격(時上正官格) 등도 관살혼잡(官殺混雜)에서 파생된 것이 된다.

■ 살인상정(殺刃相停) 사주와 양인가살(羊刃駕殺) 사주
살인상정 사주란?
서로 서로 공존할 수 없는 사람과 호랑이가 공존하면서 안락함과 균형(均衡)을 이루는 사주(四柱)를 말한다.
즉, 편관(칠살)과 나쁜 양인살(陽刃殺)이 존재하면서 편관이 양인을 극(剋)하여 무력화 즉 중화되어 상호 균형(均衡)을 이루는 귀격 사주를 말하는데, 이때 양인살의 지지(地支) 즉 겁재는 다른 지지와 지지합(地支合)이 이루어져야 한다. 살인상정(殺刃相停) 사주의 성립 조건은 다음과 같다.

- 갑일(甲日)에 지지 묘(卯)가 존재하여 양인살(陽刃殺)이 성립되면서 지지합을 이루고, 사주 구성에서 편관의 경(庚)이나 혹은 신(申)이 존재할 때
- 병일(丙日)에 지지 오(午)가 존재하여 양인살(陽刃殺)이 성립되면서 지지합을 이루고, 사주 구성에서 편관의 임(壬)이나 혹은 해(亥)가 존재할 때
- 무일(戊日)에 지지 오(午)가 존재하여 양인살(陽刃殺)이 성립되면서 지지합을 이루고, 사주 구성에서 편관의 갑(甲)이나 혹은 인(寅)이 존재할 때
- 경일(庚日)에 지지 유(酉)가 존재하여 양인살(陽刃殺)이 성립되면서 지지합을 이루고, 사주 구성에서 편관의 병(丙)이나 혹은 사(巳)가 존재할 때
- 임일(壬日)에 지지 자(子)가 존재하여 양인살(陽刃殺)이 성립되면서 지지합을 이루고, 사주 구성에서 편관의 무(戊)나 혹

은 진(辰)이나 혹은 술(戌)이 존재할 때

살인상정격(殺刃相停格)은 위의 조건에서 월지 지장간의 편관이 천간에 투출이 성립 된다.

살인상정(殺刃相停) 사주인 사람은 카리스마가 있고 사람을 아주 잘 다루기 때문에 사업에서 성공하고, 생살지권(生殺之權)은 물론 권력계통의 형권(刑權)이나 병권(兵權)을 잡을 수 있는 귀격사주이다. 이런 사주는 군인, 경찰, 법관으로 출세하게 된다. 그러나 양인살(陽刃殺)과 칠살(편관)이나 지지합이 충(沖)이나 공망(空亡) 혹은 합(合)으로 중화에 균형(均衡)이 깨지면 매우 불길하고 사망(死亡)은 물론 생명(生命)에 위협을 받을 수 있는 재앙(災殃)이 따르는 아주 나쁜 사주다. 살인상정 사주에서 신약(身弱)이면 용신(用神)은 양인을 사용하고, 신강(身强)이면 편관(칠살)을 용신으로 사용한다. 살인상정(殺刃相停) 사주를 알아보자.

A사주			B사주			
사주(四柱)		육친(六親)	사주(四柱)		육친(六親)	지장간
壬	寅	식신 / 편재	ⓕ壬	申	편관	편재	
己	②酉	인수 / 겁재	辛	ⓓ亥	정재	편관	戊, 甲, ⓔ壬(편관)
①庚	午	· / 정관	ⓐ丙	ⓑ午	·	겁재	
④丙	③戌	편관 / 편인	庚	ⓒ寅	편재	편인	

위의 A 및 B사주는 모두 살인상정 사주로서 A사주는 ①庚와 ②酉가 양인살이 성립되고 이것은 지지 ②酉-③戌는 합(合)을 이루고 있고, 사주 구성에서 편관에 해당되는 ④丙(화)이 존재하여 양인의 ②酉(금)을 화극금(火剋金)으로 극(剋)하여 중화시켜 주니 A사주는 살인상정 사주이다. 따라서, 나쁜 양인살이 성립되는 사주에서 편관은 구세주 역할을 하는 것이기도 하다. B사주는 ⓐ丙과 ⓑ午가 양인살이 성립되고 ⓑ午-ⓒ寅는 합(合)을 이루고 있고, 사주 구성에서 편관 월지 ⓓ亥의 지장간 중 ⓔ壬(편관)은 천간의 ⓕ壬(편관)와 같은 壬이므로 투간이 성립되어 살인상정격(殺刃相停格) 사주가 된다. 물론 양인살이 성립되는 ⓑ午(화)를 편관 ⓓ亥(수)가 수극화(水剋火)로 극(剋)하여 중화시켜 주니 살인상정 사주가 된다.

따라서 나쁜 양인살이 존재하는 사주에서 칠살 즉 편관이 존재하면 양인을 극(剋)하여 무력화시켜 주므로, 양인이 있는 사주에서의 칠살(편관)은 길성(吉星) 작용의 지름길 역할을 해주는 구세주가 된다.

살인상정(격) 사주의 경우 대운(大運)이나 세운(歲運)에서 편관, 양인(陽刃), 겁재의 균형(均衡)이 합(合)이나 충(沖)으로 깨지는 경우에는 큰 재앙(災殃)이 찾아오지만, 이와 반대로 없었던 균형이 이루어지면 오히려 승진(昇進)이나 관운(官運) 등으로 발복(發福)하게 된다.

위 살인상정의 A사주는 양력, 여자 1962년 9월 29일 술시생(戌時生)으로 아래 대운(大運)에서 발생되는 변화를 보자.

67	57	47	37	27	17	7
壬	癸	甲	乙	丙	丁	戊
寅	㉠卯	辰	巳	午	未	申

대운 57세에서 66세에 해당되는 지지 ㉠卯는 사주 원국 ②酉와 묘유충(卯酉沖)이 성립되어 ②酉의 기능을 상실함으로써, 살인상정(殺刃相停)이 성립되지 않고 깨진 경우이다. 따라서, 이 여성의 경우 대운 ㉠卯에 해당되는 시기 즉 62세에서 67세에는 사망(死亡)이나 혹은 생명이 위태로울 수 있는 큰 변화가 발생될 수 있다.

참고로 살인상정(殺刃相停) 사주는 양인살에 칠살을 적용시켜서 사주 균형이 맞추어진 것을 말하고, 양인가살(羊刃駕殺) 사주는 양인살이 존재하는 사주에서 대운(大運)이나 세운(歲運)에서 칠살(편관)이 들어오는 경우 사주 균형이 맞추어지기 때문에 이때의 사주를 양인가살이라고 한다.

따라서, 양인살이 존재하는 사주에서 칠살 즉 편관이 있으면 길(吉)하고, 없으면 흉(凶)하게 된다. 양인살(陽刃殺)은 병권(兵權)을 잡은 장군(將軍)이며 편관은 칼로 보기 때문이다. 장군은 칼이 없으면 아무 쓸모가 없다.

이길동의 사주를 보자.

이길동은 병일(丙日)에 지지 오(午)가 존재하기 때문에 양인살(陽

刃殺)이 성립되고 午-寅합을 이루며 사주 구성에서 해(亥) 즉 편관이 존재하기 때문에 살인상정(殺刃相停) 사주이나 양인살을 구성하는 월지 오(午)가 공망(空亡)이 성립됨으로써 살인상정 사주가 아니다.

■ 관살병용(官殺竝用) 사주

관살병용 사주란?

사주 구성에서 편관(관살)과 정관이 혼잡되어 비등하게 존재하면 관살혼잡(官殺混雜格) 사주로 나쁜 사주가 된다.

그러나 이 경우 편관(관살)이 비견/겁재를 극(剋)하거나 혹은 식상이 편관을 극(剋)하여 제압하거나 인성의 힘의 강(强)해서 설기(泄氣)작용으로 편관(관살)의 힘이 약(弱)하게 되면, 오히려 길성(吉星)으로 작용되는 것을 관살병용(官殺竝用) 사주이다. 아래 사주를 보자.

사주(四柱)		육친(六親)		지장간(支藏干)
①丙(화)	④子(수)	편관	상관	㉮壬(수), ㉯癸(수)
②丁	⑤酉	정관	겁재	庚, 辛
庚	⑥子(수)	·	상관	㉱壬(수), ㉳癸(수)
③丙(화)	○	편관	○	○

위 사주의 경우 편관(관살)과 정관이 혼잡된 관살혼잡된 사주이다. 그렇지만, 편관에 해당되는 ①丙, ③丙의 화(火)는 상관 ④子, ⑥子의 수(水)에 제압당하고, ⑤酉(금)의 겁재는 화(火) 즉 ②丁(정관)에 제압당하게 되므로 흉신(凶神)은 사라지게 되어 ②丁의 정관 1개만 남게 되어 길신(吉神)으로 작용되어 길(吉)하게 된다. 따라서 위 사주는 길(吉)한 관살병용(官殺竝用) 사주이다.

이런 경우 모두 제압을 하는 오행은 뿌리가 강(强)하고 힘이 있어야만 된다.

위 사주에서 관살병용(官殺竝用)이 성립되는 이유를 더 구체적으로 확인해보자. 나쁜 편관에 해당되는 ①丙(화), ③丙(화)는 상관에 해당되는 ④子(수), ⑥子(수)로 인해서 수극화(水剋火) 원리로 편관

①丙(화)과 ③丙(화)이 제거되었다. 이런 이유는 제거하는 상관의 ④子(수)와 ⑥子(수)는 지장간에 같은 수(水)로서 ⑦壬(수), ⑭癸(수) 그리고 ⑭壬(수), ⑭癸(수)에 강(强)한 뿌리를 내리고 있어 수(水)기 운이 강(强)하므로 편관의 화(火)기운을 제거할 수 있는 힘이 존재 하였기에 가능한 것이다. 만약 상관의 ④子(수), ⑥子(수)가 뿌리가 없는 약(弱)한 수(水)기운이라면 화(火)기운의 편관을 제거할 수 없 어 관살병용이 성립되지 않는다. 이러한 작용 모두는 관살혼잡(官 殺混雜格) 사주에서 파생되어 나쁜 살(殺) 즉 편관을 제거하여 길 성(吉星)으로 변화되는 모든 것들에게 적용된다.

또한 식상(식신, 상관)은 관성(편관, 정관)을 알맞게 극(剋)하므로 위 사주는 길(吉)한 식신제살(食神制殺) 사주이기도 하다.

■ 거관유살(去官留殺)과 거살유관(去殺留官) 사주

편관(칠살)과 정관이 1 : 1이 혹은 각각 여러 개수로 존재하는 경 우 관살혼잡(官殺混雜格)되어 나쁜 사주이지만, 정관을 충(沖)이나 극(剋) 등으로 제압되거나 혹은 합거시켜 없애고, 편관(칠살) 1개 만 사주 구성에서 보존 시키는 것을 거관유살(去官留殺)이라고 하 고, 이와는 반대로 편관(칠살)을 충(沖)이나 극(剋) 등으로 제압되 거나 혹은 합거시켜 없애고, 정관 1개만 사주 구성에서 보존시키 는 것을 거살유관(去殺留官)이라고 한다. 이들 사주(四柱) 모두는 높은 관직까지 오를 수 있는 귀격 사주로서 성립조건은 천간과 지지 모두에서 작용되며, 특히 제압을 하는 오행은 뿌리와 힘이 강(强)한 오행이어야 하고, 본인에 해당되는 일간(日干)은 통근(通 根) 즉 사주 뿌리가 강(强)해야 성립된다. 거관유살(去官留殺) 사주 를 예를 들어보자.

사주(四柱)		육친(六親)	
①辛	○	정관	○
②丁	○	상관	○
甲	○	·	○
③庚	○	편관	○

②丁(상관)은 화(火)로서 ①辛(정관)의 보석 즉 금(金)을 화극금(火剋金)으로 극(剋)하여 정관을 제거하고, ③庚의 편관 1개만 보존시킨 사주가 되므로 거관유살(去官留殺)의 귀격 사주이다.

■ 거류서배(去留舒配) 사주

사주 구성에서 편관(칠살)과 정관이 1 : 1이 아닌 편관과 정관이 2개 이상일 때 혹은 정관과 편관이 1개이거나 혹은 여러개 혼잡되어 존재하는 경우, 이들에게 나쁜 것은 극(剋)하거나 제거하여 힘을 빼주고(제거), 합하여 짝짓기(서배) 해주고, 유하게(존립) 만들 수 있는 3가지 조건을 갖춘 사주(四柱)를 거류서배(去留舒配) 사주이다. 이때 사주 구성에서 최종 존재하는 것은 관성(편관, 정관) 1개가 남아야 한다.

거관유살(去官留殺)과 거관유관(去官留官) 사주는 거류(去留)의 2종류가 작용되지만 거류서배는 서배(舒配)가 더 추가된 것이다.

거류서배 사주는 귀격 사주로 부귀(富貴)하고 복록(福祿)을 누린다. 거류서배(去留舒配) 사주를 예를 들어보자.

사주(四柱)		육친(六親)	
①辛	亥	정관	편인
②丙	③申	식신	편관
甲	④寅	·	비견
癸	⑤酉	인수	정관

위 사주는 정관이 2개 관살(편관)이 1개가 구성된 거류서배 사주이다. 천간 ①辛(정관)과 ②丙(식신)은 신병합(辛丙合)으로 합(合)이 되어 짝짓기가 성립 되고(서배), ③申(편관)과 ④寅(비견)은 인신충(寅申沖)으로 나쁜 것을 제거하고, 관성 ⑤酉(정관) 1개만 존립되어 거류서배의 귀격 사주이다.

또한 합(合)이 성립(서배)되고, 충(沖)으로 나쁜 것을 제거되어 관성 중 편관(칠살) 1개가 사주에 최종 남는 경우도 같은 거류서배 사주이다.

독자들은 이러한 거류서배 사주를 인식하지 못하고, 사주 구성에서 관살(편관)과 정관이 혼잡된 사주는 모두 이혼(離婚) 등의 나쁜 것으로 판단한다든지, 아니면 관살(편관)이 셋이나 있다하여 팔자 센 여성으로 판단해서는 않된다.

특히, 독자들은 관운(官運)에 해당되는 관성(편관, 정관)이 사주 원국은 물론 대운(大運)과 세운(歲運)에 들어온다고 해서 단순하게 승진운(昇進運)으로 판단할 것이 아니라, 이들과 관계되는 관살(官殺)의 작용을 면밀히 살피고 최종 판단해 주어야만 정확(正確)한 사주 통변(通辯)이 됨을 잊지 말자.

▣ 명관과마(明官跨馬) 사주

천간(天干)에 관성이 있고, 지지(地支)에 재성이 존재하고 있어 이들의 생조가 잘 이루어지는 것을 말한다. 이 경우 귀한 자식을 두며, 남편의 명예는 높이 올라가고, 재복을 얻는다.

▣ 살장관로(殺藏官露)와 관장살로(官藏殺露) 사주

정관은 천간(天干)에 노출되어 있고, 살(殺) 즉 편관(칠살)은 보이지 않는 지장간(支藏干)에 암장된 것을 살장관로(殺藏官露) 사주이다.

살장관로 사주는 신강(身强) 사주에서는 대길(大吉)하고, 높은 관직(官職)에 오른다. 그러나 신강(身强) 사주든 신약(身弱) 사주이든 통근(通根) 즉 뿌리가 강(强)해야 하며, 일간(日干)이 힘이 약(弱)하거나 뿌리가 약(弱)한 신약(身弱) 사주에서의 살장관로 사주는 오히려 나쁘다.

그러나 편관(칠살)은 지지(地支) 지장간에 암장되지 않고, 밖으로 노출되어 있다면 이것은 관살혼잡(官殺混雜) 사주가 되어 나쁘다. 아래 사주를 보자.

사주(四柱)		육친(六親)		지장간
丁	卯	식신	⑤비견	
庚	戌	①정관	②정재	③辛(편관), 丁(식신), 戌(정재)
乙	亥	·	④인수	

丁	丑	식신	편재	

위 사주는 신약(身弱) 사주이나 ①庚(정관)이 천간(天干)에 존재하고, 월지(月支) ②戌(정재)의 지장간 속에 편관 ③辛이 암장되어 있으니 대길(大吉)한 살장관로(殺藏官露) 사주이다. 특히 위 사주는 ④亥와 ⑤卯는 해묘합(亥卯合)이 성립되고 이것은 목(木)기운으로 변화(化)되기 때문에, 일간(日干) 乙(목)을 더욱 강(强)하게 만들어 주므로 뿌리 즉 통근이 강(强)하게 작용되어 더욱 견고한 살장관로 사주가 성립된다.

이렇게 신약사주에서 인성과 합(合)을 이루어 길성(吉星)인 살장관로 사주가 성립되는 것을 화살생신(化殺生身)이라고 하는데 이것은 적(敵)이 화(化)하여 내 몸을 돕는 것을 말한다.

살장관로 사주와 반대로 편관이 천간(天干)에 들어나 있고, 정관이 지지(地支)의 지장간에 암장(숨어있음)되어 있는 것을 관장살로(官藏殺露)라고 하여 이것 역시 살장관로(殺藏官露) 사주와 동일하며 대길한 귀격사주이다.

■ 시상편관격(時上偏官格)과 시상정관격(時上正官格) 사주
사주 구성에서 시간(時干)에 편관이 존재하는 사주(편관이 나란히 존재해도 무방하다)를 시상편관격이라고 하고, 시간에 정관이 존재하면 시상정관격이라고 하는데 둘다 국가에 관(官)을 먹는 사주가 된다. 물론 이때 사주 구성에서 정관과 편관이 상호 존재하는 관살혼잡(官殺混雜)은 없어야 하고, 또한 천간에 존재하는 편관이나 정관은 충(沖) 등이 없어야 하고, 통근(通根) 즉 지장간에 뿌리가 존재해야 한다. 만약 지장간에 뿌리가 존재하지 않는다면 지장간끼리의 변화(化)되는 오행으로 뿌리가 성립되어야 한다.

시상편관격 사주			시상정관격 사주		
구분	천간	지지	구분	천간	지지
년주(年柱)	○	○	년주(年柱)	○	○
월주(月柱)	○	○	월주(月柱)	○	○

일주(日柱)	·	○		일주(日柱)	·	○
시주(時柱)	편관	○ 혹은 편관		시주(時柱)	정관	○ 혹은 정관

저자의 경험으로 제한된 기간에 출산 택일을 결정할 때, 국가에 관록(官祿)을 먹을 수 있는 시상편관격(時上偏官格), 시상정관격(時上正官格), 살장관로(殺藏官露), 관장살로(官藏殺露) 사주를 선택의 기준으로 삼아 출산 택일을 결정해 준다면 출산 택일을 쉽게 판단하고 결정할 수 있는 이점이 있다.

▣ 기타 혼잡(混雜) 사주

지금까지 주로 관성 즉 편관과 정관이 사주 구성에서 공존하는 관살혼잡(官殺混雜) 사주를 바탕으로 여기서 파생된 사주를 학습하였다. 그러나 관성혼잡 즉 관살혼잡외 비겁, 식상, 재성, 인성도 사주 구성에서 혼잡(混雜)되면 나쁜 영향을 미친다.

즉, 비겁 즉 비견과 겁재가 사주 구성에 공존하면 비겁혼잡(比劫混雜) 혹은 군겁쟁재(群劫爭財) 또는 군비쟁재(群比爭財) 사주가 되어 형제, 동료 복(福)이 없게 되고, 식상 즉 식신과 상관이 사주 구성에서 존재하면 식상혼잡(食傷混雜)이 되어 관록(官祿)을 손상시키고, 여자의 경우는 남편이 보기 싫거나 혹은 자식들은 남편을 해치게 된다. 재성 즉 편재와 정재가 사주 구성에서 공존하면 재성혼잡(財星混雜)즉 재다신약(財多身弱) 사주가 되어 재물을 자신의 것으로 만들지 못하고 처(妻)복이 없으며, 특히 인성 혼잡 즉 편인(偏印)과 인수(印綬)=정인(正印)가 사주 구성에서 공존하면 인성혼잡(印星混雜) 사주가 되어 쓸데없는 혼자만의 고민, 산만, 변덕스럽고, 터무니없고 쓸데없는 자신만의 발상으로 고통을 겪는다. 물론 이들이 대운(大運)이나 세운(歲運)에서 들어올 경우도 마찬가지로 적용된다. 특히 독자들은 이러한 혼잡된 사항을 사주 해석(解析)에서 적용하고 활용해서 난해(難解)한 사주 통변(通辯)에 임해주길 바란다.

▣ 신왕적살(身旺敵殺) 사주

일간(日干)이 강(强)하게 작용되면, 나쁜 살(殺)의 영향이 없다는 뜻이다.

16. 상부(喪夫) 및 상처(喪妻) 판단 및 피하는 법을 알자.

사주에서 상부(喪夫) 및 상처(喪妻) 판단법은 앞의 길흉성에서 소개된 묘(墓)의 작용으로 판단할 수 있다.

물론 묘(墓)는 부부(夫婦)는 물론 아버지, 아들, 딸, 형제 등 육친(六親)과 관련된 모든 사람들에게 적용되고 발생된다.

부부(夫婦) 사주에 묘가 있으면, 부성입묘(夫星入墓)와 처성입묘(妻星入墓) 즉, 상부(喪夫)와 상처(喪妻)를 말하는 것으로 이것의 범위는 사별, 이혼, 재혼, 불화, 중병 혹은 유명무실한 상태 등 다양하게 나타난다.

묘의 성립 조건은 지지의 辰(土)은 수(水), 戌(土)은 화(火), 丑(土)은 금(金), 未(土)은 목(木)을 만날 때 묘(墓)가 되며 대운(大運)과 세운(歲運)에서도 적용법은 동일하다.

이제 양력 1986년 6월 11일 밤 22:50분에 태어난 남자 이길동의 사주에서 부부(夫婦)에 작용되는 묘(墓)를 확인해 보자.

이길동은 지지(地支)에서 묘에 해당되는 ⑥술(戌)이 있고, 이것은 화(火)에서 묘(墓)가 성립되지만, 부인에 해당되는 정재의 화(火) 오행은 존재하지 않고, 비견과 겁재에 해당되는 것이므로 이길동은 형제에게 묘(墓)가 성립되는 사주이므로 형제를 잃게 된다. 그렇지만 이길동은 인오술(寅午戌)의 지지 삼합이 존재하므로 형제에게 묘(墓)가 성립되지 않고 오히려 중년이후 재물이 들어오는 창고(倉庫) 즉 길성(吉星)으로 작용한다.

원래 이길동의 사주는 일지(日支)가 공망(空亡)이 되므로 ⑥戌은 묘(墓)가 성립되지 않는다.

여서서는 독자들을 위하여 묘(墓)와 동일하게 작용되는 상부(喪夫)와 상처(喪妻)가 될 팔자를 육친(六親)관계를 통하여 확인해 보도록 하자.

예1) 아래 여자 사주는 상부(喪夫)할 팔자다.

	육친	
년주(年柱)	○	○
월주(月柱)	○	○
일주(日柱)	○	(상관)
시주(時柱)	○	○

그 이유는, 일주의 일지(日支) 자리는 남편이 있어야될 자리에 아들을 상징하는 상관(傷官)이 존재하기 때문에 상부(喪夫)할 팔자가 되는 것이고, 또한 육친(六親)의 상호 작용에서 상관(아들)은 정관(배우자, 남편)을 극(剋)하므로 결국 상부할 팔자가 되는 것이다.

위의 여자 사주에서 상부(喪夫) 팔자가 아닌 경우가 있다.

이 경우는 일지(日支)에 있는 상관이 충(沖)하거나 혹은 공망(空亡)이 작용하여 상관의 기능이 없어지는 경우 이거나 혹은 상관을 극(剋)하는 정인(인수)이 사주에 있으면 상부할 팔자가 아니다. 그 이유는 정인(인수)은 상관을 극하여 세력을 약화시켰기 때문이다.

이러한 방법 외에도 정인은 수(水)이므로 수(水)기운을 강하게 적용시켜 주면 된다. 즉 자신의 이름에 발음과 자원오행에서 수(水)기운을 강하게 개명(改名)하든지(※ 이름 짓기에서 상부(喪夫)와 상처(喪妻)의 묘(墓)관계 참고)

아니면, 水에 해당하는 북쪽 방향(方向)을 선택하든지, 아니면 水기운에 해당되는 검정색을 가까이 하여 수(水)기운을 활성화시켜 주면 된다.

또한 여자 사주에 정관이 많은 경우도 남편과 사별하거나 남편을 바꾸게 된다.

예2) 아래 남자 사주는 상처(喪妻)할 팔자다.

	육친	
년주(年柱)	○	○
월주(月柱)	○	○
일주(日柱)	○	(겁재)
시주(時柱)	○	○

그 이유는, 일주의 일지(日支) 즉, 배우자 자리에 겁재(劫財)가 있

는 경우는 상처(喪妻)할 팔자가 되는데, 그 이유는 겁재는 정재(배우자)를 극(剋)하기 때문이다.

하지만, 이 경우에도 정관(正官)이 사주에 있으면 상처할 팔자가 아니다.

그 이유는 정관은 겁재를 극(剋)하므로 겁재 세력이 약해졌기 때문이다.

독자들은 이러한 상부(喪夫)와 상처(喪妻) 팔자를 적용함에 있어서 앞에서 설명된 묘(墓)로서 상부와 상처의 기능과 서로 변행하여 더욱 정교한 사주 해석을 해주길 바란다.

위에서 설명한 상부(喪夫)와 상처(喪妻) 즉, 처성입묘(妻星入墓)와 부성입묘(夫星入墓)에 해당되는 사주에서 이를 피하는 방법은, 결혼 상대자의 사주에 상부와 상처를 주도하는 오행을 극(剋)하는 것을 많이 가진 상대방과 결혼하거나 혹은 자신의 이름에서 묘(墓)에 해당되는 오행을 발음 오행이나 자원 오행으로 하나 더 추가해 줌으로써 묘의 기능을 없애주면 된다.

즉, 辰(土)은 수(水), 戌(土)은 화(火), 丑(土)은 금(金), 未(土)는 목(木)에서 묘가 성립되는데 성립되는 오행 하나를 이름에서 추가시켜 주면 묘(墓)의 불운(不運)을 피할 수 있다.

또한 해당 오행의 방향(方向)은 물론 관련 색상, 숫자, 그리고 발음 등을 활성화시켜 주면 상부와 상처를 피할 수 있다.

또한 육친(六親)에서 상부(喪夫)와 상처(喪妻) 팔자를 피하는 방법은 여자의 경우 남편 자리에 즉 일지(日支)에 상관이 있는 경우 상관을 극(剋)하는 정인(인수)이 강한 상대방 남자 사주를 만난다면 상부(喪夫)할 팔자를 피할 수 있다. 남자의 경우 상처(喪妻)를 피하는 방법은 일지(日支)에 존재하는 비겁을 극(剋)하는 정관(正官)의 힘이 강한 여자 배우자를 만나면 된다. 이 외의 경우 상부와 상처에 해당되는 오행을 극(剋)하는 방향(方向)이나 혹은 오행의 기능 등을 적용시켜 주면 된다.

17. 좋은 사주와 나쁜 사주 판단법을 알자.

독자들은 실전 사주 간명(看命)에서 상대방의 사주를 보고, 주어진 시간 내에 가장 먼저 판단해야될 사항은 다름 아닌 좋은 사주인가? 아니면 나쁜 사주인가?를 정확(正確)하게 판단 후에 세밀한 사주 간명을 해야 한다.

그 이유는 상대방의 큰 물줄기만 판단하면, 이후부터는 어려움 없기 술술 풀려나갈 수 있기 때문이다.

특히, 자신의 진로(進路)와 앞날이 궁금해서 찾아온 상대방을 앞에 두고 헤맨다면 명리학자(命理學者)로서 도리(道理)가 아니다.

일단 상대방은 사주를 보고, 좋은 사주와 나쁜 사주를 판단했다면, 좋은 사주는 흉성(凶星)을 작게 판단해 주고, 탁하거나 나쁜 사주에서의 흉성(凶星)은 더욱 크고 나쁘게 판단해 주면 되는 것이다.

이러한 내용들은 이미 앞 절에서 반복해서 설명했지만, 중요한 사항이므로 다시 '좋은 사주 판단법'만 요약 소개하니, 독자들은 사주 판단시 활용해 주길 바란다.

<좋은 사주 판단법>
1. 본인에 해당되는 일간(日干)이 강强)하고, 용신(用神)을 판단한 결과 용신 주위에 흉성(凶星)이 없고, 4길신(식신, 정재, 편재, 정관, 인성)이어야 하고, 이것은 천간(天干)에 존재하면서, 지장간(支藏干)에 통근 즉 뿌리를 내려야 한다. 이때, 뿌리를 내린 오행을 판단해 주는 것이 사주 해석(解析)이다(※ 참고, 4흉신 : 비겁, 상관, 편관, 편인, 양인). 만약, 용신이 지지(地支)에 존재한다면, 지지와 천간은 통근이 성립되거나, 상호 보완 작용의 통기(通氣)작용이 성립되어야 한다. 2. 또한, 조후용신표(調侯用神表)에서 판단된 오행(五行)이 일간(본인)과 천간(天干)에 존재하면서, 통근(通根) 즉 사주 뿌리가 지장간(支藏干)에 성립되어야 하고, 이것 오행 역시 4길신(식신, 정재, 편재, 정관, 인성)이어야 한다. 만약, 용신 오행이 지지(地支)에 존재한다면, 지지와 천간은

통근이 성립되거나, 상호 보완 작용의 통기(通氣)작용이 성립되어야 한다.

3. 일간(日干)은 물론 월지(月支)와 태어난 시간(時干)으로 비교해본 결과 추운 한습이나 혹은 무더운 조열이 되지 말아야 되고, 이러한 한습과 조열 사주의 경우 이를 중화시켜줄 수 있는 오행(五行)이 사주에 존재하면 좋은 사주로 판단한다.

4. 초년운의 년주(年柱), 청년운의 월주(月柱), 장년운의 일주(日柱), 노년운의 시주(時柱) 구성이 식신, 정재, 정관, 인수 등으로 구성되어 있으면 조상, 부모, 배우자, 자식복이 있지만, 이와 반대로 비겁, 상관, 편관, 편인인 경우 빈천(貧賤)하고 조상, 부모, 배우자, 자식복이 없는 나쁜 사주이다.

5. 격국(格局)으로 사주를 판단한 결과 4길신(식신, 정재, 편재, 정관, 인성)의 격국이고, 방합 등의 변화(化)되는 오행의 흐름과 대운은 상호 균형이 맞고, 상생작용의 주류무체(周流無體) 등이 성립되면 귀격 사주이다.

6. 사주 구성에서 관살혼잡(官殺混雜格) 종류나 충(沖)이나 공망(空亡)이 적용되면 이루어지지 않고, 형(刑), 파(破) 혹은 3대 악살(양인, 백호, 괴강살)이거나 나쁜 흉성(凶星)이 작용되면, 많은 풍파(風波)를 겪은 후 이루어지거나 혹은 이루지 못하는 경우가 된다. 이때, 좋은 사주에서는 나쁜 흉성은 스무스하게 지나가는데 반해, 탁하거나 나쁜 사주에서는 더욱 나쁜 결과가 나타난다.

7. 일간(日干) 중심으로 일간과 월간(月干) 또는 일간과 시간(時干)과의 관계를 판단하는 십간 희기론(喜忌論)을 적용시켜서 대운(大運)의 운로와 성향을 토대로 좋은 사주와 나쁜 사주를 판단할 수 있다.

※<참고> : 양력 1986년 6월 11일 밤 22:50분에 태어난 남자 이길동(李吉童)의 사주를 판단해 보자.

- 이길동의 용신(用神)은 편관(偏官)으로 이는 관록(官祿)과 재앙(災殃)의 양면성이 작용되므로, 좋은 사주가 아니며, 아울러 이것은 시지(時支)에 존재하는 亥(수)인데 이것을 확인해 보면, 천간(天干)과 통근(通根) 즉 뿌리가 성립되지 못할 뿐만 아니라 본인에 해당되는 일간 병(丙)과도 상극관계이며 용신 주위에 극(剋)하는 오행으로 구성되어 있어 상통되지 못하고,

방합 등의 변화(化)되는 오행의 흐름과 대운(大運)은 상호 불균형이기 때문에 나쁜 사주이다.

- 조후용신표(調侯用神表)로 일간(日干) 병(丙)과 월지(月支) 오(午)로 확인해 보면, 필요한 것은 임(壬)과 경(庚) 즉 시원한 수(水)와 금(金)으로 '수(壬)'을 토대로 금(庚)이 필요하다.'라고 되어있다. 그렇지만, 이길동 사주에는 庚(금)은 없고, 수(水)는 시지(時支)에 존재하지만, 이것을 판단해 보면 수(水)로서의 기능을 기대할 수 없고 약(弱)하기 짝이 없기 때문에 나쁜 사주이다.

- 이길동은 월지가 오(午)이니 무더운 5월에 태어났고, 아울러 사주 구성에 무더운 화(火)기운이 강(强)하지만 이를 중화시켜 줄 수 있는 수(水)기운이 약(弱)하므로 나쁜 사주로 판단한다.

- 이길동의 사주 구성은 비견, 편인, 겁재, 상관, 편관 등으로 구성되어 있어 조상, 부모, 자식 복(福)이 없는 나쁜 사주이다. 특히 이길동은 비견이 강(强)한 사주가 되어 군겁쟁재사주가 성립되어 형제난의 발생되므로 이것역시 나쁜 사주가 된다.

- 이길동의 격국(格局)은 비견격(比肩格)이므로 나쁜 사주가 된다.

- 이길동은 지지에 인오술(寅午戌) 합(合)이 화(火)기운으로 전환되어 신강 사주에서 일간의 힘을 더욱 강하게 하고, 가득이나 무더운 조열사주에서 더욱 덥게 하므로 나쁜 사주이고, 또한 해인합(亥寅合)은 목(木)기운으로 전환되고 이것 역시 목생화(木生火)로 되어 더욱 무더운 사주로 만들 뿐만 아니라, 양인살과 백호대살 그리고 공망(空亡) 및 해인파(亥寅破)가 존재하므로 더욱 나쁜 영향을 미친다. 따라서 전체적인 이길동의 사주는 나쁜 사주가 된다.

- 이길동은 일간 병(丙)을 기준으로 월간(月干) 및 시간(時干)을 십간 희기론(喜忌論)을 적용해 보면, 丙-甲의 비조부혈(飛鳥跌穴)의 귀격 사주이지만, 무더운 오월(午月)에 출생되었기 때문에 성립되지 않으나, 시간과의 관계는 丙-己의 대지보조(大地普照)가 성립되어 표현 능력이 우수하고 학술, 종교, 서비스업에서 능력을 발휘하기도 하는 성향의 사람이라는 것

> 을 알 수 있다.

18. 자식 복(福)을 판단하자.

사주명리학에서 자식 복(福)은 출세나 금의환향(錦衣還鄕)이 아니라, 오직 부모에게 효도(孝道)하고 자식된 도리(道理)를 다하는 것을 말한다.

따라서, 자식(子息) 판단은 시주(時柱)의 궁(宮)과 사주 구성에서 자식에 해당되는 육친(편관, 정관, 상관, 식신) 및 이들의 길흉성(吉凶星) 작용을 통하여 한 두 가지만으로 판단하는 것이 아니라, 여러 가지를 종합적으로 판단 후 최종 결정해야 된다. 자식 판단 기준은 아래와 같다.

1. 용신(用神)과 자식에 해당되는 육친(六親)을 비교해서 용신과 동일한 오행이거나 상생(相生) 작용이 성립되면 자식은 출세하고 자식복은 있으나, 이와 반대로 용신을 극(剋)하면 자식복은 없다. 또한 용신과 자식에 해당되는 시주(時柱) 궁(宮)과 오행과의 관계를 비교 판단해도 된다.
2. 자식에 해당되는 육친(편관, 정관, 상관, 식신)이 용신과 희신이면 자식복이 있다. 그러나 이들이 기신과 구신이면 자식복은 없다.
3. 자식에 해당되는 시주(時柱)에 천덕귀인(天德貴人) 등의 길성(吉星)이 작용되거나 혹은 자식에 해당되는 육친(六親)에 길성이 작용되면 자식복은 있다. 그러나 시주(時柱)가 공망(空亡), 백호대살(白狐大殺), 양인살(陽刃殺), 괴강살(魁罡殺) 등의 흉살(凶殺)이 작용되면 자식복이 없고, 도화살이나 홍염이 작용되면 자식은 색을 밝힌다.
4. 관성(편관, 정관)이 혼잡해도 자식과 연이 박하다.
5. 자식에 해당되는 시주(時柱)의 시지와 부모에 해당되는 일주(日柱)의 일지 혹은 시간과 일간이 상호 생(生)하면 자식복은 있으나, 극(剋)하면 불효자식을 둔다.
6. 자식에 해당되는 시주(時柱)가 식신, 정인, 정관, 재성이라면 자식복이 있고, 이와 반대로 편관, 상관, 비겁, 편인이면 자식

복은 없다.

7. 자식에 해당되는 육친이 충(沖), 형(刑) 등의 흉성(凶星) 작용되면 자식은 거칠고 사망(死亡), 불구, 병고(病苦) 등의 나쁜 액운(厄運)이 작용되므로 자식복은 없다.

8. 자식에 해당되는 육친(편관, 정관, 상관, 식신)이 년주(年柱)나 월주(月柱)에 존재하면 자식을 일찍 둔 경우가 되고, 시주(時柱)에 존재하면 자식을 늦게 둔 경우가 된다.

9. 자식에 해당되는 육친 오행은 길성(吉星)이며 지장간과 통근(通根) 즉 뿌리가 단단해야 훌륭한 자식이 되나, 뿌리가 없으면 단명하거나 별 볼일 없는 약(弱)한 자식이다.

10. 시주가 용신과 희신이면 자식복이 좋고, 시간(時干)이 희신이고 시지(時支)가 기신이면 총명하나 속썩일 일이 많고, 반대로 시간이 기신이고 시지가 희신이면 영리하지는 못해도 효자를 둔다.

11. 자식에 해당되는 육친(편관, 정관, 상관, 식신)이 천간과 지지에는 없고, 지장간(支藏干)에 존재하면 평범한 자식으로 판단하고, 자식에 해당되는 육친이 천간과 지지는 물론 지장간에도 없다면 무자식으로 판단한다. 그러나 대운(大運)과 세운(歲運)에서 자식운이 들어오면 자녀 출산이 가능하다.

12. 자식에 해당되는 육친(편관, 정관, 상관, 식신)이 합(合)을 이루어 다른 오행으로 변화(化)되면 자식과의 인연이 박하다고 판단한다. 또한 자식에 해당되는 시주(時柱)가 합(合)을 이루어 다른 오행으로 변화(化)되는 경우도 자식과의 인연은 박하다. 또한 합으로 변화(化)된 오행이 기신이나 구신인 경우도 자식과의 인연이 박하다고 판단한다.

13. 이러한 육친(六親) 판단은 자식 판단 외 년주의 조상(할아버지), 월주의 부모, 일주의 부부 판단법도 동일하다. 특히 부부 판단은 일주(日柱)의 일간(日干)과 일지(日支)와의 관계에서 일지가 일간을 생(生)해주는 상생(相生) 혹은 동일한 오행(五行)이면 좋은 관계이나, 반대로 상극(相剋)이거나 혹은 일간이 일지를 생(生)해주면 나쁜 관계로 판단한다.

특히 독자들은 사주를 판단하고 해석하기 전 반드시 확인해야 될 사항이 있다. 바로 본인에 해당되는 일간(日干)의 강약(强弱)이다. 앞에서도 언급했지만 설사 사주가 나쁘고 흉살(凶殺)이 작용하는 나쁜 경우도 일간이 강(强)하게 통근(通根) 즉 뿌리가 박혀 있으면 나쁜 것들을 물리칠 수 있어 큰 흔들림이 없다. 그러나 일간이 약(弱)하면 사주 구성이 아무리 좋아도 단명(短命)하고 재물(財物)과 권력(權力)을 잡을 수 없다.

---

19. 자살(自殺), 단명(短命), 극빈(極貧), 승진(昇進)탈락자 판단법.

사주(四柱) 구성에서 자살자, 사고자, 단명자, 극빈자, 병 발생자, 승진 탈락자 등의 사주 모두를 분석해 보면 큰 물줄기는 아래와 같으니 독자들은 이것을 판단할 때 확인해 보길 바란다.

- 본인에 해당되는 일간(日干) 오행(五行)을 신강 사주와 신약 사주에 따라 판단해 보면, 사주 구성의 성격과 상반되어 받는 힘이 약하거나 없고, 오히려 주는 힘 즉 설기(泄氣) 작용이 강하게 작용되어 힘이 빠져 있다. 특히 일간(日干)의 중화 기능이 약(弱)하고 뿌리가 약(弱)한 경우 단명(短命)은 물론 재물과 권력이 흩어진다.
- 사주 구성을 확인해 보면 남에게 도움을 받으면서 부유하게 살아가는 유정한 사주가 되지 못하고, 남의 도움 없이 살아가는 빈천(貧賤)한 사주 즉 무정한 사주 구성으로 되어있다. 또한 용신(用神)과 격국(格局)의 고저(高低) 즉 흐름으로 판단해 보아도 귀격(貴格)이 못된다.
- 사주 구성에서 통근(通根), 득령(得令), 득지(得地), 득세(得勢)가 아주 약하거나 없고, 지장간과의 뿌리 역시 약하거나 없으며, 용신(用神)보다 기신(忌神)의 뿌리가 강하게 박혀있다.
- 일간(日干)을 중심으로 용신(用神)이나 희신(喜神)으로 쌓여져 있는 사주라면 틀림없이 좋은 사주이고, 이와 반대로 나쁜 기신(忌神)이나 구신(仇神)으로 구성된 경우라면 나쁜 사주가 된다.
- 용신으로 대운(大運)을 삶의 흐름을 분석해 보면 기신(忌神)이나 구신(仇神)으로 구성되어 있어 사주 흐름이 탁하고 나쁘다.
- 사주 원국-대운-연운과 용신(用神)이 충(沖)이 성립되거나 혹

- 은 재(再) 충(沖)이 발생되어 지장간과의 뿌리가 소멸되어 있다.
- 천간합, 육합, 삼합 등의 합(合)작용으로 변화(化)되는 기운(氣運)을 사주(四柱)는 물론 대운(大運), 세운(歲運)에 적용해 보면 용신은 물론 서로 극(剋)하여 기능을 상실하는 경우가 많다.
- 사주가 나쁜 관살혼잡(官殺混雜格) 등으로 구성되어 있고 충(沖), 형(刑), 해(害), 파(破), 묘(墓) 등은 물론, 괴강살(魁罡殺), 백호대살(白狐大殺), 양인살(陽刃殺), 원진살(怨嗔殺), 병부살(病符殺) 등의 나쁜 흉성(凶星)으로 구성되어 있고, 사주 오행이 조잡스럽게 편성되어 있을 뿐만 아니라 깨끗하지 못하고 혼탁하다. 그리고 혼잡된 사주는 대운(大運)과 세운(歲運)에서 혼잡 운로가 다시 들어올 경우 더욱 나쁜 운(運)이 성립된다.
- 오행들의 구성은 조열(燥熱)과 한습사주(寒濕四柱)로 되어 있고, 오행(五行) 작용과 육친(六親) 작용을 비교해보면 본인에 해당되는 일간(日干) 오행이나 육친(六親)이 충(沖) 등의 흉성(凶星)으로 인하여 누구에게 도움을 받을 수 없고 오히려 힘이 빠지는 설기(泄氣) 작용이 강하게 발생된다.
- 특히 승진(昇進)이나 출세(出世)운이 없는 사주는 사주 원국에 정관 그리고 정재, 편재, 식신, 정인의 길신(吉神)이 없거나 약하고 이들은 지장간과의 뿌리 즉 통근(通根)이 형성되어 있지 않다.

위의 내용들은 자살자는 물론 사업 실패, 승진 탈락자, 극빈자, 사고자 등에게도 적용 된다.

아래 사주는 양력 여자 1982년 8월 21일 진시생(辰時生)으로 29세 때 남편과의 갈등으로 투신하여 자살한 경우이다. 왜 이러한 자살 사고가 발생되었는지 사주를 통하여 분석해 보자.

사주(四柱)							
구분	천간	지지	오행		육친(六親)		지장간
년주(年柱)	①壬	②戌	ⓐ수	ⓑ토	㉠편관	㉡식신	辛丁戊
월주(月柱)	③戊	④申	ⓒ토	ⓓ금	㉢식신	㉣편재	戊㉠壬庚

일주(日柱)	⑤丙	⑥子	ⓔ화	ⓕ수	·	㉢정관	壬癸
시주(時柱)	⑦壬	⑧辰	ⓖ수	ⓗ토	㉤편관	㉥식신	乙癸戊

대운(大運)			년운(年運)			
구분	34	24	구분	2012年 (29세)	2011年 (28세)	2010年 (27세)
천간	甲	⑪乙	천간	⑨壬(편관)	辛	庚
지지	辰	⑫巳	지지	⑩辰(식신)	卯	寅
방합	寅卯辰=>金	巳午未=>㉮火	길흉	壬丙沖 辰戌沖		
			방합	寅卯辰=>㉯金		

용신 ; 목(木), 희신 ; 수(水), 기신 ; 금(金), 구신 ; 토(土), 한신 ; 화(火)

위 사주는 출생은 여름 즉 신(申)월이고, 시원한 진시(辰時)에 태어났기 때문에 외형상으로 본다면 큰 문제없이 풀려 나갈 수 있는 사주라고 판단할 수 있다.

또한 위 사주는 지지(地支) ④⑥⑧은 신자진(申子辰)의 합(合)이 되고 이것은 강(强)한 수(水)기운으로 본인에 해당되는 일간 ⑤丙(화)를 수극화(水剋火)로 제압하기 때문에 본인은 어려운 상황이 된다. 그리고 수(水)기운에 해당되는 편관의 ①壬과 ⑦壬역시 전혀 도움이 되지 못하는 무정한 사람들이고, 남편 정관을 포함한 전제 지지(地支) ②④⑥⑧모두 도움이 도지 못하는 사람들이다. 천간의 ①壬과 ③戊 그리고 ⑤丙과 ⑦壬은 모두 충(沖)이 성립된 나쁜 사주이다.

특히 위의 사주처럼 여자 사주에 관성이 너무 많으면 살(殺)로 변화되고 이것은 결혼 운은 물론 직업이 없고 홀로 살아가게 된다. 이제 위 여자는 어떤 등급(等級)을 갖춘 사람인지를 <<유, 무정사주>>, <<용신의 고저>>, <<격국의 고저>>를 통해서 판단해 보자.

<<유, 무정사주>>에서는 월지 ④申의 지장간은 천간 ③戊(식신)과 ⑦壬(편관)에 각각 투출되었으나, 힘이 센 ⑦壬(편관)은 ③戊(식신)에 극(剋)을 당하므로 좋은 유정한 사주로 판단할 수 있다. <<용신의 고저>>에서는 최초 용신은 지지(地支) ④⑥⑧(申子辰)

은 수(水)기운으로 변화(化)되기 때문에 용신은 인성의 목(木)이다.
최종 용신은 일간 ⑤丙은 통근 즉 뿌리가 약(弱)하고, 월지 ④申은
뿌리가 강(強)하기 때문에 모두 필요충분조건이 못되어 월지(月支)
앞 전의 오행(申子辰=>水오행)에 해당되는 관상의 금(金)이 되어
최종 용신은 나쁜 비겁의 화(火)가 된다. 따라서 최초 인성=>비
겁으로 용신이 변화(化)되었으므로 빈천(貧賤)한 사람이다. <<격
국의 고저>>에서는 최초 격국은 월지 ④申(편재)의 편재격이나,
최종 격국은 힘이 썬 월지 지장간 ㉠壬가 천간 ⑦壬(편관)에 투출
이 되었으므로 나쁜 편관격이다. 따라서 편재격=>편관격으로 변
화(化)되었으므로 나쁜 성향의 사람이다. 따라서, 위 여자는 유, 무
정, 용신, 격국의 고저(高低)로 판단한 결과 3개중 2개(용신, 격국
의 고저)가 나쁘게 판단되었으므로 빈천(貧賤)한 사람이 된다.
또한 그녀는 2008년 25세에 어렵게 결혼하고, 식신을 극(剋)하는
2010년 남편과 이혼하였다. 일찍 고향을 떠나 살았으며, 고학으로
학업을 마쳤고, 부모덕이 없고, 결혼 운이 나쁘며, 돈을 벌어도 지
출이 많은 관계로 돈을 모을 수 없는 사주란 것을 알 수 있다. 그
리고 남편과의 갈등으로 이혼 후 애인 즉 정부(情夫)를 두고 생활
할 팔자다. 사주에 화개살(華蓋殺)과 평두살(平頭殺) 등이 존재하
는 것으로 보아 무속에 해당되는 신기(神氣)가 존재한다.
우선 자살한 2012년(壬辰年)의 운세를 판단해 보자.
2012년 임진년(壬辰年)은 천간 임(壬)의 수(水)기운과 지지 진(辰)
의 토(土)기운이 된다. 위 사주는 원래 수(水)기운이 강(強)한 관성
태왕(官星太旺) 사주로 수(水)기운은 물론 토(戌)는 진술충(辰戌沖)
이 걸려있어 흉한 년도가 된다.
이제 이런 불행들을 구체적으로 확인해 보자.
사주 구성을 보면 본인에 해당되는 일간 ⑤丙을 기준으로 통근(通
根), 득령(得令), 득지(得地), 득세(得勢) 관계를 확인해 보면 ⑤丙과
②戌(식신) 그리고 ⑧辰과는 득지(得地)가 존재하지만 이것 역시
진술충(辰戌沖)이 성립되어 통근(通根) 즉 사주 뿌리가 완전 소멸
되었다.

또한 ②戌, ③戌, ⑧辰은 식신(土)으로 ①壬(편관)과 ⑦壬의 편관(水)을 극(剋)하므로 귀격인 식신제살(食神制殺)이나, 너무 식신 세력이 강(强)하여 편관을 완전 무력화시켰기 때문에 오히려 나쁜 제살태과(制殺太過)사주가 되어 대흉(大凶)에 따른 진법무민(盡法無民)으로 작용되기 때문에 결혼운이 나쁘고 과부가 될 팔자이며, 편관과 정관이 혼잡되어 액운(厄運)과 풍파(風波)가 많은 관살혼잡(官殺混雜格) 사주인데 2012년 인진년(壬辰年)엔 다시 천간에 편관(壬)이 들어오므로 더욱 나쁜 관살혼잡이 작용 될뿐이다.

이제 2012년 29세의 운세(運勢)를 구체적으로 판단해 보자.

본인에 해당되는 일간 ⑤丙은 2012年 천간⑨壬과 지지⑩辰와는 통근(通根)은 물론 득지(得地), 득세(得勢)가 성립되지 않아 그 만큼 불운(不運)에 취약한 것을 알 수 있다.

천간 ⑨壬(편관)은 사주 원국의 지장간(支藏干)에 음양(陰陽)이 같은 壬는 월지와 일지 지장간에 존재하고 있어 투출(透出) 관계가 성립된다.

아울러 지장간에 존재하는 壬은 사주 원국의 천간과 음양이 동일한 壬 오행이 존재하므로 다시 투출 관계가 성립된다. 지장간 壬을 안고 있는 지지 ④申(편재)과 ⑥子(정관)는 본인에 해당되는 일간(日干) ⑤丙과는 통근(通根) 즉 사주 뿌리가 성립되지 않는다. 또한 ③과 ⑨는 壬戌沖이 작용되어 투출 관계는 물론 통근(通根)이 모두 끊어져 모두 허사가 되었다.

따라서, 사주 원국에서 이러한 길흉성(吉凶星)을 적용해 보면 8개의 오행(五行) 중에서 제대로 영향력을 행사하는 오행(五行)은 없다.

즉, ㉠편관(정부), ㉡식신(딸), ㉢식신(딸), ㉣편재(아버지), ㉤정관(배우자), ㉥편관(정부), ㉦식신(딸)의 가족 기능이 모두 상실되어 이들과 도움을 받거나 상호 교류할 수 있는 기능이 없는 사주다. 특히, 아버지인 편재(申)가 공망(空亡)되었고, 년지 ②戌은 식신(딸)이라 어린 딸이 한 명 있지만 이것마저 辰戌沖이 성립되어 기능이 모두 상실되었으며 일간 丙-戌은 백호대살(白狐大殺)이 작용되어 아버지와 어린 딸은 사이가 나쁜 관계이며 일찍 사망하였다. 본인의 일간(日干)이 丙(화)인데 木生火원리로 보면 목(木)기운이 사주 원국에 없는 관계로 누구의 도움을 받을 수 없고, 다른 사람의 인덕(人德)도 없다. 火生土 원리로 확인해 보면 본인의 화(火)는 토(土)기운이 3개가 존재하므로 강하게 설기(泄氣)되어 남에게 도움을 받을 수는 없고, 오히려 남에게 자신의 것을 주어야될 사주가 되므로 무엇이든지 이루어지는 것은 없다.

또 다른 단명(短命) 이유로는 천간(天干) ⓐ水와 ⓒ土, ⓔ火와 ⓖ水 그리고 지지(地支)의 ⓕ水와 ⓗ土가 서로 상극(相剋)이 되는 오행(五行)들로 구성되어 있어 장수(長壽)할 수 없는 사주이다.

원래 이 사주는 온통 수기(水氣)로 덮혀진 관성태왕(官星太旺) 사주이고, 본인 화(火)의 고립으로 인하여 정신적인 히스테리가 강하기 때문에 우울증이 동반될 수 밖에 없고, 남편에 해당되는 정관과는 상극(相剋) 관계로 조화가 이룰 수 없는 사주이다.

또한 丙, 壬, 子, 辰의 평두살(平頭殺)이 존재하고, 戌辰의 오귀살(五鬼殺) 그리고 화개살(華蓋殺)이 사주에 존재하는 것으로 보아 신기(神氣)가 강하고, 2012년의 임진년(壬辰年)에는 정신과 관련된 화(火)와 목(木)기운을 상호 극(剋)하는 수(水)와 토(土)기운으로 인하여 오행의 불균형이 형성되어 무속인(巫俗人)팔자 이며, 특히 25세 이후 일간 병(丙)과 지지 진(辰)은 절로(截路) 공망이 성립되어 무슨일을 하든지 장애물로 인하여 진퇴양난(進退兩難)에서 헤어날 수 없고, 은둔(隱遁)하는 팔자이다.

또한 2012년(壬辰年)에는 사주 원국과 壬丙沖 및 辰戌沖이 재(再)충(沖)을 하여 통근 즉 뿌리가 완전 소멸되었고, 임진년(壬辰年)은 간지 壬(수)과 지지 辰(土)은 土剋水가 성립되어 지지가 간지를 극(剋)하기 때문에 절각(截脚)에 해당되고, 사주 원국에서 부족한 화(火)기운을 억제함으로써 더욱 나쁘게 작용하는 동기가 되었다.

또한 이때 편관운이 들어옴으로써 나쁜 제살태과(制殺太過) 운을 벗어나는 듯했으나 다시 지지에 식신운이 함께 들어옴으로써 제살태과를 벗어날 수가 없다.

이때 병(丙)과 진(辰)은 절로 공망이 성립되어 가득이나 남편과 사이가 좋지 못한 상태에서 누구에게도 도움을 받을 수 없는 처지가 되었기에 투신 자살하게 된 것이다.

뿐만 아니라, 사주 원국의 ④申과 ⑥子는 ⑩辰(식신)과 신자진(申子辰)의 합(合)이 성립되고 이것은 수(水)기운으로 전환 된다. 위 사주는 신약(身弱) 사주이므로 수(水)기운은 일간 ⑤丙(화)기운을 수극화(水剋火)가 되어 일간 ⑤丙(화)을 더욱 약(弱)하게 만드는 꼴이 되어 흉살(凶殺)로 작용된다.

아울러 2012년의 방합은 ⑭金(금)이되므로 이것 역시 용신 목(木)과는 상극작용이 되므로 식신과 관련된 결혼, 사회활동, 의식주 등이 성립될 수 없다. 또한, 사주 원국 ⑤丙과 ⑨壬은 칠살(七殺)로 상호 충(沖)이 되어 비명, 횡사와 관련이 있고, 월지 ④申과 ⑩辰은 혈지(血支)가 성립되어 피를 흘리는 악운이 발생된다. 월래 위 사주는 본인에 해당되는 일간(日干)이 아주 약(弱)하다. 즉 일간 ⑤丙(화)는 년지 ②戌(토)의 지장간 丁(화)에 통근(通根)이 성립되나 년지와는 화생토(火生土)로 설기(泄氣)시키고 충(沖)이 성립되어 약하기 때문에 단명(短命)할 수 밖에 없고, 또한 외부의 충격을 견딜 수 없는 사주다. 아울러 임병충(壬丙沖)과 진술충(辰戌沖)이 성립되기 때문에 이 시기는 재앙(災殃)이 발생될 수 밖에 없다. 2012년 인진년(壬辰年)의 불운(不運)을 용신과 희신으로 판단해도 무방하다. 임진년(壬辰年)은 수(水)와 토(土)이므로 이것은 용신 목(木)과 희신 수(水)와 같거나 혹은 극(剋)하는데 그렇지만 이것들은 임술충(壬戌沖)과 임병충(壬丙沖) 그리고 진술충(辰戌沖)이 걸려 있어 불운(不運)의 나쁜 시기이다.

이렇게 투신 자살하는 사주에서 불운(不運)을 피하는 방법은 불운을 강화시키는 해당 살(殺)이나 혹은 기운(氣運)을 찾아서 이를 극(剋)하는 오행(五行)에 힘을 강(強)하게 만들어 주어 이를 무력화(無力化)시키는 방법이 있다.

위 사주에서 하나 추가해 줄 사항은 여자 사주에서 천간(天干)과 지지(地支) 모두 양간(+)으로 구성된 사주인데 이런 경우는 연애

결혼을 했다는 뜻이고, 남자아이를 낳을 수 없는 사주이다. 만약 이와는 반대로 여자 사주에서 모두 음간(-)이면 연애결혼을 하고, 여자아이를 낳을 수 없다는 뜻이 된다.

> 20. 취업(就業), 승진(昇進), 소송(訴訟), 사기(詐欺), 이사(移徙), 매매(賣買), 가난(家難), 금전손실(金錢損失), 암(癌), 질병(疾病), 수술(手術), 장수(長壽), 사망(死亡), 직장(職場) 이동 등을 판단하자.

여기서 소개되는 것들은 지금까지 사주 해석(解析) 즉 통변(通辯)을 간편한 일상적(日常的)에서 활용되는 방법을 소개하니, 독자들은 참고하고 활용해 주길 바란다.

구분	내용
조상, 부모 복(福)이 있는 사주	• 년주(조상)와 월주(부모)가 길성에 해당되는 재성(편재, 정재), 정관, 인수, 식신이 존재하거나, 이들이 용신과 희신 또는 천을귀인, 천덕귀인, 월덕귀인 등이 작용되면 조상 덕이 있고 부유했으며 뼈대 있는 집안이다.
조상, 부모 복(福)이 없는 사주	• 년주(조상)와 월주(부모)가 흉성에 해당되는 편관, 비겁(비견, 겁재), 편인, 상관이 존재하거나, 이들이 기신과 구신 또는 이들에게 형충해파(刑沖害破), 공망(空亡), 그리고 백호대살, 양인살, 괴강살 등의 나쁜 살(殺)이 작용되면 조상 복이 없고, 조상은 빈천(貧賤)하고 단명했음을 알 수 있다. • 비겁이 강(强)하고, 재성이 약(弱)하면 부친이 일찍 죽고, 재성이 강(强)하고 인성이 약(弱)하면 모친이 일찍 죽는다. • 남자는 2개 이상의 고신살이 있는 경우, 여자는 2개 이상의 과숙살이 존재하면 부친이나 모친을 5세 이전에 잃고, 사주 구성에 고신살과 과숙살이 있으면 자식이 불효한다.
남편 복(福)이	• 남편에 해당되는 관성(정관, 편관)이 용신과 희신이거나 이들에게 천을귀인, 천덕귀인, 월덕귀인

있는 사주	등의 길성이 작용되면 남편복이 있다. • 용신(用神)이 일지(日支)와 같은 오행이거나 생(生)해주는 오행일 경우 • 일주가 강하고(전체 사주로 보아 차지하는 비중이 클 때), 관성(편관, 정관)이 강할 때 • 일주가 강하고(전체 사주로 보아 차지하는 비중이 클 때), 재성(편재, 정재)이 강할 때 • 정관이 용신이거나 희신이고, 충, 형, 파, 해, 원진살이 없으면 남편복이 있다. • 상관과 편인이 동주 할 때 • 관성(편관, 정관)이 길신(용신이나 희신)일 때 • 일지(日支)가 길신(용신이나 희신)일 때 • 년과 월에 공망(空亡)이 있는 경우 조상과 부모덕이 없다. • 사주의 일간(日干)을 기준으로 년주 및 월주가 오행을 생(生)하는 경우
남편 복(福)이 없는 사주	• 남편에 해당되는 관성(정관, 편관)이 기신과 구신이거나 이들에게 형충해파(刑沖害破), 공망(空亡), 그리고 백호대살, 양인살, 괴강살 등의 나쁜 흉성이 작용되면 남편복이 없다. • 용신(用神)이 일지(日支)를 극(剋)하는 경우 • 남자나 여자의 경우 배우자에 해당되는 일지(日支)가 비겁(비견, 겁재)이거나 상관일 경우 배우자복은 없다. • 남편에 해당되는 정관이 없거나, 관성(편관, 정관)이 기신(忌神)일 때 • 정관이 공망(空亡)일 경우 • 비겁(비견, 겁재)과 인성(편인, 인수=정인)은 많은데 관성(편관, 정관)이 없을 때 • 식상(식신, 상관)이 많고, 식상이 관성(편관, 정관)을 극할 때 • 일지에 진(辰)-술(戌) 충(沖)이 성립되면 남편은 소실을 두고, 공망이 되면 소실은 두지 않으나 각방을 쓴다.

	• 일지(日支)가 충(沖)이 되거나 기신(용신을 충하는 것)일 때 • 사주에서 일간과 일지의 오행이 상호 극하는 경우 • 비견이 많으면, 남편 복이 없고, 이혼하거나 독신으로 지내는 경우가 많다.
부인 복(福)이 있는 사주	• 부인에 해당되는 재성(편재, 정재)이 용신이거나 혹은 희신일 경우 • 재성(편재, 정재)이 천을귀인, 천덕귀인, 월덕귀인 등의 길성이 작용되는 경우 • 일간이 신약하고, 일지가 인성일 경우
부인 복(福)이 없는 사주	• 부인에 해당되는 재성(편재, 정재)이 기신과 구신이거나, 재성이 형충해파(刑沖害破), 공망(空亡), 그리고 백호대살, 양인살, 괴강살 등의 나쁜 흉성이 작용되면 부인복이 없다. • 비겁(비견, 겁재)이 강한 신강사주에서 재성(편재, 정재)이 약(弱)하면 처덕이 없고 이별과 사별한다. • 비겁이 강(强)하고 재성(편재, 정재)이 약(弱)한 경우 관살 즉 편관이 없는 경우 처와 사별한다. • 인성이 존재하면서 재성(편재, 정재)이 약(弱)하고 비겁이 강(强)하면 처가 흉사한다. • 비겁이 약한 신약사주에서 재성(편재, 정재)이 강(强)하면 처덕이 없고 이별과 사별한다. • 일지에 비겁이나 양인살이 있거나 혹은 이들이 많이 존재하면 처와 사별하거나, 처로 인하여 손재나 구설이 따라 다닌다. • 일지에 양인살이나 편인이 있으면 처에게 산액이 있다. • 사주에 간합(干合)이나 지합(地合)이 많으면 배우자를 바꾸는 경향이 있다. • 재다신약 사주는 처덕이 없고, 여색으로 재물이 사라진다. • 남자 사주에서 비견과 정재가 합(合)이 되면 처가 간통한다.

	• 재성(편재, 정재)이 역마살과 형충해파가 적용되면 처가 가출한다. • 일지에 화개살이 있고, 형충을 받게되면 처가 부정한다. • 일지에 화개살과 양인살이 같이 존재하면 이혼한다. • 사주 오행이 모두가 양(+)이면 처덕이 없다.
형제 복(福)이 있는 사주	• 형제에 해당되는 비겁(비견, 겁재)이 용신이나 희신이면 형제복이 있고, 기신이나 구신이면 형제복이 없다. • 비겁에 천을귀인, 천덕귀인, 월덕귀인 등의 길성이 작용되면 형제복이 있다. • 비겁이 강(强)해도 관성이 비겁을 극(剋)하거나 충(沖)하면 형제복은 있다.
형제 복(福)이 없는 사주	• 형제에 해당되는 비겁(비견, 겁재)이 기신과 구신이거나, 비겁에 형충해파(刑沖害破), 공망(空亡), 백호대살, 양인살, 괴강살 등의 나쁜 흉성이 작용되면 형제 복이 없다. • 월주의 간지에 비겁이 가로와 세로로 동주하면 이복형제가 있다. • 비겁이 강한 사주에서 식상(식신, 상관)이 없거나 미약하면 형제가 불화하고, 형제로 인하여 손재를 입는다. • 용신에 의해 비겁이 극(剋)이나 충(沖)을 당하면 자신은 흥하지만 형제는 망한다. 이와 반대로 비겁이 용신을 극하거나 충하면 형제는 흥하고 자신은 망한다.
자식(子 息) 복(福)이 있는 사주	• 남자의 경우 자식에 해당되는 관성(편관, 정관)과 여자의 경우 식상(상관, 식신)이 용신과 희신이거나, 이들에게 천을귀인, 천덕귀인, 월덕귀인 등의 길성이 작용되면 자식 복이 있다. • 일주가 강(强)할 때 시주에 관살(편관)이 있고, 월주에 재성(편재, 정재)이 있으면 자식이 효도한다. • 시주에 식신이 있고, 편인을 만나지 않으면 튼튼

	한 자식을 둔다.
	• 용신(用神)이 시주와 같은 오행이거나 생(生)해주는 오행일 경우
	• 식신이 강하고 재성(편재, 정재)이 있는 경우
	• 식신이 하나이면서 강하면 건강한 자식을 놓는다.
자식(子息) 복(福)이 없는 사주	• 남자의 경우 자식에 해당되는 관성(편관, 정관)과 여자의 경우 식상(상관, 식신)이 사주 구성(지장간 포함)에 없거나 혹은 이들이 구신과 기신이거나 혹은 이들이 형충해파(刑沖害破), 공망(空亡), 백호대살, 양인살, 괴강살 등의 나쁜 흉성이 작용되면 자식이 없거나 또는 자식복이 없다.
	• 사주 구성이 식신과 상관으로 구성되어 있으면 자식 두기가 어렵다.
	• 일주 궁(宮)과 시주 궁이 합(合)을 이루거나 극(剋)하는 경우
	• 용신(用神)이 시지를 극(剋)하는 경우
	• 식신이 약하고, 편인이 강하면 짐이되는 자식이 있다.
	• 식신이 강하고, 관성(편관, 정관)이 없거나 약하면 자식 두기가 어렵다.
	• 식상(식신, 상관)의 기운을 약하게하는 재성(편재, 정재)이 많은 경우
	• 시주에서 간지, 지지에 공망(空亡)이 있는 경우 자식복이 없고 외롭다.
	• 사주에서 일지와 시지가 충(沖)하면 자녀가 죽거나 이별하고, 파(破)가 있는 경우와 효신살이 있는 경우는 불효자식을 둔다.
	• 사주에 고신살과 과숙살이 있으면 자식이 불효한다.
	• 사주 일간 기준으로 시주의 간지, 지지의 오행과 극하는 경우
자식(子息)이 없는	• 사주에 화(火), 수(水), 금(金)의 기운이 강한 경우
	• 사주 구성(지장간 포함)에서 남자의 경우 자식에 해당되는 관성(편관, 정관)과 여자의 경우 식상(상

사주	관, 식신)이 없는 경우
	• 사주 구성에서 관살(편관, 정관)과 재살(편재, 정재)이 너무 많아도 혹은 너무 적어도 자식이 없다.
	• 인성과대 사주 즉 본인에 해당되는 일간(日干)을 생(生)해주는 힘이 너무 강한 사주로, 예를 들면, 화(火)가 강하면 흙(土)이 말라버리는 화염토조(火炎土燥) 사주, 물(水)이 너무 많으면 나무(木)가 물에 뜨는 수다목부(水多木浮) 사주, 차가운 금(金)과 수(水)가 많아도 자식이 없는 금한수냉(金寒水冷) 등으로 대부분 인성과대 사주는 자식두기가 어렵다.
	• 남자 사주 구성이 모두 양간(+)이거나 여자 사주에는 모두 음간(-)인 경우
	• 인성(편인, 인수=정인)이 지나치게 많은 경우
	• 신약 사주에서 식상(식신, 상관)이 많은 경우
	• 식상이 충(沖)이나 극(剋)하는 경우
	• 신약 사주에서 비겁(비견, 겁재)이 없고, 식상이 약하면서 인성이 중첩된 경우
	• 신약 사주에서 비겁이 있고, 식상이 없는 경우
	• 신약 사주에서 비겁이 없고 식상이 많은 경우와 인성과 재성이 이 없는 경우
	• 신강 사주에서 인성이 중첩되고 식상과 재성(편재, 정재)이 없는 경우
정부(情夫)를 두거나 혼자 살 사주	• 남자의 경우 정재는 처(妻), 편재는 첩(妾)으로 보기 때문에 편재가 강(强)하면 처(妻)보다 첩(妾)을 좋아하고, 소실이 본처를 누른다. 또한 편재가 천간에 있고 정재가 지지에 있는 경우도 소실이 본처를 누른다. 그렇지만 정재가 강(强)하면 본처는 소실을 용납하지 않는다.
	• 재성(편재, 정재)이 사주에 수평 혹은 수직으로 나란히 있을 때, 이때 신강사주면 헤쳐 나가지만 신약사주는 여색으로 패가 망신한다.
	• 식상(식신, 상관)은 많은데, 관성(편관, 정관)이 없거나 약할 때

	• 비겁(비견, 겁재)과 인성(편인, 인수=정인)이 많은 경우
	• 관성(편관, 정관)은 많은데, 인성(편인, 인수=정인)이나 식상(식신, 상관)이 없는 경우
	• 사주에 주로 편관과 정관이 섞어 있는 경우
	• 일지 혹은 시지에 도화살이 있거나 정관과 편관이 있거나 혹은 정관과 상관이 있는 경우 호색(好色)의 기질이 있다.
	• 지지에 자오(子午) 혹은 묘유(卯酉) 충(沖)이 있으면 주색(酒色)으로 패가 망신한다.
	• 남자 사주에서 정재와 비견이 합(合)이 되면 처가 간통을 하고, 여자 사주에서 정관과 비겁이 합(合)이 되면 남편이 소실을 두거나 외도를 한다.
결혼의 빠름과 늦음 판단	• 월지와 일지가 형충되거나, 일지와 시지가 형충되면 결혼이 늦거나 결혼 생활에 파란이 많다.
	• 남자 사주에서 일지에 재성이 있으면 결혼을 빨리하고, 여자 사주에서 월지에 정관이 있으면 결혼을 빨리한다.
	• 남자 사주에 부인에 해당되는 재성(편재, 정재)이 용신이나 희신이며 결혼이 빠르고 기신이면 늦다.
	• 여자 사주에 남편에 해당되는 관성(정관, 평관)이 용신이나 희신이면 결혼이 빠르고 기신이면 늦다.
	• 남녀 모두 비겁이 과다하여 기신이 되면 혼인이 늦다.
	• 여자의 경우 남편에 해당되는 관성이 많은 경우, 남자는 부인에 해당되는 재성이 많은 경우는 결혼이 늦다. 또한 좋은 배우자를 얻지 못한다.
만혼(晩婚)할 사주	• 남자의 경우 사주에서 재성(편재, 정재)이 없는 사주이거나, 여자의 경우 관성(편관, 정관)이 없는 사주
	• 남자는 재성(편재, 정재), 여자는 관성(관살, 편관과 정관)이 묘(墓)가 될 경우
	• 여자는 재성(편재, 정재)과 인성(편인, 인수=정인) 그리고 관살(편관)이 많은 경우

	• 사주에 비견과 겁재가 동주할 경우 • 남, 여 모두 일지가 형(刑) 또는 충(沖)이 되는 경우 • 남, 여 모두 (비견, 겁재)과 인성(편인, 인수=정인)이 많은 경우 • 여자의 경우 천간에 편인이 상, 하 혹은 좌, 우로 있는 경우 독신이나 만혼 한다. • 남자의 경우 인성(편인, 인수=정인)이 많고, 재성(편재, 정재)이 천간에 없으면 결혼전 애인이 없다.
결혼(結婚)하는 시기	• 남자는 대운과 세운에서 부인에 해당되는 재성(편재, 정재)이 들어오고, 여자는 남편에 해당되는 관성(편관, 정관)이 들어오거나 혹은 변화(化)되는 합(合)의 기운이 정재나 정관이 될 때 결혼을 한다. • 남자는 관성(편관, 정관)과 재성(정재, 편재)이 일주와 합(合)이 될 때 • 남자는 재성(정재, 편재)이 약(弱)할 경우, 재성운이나 식상(식신, 상관)운이 들어올 때 • 남자의 경우 재성, 관성, 식신이 충(沖)이 되면 결혼 성립이 어렵다. • 여자는 대운과 세운에서 남편에 해당되는 관성(편관, 정관)이 들어오는 해에 결혼 한다. • 재성(편재, 정재), 식신, 인성(편인, 인수=정인)이 들어오거나, 길신(용신이나 희신)이 년운이나 월운을 만날 때 • 일지가 지합이거나 혹은 삼합되는 년운이나 월운을 만날 때 • 여자는 식신이나 상관운이 들어오고, 일지와 월지가 합이 되는 해에 결혼을 한다. • 여자는 관성(편관, 정관)이 약(弱)할 경우, 재성(정재, 편재)이 되는 년 • 남, 여 모두 용신(用神)운이나 희신(喜神)운이 들어 올 때

	• 간합, 지지합, 삼합운이 들어 올 때 • 여자의 경우 식상(식신, 상관)이 합하는 운이 들어 올 때 • 도화살(挑花殺)이나 홍염살(紅艶殺)이 들어 올 때 연애 및 배필감이 생긴다. • 일지가 충(沖)이 거나 혹은 합(合)이 성립되는 시기
부부(夫婦)간 갈등 판단	• 용신이 상극(相剋)이거나 충(沖)일 때 • 일간(日干)이나 일지(日支)가 서로 상극(相剋)일 때 • 일지와 시지가 각각 형(刑), 충(沖)이 작용할 때 • 월지(月支)가 충(沖), 형(刑), 파(破), 해(害), 원진살(怨嗔殺)일 경우
이혼(離婚)하는 시기	• 남자는 대운이나 세운에서 부인에 해당되는 재성(편재, 정재)이 충(沖)하는 시기 • 여자는 대운이나 세운에서 남편에 해당되는 관성(편관, 정관)이 충(沖)하는 시기 • 남녀 모두 기신(忌神)으로 바뀌는 시기 일 때 • 남녀 모두 일간(日干)과 합(合)을 이룬 후, 이것이 기신(忌神)으로 바뀌는 시기 일 때 • 남자와 여자의 일간(日干)이 서로 합(合)이 성립되고, 합으로 변화(化)된 오행(五行)은 기신(忌神) 이며, 기신이 대운(大運)과 세운(歲運)에 존재할 때 • 남자는 부인에 해당되는 재성(편재, 정재)이 여자는 남편에 해당되는 관성(편관, 정관)이 대운이나 세운에서 합(合)으로 변화(化)된 오행(五行)이 기신으로 바뀌는 시기 • 남, 여 모두 재성과 관성이 충(沖)이 되거나 기신(忌神)이 들어오는 시기 혹은 병부살, 오귀살, 고신살, 과숙살 등의 나쁜 살(殺)이 들어오는 시기 • 남, 여 모두 일지(日支)나 일간(日干)이 합(合)이 되어 변화(化)된 오행(五行)이 기신(忌神)으로 바뀌는 시기 • 사주에서 지지가 묘유충(卯酉沖)일 때 • 남녀모두 양인년(陽刃年)이 들어오는 해에 이혼한

	다. • 사주에서 월지와 일지 그리고 일지와 시지가 충(沖)할 때 • 사주에서 일지가 파(破)할 때 • 사주에서 일지에 공망(空亡)이 있는 경우 배우자와 인연이 없다. • 남자의 경우 편재가 많은 경우 이혼, 사별한다.
재혼(再婚) 사주	• 재성(편재, 정재)이 많고 혼잡된 경우 • 백호, 괴강, 양인살이 중첩된 경우 • 역마살과 도화살이 있고, 대운과 세운에 이것들이 다시 중첩된 경우 • 사주 구성이 식신과 상관이 많은 경우
재혼(再婚)하는 여자 사주	• 여자 사주에서 남편에 해당되는 정관이 2개인 경우 1개가 공망되면 이혼이나 재혼한다. • 천간에 2개 이상의 관성(편관, 정관)이 있거나, 지지에 관성이 3개 이상이면 두세번 결혼한다. • 관살혼잡 사주에서 재성이 많으면 재혼한다. • 상관은 있지만 인성과 재성이 없는 경우 재혼한다.
연애결혼 판단	• 여자의 경우 관살혼잡(官殺混雜格) 사주인 경우 • 도화살과 홍염살이 동주하는 경우 • 남자의 경우 재성(편재, 정재)이 많은 경우 • 지지에 충, 형, 해, 파, 원진살이 많은 경우 • 남녀 공히 천간과 지지에 합(合)이 많이 존재하는 경우 • 남녀 공히 사주 구성에 수(水)기운이 많은 경우
결혼운이 나쁜 여자 판단	• 남편에 해당되는 관성(정관)이 기신과 구신이며 이들에게 형충해파(刑沖害破), 공망(空亡), 그리고 백호대살, 양인살, 괴강살 등이 작용되면 결혼 운이 없다. • 사주에 재성(편재, 정재), 인성(편인, 인수), 관살(편관), 상관이 많이 존재하는 경우 • 월지와 일지가 충(沖)이 성립되는 경우 • 사주 구성에 관성(편관, 정관)이 없는 경우

	• 관살혼잡(官殺混雜格) 사주에서 도화살(挑花殺)이 되는 년 • 재성(편재, 정재)이 기신(忌神)이 되는 년 • 인성(편인, 인수)과 재성(편재, 정재)이 많은 사주
임신운 판단	• 관성(편간, 정관)이 합(合)이 되는 년 • 식상(식신, 상관)이 되는 년이나 또는 식상(식신, 상관)이 충(沖)이나 형(刑)이 되는 년 • 인수년이거나 또는 인수가 충(沖)이나 형(刑)이 되는 년 • 사주 원국과 대운 그리고 세운이 서로 연결되어 합(合)을 이룰 경우
늦은 결혼이 좋은 사람 판단	• 병부살, 격각살, 도화살, 과숙살, 고신살, 상문조객살, 귀문관살, 오귀살이 존재하는 경우 • 남자 사주에 비겁(비견, 겁재)이 많은 경우 • 여자 사주에 재성(편재, 정재), 인성(편인, 인수), 관살(편관)이 많은 사주 • 남녀모두 충, 형, 해, 파, 원진살이 많은 경우
결혼 후 부모와 한집에 서 살 수 있는 운 판단	• 자식의 월지와 부모의 월지가 상생관계(相生關係)이거나 혹은 합(合)이 성립될 경우 • 며느리의 월지와 시부모의 월지가 상생관계(相生關係)이거나 혹은 합(合)이 성립될 경우 • 자식, 부모, 며느리, 시부모의 용신이 같거나 상생관계(相生關係)일 경우
고부(姑婦)간 갈등 판단	• 여자의 경우 인성이 사주에 많거나 혹은 일지(日支)가 인성일 때 • 남자의 경우 일지에 인성이 존재할 경우 • 여자는 사주에 인성이나 재성이 많거나, 혹은 이들이 기신일 경우
자녀 양육	• 남자, 여자 모두 용신이 시주(時柱)에 존재하면 자녀를 양육하려고 한다. • 남자는 용신이나 희신이 관성(편관, 정관)일 경우, 여자는 용신과 희신이 식신, 상관이면 자녀를 양육하려 한다.

	• 자녀의 월지(月支)와 부모 월지(月支)가 상생(相生) 이거나 합(合)을 이루면 양육한다.
돈이 들어오는 시기	• 재성(편재, 정재)과 정관, 식신운이 들어오는 년, 월, 일 • 용신(用神)이나 희신(喜神)이 재성(편재, 정재)일 경우 • 재성(편재, 정재)이 없어도 삼합(三合)으로 재성이 될 경우 • 용신과 희신이 대운과 세운에서 동시에 만나는 시기 • 재성(편재, 정재)이 약(弱)한 사주에서 재성이 들어올 경우 • 재성(편재, 정재)이 강하고, 식상(식신, 상관)이 약(弱)하게 작용하는 시기 • 재다신약의 경우 비겁(비견/겁재) 운(運)이 들어오면 재물을 얻고, 식상(식신, 상관)운에는 재물을 잃는다.
가난(家難)한 사주	• 기신(忌神)이 재성(편재, 정재)일 경우 • 비겁(비견, 겁재)가 왕생하고 재성(편재, 정재)이 없거나 약할 경우 • 신약사주에서 재성(편재, 정재)과 식상(식신, 상관)이 너무 왕성할 경우 • 사주에서 용신 찾기가 매우 어려운 경우 • 인성이 많은 사주에서 재성(편재, 정재)과 관성(편관, 정관)이 있는 경우
장수(長壽)할 사주	• 대운과 세운이 용신과 극(剋)하지 않는 사주 • 사주의 오행(五行)이 고른 분포일 때 • 용신의 뿌리가 강할 때 • 상호 오행간 충(沖)이나 극(剋) 등의 작용이 없을 때
단명(短命)할 사주	• 용신이 약하고 기신이 강할 때 • 월지와 시지가 충(沖)하거나, 사주 원국과 지장간의 통근(通根) 즉 뿌리가 소멸될 때 • 대운과 세운 그리고 용신이 극(剋)할 때

	• 대운(大運)이나 세운(歲運)에서 천간과 지지 모두 구신과 기신이면 사망 시기로 본다.
합격, 승진, 시험, 발령 시기	• 길성(용신이나 희신)이 들어오는 년, 월, 일 • 재성(편재, 정재), 정관, 식신, 인수(정인)운이 들어오는 년, 월 • 세운에 용신이나 인수가 들어올 때 • 편관, 정관이 들어오는 년, 월(합격, 승진) • 사주 원국, 대운, 세운이 합(合)을 이루어 길성 육친으로 변화될 때 • 식신이 역마살(驛馬殺)이 되는 운에서 승진한다. • 일간과 월지 혹은 일지에 목(甲, 乙)과 화(丙, 丁, 巳, 午)의 목화통명(木火通明)이 성립되는 세운때 국가고시에 합격되고 승진된다. • 일간과 월지 혹은 일지에 금(庚, 辛)과 수(壬, 癸, 子, 亥)의 금백수청(金白水淸)이 성립될 때 국가고시에 합격되고 승진된다. • 년주, 월주, 일주, 시주 혹은 이와 반대로 시주, 일주, 월주, 년주의 오행(五行)이 차례차례로 서로서로 상생관계(相生關係)가 성립될 수 있는 주류무체(周流無體)의 세운 시기에 국가고시에 합격되고 승진된다.
취업하 는 시기	• 식신이 들어오는 년, 월 • 용신이나 희신이 들어오는 년, 월 • 재성(정재, 편재)이 들어오는 년, 월 • 편관, 정관이 들어오는 년, 월 ※이들 모두 대운, 세운에서 합(合)을 이루어 길성으로 변화(化)되는 경우
이사하 는 시기	• 인성(편인, 인수)운이 들어오는 년, 월 • 월지(月支), 일간(日干) 혹은 일지(日支)가 충(沖)이나 형(刑)이 되는 년, 월 • 년월일이 편재이거나, 정관(正官)이 충(沖)이 되는 년, 월, 일 • 대운(大運)과 세운(歲運)이 역마살(驛馬殺) 혹은 지살(地殺)이거나 해당 운이 합. 충이 되는 년 월이

	다. • 재성(정재, 편재)이 강하여 인성(편인, 정인)을 극(剋)하면 평생 거주지 없이 이사를 많이 다닌다. • 연월일시의 지지(地支)와 세운과의 육합(六合)이나 삼합(三合) 및 충(沖)이 될 때 변동이 생긴다. • 편관운에는 이사 후 근심과 우환이 따르고 만족스럽지 못하며, 비겁운에는 이사가 이루어지나 문제가 발생한다.
직장 이동 시기	• 년월일이 편재이거나 편재가 용신 혹은 희신일 경우 • 대운과 세운이 용신이나 희신일 경우 • 대운과 세운에서 정관이 충(沖)이 되는 시기 • 대운과 세운의 지지가 충(沖)이 되는 시기 • 역마살(驛馬殺)이 월지를 충(沖)을 하든지 혹은 세운과 월운에서 역마가 발생되면 이동이나 변동이 발생한다. • 자오묘유(子午卯酉)가 충(沖)하면 생활 환경은 변동되지만, 직위는 변동되지 않는다. • 인신사해(寅申巳亥)가 충(沖)하면 해외 출국, 출장, 여행이 발생되고, 직장 변동은 없다. • 일지가 세운을 충(沖)하는 시기에 변동이 발생된다. • 진술축미(辰戌丑未)가 충(沖)하면 주거지 변동이 있다.
외국(外 國)에 나가는 시기	• 역마살이 년지에 존재하면 초년에, 월지에 존재하면 중년에 외국에 나간다. • 일간(日干)이 세운(歲運)과 상충되면서, 일지(日支)와 세운(歲運)이 합(合)이 되는 시기에 외국에 나간다. • 일은 합(合)이 되고, 월은 충(沖)이 되는 년 • 재성, 관성 그리고 역마살(驛馬殺)이 일주와 합이 되는 시기 • 일지나 시지에 역마(驛馬) 또는 지살(地殺)이 있으면서 충(沖)이 되는 년

	• 인수가 일주와 합(合)이 되는 시기 • 월주에 역마나 지살이 있으면서 합(合)이 되는 년 • 인신사해가 충(沖)하는 시기에 외국에 나간다.
신규 사업 및 매매가 되는 시기	• 인성(편인, 인수=정인)운 이거나, 재성과 정관운 이 들어오는 년, 월 또는 이들이 역마살이거나 지 살일 경우이다. 이때 인수나 역마에 충(沖)과 형 (刑)이 성립되면 매매와 신규 사업은 구설과 시비 그리고 서류상 문제가 발생된다. • 용신, 희신운이 들어올 때 • 상관운은 매매에 따른 송사가 발생하며, 비겁(비 견, 겁재)운에서는 금전부족, 시비, 구설 등으로 매매 지연이 발생된다. • 재성(편재, 정재)은 매도로 판단하고, 인성(편인, 인수=정인)은 매수로 판단한다. • 독립과 창업에 따른 신규 사업은 비겁(비견, 겁재) 년에 발생되며, 이때 비겁이 기신이거나 혹은 충 (沖)이 작용되면 불리하다. • 괴강, 양인, 백호대살이 작용되면 신규사업은 불 리하다.
땅, 아파트 (APT), 방, 점포 매매가 이루어 지는 시기	• 지지(地支)에 충(沖)이 성립되는 시기에 매매운이 된다. -년지(年支)에 대운(大運)이나 세운(歲運)에서 충(沖) 이 성립되면 토지(땅)가 매매되며, 월지(月支)에 충 이 성립되면 건물(APT)이 매매되며, 일지(日支)와 시지(時支)에 충(沖)이 성립되면 각각 방, 점포 매매 가 이루어진다.

구 분	시주	일주	월주	년주
천 간	○	○	○	○
지 지	辰	卯	丑	子
충 (沖)	戌 辰戌충	酉 卯酉충	未 丑未충	午 子午충

내용	점포 매매	방 매매, 부서 이동	건물(APT) 매매	토지(땅) 매매
예1) 년지(年支) 자(子)의 경우 대운(大運)과 세운(歲運)에서 충(沖)이 성립되는 오(午)가 들어오는 시기에 토지(땅)가 매매 된다. 예2) 시지(時支) 진(辰)의 경우 대운(大運)과 세운(歲運)에서 충(沖)이 성립되는 술(戌)이 들어오는 시기에 점포가 매매 된다.				
소송, 법률, 관재가 발생되는 시기	• 상관이 정관을 극(剋)하는 시기(대운, 세운) • 태왕한데 비겁이 되는 시기(대운, 세운) • 관살혼잡(官殺混雜)이 되는 시기(대운, 세운) • 기신(忌神)이나 구신(仇神)이 되는 시기(대운, 세운) • 일주가 충(沖)이 되는 년이나 혹은 일지가 형(刑)이 되는 시기(대운, 세운) • 괴강, 양인, 백호대살, 자형살이 사주 구성에 존재하고, 이들이 대운이나 세운에서 다시 들어오는 시기 • 용신에 형, 충이 발생되거나, 기신(忌神)이 관성운이 될 때 • 인성(편인, 인수=정인)이 일지에서 형, 충 혹은 형살이 발생될 때 • 식상(식신, 상관)이 관성(편관, 정관)을 형, 충하거나, 식상운이 강한 사주에서 다시 식상운이 들어올 때 • 관성(편관, 정관)이 삼형살이거나, 수옥살, 관살, 재살, 형살이 들어올 때 • 겁살(劫殺)이나 겁재가 들어오는 시기 • 재성(편재, 정재)가 망신살(亡身殺)이 되거나, 혹은 편관이 들어오는 시기 • 비겁이 강한 사주에서 재성(편재, 정재)이 들어오는 시기
시어머	• 사주에 인성(편인, 인수=정인)과 재성(편재, 정재)

니(姑婦) 갈등이 많은 사람	가 많은 여자 • 비견, 겁재가 기신(忌神)인 여자 • 일지(日支)에 형(刑), 충(沖), 해(害), 파(破) 및 원진살이 작용되는 여자 • 남자 사주에 일지(日支)가 인성(편인, 인수)인 경우
죽은 형제, 자매 판단	• 시지에 병부살, 격각살이 존재하는 경우 • 월지와 일지가 충(沖)이나 형(刑)이 작용되는 경우
죽은 자식 판단	• 시지에 병부살, 격각살이 존재하는 경우 • 일지와 시지에 충(沖)이나 형(刑)이 작용되는 경우
조상들의 사망원인 판단	• 기신(忌神)이 수(水)이면 물에 빠져 죽은 조상이 존재한다. • 기신(忌神)이 목(木)이면 목매달아 죽은 조상이 존재한다. • 기신(忌神)이 화(火)이면 화상, 농약, 총상으로 죽은 조상이 존재한다. • 기신(忌神)이 토(土)이면 객사나 교통사고로 죽은 조상이 존재한다. • 기신(忌神)이 금(金)이면 칼로 죽은 조상이 존재한다.
재물이 모아질수록 건강이 나쁜 사주 판단	• 재성(편재, 정재)이 병부살, 오귀살, 귀문관살, 고신살, 과숙살이 존재하는 경우 • 재성(편재, 정재)이 지장간에 존재하고, 비견이 투출(透出)되는 경우
도박을 즐기는 사주 판단	• 재성(편재, 정재)이 약하고, 비겁(비견, 겁재)이 강한 사주에서 식상(식신, 상관)이 없는 사주 • 관살(편관)이 강하나, 식상(식신, 상관)이나, 인성(편인, 인수)이 없는 경우

술을 좋아하는 사람	• 용신이나 희신이 화(火)인 사람 • 지지에 자(子), 오(午), 묘(卯), 유(酉)가 갖추면 주색으로 패가망신한다.
동업을 해도 좋은 사주 판단	• 두 사람의 일간이나 일지가 합(合)이 성립 되는 경우 • 두 사람의 월지가 합이되거나 상생관계일 경우 • 두 사람의 용신이나 희신이 서로 같거나 상생관계인 경우 • 용신이나 희신이 비견이나 겁재인 경우
역술인(易術人) 사주	• 화개살(華蓋殺)이 사주에 존재하는 경우인데, 이 경우 월지나 일지에 편인이 존재하거나 혹은 해(亥)가 존재하는 경우 • 사주에 술(戌), 묘(卯), 유(酉)가 많은 경우 • 사주 구성에서 일주가 갑술(甲戌)-임술(壬戌)-경술(庚戌)-병술(丙戌)-무술(戊戌)이고, 월지나 시지에 인(寅), 축(丑), 술(戌), 해(亥)가 존재하는 경우 • 사주 구성에서 일주가 계해(癸亥)-을해(乙亥)-정해(丁亥)-기해(己亥)-신해(辛亥)이고, 월지나 시지에 축(丑)이 존재하는 경우
교통사고 판단	• 일지가 희신인데 충(沖)이 성립되는 경우 • 관살혼잡(官殺混雜)이 되는 년 • 관살(편관)이 강(强)한 사주에서 관살이 들어오는 년 • 일주가 지살(地殺)이나 역마살(驛馬殺)이 동주하고, 다시 충(沖)이나 형(刑)이 되는 년
년지, 월지, 일지, 시지가 세운과 충(沖)이 되는 경우 운세(運	• 년지가 충(沖)이 되는 년 -조상과 관련된 족보, 이장, 비석 등의 일이 발생된다. • 월지가 충(沖)이 되는 년 -부모, 형제, 친구들과 불화 발생 -주위 환경(직장, 주거, 인간관계)에 대한 불미스런 사건 발생 -가정적으로 불만스러운 사건 발생 -직장인은 직장에서 불미스러운 사건 발생되나, 이

勢) 판단	때 변동 하면 후회한다. -여자의 경우 결혼(結婚) 한다. • 일지가 충(沖)이 되는 년 -노력에 비해 결과가 만족스럽지 못하다. -정신적으로 불안하고, 계획처럼 이루어지지 않는다. -배우자의 신상(직위, 건강)에 문제가 발생한다. -일지가 관성(식신, 상관)이거나, 양인살인 경우 관재구설이 발생된다. • 시지가 충(沖)이 되는 년 -자녀 문제가 발생한다. -부부간 불화한다. -아랫사람과 다툼이 발생된다.

21. 유, 무정한 사람을 판단하고 해석하자.

사주를 해석함에 있어서 가장 먼저 확인하고 판단해야될 사항은 유정한 사람(나에게 도움을 주는 사람인가?) 혹은 무정한 사람(나에게 도움을 주지 못하는 사람인가?)를 판단해 보아야 한다. 그래야만 사주 판독이 가능하다.

이것은 비록 사람뿐 아니라, 오행(五行) 작용과 동일하며 또한 대운(大運)과 세운(歲運)에서 적용되는 운(運)도 동일하게 작용 된다.

아래 A, B 여자 사주를 통해서 유, 무정한 사람을 판단해 보자.

A사주(여자)							B사주(여자)						
구분	천간	지지	오행		육친		구분	천간	지지	오행		육친	
년주	③丙	⑥午	화	화	식신	상관	년주	③庚	⑥子	금	수	정관	편인
월주	④丙	②午	화	화	식신	상관	월주	④丁	②亥	화	수	식신	인수
일주	①甲	ⓐ寅	목	목	.	비견	일주	①乙	ⓐ丑	목	토	.	편재
시주	⑤丙	⑦午	화	화	식신	상관	시주	⑤癸	⑦卯	수	목	편인	비견
<유, 무정한 사람 판단>							<유, 무정한 사람 판단>						

위 사주는 일간(日干) ①甲(목)이며 힘이 가장 강한 월지 ②午(화)는 일간(日干)의 힘을 약(弱)하게 만드니 신약(身弱) 사주이다.

따라서 위 사주에서 자신에게 도움이 되는 유정한 사람과 도움이 되지 않는 무정한 사람을 선택하는 기준은, 신약 사주이므로 일간의 힘이 강(強)하게 만들어 주는 비겁(木, ⓐ寅, 형제), 인성(水, 위 사주는 사주 원국은 물론 지장간에도 인성에 해당되는 水기운은 없다. 이런 경우는 어머니 복이 없는 여성이다)은 도움을 주는 유정한 사람이 된다. 그러나 관성(金, 위 사주는 사주 원국은 물론 지장간에도 관성에 해당되는 金기운은 없다. 이런 경우는 남편 복이 없는 여성이다), 식상(火, ③④⑤⑥②⑦의 丙과 午, 자식), 재성(土, 사주 원국에는 없지만, 지장간에는 토(土)기운이 존재한다)은 일간의 힘을 약(弱)하게 만들어 주는 오행이 되어 신약 사주에서는 자신에게 도움이 되지 않는 무정한 사람이 된다. 이것은 신약 사주에서 용신(用神)을 판단하는 것과 동일하다.

위 사주는 일간(日干) ①乙(목)이며 힘이 가장 강한 월지 ②亥(수)는 일간(日干)의 힘을 강(強)하게 만드니 신강(身強) 사주이다.

따라서 위 사주에서 자신에게 도움이 되는 유정한 사람과 도움이 되지 않는 무정한 사람을 선택하는 기준은, 신강 사주이므로 일간의 힘이 약(弱)하게 만들어 주는 관성(金, ③庚, 남편), 식상(火, ④丁, 자식), 재성(土, ⓐ丑, 아버지)는 자신에게 도움을 주는 유정한 사람이 된다. 그러나 신강 사주에서는 비겁(木, ⑦卯, 형제), 인성(水, ②⑤⑥의 亥癸子, 어머니)은 일간의 힘을 강(強)하게 만들어 주니 자신에게 도움이 되지 못하는 무정한 사람이 된다. 이것은 신강 사주에서 용신(用神)을 판단하는 것과 동일하다.

그러나 지지(地支) ②⑥ⓐ은 해자축(亥子丑)의 합(合)으로 강(強)한 수(水)기운으로 변화(化되므로 ⓐ丑(토)의 편재(아버지)는 인성 기운으로 변화된다. 따라서 이 경우는 아버지와 인연이 박한 경우로 본다. 또한 위 사람 처럼 신강(身強) 사주에서는 월지(月支)가 인성인 경우는 재성(土)은 길성(吉星)으로 분류하지 않는다. 따

	라서 위의 여자는 아버지 복 (福)은 없다.

독자들은 위의 A, B 사주에서처럼 본인에 해당되는 일간(①甲)을 기준으로 도움을 주는 사람과 도움이 되지 못하는 사람에 대한 것들을 판단은 사주 해석의 기초이기도 하다.

특히, 위의 A, B 여자에서 확인해야 될 사항으로 위에서 판단한 유, 무정으로 판단한 사주 해석(解析)과 용신(用神)으로 판단한 사주 해석의 차이(差異)를 확인해야 된다. 그 이유는 상호 비교해서 서로 어떤 차이와 어떤 관계가 상존 되는지를 알고, 이를 적용시킬 수 있는 능력을 배양해야만 된다.

이제 위의 A와 B사주에서 용신으로 판단해 보자.

A사주(여자)는 신약(身弱) 사주로 일간 ①甲(목)과 월지 ②午(화)를 비교해서 판단해 보면, 일간에 힘을 강(强)하게 해주는 수(水)와 목(木) 중에서 용신이되며, 이것은 좋은 길성(吉星)으로 작용된다. 이 중에서 1개 오행을 용신으로 선택한다면 5월(午)의 무더울 때 태어났으므로 용신은 인성의 수(水)이며, 희신은 관성의 금(金)이다.

그런데 위 사주는 용신은 수(水)이지만 희신에 해당되는 금(金)은 없고, 나쁜 구신 화(火)기운만 존재하므로 용신(用神)의 인성 수(水)로 위 사주를 판단해 보아도, 위에서 판단한 A사주(여자)의 유, 무정으로 판단한 것과 동일하다는 것을 알 수 있다.

또한 B사주(여자)에서 용신(用神)을 판단해 보자. 일간은 ①丁이고 월지(月支)는 월지가 포함된 ②⑥ⓐ은 해자축(亥子丑)의 합(合)이 되므로 이것은 수(水)가 된다. 따라서 최종적인 월지 전체에 작용되는 기운(氣運)은 강(强)한 수(水)기운이 된다. 때문에 신강(身强) 사주가 되므로 일간 ①丁(화)의 힘을 약(弱)하게 해주는 토(土) 혹은 목(木) 중에서 용신이 되는데, 월지와 비교해서 판단해 보면, 용신은 재성의 토(土)이다. 희신은 식상의 화(火)가 된다.

22. 유, 무정 사주(四柱) 판단, 용신(用神), 격국(格局)의 고저(高低)에 따른 등급(等級)을 판단하고 해석하자.

사람의 등급(等級)을 판단해서 사람 성향을 확인하는 방법으로, 유 무정 사주 판단, 용신, 격국의 고저를 통하여 아래 남자 사주의 성향을 판단해 보자.

구분	천간	지지	육친		지장간
년주(年柱)	㉯壬	㉻申	정관	정재	
월주(月柱)	㉮甲	②辰	인수	상관	㉠乙, ㉡癸, ㉢戊
일주(日柱)	①丁	㉣卯	·	편인	甲, 乙
시주(時柱)	㉰戊	㉲申	상관	정재	

첫째, 유, 무정한 사람이 누군가를 먼저 판단해 보자.

위 사주는 일간(日干)이 ①丁(화)이고, 월지(月支)가 ②辰(토)이므로 신약(身弱) 사주이다. 따라서 자신에게 도움을 주는 유정한 사람은 신약 사주에서는 비겁(火, 형제)과 인성(木, 어머니)이다. 그러나 이들은 모두 사주 원국에는 없고 지장간에 ㉠乙의 인성 (木)기운만 있기 때문에 비겁의 형제 복(福)은 없고, 인성의 어머니 복(福) 역시 다소 빈약한 것을 알 수 있다.

이제 도움이 되지 못하는 무정한 사람을 판단해 보자. 신약 사주에서는 식상(土, 장모), 재성(金, 부인), 관성(水, 아들)에 해당되는 사람은 도움이 되지 못하는 무정한 사람이 되기 때문에 위 사람은 이들에 대한 복(福)은 없다.

따라서, 대운(大運)과 세운(歲運)의 운세(運勢) 판단도 도움이 되는 비겁(火)과 인성(木) 기운에서는 발복(發福)하지만, 식상(土)과 재성(金) 그리고 관성(水)기운에서는 나쁜 흉성(凶星)으로 작용된다.

둘째, 두 번째로 유, 무정 사주(四柱)를 판단해 보자.

사주에서 유, 무정 사주 판단은 월지(月支) 지장간이 천간(天干)에 투출(透出)이 성립된 경우로 판단할 수 있다.

만약 월지(月支) 지장간이 천간(天干)에 투출이 성립되지 않는 경우는 유, 무정 사주를 판단하지 않는다.

즉, 위 사주는 월지 지장간 ㉠乙(목), ㉡癸(수), ㉢戊(토) 중 ㉢戊(토)가 천간 ㉣戊(토, 상관)에 투출되었다. 이때 이들의 작용을 천간(天干)에서 확인해 보면 길신(인수)에 해당되는 ㉮甲(목)은 흉신(상관)에 해당되는 ㉣戊(토)를 목극토(木剋土)로서 극(剋)하므로 길신(인수)이 흉신(상관)을 극(剋)했으므로 위 사주는 남들에게 도움을 받으며 살아가는 귀격의 유정한 사주가 된다.

특히 유, 무정한 사주를 판단하는 육친과 상호작용 기준은 아래와 같으니 독자들은 참고해 주길 바란다.

<유정한 사주 판단 기준>	<무정한 사주 판단 기준>
■살아가면서 주위 혹은 남들에게 도움을 받으면 살아가는 귀격 사주이다. 1. 일간(日干) 기준 일간에 가까이 붙어 있어야하고 또한 일간에 도움을 주면 유정한 사주이다. 2. 흉신이 길신을 생(生)하면 유정한 사주이다. 3. 길신이 길신을 생하면 유정한 사주이다. 4. 길신이 흉신을 극(剋)하면 유정하게 된다. 5. 흉신끼리 서로 극(剋)하는 경우 합(合)을 하면 유정한 사주가 된다.	■살아가면서 주위 혹은 남들에게 도움을 받을수 없이 살아가는 빈천한 사주이다. 1. 일간(日干) 기준 일간에 멀리 떨어져 있거나 혹은 일간에 도움을 주지 못하면 비롯 유정한 사주일지라도 무정한 사주이다. 2. 길신이 흉신을 생(生)하면 무정한 사주이다. 3. 흉신이 흉신을 생(生)하면 무정한 사주가 된다. 4. 흉신이 길신을 극(剋)하면 무정한 사주가 된다. 5. 길신끼리 서로 극(剋)하는 경우 합(合)을 하면 무정한 사주이다.

※<참고>
1. <길신(吉神)> 식신, 정관, 인수, 재성(편재, 정재)
2. <흉신(凶神)> 겁재, 상관, 편인, 편관(칠살)
3. 생(生)하고 극(剋)하여 변화(化)시킬 때 생(生)하는 것과 극(剋)하는 것은 반드시 뿌리가 있고 강(强) 해야 된다. 예를 들면, 정관 길신이 비겁 흉신을 극(剋)하여 유정하게 되는 경우는

> 반드시 길신 정관은 뿌리가 있고 강(强)해야만 비겁 흉신을 극(剋)할 수 있다.

독자들은 월지(月支) 지장간이 천간에 투출(透出)이 성립되지 않거나 혹은 육친과 상호 작용에서 4흉신이 성립되면 무정한 사주로 판단하지만, 월지(月支) 지장간 중 1개 이상이 용신(用神) 오행과 서로 같거나 혹은 상생(相生) 관계가 성립된다면 이것 역시 유력한 사주로 볼 수 있다.

셋째, 용신(用神)의 흐름으로 사주를 판단해 보자.

용신의 흐름을 판단하기 위해서 <<최초 용신 판단>>과 <<최종 용신 판단>>을 통해서 위 사람의 등급(等級)을 판단한다.

<<최초 용신 판단>>

위 사주는 3월(辰月)에 태어나 일간이 ①丁(화)이고, 월지는 ②辰(토)로서 신약(身弱) 사주이다. 따라서 일간 ①丁(화)의 힘을 쎄게 해주는 것이 용신이 된다. 화(火)와 목(木)은 모두 길성(吉星)이다. 그러나 월지(月支) ②辰의 힘이 약(弱)하게 해주는 인성의 목(木)이 용신이 된다(※희신은 水, 기신은 金, 구신은 土, 한신은 火이다).

<<최종 용신 판단>>

최종 용신 판단은 일간(日干)과 월지(月支)에 작용되는 힘으로 판단하는데, 일간 ①丁(화)은 지지 ㉣卯의 지장간에 통근(뿌리) 되지 못했고, 또한 월지(月支) ②辰의 지장간 ㉠乙, ㉡癸, ㉢戊은 모두 천간에 통근이 되어 월지는 힘이 강(强)하다. 이 경우는 필요 충분조건이 못되는 월지만 강(强)하고, 일간은 약(弱)한 관계로 인하여, 월지 ②辰(토) 오행의 앞전 오행에 해당되는 화(火)로 최종 용신을 판단한다(※만약 일간과 월지 모두 통근되어 강한 경우에는 월지 다음 오행으로 최종 용신을 판단한다).

따라서 최종 용신 판단은 일간 ①丁(화)와 월지(月支) 화(火)와의 신강 관계에서 판단하면 된다. 이 경우 이들의 작용을 확인해 보면 최종 용신은 관성의 수(水)가 된다.

따라서 위 사주는 <<최초 용신>>은 신약 사주에서 길성(吉星)에 해당되는 인성의 목(木)이고, <<최종 용신>>은 신강 사주에서 관성 수(水)가 된다. 따라서 위 사람은 인성=>관성으로 전환되었기 때문에 다소 유력한 등급의 사람으로 판단할 수 있다. 따라서 위 사람은 살아가는데 큰 문제가 없는 사람으로 판단한다.

다섯째, 격국(格局)의 흐름 즉 격국의 고저(高低)로써 위 사주를 판단해 보자.

우선 격국의 흐름 즉 고저(高低)를 확인하기 위해서 <<최초 격국 판단>>과 <<최종 격국 판단>>을 바탕으로 이들을 비교해서 위 사람의 등급을 판단해 보자.

<<최초 격국 판단>>

월지(月支) ②辰이 상관이므로 최초 격국은 상관격이 된다.

<<최종 격국 판단>>

월지(月支) ②辰의 지장간 ⓒ戊이 천간 ㉣戊(상관)에 투출되었으니, 이것 역시 상관격이 된다(※만약, 월지 지장간이 천간에 투출되지 않는 경우에는 최초 격국 판단으로 종결한다).

따라서, <<최초>> 상관격에서 <<최종>> 상관격 격국으로 변화(化)되었으니, 이것은 모두 흉신(凶神)의 상관에서 다시 흉신의 상관으로 변화(變化) 되었으니 위 사람의 등급은 빈천(貧賤)한 사람으로 판단할 수 있다.

이제 위 사주에서 지금까지 판단된 것들을 취합해서 최종 확인해 보자.

유, 무정 사주 판단에서는 귀격의 유정한 사주로 판단되었고, 용신(用神)의 흐름에서는 다소 유력한 사주, 그리고 격국(格局)의 흐름에서는 빈천한 사주로 판단되었기 때문에 위 사람은 아주 부귀한 사람도 아니고, 그렇다고 빈천한 사람도 아닌 유력한 운로의 등급(等級)으로 살아가는 사람이란 것을 알 수 있다.

특히, 3가지 등급(等級) 즉, <<유, 무정사주>>, <<용신의 고저>>, <<격국의 고저>> 모두가 귀격(貴格)인 사람의 경우는 큰 관(官)은 물론 재(財)를 동시에 얻을 수 있는 좋은 운로(運路)의 사람으로 판단한다.

물론 세부 사항으로 판단되어야될 사항은 대운(大運)과 세운(歲運) 적용과 신살(神殺) 판단은 독자들에게 맡긴다.

23. <사주해석 종합편>

지금까지 사주 해석(解析)에 있어서 일간(日干)과 오행(五行)의 강약(强弱), 육친(六親)과 합(合) 작용 변화(化), 육친(六親)관계, 신살(神殺), 물상(物象), 조열(燥熱)과 추운 한습(寒濕) 사주 그리고 궁(宮)을 통한 해석(解析), 일주론(日柱論), 십간 희기론(喜忌論), 주류무체(周流無體)는 물론 관성에서 파생된 길흉성(吉凶星)은 물론 특히 특히 유, 무정사주에 따른 격국(格局)과 용신(用神)의 고저(高低)를 통하여 사람의 등급(等級)을 판단하고 적용해 보았다.

따라서 독자들은 앞 절에서 제시된 각종 사주 해석법을 참고해서 판단해 주길 바란다.

서울 가는 길은 여러 갈래가 있으며, 이용하는 차량 역시 여러 가지의 종류가 있다. 사주에서 육체(肉體)가 격국(格局)이라면, 정신(精神)은 용신(用神)이다. 격국과 용신은 상호 불가분의 긴밀한 관계를 맺고 있는 것이다.

즉 사주를 해석(解析)하고 통변(通辯)한다는 것은 격국과 용신을 판단하는 것이다. 특히 중요한 것은 단순히 이들만을 안다는 것이 아니라, 이들의 흐름 즉 고저(高低)를 알고 적용시킴으로써 사주의 해석 즉 통변이 완성(完成)되는 것이다.

즉, 격국은 성격과 파격으로 나누며 4길신(재성, 정관, 인수, 식신)의 성격되면 부귀(富貴)하나, 4흉신(편관, 상관, 비겁, 편인, 양인)의 파격이 되면 빈천(貧賤)하다.

용신은 득과 실로 판단하는데 4길신으로 득력하면 부귀하고, 4흉신으로 실력(失力)하면 빈천하다.

따라서, 격국과 용신의 변화를 알고 사주에서 적용하는 것이 사주를 해석하는 것이기 때문에 여기서는 이들의 관계를 통해서 확인해 보고자 하는 것이다.

이미 앞장에서 용신과 격국을 판단하는 것은 앞장에서 설명했으니, 여기서는 이들의 흐름 즉 고저(高低)를 통해서 사람의 등급(等級)을 판단해 보고, 이를 바탕으로 해석 즉 통변을 확인해 보도록 한다.

또한 유정사주란? 삶의 운로에서 주위 도움을 받으며 살아가는 귀격(貴格) 사람을 말한다. 무정사주란? 주위에 도움이 없이 살아가는 빈천(貧賤)한 사람을 말한다. 이들의 판단은 월지(月支) 지장간이 천간(天干)에 투출되었고(혹은 뿌리), 천간(天干)에서 투출된 오행을 기준으로 다른 오행과의 작용으로 판단한다.

좋은 귀격 사주란? 용신과 격국의 흐름은 물론 유정한 사주를 말하는데 이들과 관련된 것들을 통해서 사람에게 부귀(富貴)와 빈천(貧賤)에 따른 등급(等級)을 정리해 보면, 유정한 경우와 무정한 경우 그리고 유력함과 유정한 것, 유정한 것 같으나 무정한 것, 무정함과 동시 무력한 것 등으로 구분하고 판단할 수 있다.

따라서 <사주해석 종합편>에서는 실전위주의 용신과 격국의 고저(高低) 및 유, 무정 사주 판단을 통하여 체계적으로 다시 한번 전개시킬 것이니, 독자들은 이를 통해서 사주 해석(解析) 즉 통변(通辯) 활동에 더욱 정진(精進)해 주길 바란다.

따라서 여기서는 이러한 통변에 대하여 사람의 성향은 물론 등급(等級)을 어떻게 판단할 것인가?를 <<예1>>, <<예2>>을 통해서 누구나 쉽고, 빠르게 사주 해석(解析) 즉 통변(通辯)을 할 수 있는 방법을 구체적으로 제시해 놓았다.

<<예1>>

구분	천간	지지	오행		육친		지장간
년주(年柱)	⒩丁	⒫酉	화	금	편관	비견	
월주(月柱)	㉮壬	②寅	수	목	상관	정재	戊 ㉠丙 甲
일주(日柱)	①辛	⒭巳	금	화	·	정관	
시주(時柱)	⒟丙	⒨申	화	금	정관	겁재	

위 사주는 남자 사주로 우선 유, 무정한 사람을 판단해 보자.
지지 ㉣巳와 ㉺酉는 사유합(巳酉合)의 금(金)기운이 성립되어 월지
(月支)를 포함해서 지지(地支) 모두가 강(强)한 금(金)기운으로 변
화되었기 때문에 위 사주는 비견의 금(金)기운이 강(强)하게 작용
된다. 따라서 신약(身弱) 사주가 아니라 신강(身强) 사주가 되어
강(强)한 금(金)기운을 약(弱)하게 만들어 주는 관성의 화(火)혹은
식상의 수(水) 오행(五行)에 해당되는 사람이 이익을 주는 유정한
사람이 되는 것이다.

이제 위 사주를 통하여 구체적으로 확인해 보자. ㉯丁과 ㉰丙은
화(火)기운으로서 강한 금(金)기운을 녹여 줌으로 본인에게 이득을
주는 사람이고, 유정한 사람이다. 따라서 위 사람의 경우 화(火)기
운은 편관과 정관에 해당되므로, 이것은 자식(아들, 딸)이기 때문
에 자식 복(福)은 물론 출세(出世)할 수 있다. 또한 세운(歲運)과 대
운(大運)에서 화(火)기운을 만나면 취업과 승진은 물론 발복(發福)
하게 된다. ㉮壬(수)는 상관으로서 금생수(金生水)가 성립되고, 이
것은 일간의 금(金)기운을 약(弱)하게 설기시키는 작용을 함으로
위 사람에게는 길성(吉星)으로 작용한다.

또한 ㉺酉, ㉣巳는 사유합(巳酉合)의 금(金)기운이 성립되기 때문
에 지지(地支) ②寅 역시 금기운이 되고, 지지 전체가 강(强)한 금
(金)기운의 비겁으로 전환 된다. 따라서 신강 사주에서 본인(①辛,
금)을 더욱 강(强)하게 하므로 형제 복(福)이 없고 도움을 주지 못
하는 사람이 된다.

이러한 것들의 작용은 대운과 세운에서 금(金)기운에 따른 운(運)
의 흐름도 동일하다.

이제 위 사주를 격국과 용신을 통해서 운로의 흐름 즉 고저(高低)
로서 사람의 등급(等級)을 판단해 보자.

<<첫째>> 격국(格局)의 고저(高低)로 등급(等級)을 판단해 보자.
지지(地支)는 사유합(巳酉合)이 성립되어 지지(地支) 전체가 강(强)
한 금(金)기운으로 되었기 때문에 <<최초 격국>>은 ①辛-금(金)
이 되어 비견격이 된다.

또한 <<최종 격국>>은 금(金)기운의 지장간 중 임(壬)은 천간 ㉮壬에 투출되기 때문에 최종 격국은 ①辛-수(水)가 되어 상관격이 된다.

따라서 격국의 흐름으로 본 위 사람은 흉신(凶神)의 비견격(최초 격국)-상관격(최종 격국)으로 변화되어 빈천(貧賤)한 등급의 사람이 된다.

여기서 하나 더 추가한다면 원래 투출(透出)이라는 것은 지장간의 오행과 천간의 오행이 서로 음, 양이 같은 오행이 되어야만 투출이 성립되는 것이나 유, 무정 사주 판단과 혹은 용신(用神)과 격국(格局)의 고저(高低) 흐름 판단 때는 비슷비슷하게 상호 작용되는 것들은 유력한 것과 무력한 것으로 추가되어 있으므로 굳이 음, 양이 동일한 같은 오행의 투출 관계가 아니더라도 통근(通根) 즉 뿌리 관계만 성립되면 투출 작용이 성립된다고 볼 수 있다.

<<둘째>> 용신의 고저(高低)로 등급(等級)을 판단해 보자.

최초 용신을 판단해 보자.

일간이 ①辛(금)이고 월지(月支)는 ㉱巳, ㉺酉가 사유합(巳酉合)이 성립되어 지지(地支) 모두는 강(强)한 금(金)기운으로 변화(化)되므로 신약(身弱) 사주가 아니라 신강(身强) 사주가 된다.

따라서 월지 금(金)기운을 약(弱)하게 하는 화(火) 아니면 수(水) 중에서 용신이 되고, 또한 모두 길성(吉星)이 되는데, 둘중 하나를 선택하라고 한다면 추운 1월(寅月)에 태어났으므로 더운 기운이 필요하다. 따라서 용신은 관성의 화(火)가 된다. 희신은 목(木)이다.

이제 최종 용신을 판단해 보자.

지지(地支)의 금(金)기운 지장간은 일간 ①辛은 물론 천간에 투출이 성립되어 강(强)하게 작용되기 때문에 월지(月支) 개념의 금(金)기운 다음 오행에 해당되는 수(水)기운과 일간 ①辛(금)과의 관계에서 용신을 판단해 보면, 최종 용신은 인성의 토(土)가 된다.

따라서, <<최초 용신>>은 관성의 화(火)이고, <<최종 용신>>은 인성의 토(土)가 되므로, 용신으로 판단해본 위 사람의 등급은 관성=>인성으로 변화되어 좋은 오행(五行) 용신으로 변화(化)가 되었으므로 귀격(貴格) 혹은 유력한 사람임을 알 수 있다.

<<셋째>> 유, 무정 사주(四柱)로 등급(等級)을 판단해 보자.

지지(地支) 모두가 금(金)기운이고, 이것들의 지장간 중 임(壬)은 천간에 투출이 되었다. 따라서 천간(天干)의 상관 ㉮壬(수)은 정관 ㉰丙(화)를 극(剋)하여 수극화(水剋化)가 되어 정관이 나쁜 상관의 흉신(凶神)이 되었기 때문에 위 사람은 무정한 사주가 되고, 등급 역시 나쁜 빈천(貧賤)한 사람이다.

따라서, 지금까지 확인된 사항을 통하여 위 사람의 성향을 확인해 보면, 격국에서는 빈천(貧賤)한 등급의 사람으로, 용신의 고저(高低)로 판단된 것은 귀격 혹은 유력한 사람으로, 유, 무정사주에서는 나쁜 빈천(貧賤)한 사람으로 판단되었기 때문에, 위 사람의 등급 판단은 다소 미비하지만 유력한 등급(等級)으로 판단할 수 있다.

따라서 위 사람의 운로(運路)는 열심히 노력만 한다면 큰 풍파 없이 살아가는 사람으로 볼 수 있다.

<<예2>>

> 양력 1986년 6월 11일 22:50분에 태어난 이길동 사주를 통한 유, 무정 사주 및 용신(用神) 그리고 격국(格局) 흐름의 고저(高低)로 등급(等級)을 판단해 보자.

본 책에서 처음부터 이끌어온 양력 1986년 6월 11일 22:50분에 태어난 이길동 사주를 바탕으로 유, 무정 사람과 사주 그리고 용신(用神)과 격국(格局)의 고저(高低)에 따른 흐름을 판단해 볼 것이니, 독자들은 사주 해석(解析) 즉 통변(通辯)을 다시 한 번 확인해 보길 바란다.

구분	천간	지지	오행		육친		지장간
년주(年柱)	㉮丙	㉱寅	화	목	비견	편인	戊, 丙, 甲
월주(月柱)	㉯甲	㉲午	목	화	편인	겁재	㉠丙, ㉡己, 丁
일주(日柱)	①丙	㉳戌	화	토	·	식신	㉢辛, 丁, 戊
시주(時柱)	㉰己	㉴亥	토	수	상관	편관	戊, 甲, 壬

먼저 이길동은 유, 무정한 사람이 누구인지 판단해 보자.

이길동의 사주는 일간 ①丙(화)이고, 월지는 더운 5월(②午)이므로 신강 사주이다. 또한 지지 ㈋②㉫는 인오술(寅午戌) 합(合)으로 강(强)한 화(火)기운이 되어 비겁태왕(比劫太旺) 사주이다. 아울러 천간 ㉮丙(화) 역시 무더운 화(火)기운이므로 사주 전체가 모두 비견의 화(火)기운이다. 때문에 이길동의 길성(吉星)은 이를 식혀주는 ㉲亥(수, 편관, 아들)과 식상의 ㉱己(토, 상관, 할머니)이다. 또한 지지(地支) ㈋②㉫의 인오술(寅午戌)은 합(合)으로 강(强)한 화(火)가 되므로 에에 해당되는 편인(할아버지), 겁재(형제), 식신(장모) 역시 도움이 못되는 사람이다.

이제 이길동 사주에서 유, 무정 사주(四柱)를 바탕으로 등급(等級)을 판단해 보자.

사주에서 유, 무정 사주 판단은 월지(月支) 지장간이 천간(天干)에 투출이 성립된 경우에 따른 상호 작용으로 판단한다. 즉, 이길동 사주는 지지 ㈋②㉫의 인오술(寅午戌)은 합(合)이 성립되어 강(强)한 화(火)기운으로 작용된다.

또한 화(火)기운 지장간 중 목(木)기운은 천간에 투출이 되고, 이것들은 천간 편인 ㈏甲(목)은 천간의 편인 ㉱己(토)를 극(剋)하여 편인이 되어 나쁜 흉신(凶神)이 되기 때문에 이길동은 무정한 빈천(貧賤)한 등급의 사람이 된다.

또한 이길동은 금(金)기운의 일지 지장간 ㉢辛이 존재하나, 이것은 천간과 뿌리 즉 통근(通根)이 성립되지 않았고, 또한 천간에 금(金)을 극(剋)하는 강한 화(火)기운으로 인하여 금기운은 소멸되고 만다. 따라서 이길동은 금기운에 해당되는 정재 즉 재물과 부인 복(福)은 없는 사람이다.

이번에는 용신(用神)의 고저(高低)로 이길동의 등급(等級)을 판단해 보자.

이길동의 최초 용신은 일간 ①丙(화)와 월지에 해당되는 ㈋②㉫는 인오술(寅午戌) 합(合)으로 강한 화(火)기운이 성립되었기 때문에 신강(身强)사주이다. 따라서 용신은 수(水)와 토(土) 중에서 무더운 오월(午月)에 태어났으므로 더위를 식혀줄 시원한 관성 수(水)가

<<최초 용신>>이 된다(※희신 금, 기신 토, 구신 화).

이제 <<최종 용신>>을 확인해 보자.

일간 ①丙과 월지 ②午는 모두 화(火)기운으로 이것들은 강(强)한 뿌리는 물론 천간에 투출이 성립되기 때문에 월지 화(火) 다음 오행에 해당되는 토(土)기운과의 관계 즉 ①丙(화)-토(土)에서 용신을 판단해 보면, <<최종 용신>>은 인성의 목(木)이 된다.

따라서, 이길동은 <<최초>>관성(水)이 <<최종>>인성(木)으로 변화(化)된 용신이므로 좋은 귀격(貴格)의 사람으로 판단할 수 있다.

이제 격국의 흐름과 고저(高低)로 이길동의 등급(等級)을 판단해 보자.

이길동은 일간이 ①丙(화)이고 월지(月支)의 지장간 모두는 인오술(寅午戌)의 합(合)으로 화(火)기운이 되므로 <<최초 격국>>은 ①丙(화)-화(火)의 비견격이다.

또한 지지의 강한 화(火)기운에 해당되는 지장간 중 힘이 쎈 토(土)기운은 천간 ㈊己(토)에 투출되어 <<최종 격국>>은 ①丙(화)-㈊己(토)의 상관격이다.

따라서 격국의 흐름 즉 고저(高低)로 판단해 본 이길동의 등급은 비견격=>상관격으로 변화(化)되어 나쁜 빈천(貧賤)한 등급(等級)의 사람임을 알 수 있다.

이제 이들 모두를 취합해 보면, 유, 무정 사주에서는 나쁜 빈천(貧賤)한 사람으로, 용신의 고저에서는 귀격(貴格)으로, 격국에서는 나쁜 빈천한 사람으로 판단되었다. 따라서 3개 중 2개가 나쁜 것으로 판명되었기 때문에 이길동의 인생 운로(運路) 역시 나쁜 등급(等級)과 나쁜 성향(性向)의 사람이라는 것을 알 수 있다.

지금까지 판단된 사주 해석 들을 종합해 보면, 사주 해석(解析) 즉 통변(通辯) 방법은 여러 형태들이 존재한다.

즉, 일간(日干)의 강약(强弱), 용신과 격국, 비겁태왕(比劫太旺) 등의 오행(五行)의 강약(强弱), 육친(六親)관계, 합(合)작용으로 변화(化)되는 기운(氣運)들을 해석, 조열(燥熱)과 추운 한습(寒濕) 사주, 궁(宮)으로 해석(解析), 신살(神殺), 물상(物像), 유, 무정 및 용신(用

神), 격국(格局)의 고저(高低)에 따른 사주 해석(解析) 등 무수히 많은 방법들이 존재한다.

그러나, 이러한 통변술(通辯術) 모두를 적용해서 판단한다는 것은 쉬운 일이 아니다. 따라서 저자는 지금까지의 해석 방법 모두를 취합해서 사주 해석 즉 통변술을 제시해보면 다음과 같이 억부(抑扶), 물상(物象) 그리고 신살(神殺)의 3개 부분으로 취합 될 수도 있겠다.

이렇게 하는 이유는 사주를 해석함에 있어서 보다 쉽고, 빠르고 정확하게 사주를 해석(解析) 함에 있다.

1. 억부(抑扶)로 해석한다=> 용신(用神), 사주 구성(構成), 격국(格局), 유, 무정 등으로 사주를 해석한다.
2. 물상(物象)으로 해석한다=> 갑(甲, 큰나무), 을(乙, 화초), 병(丙, 햇볕), 정(丁, 장작불), 무(戊, 큰산), 기(己, 화초에 붙어 있는 작은 흙)… 등을 서로 비교해서 사주를 해석한다.
3. 신살(神殺)로 해석한다=> 각종 신살을 적용시켜 사주를 해석한다.

<<결론>>

서두에서 말했듯이 서울 가는 길은 무수히 많은 방법이 있듯이, 사주를 해석(解析)과 통변(通辯) 방법 역시 무수히 많다. 이러한 많은 과제들을 어떻게 하면 정확하고, 쉽게 할 수 있을까? 이러한 논제를 해결해 보고자 <사주해석 종합편>에서는 사주 통변술(通辯術)에 관한 모든 것들을 쉽게 비교를 들어서 설명하였다.

특히, 사주학(四柱學)에서 육체(肉體)가 격국이라면, 정신(精神)은 용신이란 핵심 사실을 잊지 말며, 아울러 이들이 기본이 되어야 함은 당연한 것이다.

이제 독자들은 사주를 배우는 최종 목적에 해당되는 해석(解析) 즉 통변술(通辯術)의 핵심 사항 모두를 배웠다.

특히, 본 책에서는 합(合), 충(沖), 형(刑), 파(破), 해(害)의 변화(化) 되는 힘이 성립되려면 형(刑)을 제외하고 나머지 모두는 오행간 상호 같이 붙어 있어야만 성립된다(명리학(命理學) 적천수(適天髓). 그러나 본 책에서는 합(合), 충(沖), 파(破), 해(害)의 오행간 떨어져 있어도 이들의 작용을 적용하여 해석(解析)하고 설명(說明)하였다는 것을 밝히는 바이다.

나경 (패철)

사용법

[풍수지리(風水地理)]

나경(패철) 사용편

양택(집)이나 음택(묘지)의 풍수지리(風水地理)에서 가장 중요한 것은 나경(패철) 사용 방법이다.

특히, 나경 사용법 중에서 1층과 2층 사용법은 풍수의 핵심 요체로서 그 중요성이 입증된 것이다.

따라서 여기서는 나경에 대한 정확한 사용 방법을 쉽게 예제를 바탕으로 전개시켰다.

따라서 처음 접하는 독자들을 위해서 누구나 쉽게 현장에서 활용할 수 있도록 하였다.

〔나경(패철) 사용법〕

풍수(風水)는 형기론(形氣論)과 이기론(理氣論)이 있다.

산과 물 등 자연의 외적 지형의 모양을 보고 길지(吉地)를 찾는 것이 형기론이다. 즉 형기론은 풍수지리의 5대 요건 즉 용(龍), 혈(穴), 사(砂), 수(水), 향(向)의 풍수지리 지형의 변화 현상을 보아 길흉(吉凶)을 판단하는 것이다. 반면에 이기론은 나경(패철) 등으로 방위와 보이지 않는 가상학(家相學)은 물론 음양오행 작용을 판단해서 길흉화복(吉凶禍福)을 결정하는 이론이다. 즉 이기론은 용, 혈, 사, 수, 향의 방위(方位)를 측정하여 음양오행법(陰陽五行法)으로 적법한지 여부를 판단하는 것이다.

형기론과 이기론 모두 풍수(風水)에서 중요한 핵심 요체이다. 참고로 현공풍수(玄空風水)는 공간과 시간의 흐름을 판단하는 풍수 즉 시간과 공간을 활용하여 길흉(吉凶)을 판단하는 것이다.

본 책에서는 형기풍수와 이기풍수의 중요성을 감안해서 둘 모두 적용하고 활용하는 복합 형태로 구성하였다.

이제부터 이기론(理氣論) 풍수에서 많이 활용되는 '나경(羅經)' 즉 '패철(佩鐵)'에 대해서 설명하고자 한다.

나경(羅經)은 '우주의 삼라만상을 포함한다'의 포라만상(包羅萬象)과 '하늘과 땅을 다스린다'의 경륜천지(經綸天地)에서 그물 나(羅)와 지나갈 경(經)자를 따서 나경(羅經)이라고 한다.

나경은 '허리에 차고 다닌다'라고 하여 '패철(佩鐵)'이라고 하고 일명 '뜬쇠' 혹은 '윤도'라고도 한다.

나경의 역사는 기원전 약 1100년 중국 주나라 성왕 때부터 시작되었으며, 주역(周易)의 후천팔괘를 기본으로 적용하였다.

우리나라에서는 서기 1세기경 낙랑고분에서 나경이 출토되어 유래를 찾아볼 수 있으나, 본격적으로 사용된 시기는 조선시대로 본다.

나경은 우주의 순환 위치를 모두 담고 있는 것이기 때문에 큰 의미가 있는 것이다.

따라서 나경은 손안에 존재하는 작은 우주이다.

이러한 작용으로 인하여 나경은 풍수지리(風水地理)에서 용(龍), 혈(穴), 사(砂), 수(水), 향(向)의 정확한 위치와 방향(方向)을 판별할 수 있는 유일한 도구이다.

나경을 제대로 해석하고 판단할 수 있어야만 양택(집)과 음택(조상 묘)의 명당(明堂)을 찾을 수 있기 때문에 풍수지리(風水地理)에서 반드시 필요하다.

따라서 독자들은 우선 풍수지리를 제대로 공부하려면 나경(패철) 구입이 우선이다.

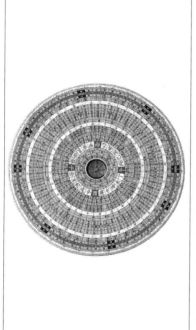

<나경(羅經) 구입 방법>

나경을 취급하는 곳이나, 인터넷 쇼핑몰 등에서 쉽게 구입할 수 있다.

가격은 보통 20,000원에서부터 몇 십만원까지 다양하다.

특히 나경의 종류는 건식, 유압식, 핀란드산 유압식이 있는데 이 중 핀란드 유압식은 온도 변화에 강(强)하고 정확하며 수명이 다소 길다.

요즘은 혈(穴)을 찾는 방법으로 천기룡 등이 많이 활용되고 있다.

따라서, 독자들은 나경을 구입한 후 본 책에서 저자의 편집 의도대로 한두 번 읽고 활용해 보면 누구나 쉽게 터득될 수 있도록 집필하였다.

나경의 종류는 2층에서 9층, 36층 그리고 54층까지 다양하나, 대계 9층 나경을 기본적으로 많이 사용한다. 따라서 여기서는 9층 나경을 기본적으로 다루기로 한다.

이러한 나경의 쓰임을 감안하여 여기서는 먼저 동사택(東四宅)과 서사택(西四宅) 그리고 가택구성법(家宅九星法)을 판단하고, 이어서 풍수지리(風水地理)에서 적용되는 나경 사용법을 체계적(體系的)으로 알아보기로 한다.

1. 처음 접하는 독자들에게

나경(패철)을 처음으로 접하는 독자들은 외관 자체가 너무 복잡하게 보이고, 어렵게만 느껴지기 때문에, 웬만한 숙달자가 아닌 이상 실전은 물론 이론적인 학습의 경우에도 쓸데없는 시간 낭비는 물론 당황하고 헤매게 된다.

이러한 독자들의 마음을 잘 알고 있는 저자는 실전 위주로 예제를 들어 기초부터 응용과정 하나하나 모두를 쉽게 설명하였기 때문에 누구나 차근차근 읽고, 실제 나경으로 연습을 한 두 번 해보면 틀림없이 이해는 물론 실전에서 활용할 수 있도록 체계적(體系的)으로 편집하였다. 따라서 독자들은 조금도 걱정할 필요 없이 학습에 임해 주면 되겠다.

그리고, 앞 절에서 설명했지만, 나경에서 가장 많이 사용되는 용어는 방향(方向) 즉 좌향(坐向)이다. 좌(坐)는 뒤의 방향이란 뜻이고, 향(向)은 앞 방향이란 뜻이다. 묘지(墓地)에서는 뒤에 존재하는 머리 부분의 방향을 좌(坐) 방향이라고 말하고, 묘지 앞에 존재하는 다리 부분 즉 앞 방향을 향(向)이라고 한다.

양택(집) 즉 집은 집의 뒤 방향이 좌(坐)가 되고, 집의 앞 방향이 향(向)이 된다.

이들의 표기법은 ○坐○向으로 쓴다.

예를 들면 묘지(墓地)의 경우 4층 나경에서 머리 부분이 '寅'방향이고, 다리 부분이 '申'방향인 경우 표기법은 인좌신향(寅坐申向)이라고 한다.

2. 동사택(東四宅)과 서사택(西四宅) 판단법

양택(陽宅)에서 양택3요(陽宅三要)에 해당되는 대문(현관), 안방, 부엌(주방) 그리고 자녀방, 공부방, 거실, 수도, 우물 및 사무실에서는 사장실, 임원실, 금고, 회의실, 경리실, 직원실의 배치 방향을 북쪽(水), 동쪽(木), 동남쪽(木, 火), 남쪽(火)에 배치시키면 동사택(東四宅)이고, 이들을 서북쪽(金, 水), 남서쪽(火, 金), 북동쪽(水

木), 서쪽(金)에 배치시키면 서사택(西四宅)인데, 이러한 판단을 실상에서는 적용하기란 쉽지만은 않은 것이다.

그러나 이것을 나경(羅經)으로 확인하면 금방 판단할 수 있다.

가

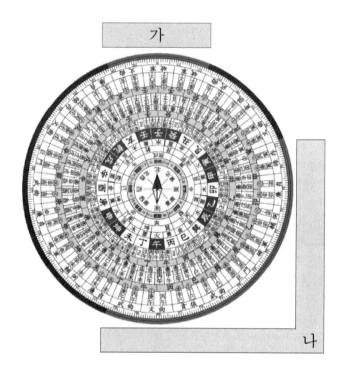

나

<판단 순서>

(1) 판단하고자 하는 주택, APT, 방, 사무실의 중심 부분에 위치한다.
 -주택 ; 주택의 중심 부분에 위치한다.
 -APT ; 거실 중심 부분에 위치한다.
 -방 ; 방 중심 부분에 위치한다.
 -사무실 ; 사무실 중심 부분에 위치한다.

(2) 중심 부분 위치에서 나침판을 수평으로 유지한 상태에서 남(南)과 북(北)을 맞춘다. 이 때 나경(패철)은 4층을 기준으로 하고, 나침판 방향은 4층의 24방위 중 남과 북의 방향 즉 자(子)와

오(午)선을 맞춘다.

※측정하고자 하는 위치에서 수평을 유지하고 나침판을 남(南)과 북(北)으로 맞추고, 나경 4층을 기준으로 24방위를 확인하는 것을 정반정침(正盤正針)이라고 한다. 모든 나경을 측정할 때 정반정침 위치 즉 수평이 된 상태에서 나침판을 남(南)과 북(北)으로 맞춘 후 측정한다는 것을 잊지 말자. 즉 나경은 정반정침(正盤正針) 상태에서 측정이 이루어진다.

(3) 나침판의 위치가 정확하게 남(南)과 북(北)을 맞춘 상태에서 아래와 같이 '기준 지형 지물'을 기준으로 동, 서사택을 판단한다.

구분	기준 지형 지물
주택	주택 마당 중심부에서 '대문(현관)'의 위치가 나경 끝부분의 붉은 부분 즉, '가'부분 혹은 '나'부분 방향에 위치하고 있으면 동사택(東四宅)이고, 그 외 방향(나경 끝부분이 검정색 방향)에 위치하면 서사택(西四宅)이다.
APT	APT거실 중심 부분에서 '출입문(현관)'이 '가'부분 혹은 '나'부분(나경 끝부분이 붉은 부분) 방향에 위치하고 있으면 동사택(東四宅)이고, 그 외 방향(나경 끝부분이 검정색 방향)에 위치하면 서사택(西四宅)이다.
방	방 중심 부분에서 '출입문'이 '가'부분 혹은 '나'부분(나경 끝부분이 붉은 부분) 방향에 위치하고 있으면 동사택(東四宅) 방이고, 그 외 방향(나경 끝부분이 검정색 방향)에 위치하면 서사택(西四宅) 방이다.
상가	상가 중심 부분에서 '출입문'이 '가'부분 혹은 '나'부분(나경 끝부분이 붉은 부분) 방향에 위치하고 있으면 동사택(東四宅) 상가이고, 그 외 방향(나경 끝부분이 검정색 방향)에 위치하면 서사택(西四宅) 상가이다.
사무실	사무실 중심 부분에서 '출입문'이 '가'부분 혹은 '나'부분(나경 끝부분이 붉은 부분) 방향에 위치하고 있으면 동사택(東四宅) 사무실이고, 그 외 방향(나경 끝부분이 검정색 방향)에 위치하면 서사택(西四宅) 사무실이다.

(4) 이렇게 동, 서사택을 판단했다면 아래 구조가 맞아야 길(吉)하다.

-주택이나 APT라면 대문(현관), 안방, 부엌(주방), 거실, 자녀방 등이 나경 4층의 방향이 壬, 子, 癸, 甲, 卯, 乙, 辰, 巽, 巳, 丙, 午, 丁에 존재하면 동사택이고, 나경 4층의 방향이 丑, 艮, 寅, 甲, 未, 坤, 申, 庚, 酉, 辛, 戌, 乾에 존재하면 서사택이다.

따라서, 대문(현관), 안방, 부엌 등이 동사택이라면 이들의 위치는 동사택 위치에 있어야하고, 서사택이라면 서사택 방향에 있어야만 길(吉)하다.

특히, 중요 물건(침대, 금고, 서재 등) 위치가 동사택이라면, 동사택 방향에 존재해야 하고, 서사택이라면 서사택 위치에 존재해야 길(吉)하다.

-사무실이라면 중요 위치(사장 자리, 금고 등)가 동사택이라면, 동사택 방향에 존재해야 하고, 서사택이라면 서사택 위치에 존재해야 길(吉)하다.

(5) 그러나, 냄새나고 더러운 화장실, 헛간, 창고, 쓰레기장, 하수구, 다용도실, 주차장 등은 반드시 동사택인 경우는 서사택 위치에 위치되어야 하고, 서사택인 경우는 반대로 동사택 위치에 배치되어야 길(吉)하다.

요즘 APT 등의 건립으로 동, 서사택에 정확하게 맞는 구조는 다소 어려운 것이 사실이다. 동, 서사택 외 이들과 혼합된 구조도 많이 존재한다.

이러한 경우는 방, 거실 등으로 각각 분리하여 동사택과 서사택에 맞게 가구 등을 배치하거나, 동사택과 서사택에 맞지 않는 것들은 커튼 혹은 화분 등으로 가림막 역할을 해주면 된다.

3. 가택구성법(家宅九星法) 판단법

가택구성법은 나경의 4층(지반정침)을 바탕으로 주택의 배치 방향에 따른 길흉(吉凶)을 판단하는 것으로 판단 기준은 아래 '가택구성법(家宅九星法) 조견표'에 기초를 둔다.

가택구성법은 양택 풍수(風水)에서 일상적으로 적용되는 주택 혹은 건물의 출입문, 안방, 공부방, 연구방, 침실, 금고 등의 중요 시설물의 편재나 위치 등을 적용시키는 척도로서 가장 많이 활용되는 대표적인 것이기도 하다. 가택구성법(家宅九星法)의 조견표는 다음과 같다.

<가택구성법(家宅九星法) 조견표>

기두\배치	감(坎)壬子癸수(水)	간(艮)丑艮寅토(土)	진(震)甲卯乙목(木)	손(巽)辰巽巳목(木)	이(離)丙午丁화(火)	곤(坤)未坤申토(土)	태(兌)庚酉申금(金)	건(乾)戌乾亥금(金)
감(坎)壬子癸수(水)	보필輔弼	오귀五鬼	천을天乙	생기生氣	연년延年	절명絶命	화해禍害	육살六殺
간(艮)丑艮寅토(土)	오귀五鬼	보필輔弼	육살六殺	절명絶命	화해禍害	생기生氣	연년延年	천을天乙
진(震)甲卯乙목(木)	천을天乙	육살六殺	보필輔弼	연년延年	생기生氣	화해禍害	절명絶命	오귀五鬼
손(巽)辰巽巳목(木)	생기生氣	절명絶命	연년延年	보필輔弼	천을天乙	오귀五鬼	육살六殺	화해禍害
이(離)丙午丁화(火)	연년延年	화해禍害	생기生氣	천을天乙	보필輔弼	육살六殺	오귀五鬼	절명絶命
곤(坤)未坤申토(土)	절명絶命	생기生氣	화해禍害	오귀五鬼	육살六殺	보필輔弼	천을天乙	연년延年
태(兌)庚酉申금(金)	화해禍害	연년延年	절명絶命	육살六殺	오귀五鬼	천을天乙	보필輔弼	생기生氣
건(乾)戌乾亥금(金)	육살六殺	천을天乙	오귀五鬼	화해禍害	절명絶命	연년延年	생기生氣	보필輔弼

가택구성법(家宅九星法) 조견표를 토대로 판단 내용은 아래와 같다.

- 생기(生氣) : 탐랑(貪狼)으로 가운(家運)이 번창하고, 속발부귀(速發富貴)한다.
- 오귀(五鬼) : 염정(廉貞)으로 다병(多病) 단명(短命)하고, 흉사

> (凶事)가 끊임이 없다.
>
> - 연년(延年) : 무곡(武曲)으로 승진(昇進) 득재(得財)하고, 자손
>   이 번창하고 건강 장수한다.
> - 육살(六殺) : 문곡(文曲)으로 패가(敗家) 상정(傷丁)하고, 관재
>   (官災)가 많아 형옥을 당한다.
> - 화해(禍害) : 녹존(祿存)으로 다재(多災)하여 재앙이 많고 손
>   재(損財)한다.
> - 천을(天乙) : 거문(巨門)으로 부귀다복(富貴多福)하고 건강
>   장수한다.
> - 절명(絶命) : 파군(破軍)으로 다병(多病) 단명(短命)하고, 온갖
>   재앙이 끊임이 없다.
> - 보필(絶命) : 보필(輔弼)으로 경사중중(慶事重重)하며, 모든
>   일이 순탄하다.

가택구성법(家宅九星法)을 판단하려면 기두(起頭)를 알아야 한다.

기두(起頭)란?

기준(基準)이 될 수 있는 중심적인 위치란 뜻으로 건물의 형태를
보고 판단하는 것인데 단층 평면 주택의 경우는 방, 사무실, 상가
는 동, 서사택을 측정할 수 있는 '중심부'에서 '대문'이나 '출입문'
의 방향이 기두(起頭)가 되지만, 구성되어 있는 전체 단층 건물,
고층 건물, 빌딩, 고층 APT 등의 기두(起頭) 판단은 건물의 힘을
가장 많이 받는 곳, 가장 높게 치솟은 부분, 가장 넓은 곳이 기두
가 된다. 독자들을 위해서 건물의 주(主) 즉 기두(起頭)를 판단하
기 위하여 정리하면 아래와 같다.

구분	기두(起頭) 위치
1. 단층 평면 주택(일반 APT 포함)에서 기두(起頭) 판단	• 중심부(패철을 놓는 위치)에서 '대문'이나 '출입문' 방향이 기두(起頭)가 된다.
2. 고층 건물, 빌딩, 고층 APT에서 기두(起頭) 판단	• 고층 건물에서는 제일 높은 부분이거나 혹은 뾰족하게 튀어나온 부분이 기두가 된다.

| | • 일반 건물에서는 건물 면적이 제일 많은 곳이 기두가 된다.
• ㄱ자형 집과 ㄴ자형의 집은 꺾인 모서리 깊숙한 부분이 기두가 되며, ㄷ자형의 집의 경우는 중심 깊숙한 부분이 기두가 된다.
• 좌우가 동일하게 붙어 있는 쌍둥이 건물의 기두는 좌, 우 2개이다. 기두가 2개 즉 쌍 기두는 기운이 분산되고, 서로 대립 관계로 판단하기 때문에 흉(凶)으로 본다. 이것은 비록 연립 주택의 경우도 마찬가지인데 좌, 우 크기가 같은 동일한 건물은 모두 기두가 2개가 된다. 풍수지리에서 기두가 2개의 건물은 꺼리는 형상이다. 따라서 이러한 쌍둥이 건물들의 나쁜 기운(氣運)을 방지(防止)하기 위해서는 2개의 건물을 연결하는 다리나 혹은 연결 통로를 둔다. |

이제 기두 찾는 법을 알았으니, 가택구성법(家宅九星法) 조견표를 보고 안방, 주방, 공부방, 출입문 등의 방향은 물론 길흉(吉凶)을 판단해 보자.

예를 들면, 단층 평면 주택이거나 일반 APT의 경우 거실 중앙 부분에서 4층 나경을 이용하여 측정해 본 결과 (※이때 나경은 수평을 유지하고, 나침판 방향은 남과 북을 유지한 상태 즉 좌우 정침 혹은 정반 정침 상태) 기두(起頭)에 해당되는 현관(출입문)의 방향이 감(坎) 방향 즉 壬子癸(水)이고, 안방의 방향은 간(艮)방향 즉 丑艮寅(土)일 경우일 때 간(艮)방향에 있는 안방의 길흉(吉凶)을 판단해 보자.

4층 나경으로 확인해 보면 기두(起頭)에 해당되는 감(坎) 방향은 壬子癸(水)이고, 판단하고자 하는 안방은 간(艮)방향의 丑艮寅(土)이므로 이들의 관계를 가택구성법(家宅九星法) 조견표로 확인해 보면 나쁜 오귀(五鬼)에 해당되고 오기의 작용은 '염정(廉貞)으로

다병(多病) 단명(短命)하고, 흉사(凶事)가 끊임이 없다.'란 뜻이 되
므로 안방의 위치는 흉(凶)하다. 독자들은 최초 설계시 가택구성
법에 맞게 고려하든지 아니면 이미 지어진 건물의 경우 안방 등
의 위치가 나쁜 경우, 색상, 커튼, 화분, 병풍 등을 이용하여 가림
막 역할을 해주는 생활의 지혜가 필요하다.

따라서, 간(艮)방향에 존재하는 안방의 경우 기두가 壬子癸(水)와는
나쁜 방향이지만 기두 수(水) 방향과 수생목(水生木)의 상생 관계가
성립될 수 있도록 안방의 색상을 목(木)의 청색 위주로 조성해 주
어 수생목(水生木)의 기운(氣運)으로 만들어 주든지, 아니면 안방을
커튼, 화분, 병풍 등을 이용하여 가림막 역할을 해주는 방법도 있
다. 특히 목(木)기운에 해당되는 난초, 식물, 화분, 목조 제품 등으
로 안방을 가림막으로 안보이게 조치를 해주면 더욱 좋겠다.

그러나 안방의 위치가 진(震)의 甲卯乙(木) 방향이라면 기두는 감
(坎) 방향 즉 壬子癸(水)이므로 이들의 관계는 수생목(水生木)의 상
생관계는 물론 천을(天乙)이 성립되어 안방의 위치는 아주 좋은
방향이 된다.

또한 기두 방향이 감(坎) 방향 즉 壬子癸(4층)일 때 공부방의 방향
은 손(巽)의 辰巽巳(木)방향 이라면 이는 '생기(生氣)'에 해당되므로
'탐랑(貪狼)으로 가운(家運)이 번창하고, 속발부귀(速發富貴)한다.'
라는 기운(氣運)이 작용하는 곳이므로 공부방으로서 매우 좋은 위
치가 된다. 다른 것들도 위와 같이 판단하고 조치해 주면 된다.
참고로 오행(五行)별 인테리어는 아래와 같다.

• 목(木) 기운	청색, 난초, 식물, 화분, 목조 제품 종류
• 화(火) 기운	적색, 대나무, 온열기 종류
• 토(土) 기운	노랑색, 산수화, 도자기 종류
• 금(金) 기운	흰색, 국화, 가전 제품, 조명기구 종류
• 수(水) 기운	매화, 검정색, 정수기, 어항 종류

이렇게 양택(陽宅)에서 '가택구성법(家宅九星法) 조견표'를 통하여
양택의 길흉(吉凶)을 판단하는 방법도 좋은 양택 풍수 중 하나가
된다.

이제 독자들은 가택구성법(家宅九星法)을 통하여 출입문, 대문, 방, 주방, 공부방 등의 길흉을 판단하는 방법을 알았다.

그럼 지금부터는 가택구성법으로 판단한 방, 주방 등의 구체적인 길흉(吉凶)이 발생되는 시간을 판단해 보자. 시간이 발생되는 길흉(吉凶) 판단은 아래와 같이 나경 즉 패철 3층에서 제시된 삼합 오행(※나경 3층에서 구체적으로 학습함)으로 확인한다.

목(木)	화(火)	토(土)	금(金)	수(水)
3, 8년	2, 7년	5, 10년	4, 9년	1, 6년

예를 들어 기두(起頭)는 감(坎) 방향 즉 壬子癸(水)이고, 안방의 방향은 간(艮)방향 즉 丑艮寅(土)일 경우일 때 안방의 길흉이 발생되는 시간을 판단해 보자. 이들을 가택구성 조건표로 판단해 보면 나쁜 오귀(五鬼)에 해당되고, 특히 기두에 해당되는 출입문은 수(水) 방항이므로 나쁜 흉(凶)이 나타나는 시간은 기두(起頭)의 수(水) 방향으로 판단하기 때문에 1년 아니면 6년 후에 나쁜 기운이 나타나게 된다. 물론 좋은 위치의 경우 발복(發福)하는 시간 역시 위의 삼합 오행에 나타난 숫자에 준해서 판단한다.

가택구성법(家宅九星法)에서 독자들이 알아야 될 사항은 같은 오행(五行)끼리의 상생(相生) 작용 즉 수수(水水), 목목(木木), 화화(火火), 토토(土土), 금금(金金)들은 가택구성법에서 판단은 보필(輔弼)에 해당되어 좋은 것이나, 양택 풍수에서는 너무 강(强)하게 지속적으로 작용되는 관계로 부작용도 발생하게 된다. 예를 들면 토토(土土)의 경우 비장의 힘이 너무 강(强)하게 작용되어 5년이나 10년 후 당뇨 등이 발생되기도 한다. 따라서 가택구성법에서 같은 오행이 작용 되는 경우 주기별로 다른 곳으로 적절히 이동을 하거나 혹은 강(强)한 토(土)기운을 금(金)기운이나 혹은 목(木)기운으로 극(剋)하여 설기 즉 빼주는 것이 필요하겠다.

이와 비슷한 것으로 가택구성법을 판단할 때 기두(起頭)와 가장 영향을 많이 미치는 출입문(出入門)이 상호 같은 오행(五行)일 경우에는 너무 힘이 강(强)한 오행이 되므로 이것 역시 강(强)한 오행의 힘을 설기(힘을 빼주는 것) 시키는 것이 필요로 한다.

예를 들면 기두의 방향이 화(火)이고, 출입문 방향이 화(火)일 경우는 강한 화(火)기운이 되므로 토(土)기운으로 화(火)기운의 힘을 빼주거나 혹은 수(水)기운으로 화(火)기운을 극(剋)하여 약(弱)하게 해주는 생활의 지혜가 필요로 한다. 비록 이것은 건물의 출입문이나 다른 안방 등에도 마찬가지이다.

또하나 가택구성법(家宅九星法) 조건표에서 독자들이 알아야될 사항은 조건표의 판단 기준은 오행(五行)의 상생(相生) 혹은 상극(相剋) 관계로 생기(生氣), 오귀(五鬼), 육살(六殺) 등을 판단하나, 이들 중 화(火)와 수(水) 혹은 수(水)와 화(火)는 서로 상극(相剋) 관계이지만 가택구성법에서 작용은 정북(子)과 정남향(午)을 나타내는 것이 되어 상극(相剋) 관계이지만 만물(萬物)을 나타내는 음양(陰陽)의 근원으로 보기 때문에 이들 화(火)와 수(水)의 관계는 연년(延年)으로 아주 좋은 길(吉) 방향으로 판단하여 귀격(貴格)의 좋은 방향이라는 사실을 알길 바란다.

4. 양택(陽宅)과 음택(陰宅)에서 나경 사용법

독자들은 지금까지 나경(패철)으로 동사택(東四宅)과 서사택(西四宅) 판단법과 가택구성법(家宅九星法)을 알았으니, 나경(패철) 사용법은 어느 정도 흥미가 붙었을 것이라고 믿는다.

그렇지만, 이제부터 설명되는 양택(陽宅)과 음택(陰宅)에서 사용되는 나경 사용법을 알아야만 실질적으로 풍수(風水)를 응용할 수 있는 능력을 갖출 수 있다.

여기서는 독자들을 위하여 보기와 예제를 들어 하나 하나 쉽게 체계적으로 접근하고 설명하였으니, 한 두 번 읽어 봄으로써 이해하고 활용할 수 있게 하였다.

특히 독자들이 알아야될 사항은 양택(집)과 음택(묘지)에서 나경 8층의 88향법(向法)으로 좌선룡(左旋龍)에 우선수(右旋水) 혹은 우선수(右旋水)에 좌선룡(左旋龍) 원칙의 기준방향(基準方向)을 먼저 결정하고 이어서 1층 입수룡(入首龍)의 혈(穴)과 관련된 황천살(黃泉殺), 황천수(黃泉水), 황천풍(黃泉風) 판단은 물론 2층에서 팔로사로(八路四路)와 관련된 흉살(凶殺)을 판단한 후 일단 음양택의 기준 방향(方向)을 먼저 결정 후 다른 부수적인 조건들을 접목시켜 주어야만 그 만큼 실수도 없을 뿐더러 작업을 빠르고 쉽게 마무리 할 수 있다는 사실을 잊지 말자.

특히 여기서 알아야될 사항은 혈(穴)이 흐르는(내려오는) 입수룡 방향 설정은 나경 4층(3방위)에서 1층 방향으로 판단하는 것이지, 1층 방향에서 4층 방향으로 판단은 아니다.

따라서 나경 1층에서 흉살(凶殺) 판단은 방위(○坐○向)를 판단하는 것이 아니라, 4층 3방위와 일직선상에 존재하는 1층의 8자중 해당되는 1자를 선택해서 이와 관련된 방향을 찾아서 황천살은 4층에서, 황천수는 8층에서, 황천풍은 6층 방향에서 각각 판단하는 것이다.

사실 음양택(陰陽宅)에서 적용되는 나경의 향(向) 즉 ○坐○向에 대한 흉살(凶殺) 판단은 2층에서부터 적용되는 것이다.

이제 나경(패철)의 각 층별 위치는 중앙원을 기준으로 밖으로 나가면서 순서대로 1층부터 시작하여 9층까지 각 층별 활용 방법을 저자와 함께 체계적(體系的)으로 쉽게 알아보자.

(1) 1층(황천살, 황천수, 황천풍 판단)

나경(패철) 1층은 최초 음양택의 방향 설정에서 4층 기준 정반정침(正盤正針)을 완료 후 혈(穴)이 내려오는 입수룡 방향을 기점(새로운 묘지는 묘지의 중심에서 측정하고, 기존 묘지는 묘지 앞에서 측정하며, 양택의 경우는 건물의 중앙 부분에서 측정한다)으로 흉살(凶殺)에 해당되는 황천살(黃泉殺), 황천수(黃泉水), 황천풍(黃泉風)를 판단하는 것이다.

이들은 나쁜 흉살(凶殺)이기 때문에 후손들에게 암(癌), 중병(重病)은 물론 재산 손해 등이 발생 되어 몰락하거나 혹은 자손이 끊어지거나 또는 가문이 서서히 쇠퇴해지면서 패망하게 된다. 따라서 풍수(風水)에서 반드시 피해야될 방향이다.

나경을 혈(穴)이 내려오는 입수룡 방향에서 정반정침(正盤正針)을 완료후 1층에서 제시된 8자 중 해당되는 1자를 선택에서 흉살(凶殺)을 판단하는데, 4층에서는 황천살(黃泉殺) 방향이 되고, 8층에서는 황천수(黃泉水) 그리고 6층에서는 황천풍(黃泉風) 방향을 찾아서 흉살을 판단해 주는 것이다.

특히 여기서 알아야될 사항은 혈(穴)이 흐르는(내려오는) 입수룡 방향 설정은 나경 4층(3방위)에서 1층 방향이 되는 것이지, 1층 방향에서 4층 방향으로 설정해서 흉살(凶殺)을 판단해 주는 것이 아니다.

사실 나경(패철) 1층과 2층은 음양택(陰陽宅)에서 흉살(凶殺)을 판단하는 가장 중요한 것이다.

특히 독자들은 1층과 2층의 흉살(凶殺)을 판단하기 위하여 상호연계해서 쉽게 비교를 들어 설명해 두었으니 아래 사항을 꼭 참고해 주길 바란다.

<<1층 판단>> 나경 1층은 혈(血)의 흐름과 일직선상에 존재하는 방위(○坐○向)를 측정해서 길흉(吉凶)을 판단하는 것이 아니라, 4층 3방위와 혈(血)의 흐름이 일직선상에 존재하는 1층의 8자중 해당되는 1자를 선택해서 이와 관련된 흉살(凶殺) 방향을 판단하는 것이다. 즉 황천살은 4층에서, 황천수는 8층에서, 황천풍은 6층 방향에서 판단한다.

(문) 정반정침(正盤正針)을 완료후 혈(穴)이 내려오는 입수룡 방향을 확인해보니 나경 4층에서는 축간인(丑艮寅) 방향에서 시작해서 나경 1층에서는 '寅' 자 방향이었다. 이때 흉살(凶殺)에 해당되는 황천살(黃泉殺), 황천수(黃泉水), 황천풍(黃泉風) 방향은?

(풀이) 혈(穴)이 내려오는 입수룡 방향이 나경 4층의 축간인(丑艮寅)방향에서 시작해서 나경 1층에서는 '寅' 자 방향이므로, 황천살(黃泉殺) 방향은 4층의 '寅' 방향이 된다. 물론 황천수는 8층의 '寅' 방향이며, 황천풍은 6층 '寅' 방향이 된다. 이들 방향에서는 음양택(陰陽宅)의 방향을 설정할 수 없다.

<<2층 판단>> 나경 2층은 혈(血)의 흐름과 일직선상에 존재하는 음양택(陰陽宅) 앞의 위치(※최초 설정은 중앙위치)에서

향(向) 즉 나경 방위(○坐○向)를 토대로 흉살(凶殺)을 판단하고 측정하는 것이다. 이것 역시 나경 2층이므로 팔로사로황천살(八路四路黃泉殺)은 4층에서, 팔로사로황천수(八路四路黃泉水)는 8층에서, 팔로사로황천풍(八路四路黃泉風)은 6층 방향에서 판단한다.

(문) 혈(穴)이 내려오는 입수룡 방향이 나경 4층의 축간인(丑艮寅)방향에서 시작해서 나경 1층에서는 '寅' 자 방향일 경우 2층에서 작용되는 팔로사로황천살(八路四路黃泉殺)의 방향은?

(풀이) 혈(穴)이 내려오는 입수룡 방향이 나경 4층의 축간인(丑艮寅)방향에서 시작해서 나경 1층에서는 '寅' 자 방향이었을 경우 2층에서 확인해야될 팔로사로황천살(八路四路黃泉殺) 방향 판단은 혈(血)의 흐름과 일직선상에 존재하는 향(向)방위 즉 ○坐○向를 토대로 흉살(凶殺)을 판단하는 것이다. 따라서 1층 '寅' 자 아래 칸에 존재하는 2층 '癸甲'으로 흉살 방향을 판단하는 것이 아니라, '寅' 자와 수평으로 일직선상에 존재하는 2층 '庚丁'으로 흉살(凶殺) 방향을 판단한다. 즉, '庚丁'은 '庚'과 '丁'로 분리해서 각각 2개 방향으로 흉살을 판단하는 것이다. 따라서 이때는 4층의 '庚'과 '丁'의 2개 방향이 팔로사로황천살이 된다. 물론 팔로사로황천수(八路四路黃泉水) 방향은 8층의 '庚'과 '丁' 방향이며, 팔로사로황천풍(八路四路黃泉風) 방향은 6층의 '庚'과 '丁' 방향이 된다.

따라서 나경 1층에서 흉살 판단은 혈(血)의 흐름과 동일선상에 존재하는 1층의 8자중 해당되는 1자를 선택해서 이와 관련된 방향에서 흉살을 판단하는 것이고, 나경 2층에서는 혈(血)의 흐름과 동일선상에 존재하는 일직선상에서 향(向) 즉 나경 ○坐○向 방향에서 흉살을 판단한다는 것을 잊지 말자.

여기서는 독자들의 빠른 이해를 도모하고자 나경(패철) 1층과 동일 선상에 존재하는 2층 방향(方向)을 판단해서 서로 연계해서 설명하였다.

이제 독자들에게 나경(패철) 1층에서 작용되는 흉살(凶殺) 판단법을 쉽고 빠르게 익혀주고자 다시 한번 예제를 통해서 확인해 보자.

<<예제 문제>> 양택(陽宅)과 음택(陰宅)에서 명당(明堂) 터를 선택하기 위해서 혈(穴)이 내려오는 입수룡 방향에서 나경의 나침판을 남(南)과 북(北)으로 맞추는 정반정침(正盤正針) 작업을 완료하였다. 이때 묘지나 주택의 중심 지점에서 혈(血)이 내려오는 방향을 나경 1층에서 확인해 보니 '인(寅)' 자였다.

이 경우 작용되는 황천살(黃泉殺), 황천수(黃泉水), 황천풍(黃泉風) 방향 판단은 어떻게 하는가?

<풀이1, 황천살 방향 판단법>

나경(패철) 1층은 辰戌, 午, 巳, 卯, 亥, 酉, 申, 寅으로 8개의 방향(方向)으로 구성되어 있다.

양택(집)이나 음택(묘지)에서 혈(穴)이 내려오는 입수룡 방향에서 정반정침(正盤正針)을 완료후 나경 1층에 존재하는 것을 확인해보니 '寅' 자 방향이었다면 황천살(黃泉殺)의 방향 판단은 4층 '寅' 방향이 된다. 즉 4층을 기준으로 인좌신향(寅坐申向) 혹은 신좌인향(申坐寅向) 방향은 황천살이 작용되므로 양택과 음택에서 이들 방향(方向)은 선택할 수 없다.

참고로 1층의 '寅' 과 4층의 3방위(丑, 艮, 寅)는 동일 방향이 된다. 단지 1층(8방위)은 '寅' 자 1개 방향으로 구성되어 있고, 4층(24방위)은 丑, 艮, 寅의 3방위로 구성되어 있다는 차이일 뿐이다.

따라서 최초 1층 황천살(黃泉殺) 판단은 혈(穴)이 내려오는 4층 입수룡 위치에서는 1층의 좁은 부분으로 판단하는 것으로 방위를 판단하는 것이 아니라, 1층에 존재하는 8자중 해당되는 1자를 선택해서 이것을 기준으로 황천살은 4층에서, 황천수는 8층에서, 황천풍은 6층에서 각각 판단하는 것이다. 참고로 황천살(黃泉殺) 방향은 흉물(凶物)에 해당 되는 냄새 나는 쓰레기장, 화장실, 화장장 등을 둘 수 없는 방향이기도 하다.

황천살 방향이 확인되었다면 어어서 황천수(黃泉水)와 황천풍(黃泉風) 방향을 판단해 보자.

<풀이2, 황천수 방향 판단법>

<풀이1>에서 황천살(黃泉風) 방향을 확인하기 위해서 혈(穴)이 내려오는 입수룡 방향에서 정반정침(正盤正針) 후 4층에서 황천살(黃泉殺) 방향을 확인하였다. 이번에는 황천살 판단 나경을 이동이나 움직이지 말고 그 위치에서 8층(천반봉침)에서 '寅' 자 방향을 찾는다. 즉 8층 기준 '寅' 방향에 해당되는 인좌신향(寅坐申向) 혹은 신좌인향(申坐寅向) 방향은 황천수(黃泉水) 방향이 되는 것이다. 황천수 방향 역시 흉살(凶殺)이기 때문에 양택과 음택에서는 방향(方向)을 둘 수 없다.

이때 눈에 보이는 황천수 판단은 나경 8층 '寅' 방향에서 흐르는 물줄기를 보고 판단하는데 대표적인 방법으로 물 줄기가 8층 '寅' 방향에서 흘러나가는 경우 즉 파구(破口)는 나쁜 황천수로 판단하지 않는다. 그러나 나경 8층 '寅' 방향으로 물줄기가 들어오는 득수(得水)가 존재하거나 혹은 저수지와 같이 물이 고여 있는 곳이 존재하는 경우는 나쁜 황천수로 판단한다. 물론 물 줄기가 눈에 보이지 않는 경우이거나 혹은 물줄기가 없는 경우 일지라도 '寅' 방향에 해당되는 인좌신향(寅坐申向) 혹은 신좌인향(申坐寅向) 방향은 황천수(黃泉水) 방향이기 때문에 음양택에서 방향(方向)을 선택할 수 없다.

<풀이3, 황천풍 방향 판단법>

<풀이1>과 <풀이2>에서 황천살(黃泉殺)과 황천수(黃泉水) 방향을 확인하였다. 이제 황천풍(黃泉風) 방향을 판단해 보자. 최초 혈(穴)이 내려오는 입수룡 방향에서 정반정침(正盤正針) 후 나경(1층 寅 글자)을 움직이지 말고 그 위치에서 6층(인반중침)에서 '寅' 방향을 찾는다. 즉 6층 기준 인좌신향(寅坐申向) 혹은 신좌인향(申坐寅向) 방향이 황천풍(黃泉風) 방향이 되는 것이다. 이것 역시 흉살(凶殺)이기 때문에 양택과 음택에서 인좌신향과 신좌인향 방향은 선택될 수 없다.

이때 눈에 보이는 황천풍 방향 판단 기준은 나경 6층 '寅' 방향 즉 인좌신향(寅坐申向) 혹은 신좌인향(申坐寅向) 방향에서 바람의 이동 통로를 찾아보는 것인데, 만약 이 방향에 존재하는 산맥이나 언덕의 모양이 바람의 이동 통로가 되어 움푹

들어가 있는 경우는 실질적인 눈에 보이는 황천풍 통로가 되어 직접적인 황천풍 증거가 된다. 그러나 황천풍 바람의 통로가 눈에 보이지 않는 경우일지라도 6층 '寅' 방향 즉 인좌신향(寅坐申向) 혹은 신좌인향(申坐寅向)의 방향은 음양택에서 황천풍 방향이 되기 때문에 방향을 설정할 수 없다.

또한 황천풍 방향은 시계방향으로 오늘쪽으로 한칸 더 이동시킨 방향 역시 같은 황천풍 방향으로 판단한다. 즉 6층 '寅' 방향의 경우 '寅' 방향은 물론 '寅' 방향에서 1칸 시계 회전 방향에 존재하는 '甲' 방향 즉 갑좌경향(甲坐庚向) 방향 역시 황천풍 방향으로 적용하고 판단한다.

황천풍 바람은 차가운 음풍(陰風)과 양풍(陽風)이 교차 되어 유골을 급속히 산화시키기 때문에 후손들이 화(禍)를 당하거나 혹은 가문이 서서히 쇠퇴해지면서 패망하게 된다. 이 경우 곡장(曲墻) 즉 묘지 주위에 반달 모양처럼 둥글게 만들어 놓은 봉축을 설치하거나 혹은 나무를 심어 방풍(防風)해야 한다.

<※참고1> 위 사항에서 알아야 될 사항
나경 1층을 보면 다른 곳은 午, 巳 등으로 1개씩 구성되었는데 '辰戌'은 2개로 구성 되어 있다. 이것은 '辰'과 '戌'의 2개의 방향이란 뜻이 되므로, 이 경우는 辰방향과 戌방향의 2가지 방향 모두 적용된다는 뜻이다.

<※참고2> 위 사항에서 알아야 될 사항
나경 1층에서 황천수(黃泉水)를 판단할 때 황천수 방향에 존재하는 호수나 저수지 물처럼 고여 있거나 혹은 물이 들어오는 득수(得水)는 나쁜 황천수로 판단하는 것이지, 물이 빠져나가는 물줄기 즉 파구(破口)는 황천수 와는 무관하다.

<※참고3> 위 사항에서 알아야 될 사항 => '황천일'
'황천일'은 황천수, 황천풍과 같이 아주 나쁜 날을 말한다.
위의 조건에서 예를 들어보자. 위의 조건 즉 나경의 1층에서 확인해 보니 '寅'자인 경우 일지(日支)가 ○寅일에 해당되는 甲寅, 丙寅, 戊寅, 庚寅, 壬寅 일은 황천일이 된다. 따라서, 황천일

에 장사를 지내는 경우는 아주 나쁜 흉일(凶日)이다. 만약 음택과 양택 방향을 황천수 방향에 설정하고, 황천일까지 가세를 한다면 아주나쁜 대 대흉살(大凶殺)이므로 피해야 될 사항이다.

<※참고4>
나경 1층 음양택에서 작용되는 황천살(黃泉殺), 황천수(黃泉水), 황천풍(黃泉風)과 나경 2층에서 작용되는 팔로사로황천살(八路四路黃泉殺), 팔로사로황천수(八路四路黃泉水), 팔로사로황천풍(八路四路黃泉風) 방향은 흉물(凶物)에 해당 되는 냄새나는 쓰레기장, 대문방향, 소각장, 피뢰침, 화장실, 화장장, 철탑 등을 위치 할 수 없는 방향이다(※특히 황천살 방향).

(2) 2층(팔로사로황천살, 팔로사로황천수, 팔로사로황천풍 판단)
나경(패철) 1층에서 혈(穴)이 내려오는 입수룡 방향에서 흉살(凶殺)에 해당되는 황천살(黃泉殺), 황천수(黃泉水), 황천풍(黃泉風) 방향을 판단하였다면, 이제부터는 음양택(陰陽宅)의 앞의 위치(※최초 설정은 중앙위치)에서 ○坐○向의 일직선상으로 나경(패철) 2층에서 작용되는 흉살(凶殺)을 판단하는 것이다.

이때는 가급적 나경 1층에서 측정된 혈(穴)의 방향을 움직이거나 이동시키지 말고 그 자리에서(※이미 완성된 양음택에서는 앞에서) 일직선상에 놓여있는 2층에 쓰여진 글자를 바탕으로 흉살(凶殺)을 각각 판단하는 것이다.

즉 2층 팔로사로(八路四路)의 방향(方向) 판단은 혈(血)의 흐름과 동일선상에서 4층 향(向) 즉 ○坐○向을 바탕으로 판단하는 것인데, 1층 혈(穴)에서 판단한 흉살(凶殺) 방향을 보완(補完)하고 점검하는 작업이기도 하다. 2층을 팔로사로(八路四路)라고 하는 것은 8천간(天干)과 4유(維)를 뜻한다.

2층에서 작용되는 흉살(凶殺) 명칭은 팔로사로(八路四路)를 앞에 붙여 팔로사로황천살(八路四路黃泉殺), 팔로사로황천수(八路四路黃泉水), 팔로사로황천풍(八路四路黃泉風)이라고 한다.

나경 2층의 구성은 아래와 같이 총 24칸으로 되어 있다. 이 중 팔로사로(八路四路)와 관련된 흉살(凶殺)은 12칸이며 나머지 12칸은 빈칸으로 구성되어 있다.

1층	辰戌		寅		申		酉		亥		卯		巳		午	
2층	乾		艮	癸甲		艮		巽	丙乙		巽	坤		庚丁		坤	乾	壬辛
3층	水		金	火		木		水	金		火	木		水		金	火	木
4층	壬	子	癸	丑	艮	寅	甲	卯	乙	辰	巽	巳	丙	午	丁	未	坤	申	庚	酉	辛	戌	乾	亥

※<참고> 쌍산배합(雙山配合) : 乾亥, 甲卯, 丁未, 艮寅, 丙午, 辛戌,
巽巳, 庚酉, 癸丑, 坤申, 壬子, 乙辰

참고로 빈칸의 경우는 음양(陰陽)의 균형을 맞추기 위하여 쌍산배합(雙山配合)중 지지(地支)를 생략한 것으로 빈칸의 방향을 판단할 경우는 왼쪽의 해당 되는 지지를 적용해서 팔로사로(八路四路) 관련 흉살(凶殺)을 판단해 주어야 한다.

예를 들면, 2층 '乾' 옆 오른쪽 빈칸 판단은 왼쪽에 존재하는 천간 '乾'의 쌍산배합 '乾亥'의 지지 '亥'가 생략된 것이다. 따라서 '乾' 옆 오른쪽 빈칸의 방향을 판단할 경우는 생략된 '亥'를 적용시켜서 팔로사로 관련 흉살(凶殺)을 판단해 주는 것이 아니라, 힘이 쎈 '亥'의 천간 즉 '乾'을 적용시켜서 '乾' 방향에서 흉살을 판단한다. 또한 천간이 '癸甲'처럼 2개인 경우는 '癸'와 '甲'을 각각 분리시켜 판단하는데 이것 역시 생략된 쌍산배합 지지(地支)를 적용해 주어야 한다. 즉 '癸'와 '甲'은 '癸丑'과 '甲卯'이 쌍산배합이므로 '癸甲'의 오른쪽 빈칸에서 방향 판단은 생략된 '丑'과 '卯'를 적용시켜서 흉살(凶殺)을 판단하는 것이 아니라, 힘이 쎈 '丑'과 '卯'의 천간 즉 '癸'와 '甲'의 방향에서 흉살을 판단해 주면 된다. 나머지 빈칸도 동일하다.

나경 2층에서 흉살 방향 판단 역시 1층에서 제시된 것과 동일하게 팔요사로황천살은 4층에서 판단하고, 팔요사로황천수 판단은 8층에서, 팔요사로황천풍살 판단은 나경(패철) 6층에서 판단한다. 물론 본 책에서는 독자들에게 쉽게 적용시키기 위해서 나경 1층에서 정반정침(正盤正針)의 '寅' 자를 토대로 황천살, 황천수, 황천풍을 판단했다면, 이제 나경을 그대로 유지하고 혈(血)이 흐르는 방향과 동일한 일직선상의 방향 즉 향(向)이 '庚丁' 방향이라고 했을 때 나경 2층에서 적용되는 흉살(凶殺) 즉 황천살, 황천수, 황천풍을 판단해 보자.

<<예제 문제>> 정반정침(正盤正針) 즉 나경을 수평으로 유지하고, 나침판의 위치를 남(南)과 북(北)에 맞춘 후 4층에서 子와 午방향으로 유지하였다. 그리고 묘지나 주택의 중심 지점에서 혈(血)이 흐르는 방향을 1층을 확인해 보니 '寅' 자였고 '寅' 자를 토대로 직선상의 동일 선상에 존재하는 것을 나경 2층을 확인해 '庚丁' 이었다.

이때 2층에서 작용되는 팔로사로황천살(八路四路黃泉殺), 팔로사로황천수(八路四路黃泉水), 팔로사로황천풍(八路四路黃泉風)의 나쁜 흉살(凶殺) 방향(方向)은 어떻게 판단하는가?

<풀이1, 팔로사로황천살 방향 판단법>

나경 1층은 혈(穴)에서 작용 되는 나쁜 흉살(凶殺) 즉 황천살, 황천수, 황천풍 방향을 확인하였다면, 나경 2층은 혈(血)이 흐르는 동일한 직선 방향(方向) 즉 ○坐○向에서 작용되는 팔로사로의 나쁜 흉살 방향을 확인하는 것이다.

즉, 1층 '寅' 의 아래 칸에 존재하는 2층 '癸甲'으로 판단하는 것이 아니라, '寅' 자와 일직선으로 동일 선상에 존재하는 2층 '庚丁'의 방향에서 나쁜 흉살(凶殺)의 방향을 판단하는 것이다. 따라서 이것은 '庚과 '丁'의 방향 2개를 적용시켜서 나쁜 흉살을 판단해 주면 된다.

따라서 2층 '庚과 '丁'에서 적용되는 팔로사로황천살(八路四路黃泉殺) 판단은 4층에서 판단한다. 즉 4층에 존재하는 '庚과 '丁'의 방향 즉 즉 경좌오향(庚坐甲向), 갑좌경향(甲坐庚向), 혹은 정좌계향(丁坐癸向), 계좌정향(癸坐丁向)방향이 팔로사로황천살이 작용되는 방향이 되므로 음양택에서 이들 방향은 선택할 수 없다.

<풀이2, 팔로사로황천수 방향 판단법>

팔로사로황천수(八路四路黃泉水) 방향 판단은 8층 천반봉침(天盤縫針)에서 판단한다. 따라서 2층 '庚丁' 은 '庚과 '丁'의

2개의 방향을 8층에서 찾아서 적용해 주면된다. 즉 경좌갑향(庚坐甲向), 갑좌경향(甲坐庚向), 혹은 정좌계향(丁坐癸向), 계좌정향(癸坐丁向)방향은 팔로사로황천수가 작용되어 이들 방향으로는 음양택에서 방향은 선택할 수 없다.

통상적으로 나경 1층에서는 물줄기가 들어오는 득수(得水)이거나 혹은 물이 고여 있는 호수 등이 존재하면 황천수(黃泉水)가 되어 나쁜 흉살(凶殺)로 판단했지만, 그러나 나경 2층 팔로사로황천수 방향 판단은 1층 황천수 판단과 달리 득수(得水) 혹은 물 줄기가 나가는 파구(破口) 혹은 물이 고여 있는 호수에 대한 길흉(吉凶) 판단은 아직까지 학자들마다 다른 의견들이 존재한다.

즉 『팔로사로황천(八路四路黃泉) 주패망고과기행래수(主敗亡孤寡忌向來水) 개문방수역기(開門放水亦忌)』 혹은 『팔간향기사유수래(八干向忌四維水來) 사유향기팔간수(四維向忌八干水) 거칙길(去則吉) 내칙흉(來則凶)』등으로 서로 상반된 주장을 하는 경우도 있고, 당나라 때 음양학의 대가인 구빈(救貧) 양균송(楊筠松)선생은 『의수입향무차살(依水立向無此煞)』이라 하였는데 이는 의수입향법(依水立向法)인 팔십팔향법(八十八向法)에 맞추어 향(向)을 정하면 모든 살이 없어지고, 오히려 살(殺)이 관(官)으로 변하여 길하다고 하였다. 따라서, 여기서는 흉(凶)하게 작용 되는 나경 2층에서 팔로사로황천수의 길흉(吉凶)은 방향(方向)만 적용시키고, 이들 즉 파구, 득수, 고여 있는 물에 대한 판단은 보류하기로 한다.

<풀이3, 팔로사로황천풍 방향 판단법>

나경 2층 '庚丁'에서 팔로사로황천풍(八路四路黃泉風) 방향 판단은 '庚과 '丁'의 방향 2개를 6층 인반중침(人盤中針)에서 결정한다.

즉 경좌갑향(庚坐甲向), 갑좌경향(甲坐庚向), 혹은 정좌계향(丁坐癸向), 계좌정향(癸坐丁向) 방향은 팔로사로황천풍이 작용되는 방향이 되므로 음양택에서 이들 방향은 선택할 수 없다. 또한 6층에서 팔로사로황천풍 방향은 시계 방향으로 오른쪽으로 한 칸 이동시킨 방향 역시 팔로사로황천풍 방향으로 판단한다.

즉, '庚'은 1칸 오른쪽 시계방향에 해당되는 '酉' 그리고 '丁'은 '未'의 경우가 되어 묘좌유향(卯坐酉向), 미좌축향(未坐丑向) 혹은 유좌묘향(酉坐卯向), 축좌미향(丑坐未向) 방향 역시 팔로사로황천풍 방향으로 판단한다.

만약, 위의 조건에서 나경 6층 '庚'과 '丁' 혹은 '酉'과 '未' 방향에 산이나 언덕에 골이 파여진 부분이 존재한다면 이는 틀림없이 나쁜 팔로사로황천풍 통로로 판단할 수 있기 때문에 이것은 눈으로 보이는 팔로사로황천풍 방향이 되는 것이다. 물론 팔로사로 황천풍 이동 통로인 언덕이나 산에 골이 파여진 부분이 눈으로 보이지 않거나 혹은 찾을 수 없는 경우 일지라도 이들 방향은 팔로사로황천풍 방향이 되어 음양택에서 방향(方向)을 설정할 수 없다.

특히 팔로사로황천풍은 차가운 음풍(陰風)과 양풍(陽風)이 교차되어 유골이 급속히 산화되기 때문에 후손들은 화(禍)를 당하거나 혹은 나쁜 불운(不運)이 발생된다. 이를 방지(防止)하기 위한 방법으로 곡장(曲墻) 즉 묘지 주위에 반달 모양처럼 둥글게 만들어 놓은 봉축을 설치하거나 나무를 심어 방풍(防風)해야 한다.

<※참고1>
나경(패철) 2층에서 작용되는 팔로사로황천풍을 제시하면 아래와 같다.

나경 2층에 표기된 팔요풍 방위	실제 팔요풍 방위(나경 6층)	나경 2층에 표기된 팔요풍 방위	실제 팔요풍 방위(나경 6층)
乾(건)	乾亥風(건해풍)	坤(곤)	坤申風(곤신풍)
艮(간)	艮寅風(간인풍)	乾(건)	乾亥風(건해풍)
艮(간)	艮寅風(간인풍)	癸甲(계갑)	癸丑風(계축풍), 甲卯風(갑묘풍)
巽(손)	巽巳風(손사풍)	乙丙(을병)	乙辰風(을진풍), 丙午風(병오풍)
巽(손)	巽巳風(손사풍)	丁庚(정경)	丁未風(정미풍), 庚酉風(경유풍)
坤(곤)	坤申風(곤신충)	辛壬(신임)	辛戌風(신술풍), 壬子風(임자풍)

<※참고2>

나경 2층은 총 24칸으로 구성 되어 있고, 이 중 팔로사로(八路四路)와 관련된 흉살(凶殺)은 12칸이며 나머지 12칸은 빈칸으로 구성되어 있다.

빈칸의 경우는 음양(陰陽)의 균형을 맞추기 위하여 쌍산 배합(乾亥, 甲卯, 丁未, 艮寅, 丙午, 辛戌, 巽巳, 庚酉, 癸丑, 坤申, 壬子, 乙辰) 지지(地支)가 생략된 것이므로 빈칸 방향에서 흉살(凶殺)을 판단할 경우는 생략된 쌍산배합 지지를 포함 시켜서 팔로사로황천살(八路四路黃泉殺), 팔로사로황천수(八路四路黃泉水), 팔로사로황천풍(八路四路黃泉風)을 판단해 주는데, 이때는 생략된 지지(地支) 방향으로 흉살을 판단하는 것이 아니라, 힘이 센 천간(天干)의 방향으로 나쁜 흉살을 판단 한다. 예를 들면 '巽' 옆의 공간 방향을 판단하는 경우 쌍산 '巽巳'에서 생략된 지지 '巳'방향으로 흉살을 판단하는 것이 아니라, 힘이 쎈 천간의 '巽'방향에서 흉살을 판단 한다.

지금까지 혈(穴)이 내려오는 입수룡 방향에서 나경(패철) 1층에서 판단한 '寅' 자를 토대로 흉살(凶殺)에 해당되는 황천살(黃泉殺), 황천수(黃泉水), 황천풍(黃泉風) 방향을 판단하였고, 이어서 나경 2층에서는 혈(血)의 흐름과 일직선상에 존재하는 ○坐○向에서 나경 방위 경정(庚丁)에서 작용되는 흉살(凶殺) 즉 팔로사로황천살, 팔로사로황천수, 팔로사로황천풍 방향을 판단해 보았다.

이를 바탕으로 입수룡 기준 나경 1층 '寅' 방향은 물론 나경 2층에서 '庚丁' 방향에서 작용되는 흉살(凶殺) 방향을 총 정리하면 다음과 같다.

4층 (황천살, 팔로 사로황천살)	인좌신향(寅坐申向) 혹은 신좌인향(申坐寅向) 방향 경좌갑향(庚坐甲向) 혹은 갑좌경향(甲坐庚向) 방향 정좌계향(丁坐癸向) 혹은 계좌정향(癸坐丁向) 방향
6층 (황천풍살, 팔로사로황 천풍살)	인좌신향(寅坐申向) 혹은 신좌인향(申坐寅向) 방향 경좌갑향(庚坐甲向) 혹은 갑좌경향(甲坐庚向) 방향 정좌계향(丁坐癸向) 혹은 계좌정향(癸坐丁向) 방향 묘좌유향(卯坐酉向) 혹은 미좌축향(未坐丑向) 방향 유좌묘향(酉坐卯向) 혹은 축좌미향(丑坐未向) 방향
8층	인좌신향(寅坐申向) 혹은 신좌인향(申坐寅向) 방향

(황천수살, 팔로 사로황천수살)	경좌갑향(庚坐甲向) 혹은 갑좌경향(甲坐庚向) 방향
	정좌계향(丁坐癸向) 혹은 계좌정향(癸坐丁向) 방향

흉살(凶殺) 방향을 층별로 확인해 보면 4층과 8층이 각각 3개, 6층은 5개가 되어 총 5개 방향이 되지만, 6층과 8층은 4층 정반정침(正盤正針) 기준으로 앞뒤로 7.5도의 차이가 되어 약 15도의 방향 차이가 존재한다는 것을 가정하여 이들은 한 쪽 방향으로 서로 연계된 방향이라고 판단할 수 있다.

특히, 혈(血)이 흐르는 정확한 입수룡 방향으로 음양택의 방향을 설정하면 나쁜 황천수(黃泉水)와 황천풍(黃泉風)은 존해할 수도 있겠으나, 황천살(黃泉殺)은 존재하지 않는다.

(3) 3층(삼합오행 확인)

3층은 삼합오행(三合五行)을 측정하여 길흉(吉凶)을 판단하는 것이다.

3층을 확인해 보면, 24칸으로 5행 중 水, 木, 火, 金으로 구성되어 있고, 土는 우주의 중심에 해당되므로 생략되어 있다.

즉, 나경 3층은 이러한 삼합 오행을 통하여 후손들에게 나타나는 길흉(吉凶)을 구체적으로 알 수 있고, 오행(五行)을 조정할 수 있어 후손들에게 발복(發福)의 기회를 제공해 주기도 한다.

이론적으로 보면 이것은 인간은 태어나고 죽고 다시 태어나는 과정을 반복하는 생로병사(生老病死)의 순환과정을 나타낸다. 이러한 과정은 12포태법(一二胞胎法)이다. 즉 인간이 잉태하여 출생하고 성장하고 병들어 죽는 과정 즉 태(胎, 새로운 인연으로 태기가 생김), 양(養, 모체에서 태기가 성장), 장생(長生, 신생아가 태어남), 목욕(沐浴, 신생아 목욕시켜 모체와 분리), 관대(冠帶, 성장하고 결혼하는 단계), 건록(建祿, 벼슬을 하고 재물을 모음), 제왕(帝旺, 최고 절정기 단계), 쇠(衰, 내리막길 단계), 병(病, 병이 들고 쇠약 단계), 사(死, 죽음 단계), 묘(墓, 무덤에 묻힘 단계), 절(絶, 세상과 인연이 끊고 무덤형태가 없어진 상태)의 순환 과정을 말한다.

오행과 12포태법(一二胞胎法)을 구성시켜 삼합(三合)을 맞추면 아래와 같다.

12 포태 법	절 (絶)	태 (胎)	양 (養)	장생 (長生)	목욕 (沐浴)	관대 (冠帶)	건록 (建祿)	제왕 (帝旺)	쇠 (衰)	병 (病)	사 (死)	묘 (墓)
목국 (木局)	신(申)	유(酉)	술(戌)	해(亥)	자(子)	축(丑)	인(寅)	묘(卯)	진(辰)	사(巳)	오(午)	미(未)
화국 (火局)	해(亥)	자(子)	축(丑)	인(寅)	묘(卯)	진(辰)	사(巳)	오(午)	미(未)	신(申)	유(酉)	술(戌)
금국 (金局)	인(寅)	묘(卯)	진(辰)	사(巳)	오(午)	미(未)	신(申)	유(酉)	술(戌)	해(亥)	자(子)	축(丑)
수국 (水局)	사(巳)	오(午)	미(未)	신(申)	유(酉)	술(戌)	해(亥)	자(子)	축(丑)	인(寅)	묘(卯)	진(辰)

위 표에서 장생(長生), 제왕(帝旺), 묘(墓)의 합(合)이 삼합(三合)이
된다.

일반 사주(四柱)에서 처럼 이들 삼합(三合)과 나경 4층의 쌍산 즉 24
방위를 2개 씩 묶은 방위와 삼합오행을 확인해 보면 아래와 같다.

구분	삼합(三合)	쌍산 오행(삼합 오행)
목국(木局)	亥卯未	乾亥, 甲卯, 丁未
화국(火局)	寅午戌	艮寅, 丙午, 辛戌
금국(金局)	巳酉丑	巽巳, 庚酉, 癸丑
수국(水局)	申子辰	坤申, 壬子, 乙辰

이제 양택(陽宅)과 음택(陰宅)에서 이들을 활용하여 길흉(吉凶) 판
단을 예를 들어 보자.

> 예) 음택(陰宅)과 양택(陽宅)의 중심 부분에서 좌향(坐向)의 방
> 향이 측정해 본 결과 4층의 축미(丑未)방향 즉 축좌미향(丑坐未
> 向)이였다. 이 경우 후손들에게 발생되는 길흉(吉凶)의 내용을
> 판단해 보자.

풀이) 좌향의 방향이 나경의 4층 축미(丑未) 방향 즉 축좌미향(丑
坐未向)이므로, 향(向) 즉 앞의 방향은 미(未)방향이 된다. 따라서 4
층 '未'을 나경 3층에서 확인해 보면 '木기운에 해당되기 때문에
이것은 목(木局) 즉 亥卯未(해묘미)가 된다.

이 경우 후손들은 목(木)기운에 해당되는 직업, 체질, 발복(發福)
시기 등의 길흉(吉凶)이 나타나게 된다. 이러한 판단은 본 책 앞
부분 사주(四柱)에서 제시된 '오행(五行)의 기능'을 참조하면 된다.

오	신체	수	방	체질	직업

행		(數)	향	
목 (木)	담 (쓸개)	3, 8	동	태양 인 (간소 폐대)	의류, 디자이너, 교육, 미용, 음악가, 가구점, 청과물, 당구장, 환경직, 시설직, 목공예, 과수원, 원예업, 제지업, 농장, 곡물판매업, 제지 및 종이, 섬유, 교사, 교수, 출판, 간호원, 종교, 생물학, 실험실, 보건 위생
	간				
화 (火)	소장, 삼초	2, 7	남	·	전자업, 정보 통신, 광고업, 전력 에너지, 가스, 발전소, 전기, 소방, 주유소, 전열기 구업, 언론인, 군인, 연예인, 의사, 법관, 광고업, 조명기구, 교육, 학원, 정치, 문인, 언론, 사법부, 경찰, 군인, 미술, 미용, 공예, 연극, 화장품, 정치인, 그림, 악기
	심장				
금 (金)	대장	4, 9	서	태음 인 (간대 폐소)	기계업, 금속업, 광공업, 자동자 업종, 반도체 업종, 금형 설계업종, 귀금속, 조각, 재봉사, 선반가공업종, 금속기술자, 인쇄업, 보일러, 침구업, 금융업, 경리, 스포츠, 조사, 정육점, 감정사, 증권, 은행, 의사
	폐				
수 (水)	방광	1, 6	북	소양 인 (비대 신소)	카페, 무역, 의사, 약사, 주류업종, 유통업, 수산, 어업, 냉방, 음식점, 식품 제조업, 횟집, 수도설비업, 서비스업, 수상요원, 오락실, 카바레, 접객업, 소방대, 술, 운동가, 여행사, 중계업종, 목욕탕, 해산물
	신장				

위의 표를 토대로 판단하고자 하는 것이 목(木)의 오행일 경우라면, 후손들의 길흉(吉凶) 조건이 나타나게 되는데, 만약 길(吉)하다면 발복(發福)하는 시기는 3년이나 8년 후 혹은 3대 혹은 8대 후에 나타나게 되며, 체질은 간소폐대에 해당되는 태양인(太陽人)들이 많고, 직업은 목(木)과 관계되는 의류, 미용, 음악가, 가구점, 청과물, 환경직, 시설직, 목공예, 과수원, 원예업, 제지업, 농장, 종이, 섬유, 교사, 교수, 출판, 간호원, 종교, 보건 위생 등에 종사하면 적성에 맞고 성공한다.

그러나 음택(陰宅)이나 양택(陽宅)에서 황천수나 황천풍은 물론 수맥(水脈) 등으로 나쁜 조건에 해당되는 경우라면 위의 조건들은 모두 나쁜 흉(凶)으로 나타나게 된다.

즉, 목(木)의 경우 흉(凶)하다면, 망하는 시기는 3년이나 8년 후가 되며, 간이나 쓸개에서 병이 발생되고, 직업 역시 목(木)과 관련된 것들로 인하여 망하게 된다.

따라서, 다른 오행들 역시 위와 같은 길흉(吉凶) 조건에서 적용해 주면 된다.

지금까지 3층에서 삼합오행(三合五行)을 바탕으로 길흉(吉凶)을 판단해 보았다.

특히, 나경 3층에서는 삼합오행(三合午行)의 원리를 이용하여 방향(方向)을 결정하는데 이 경우 목국(木局)은 亥卯未, 화국(火局)은 寅午戌, 금국(金局)은 巳酉丑, 수국(水局)은 申子辰가 된다. 이는 음택(陰宅)에서 비석이나 상석을 세울 때 사용하고, 양택에서는 중요 지물을 세울 때 적용하는데 나경 6층과 더불어 사용된다.

이러한 방향(方向) 결정은 본인(주인)의 사주(四柱) 구성을 참조하여 용신(用神)이나 혹은 나쁜 악(惡)영향을 주는 조건들 혹은 부족한 오행(五行)을 채울 수 있는 것이다. 이것은 지기(地氣)를 통하여 오행의 쏠림현상을 없애기 때문에 출세(出世)와 재물(財物) 그리고 건강(健康) 등을 대대손손 유지시키기 위한 조건으로 만들 수 있는 것이다.

이것을 더 쉽게 설명하면 자신의 사주(四柱) 구성에서 화(火)기운이 없거나 혹은 약(弱)한 사람의 경우 3층의 삼합 방향을 결정할 때 화국(火局)방향으로 설정하면 오행(五行)의 균형을 유지할 수가 있기 때문에 발복(發福)할 수 있는 조건이 된다. 다른 오행(五行)이나 용신(用神)의 방향 판단도 동일하다.

본 책 사주(四柱) 부분에서 적용해온 양력 1986년 6월 11일 밤 22:50분에 태어난 남자 이길동의 경우 무더운 화(火)기운이 너무 강한 사주이기 때문에, 3층(삼합오행 확인)으로 음택(陰宅)이나 양택(陽宅)의 방향을 결정할 때 다른 조건에 큰 문제를 주지 않는 다면 화국(火局)이나 목국(木局) 방향 보다는 더운 열기를 식혀 줄수 있고, 용신의 방향에 해당되는 수국(水局)방향이나 혹은 금국(金局) 방향으로 결정해 주면 된다.

이제 양력 1986년 6월 11일 밤 22:50분에 태어난 남자 이길동의 사주(주인)를 보고, 전원주택(田園住宅)의 양택(陽宅)이나 묘지(墓

地)에 적용되는 풍수지리(風水地理) 조건을 제시해 보자.

구분	천간	지지
년주(年柱)	丙	①寅
월주(月柱)	甲	②午
일주(日柱)	丙	③戌
시주(時柱)	己	④亥

이길동 사주를 보면, 년지(年支) ①인(寅)과 시지(時支) ④해(亥)는 해인파(亥寅破)가 성립되고, 월지(月支) ②오(午)는 양인살(陽刃殺)과 공망(空亡)이 성립된다. 그리고 일지(日支) ③술(戌) 역시 묘(墓)는 물론 공망(空亡)과 백호대살(白狐大殺)이 성립된다. 그리고, 이길동은 아주 무더운 사주(四柱)로 무더위를 식혀줄 수 있는 시원한 수(水)나 혹은 금(金)이 필요로 하는 사주이다.

그렇지만, 지지 삼합(三合) ①寅②午③戌 즉 인오술(寅午戌)이 성립되어, 공망(空亡), 양인살(陽刃殺), 백호대살, 해인파(亥寅破)는 다소 완충작용을 통하여 해소시켜 주는 것만은 틀림없겠지만, 100% 해소를 기대하기란 어려운 실정이다.

이러한 이길동의 사주(주인) 조건에서 전원주택(田園住宅)의 양택(陽宅)이나 조상의 묘지(墓地)에 적용되는 풍수지리(風水地理) 조건에서 필요한 것들을 확인해 보자.

우선 유(酉) 방향으로 양택이나 음택의 방향을 설정하여 ③戌와 유술(酉戌) 방합(方合)을 적용해 보려고 하니, 유술(酉戌) 방합 작용은 금(金)으로 변화되어, 이길동의 더운 사주를 시원한 금(金)기운을 보충해 준다는 조건에는 좋은 것만은 사실이다. 그러나 방합은 공망을 해소시켜주는 영향은 약(弱)하다.

또한 인(寅) 방향을 적용하여 시지 ④亥와 해인합(亥寅合)를 적용해 보려고 하니, 이것은 역시 무더운 화(火)기운으로 변화되어 더욱 무더운 기운(氣運)으로 만들고, 인오술(寅午戌) 삼합 역시 무더운 화(火)로 변화되는 사주이므로 더욱 불덩어리 사주로 만들어 주는 조건이 되므로 좋은 조건은 아니다.

따라서, 다소 앙칼스러운 점은 있겠으나, 진(辰) 방향을 적용하여

③戌과 진술충(辰戌沖)을 만들어 공망(空亡)을 없애는 경우도 있겠으나, 이 방법 보다는 차라리 해(亥) 방향으로 결정해 주면, 월지 ②午와 해(亥)는 최고의 길신(吉神)에 해당되는 천덕귀인(天德貴人)이 성립되고, 아울러 일간 병(丙)과 해(亥) 역시 천을귀인(天乙貴人) 각각 성립되어 이것은 장성살(將星殺)과 동시에 존재하면 높은 관직(官職)은 물론 충(沖), 파(破), 해(害), 공망(空亡)을 방어해 주는 역할을 담당하기 때문이다.

따라서, 이길동의 경우 무더운 사주이므로 나경(패철)으로서 양택(陽宅)과 음택(陰宅)의 조건(條件)과 방향(方向)을 최종 결정할 때는 팔요황천살(八曜黃泉殺)이나 혹은 팔요풍(八曜風), 불배합룡(不配合龍) 등의 나쁜 조건에 해당되지 않는다면, 무더운 더위를 식혀 줄 수 있는 서늘한 기운(氣運)에 해당되는 子(수), 亥(수), 申(금), 酉(금), 壬(수), 辛(금), 庚(금), 癸(수) 등의 방향을 선택하고 결정해 준다면 훌륭한 풍수 조건이 된다.

특히 독자들은 우리들이 살고 있는 풍수지리(風水地理) 즉 전원주택(田園住宅)이나 APT 등의 양택(陽宅) 혹은 조상 묘지(墓地) 등의 음택(陰宅)에서 조건과 방향 결정은 반드시 자신(주인)의 사주(四柱)를 보고 판단해야 된다. 즉, 자신의 사주(주인) 구성에서 부족한 오행(五行)이 존재하거나 혹은 자신에게 흉신(凶神)이 되는 조건들을 참고하여 결정해야만 명당(明堂)이 되는 것이지, 그렇지 않고 이것들을 무시한다면 오행(五行)의 쏠림현상으로 인하여 대대손손 흉운(凶運)으로 작용하게 된다.

따라서, 나경(패철)에서 이들의 조건과 방향을 결정하는 것들은 3층 삼합오행(三合五行), 6층 인반중침(人盤中針) 그리고 8층 천반봉침(天盤縫針)에 따른 '88향법(向法)' 등인데 이들을 통하여 방향 결정은 물론 중요 지물은 물론 비석(碑石) 그리고 상석(床石) 등을 세울 경우도 자신(주인)의 사주(四柱) 구성 조건에 맞아야 된다. 적어도 사주(四柱)는 물론 풍수지리(風水地理) 학자(學者)라면 가장 먼저 자신(주인)의 사주(四柱)를 정확하게 판단하고 이를 기초(基礎)로 하여 풍수지리(風水地理)의 조건을 만들어 주어야될 임무

(任務)가 있다.

(4) 4층(지반정침 확인)

4층은 지반정침(地盤正針)으로 나경(패철)에 사용되는 모든 방위의 기준선이 된다. 따라서, 글자가 제일 크고 굵으며 24방위가 표시되어 있다.

4층은 나경 전체 방위선이며 기준으로 작용되는 것이기 때문에 풍수지리(風水地理)에서 의미가 있는 것이다.

- 1층에서 9층에서 작용되는 24방위를 관장한다.
- 풍수지리에서 용(龍)과 혈(穴) 그리고 입수룡(入首龍)을 잡는 데 사용한다.
- 혈(穴)의 좌향(坐向)을 잡는다.
- 기타 방위를 측정하는데 사용한다.

특히, 4층 24방위는 절기(節氣)를 관장하는 기준이 된다.

지구의 공전 주기는 1년에 365일이기 때문에 이것을 24절기로 나누면 1절기는 약 15.218이다. 이것을 비유하여 나경(패철)의 원은 360도 이므로 이것을 15.218로 나누면 약 24절기가 된다.

따라서, 나경의 최초 0도의 기준은 정북(正北)방향 즉 자(子) 방향이고 절기는 동지(冬至)이다. 이것은 양기운(陽氣運)의 시발점으로 子, 癸, 丑, 艮, 寅, 甲, 卯, 乙, 辰, 巽, 巳, 丙까지 12방위가 이어진다. 그렇지만 午부터는 정남(正南)방향이며 180도의 하지(夏至)가 되고, 하지부터는 음기운(陰氣運)이 시작된다. 즉, 丙, 未, 坤…壬의 12방위가 된다. 따라서 이미 6월의 하지부터는 밖엔 무더운 날들이 시작되는 시기이지만 서늘한 음(陰)기운이 시작된다는 뜻이다. 이것이 24절기이다.

따라서, 양택(陽宅)과 음택(陰宅)에서 양(陽)과 음(陰)을 판단하고 적용하여 사용하면 된다.

이 말은 가족을 책임지는 가장(家長)이나 혹은 후손(後孫)들의 사주(四柱) 구성에서 양(陽)의 기운으로 분류되는 화(火)나 혹은 목(木)기운이 부족한 경우 주택이나 묘지의 방향을 양기운(陽氣運)

방향에 놓고, 이와 반대인 경우에는 음기운(陰氣運) 방향에 놓아야만 우선 발복(發福)할 수 있는 조건을 맞추는 것이다.

즉, 24절기의 방향을 바탕으로 양택에서 집주인이나 음택에서는 망자의 후손들에게 자신들에게 부족한 음양(陰陽)의 균형(均衡)을 맞추어주는 것이기도 하다.

이제 4층으로 룡(龍)과 혈(穴)을 확인하기 위한 방법으로 입수룡(入首龍)을 결정해야 하는데 측정방법을 알아보자.

입수룡은 지기(地氣)가 내려오는 방향이므로 4층으로 결정할 때는 지기가 내려오는 산맥의 중심에서 정반정침(正盤正針) 즉 나경을 수평으로 맞추고, 나침판의 위치 역시 남(南)과 북(北)에 맞춘다. 그리고 자(子)와 오(午) 방향으로 놓은 후 배합룡(配合龍)을 측정해야 한다.

배합룡(配合龍)이란? 나경 4층의 24방위를 2개 혹은 3개씩 묶은 것을 말하는데 일명 쌍산(雙山)이라고 한다.

종류로는 2자 정배합룡과 불배합룡 그리고 3자 정배합룡과 불배합룡이 있다.

2자 정배합룡은 임자(壬子), 계축(癸丑), 간인(艮寅)… 등으로 묶은 것을 말하고, 2자 불배합룡은 자계(子癸), 축간(丑艮), 인갑(寅甲)… 등으로 2개씩 묶은 것을 말한다.

3자 배합룡은 혈의 중심선에 지지를 가운데 두고 양쪽에 천간을 더하는 배합법을 말하는데 이것은 임자계(壬子癸), 계축간(癸丑艮), 간인갑(艮寅甲)… 등을 말하고, 3자 불배합룡은 자계축(子癸丑), 축간인(丑艮寅), 인갑묘(寅甲卯)… 등을 말한다.

풍수지리(風水地理)에서는 2자 불배합룡(不配合龍)과 3자 불배합룡(不配合龍)는 나쁜 흉(凶)으로 작용하므로 사용하지 않고, 2자 배합룡(配合龍)과 3자 배합룡(配合龍)만 사용한다.

아래 그림은 풍수에서 사용되는 2자 정배합룡의 임자(壬子), 계축(癸丑)과 사용하지 않는 자계(子癸), 축간(丑艮)의 2자 불배합룡을 나타낸 것이다.

따라서, 배합룡을 적용하여 입수룡을 측정할 때 壬子라면 아래 그

림과 같이 壬과 子와의 사이 중앙부분에 배합룡을 결정해 주어야
한다.

※<참고> 그림 출처 : 명당과 생활풍수(성필국)

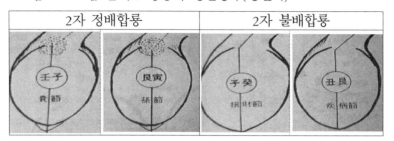

2자 정배합룡		2자 불배합룡	
壬子 貴 節	艮寅 孫 節	子癸 損 財 節	丑艮 疾 病 節

배합룡(配合龍)과 불배합룡(不配合龍)의 적용에 따른 길흉(吉凶)은
아래와 같다.

<배합룡(配合龍) 길(吉) 4방위(四方位)>

- 귀룡 4방위(貴龍 四方位) : 壬子, 丙午, 甲卯, 庚酉 방위
  (관운과 명성)
- 부룡 4방위(富龍 四方位) : 乙辰, 辛戌, 癸丑, 丁未 방위
  (복록과 부축척)
- 손룡 4방위(巽龍 四方位) : 艮寅, 坤申, 巽巳, 乾亥 방위
  (번창과 무병장수)

<불배합룡(不配合龍) 흉(凶) 4방위(四方位)>

- 인패룡 4방위(人敗龍 四方位) : 亥壬, 寅甲, 巳丙, 申庚 방위
  (참사, 몰사)
- 병패룡 4방위(丙敗龍 四方位) : 丑艮, 辰巽, 未坤, 戌乾 방위
  (암, 만성질환)
- 재패룡 4방위(財敗龍 四方位) : 子癸, 卯乙, 午丁, 酉辛 방위
  (가난, 풍비박산)

실전 풍수(風水)에서 배합룡(配合龍)과 불배합룡(不配合龍)이 적용
되는 곳에서 혈(穴)의 확인은 물론 가로나 세로 방향으로 놓인 여
러 개의 음택이나 양택이 존재하는 곳에서 이들 각각의 혈(穴)의
방향에 따른 길흉(吉凶)을 판단할 때 사용하면 명당(明堂)을 쉽게

찾을 수 있다.

(5) 5층(천산72룡 확인)

5층은 천산72룡(穿山七十二龍)으로 주산에서 내려오는 용맥(방향)의 길흉(吉凶)을 판단한다.

72룡은 72칸으로 구성되어 있으며 이것은 60갑자(甲子)와 공란 12칸으로 구성되어 있다.

따라서, 나경 4층과 5층을 서로 비교해 보면 4층의 24방위 1개당 5층에서는 3개의 룡이 구성되어 있다. 예를 들어보자 4층의 자(子)에는 3개의 병자(丙子), 무자(戊子), 경자(庚子)가 5층에 구성되어 있다. 또 어떤 방향은 공란도 있는데 이것들은 방향에 따라서 각각에 작용되는 길흉(吉凶)을 나타낸다.

5층에서 존재하는 3개의 길흉(吉凶) 판단은 아래 <72룡 길흉화복>표와 같다.

<72룡 길흉화복>

오자순 \ 지지		子	丑	寅	卯	辰	巳	午	未	申	酉	戌	亥	길흉
甲子旬	냉기맥	甲子	乙丑	丙寅	丁卯	戊辰	己巳	庚午	辛未	壬申	癸酉	甲戌	乙亥	소길다흉
丙子旬	왕기맥	丙子	丁丑	戊寅	己卯	庚辰	辛巳	壬午	癸未	甲申	乙酉	丙戌	丁亥	길격
戊子旬	패기맥	戊子	己丑	庚寅	辛卯	壬辰	癸巳	甲午	乙未	丙申	丁酉	戊戌	己亥	대흉
庚子旬	상기맥	庚子	辛丑	壬寅	癸卯	甲辰	乙巳	丙午	丁未	戊申	己酉	庚戌	辛亥	길격
壬子旬	퇴기맥	壬子	癸丑	甲寅	乙卯	丙辰	丁巳	戊午	己未	庚申	辛酉	壬戌	癸亥	소길다흉
空亡	공망맥													대흉

이것을 판단하는 방법은 丙子旬(왕기맥)과 庚子旬(상기맥)에 해당되는 것들은 대길(大吉)로서 가장 좋은 것 들이고, 甲子旬(냉기맥), 壬子旬(퇴기맥)의 경우 소길다흉으로 보통 흉으로 판단한다. 戊子旬(패기맥)과 공망(空亡)에 해당되는 것들은 가장 나쁜 대흉(大凶)이므로 이런 방향은 사용할 수 없다.

이제 5층 천상72룡의 판단 방법을 예를 들어보자.

예) 음택(陰宅)과 양택(陽宅)에서 4층 나경을 측정해보니 측정하고
자 하는 좌향의 방향은 丁癸방향 즉 정좌계향(丁坐癸向)이었다.
앞 방향이 癸방향일 때 작용되는 길흉(吉凶)을 판단해 보자.

풀이) 4층 癸방향과 관계되는 것을 나경 5층에서 확인해 보니 壬
子, 공란, 乙丑이다. 따라서, 이것들을 길흉(吉凶) 내용은 <72룡
길흉화복> 표에서 판단해 보면 아래와 같다.

-壬子 : 壬子방향은 壬子旬(퇴기맥)으로, 소길다흉이기 때문에 흉
(凶)으로 본다.

-공란 : 공란은 아주 나쁜 대흉(大凶)으로 본다.

-乙丑 : 乙丑방향은 甲子旬(냉기맥)으로, 소길다흉이기 때문에 흉
(凶)으로 본다

따라서, 4층 癸방향과 관계되는 나경 5층 중 '공란 방향은 대흉(大
凶)이기 때문에 사용할 수가 없고, 壬子과 乙丑 방향은 다소 나쁜
방향이지만 차선책으로 사용할 수 있다. 그렇지 않으면 대길에 해
당될 수 있도록 전체 방향을 변경시켜 주면 된다.

(6) 6층(인반중침 확인)

6층 인반중침(人盤中針)은 하늘에 존재하는 모든 행성들과 혈(穴)
의 기운(氣運)과의 관계를 조정하는 것이다. 6층은 4층의 24방위
보다 시계방향으로 7.5도 뒤쪽으로 구성되어 있으며 총 24방위가
표시되어 있다.

6층의 측정법은 하늘의 모든 행성들에게 작용되는 성수오행(星宿
五行)과 혈(穴) 주위에 존재하는 산(山)이나 비석 혹은 건물의 방
위에 따라서 길흉(吉凶)을 판단한다. 즉, 주위 여건들로 인하여 혈
(穴)이 도움을 받을 수 있는 것들을 판단하는 것이다.

이때 사격 방위로 측정하는데 '사격(砂格) 방위'란? 혈(穴)에서 주
위에 존재하는 산(山)이나 비석 혹은 건물의 방향을 말하는데, 측
정 방법은 나경 4층의 좌방위(坐方位) 즉 뒤쪽 방위를 기준으로
측정한다. 그리고 4층의 좌방위와 6층의 성수오행(星宿五行)과 24
방위를 비교하여 판단한다.

이러한 것들에 대한 보충 설명을 하면, 하늘에는 수 천억 개의 별들이 존재하고 있다. 그 중에서 인간이 살고 있는 지상에 비추는 것은 해(日)와 달(月)을 비롯하여 금성(金星), 수성(水星), 목성(木星), 토성(土星), 화성(火星) 등과 자미원(紫微垣, 亥方), 천시원(天市垣, 艮方), 태미원(太微垣, 巽方), 소미원(小微垣, 兌方) 그리고 각(角), 항(亢), 방(房), 심(心), 미(尾), 기(箕) 등의 28개 성수(星宿)가 있는데 이들 역시 지상에 빛을 주는 것이 목적이므로 이것이 산(山)의 형태를 만들고, 혈(穴)에 비추어 인간의 길흉화복과 관계한다. 이러한 작용으로 지상에 존재하는 산(山) 등에 비추는 방위를 측정하는 것이 6층 인반중침(人盤中針)이며, 이것을 특수오행에 해당되는 성수오행(星宿五行)이다.

<성수오행(星宿五行)과 24방위 관계>

성수오행	목(木)				화(火)							토(土)				금(金)				수(水)			
24방위 (4정)	건乾	곤坤	간艮	손巽	갑甲	경庚	병丙	임壬	자子	오午	묘卯	유酉	을乙	신辛	정丁	계癸	진辰	술戌	축丑	미未	인寅	신申	사巳	해亥

6층에서 이러한 길흉(吉凶) 판단은 음택(陰宅)이나 양택(陽宅)에서 성수오행(星宿五行)과 사격(砂格)의 방위로 상생(相生), 상극(相克), 상비(相比) 관계를 비교하여 구체적인 길흉(吉凶) 내용은 육친(六親) 내용으로 판단한다.

참고로 본인(주인)이나 시신이 성수오행(星宿五行)을 극(剋)하여 이기든지(재성으로 후손들은 부자가 된다.) 혹은 성수오행이 본인(주인)이나 시신에서 생(生)해 주든지(인성으로서 후손들은 효자가 된다), 아니면 土土, 水水, 金金, 木木와 같이 상비(相比) 관계(형제들이 서로 돕고 살아간다)가 되어야만 길(吉)하지, 이와 반대로 성수오행이 본인(주인)과 시신을 극(剋)하거나(관살이 되어 후손들은 형을 당한다.), 혹은 본인(주인)이나 시신이 성수오행을 생(生)하여 설기(힘이 빠지는 현상)되는 경우에는(식상이 되어 후손들은 출세하지 못한다.) 나쁜 흉(凶)으로 판단한다.

예를 들어보자.

예) 음택(陰宅)과 양택(陽宅)에서 4층 나경을 측정해보니 측정하고자 하는 좌향(坐向)의 방향이 子午방향 즉 자좌오향(子坐午向)이었다. 즉, 뒤 방향(坐)은 子방향이고, 앞 방향은 午방향이다.

이때 중요 산이나, 비석 등의 방향은 나경 6층으로 측정한 결과 '辰'방향일 경우 길흉(吉凶)을 판단해 보자.

풀이) 성수오행(星宿五行)으로 길흉(吉凶) 방향을 측정하기 위해서는 앞 방향(向)이 아니라 뒤 방향(坐)을 기준으로 하기 때문에 위의 문제에서 子午방향 즉 자좌오향(子坐午向)의 경우는 뒤 방향(坐)은 '子'방향이 된다. 따라서, 성수 오행에서 '子'는 화(火)가 된다.

다음으로 산이나, 비석 등의 방향은 나경 6층으로 측정한 결과 '辰' 방향이므로 이것은 성수오행으로 금(金)이 된다.

따라서, 이들 관계를 확인해 보자.

火(집, 묘지, 비석, 시신)와 金(성수오행)의 관계는 火剋金이 되어 양택에서는 본인(주인) 음택에서는 묘지의 비석이나 시신이 성수오행을 극(剋)하여 이기므로 길(吉)하다.

이러한 적용은 묘지(墓地)는 물론 APT나 혹은 전원주택의 중요 방향(方向)을 결정할 경우도 동일하게 적용된다.

6층 인반중침(人盤中針)은 이러한 사격(砂格) 방위 즉 집이나 묘지의 혈(穴)주변에 있는 중요 산(山)이나 비석 혹은 건물의 방위에 따른 길흉(吉凶)을 측정하는 것이므로, 나경 3층의 삼합오행(三合五行)과 더불어 묘지(墓地)의 비석이나 상석을 세울 때 방향(方向)이 활용된다.

양택(집)의 경우 중요 지물을 세울 경우도 본인(주인)의 사주(四柱)를 보고 최종 방향(方向)을 결정해 주어야 한다.

독자들을 위하여 묘지(墓地)에 세워지는 것들을 소개하면 아래와 같다.

신도비 (神道碑)	종2품 이상 벼슬아치의 무덤 앞이나 혹은 무덤으로 가는 길목에 세우는 것으로 내용은 망자의 생애(生涯) 관련 내용이며, 보통 무덤의 남동쪽에서 남쪽을 향하여 세운다.
묘갈 (墓碣)	정3품 이하의 벼슬을 지낸 무덤 앞에 세우는 것으로 윗 부분이 동그란 모양의 비석을 말한다. 내용은 신도비와 비슷하나 대체적으로 신도비보다 규모가 작다.
혼유석 (魂遊石)	상석 뒤에 무덤 앞에 놓는 직사각형 돌로 영혼이 나와서 놀도록 설치한 것을 말한다.
비석 (碑石)	망자의 벼슬명 등을 기록한 것으로 상석의 뒤쪽에 세우며 묘의 좌(시신의 다리 부분)의 앞 방향에서 좌측에 세운다. 비석 뒷면에 새기는 글을 비음기(碑陰記)라고 하는데 이것은 비석 앞면에 다 새기지 못한 내용의 글을 말한다.
상석 (床石)	직사각형 돌로 제상 크기로 다듬어 무덤 앞에 놓은 것이다.

(7) 7층(투지60룡 확인)

투지60룡(透地六十二龍)은 땅속에 들어가는 맥(脈)을 확인하는 것으로, 60갑자가 표시되어 있으며, 1개의 투지룡은 6도가 된다.

투지 60룡의 구성은 4층의 24방위 중 2개 방위마다 5개의 투지룡으로 구성되어 있다.

예를 들어 4층 壬子방위에서 7층 투지룡의 구성은 甲子, 丙子, 戊子, 庚子, 壬子의 5개의 투지로 구성되어 있다. 다른 것들에 해당되는 癸丑, 艮寅, 甲卯 등도 위와 같이 5개의 투지로 구성되어 있다.

쌍산(雙山)이란? 나경 4층에서 壬子, 癸丑, 艮寅… 등의 2개의 방위로 배합된 것을 말한다. 이것을 배합룡(配合龍) 이라고 하는데 그러나 같은 2개의 방위일 경우라도 子癸, 艮丑, 甲寅… 등의 불배합룡(不配合龍)은 풍수지리(風水地理)에서 사용하지 않는다.

7층 투지룡의 구성에 따른 길흉(吉凶) 판단은 아래 '투지60룡 길흉 화복표'에 의거 판단 한다.

<투지60룡 길흉화복>

오자순＼쌍산	壬子	癸丑	艮寅	甲卯	乙辰	巽巳	丙午	丁未	坤申	庚酉	辛戌	乾亥	길,흉
甲子旬 냉기맥	甲子	乙丑	丙寅	丁卯	戊辰	己巳	庚午	辛未	壬申	癸酉	甲戌	乙亥	매사불성
丙子旬 왕기맥	丙子	丁丑	戊寅	己卯	庚辰	辛巳	壬午	癸未	甲申	乙酉	丙戌	丁亥	부귀발복
戊子旬 패기맥	戊子	己丑	庚寅	辛卯	壬辰	癸巳	甲午	乙未	丙申	丁酉	戊戌	己亥	손재극자
庚子旬 상기맥	庚子	辛丑	壬寅	癸卯	甲辰	乙巳	丙午	丁未	戊申	己酉	庚戌	辛亥	부귀발복
壬子旬 퇴기맥	壬子	癸丑	甲寅	乙卯	丙辰	丁巳	戊午	己未	庚申	辛酉	壬戌	癸亥	매사불성

양택과 음택에서 적용 방법은 앞 즉 향(向) 방향이 丙子旬(왕기맥)
과 庚子旬(상기맥)에 해당되는 것은 길(吉)하기 때문에 사용하지
만, 그 외의 것이 해당되는 甲子旬(냉기맥), 戊子旬(패기맥), 壬子
旬(퇴기맥)은 흉(凶)하기 때문에 사용하지 않는 것이 좋다. 위에서
제시된 4층 壬子방위에서 7층 투지룡을 판단해 보면, 甲子, 丙子,
戊子, 庚子, 壬子의 5개 중 왕기맥과 상기맥에 해당되는 丙子와
庚子 방향은 부귀발복에 해당되므로 가장 좋은 방위가 된다.
만약 7층 투지룡의 방향이 흉(凶) 방향이라면 방향(方向)을 조정하
여 사용하면 된다.

(8) 8층(천반봉침 확인)

8층은 천반봉침(天盤縫針)이라고 하며 24방위로 구성되어 있고, 4
층보다 7.5도 순행 방향으로 앞서 있다. '88향법(向法)'은 나경 8층
천반봉침(天盤縫針)에서 실시하는 것이다.

88향법(向法)이란? 양택과 음택에서 가장 앞에 존재하는 물 방향
즉 좌, 우에서 흐르는 물이 서로 만나서 나가는 파구(破口)를 보고
방향(方向) 즉 좌향(방향)을 결정하는 것으로 이것은 기준방향(基
準方向)이 된다. 또한 나경 8층은 1층의 팔요황천살(八曜黃泉殺)을
확인하는 곳이다.

특히, 8층은 양택(陽宅)이나 음택(陰宅)에서 가장 먼저 결정하고
판단해야될 조건이다. 그 이유는 기준방향(基準方向)을 먼저 정한
후 다른 조건들을 설정하고 판단한다면 그 만큼 실수도 없을뿐더
러 작업을 쉽고 빠르게 마무리할 수 있기 때문이다. 그래서 8층

천반봉침은 큰 의미가 있는 것이기도 하다.

특히 독자들은 음택이나 양택에서 기준 방향(方向) 결정은 반드시 자신(주인)의 사주(四柱)를 보고 최종 향(向)을 판단해야 된다. 즉, 자신(주인)의 사주 구성에서 악(惡)영향을 주는 조건이거나 혹은 부족한 오행(五行)이 존재하거나 혹은 용신(用神)을 참조하여 오행(五行)의 쏠림현상이 없는 방향(方向)쪽을 선택해 주어야만 건강(健康)은 물론 대대손손 발복(發福)하게 된다는 사실을 잊지 말길 바란다.

따라서, 여기서는 나경 8층은 최초 기준점을 잡는다는 의미에서 풍수(風水)의 최종 목적인 혈(穴)을 찾는 방법과 동시에 설명하고자 한다.

이렇게 전개 시키는 이유는 8층에서 판단하는 방향(方向)은 혈(穴)과 서로서로 절대적인 관련이 있기 때문이다.

양택(陽宅)이나 음택(陰宅)에서 명당(明堂)이 될 수 있는 조건은 배산임수(背山臨水) 즉 뒤에는 산(山)이 있어야 되겠지만 앞에는 반드시 물(水)이 있어야만, 산(山)에서 내려오는 혈(穴)이 더 이상 빠져 나가지 못하고 음양(陰陽)이 상호 교배(交配)되기 때문에 좋은 기운(氣運)을 받는 명당(明堂)이 되는 것이다.

특히, 좌선룡(左旋龍)에 우선수(右旋水) 혹은 우선수(右旋水)에 좌선룡(左旋龍) 원칙을 지켜야 한다. 즉, 물이 우측에서 흘러 좌측 파구쪽으로 빠져 나간다면(우선수) 양택이나 음택에서 좌향(坐向) 즉 앞 방향(方向)은 우측이 되어야 하고, 물이 좌측에서 우측 파구쪽으로 흘러 나간다면(좌선수) 좌향(坐向) 즉 앞 방향은 좌측으로 놓아야 되는 원칙이다.

혹자(或者)는 파구(破口)에 따른 방향(方向) 설정에 있어서 이미 양(陽)에 해당되는 물(水)과 음(陰)에 해당되는 산(山)과는 상호 교배(交配)가 이루어 졌다는 원리를 주장하는 사람이 있어나, 이러한 좌선룡(左旋龍)과 우선수(右旋水) 원칙을 어긴다는 것은 명당(明堂)으로서 기능을 상실할 뿐이다.

이제 풍수(風水)에서 가장 중요한 혈(穴) 찾기를 설명하고자 한다.

형기풍수(形氣風水)와 이기풍수(理氣風水)를 배우는 목적은 모두 혈(穴)을 찾자는데 있는 것이다. 따라서 혈(穴)은 형기(形氣)나 이기풍수(理氣風水)에서 무수히 많이 정의되고 있다. 그 중에서 정혈법(正穴法)으로 임관봉, 임관수는 물론 괴혈론(怪穴論)과 짐승들의 배설지역, 알을 낳는 장소, 노리수(오래된 큰 나무)가 존재하는 장소 등으로 구분할 수 있다.

'용을 찾는데 3년 걸리고, 용에서 혈(穴)을 찾는데 10년 걸린다'라는 풍수 격언이 있다. 좋은 땅에서는 혈(穴)이 존재하지만, 나쁜 땅에서는 아무리 좋은 이론을 접목시킨다고해서 절대 혈을 찾을 수 없는 것이다. 그래서 혈을 찾는다는 것은 이론도 중요하지만 마음의 문이 열려야 혈을 찾을 수 있는 것이다.

여기서는 풍수(風水)에 혈(穴)을 찾기에 앞서, 혈(穴)과 절대적인 관련이 있는 방향 즉 향(向)을 파구(破口)를 통하여 찾는 88향법(向法)을 먼저 확인 후 이를 통하여 혈(穴)을 찾아보도록 한다.

즉, 양택 풍수에서 기두(起頭)를 바탕으로 출입문, 안방, 공부방, 연구방, 침실, 금고 등의 중요 시설물을 가택구성법(家宅九星法)으로 방향을 결정짓듯이 음택 역시 혈(穴) 찾기에 앞서 향(向) 즉 방향을 먼저 찾는게 우선이다. 그래야만 다른 조건들 역시 쉽게 결정지을 수 있기 때문이다.

따라서 여기서는 혈(穴)을 찾기전 양택과 음택에서 누구나 쉽게 방향(方向)을 찾을 수 있는 88향법(向法)을 먼저 적용시켜 최적의 방향을 찾은 후 이어서 혈(穴)을 찾도록 한다.

1. 88향법(向法)으로 방향(方向) 즉 향(向)을 먼저 판단 하자

88향법이란? 양택과 음택에서의 방향 즉 향(向)을 찾는 것으로서 혈(穴)이 내려오는 용(龍)과 물이 빠져나가는 파구(破口)와의 방위 각을 통하여 길흉(吉凶)을 판단하는 것이다.

여기서 물의 방향은 묘지(墓地)나 집 앞에 흐르는 최초 물길을 말

하는 것으로 좌측에서 우측으로 흘러 우측 파구쪽으로 흘러가는
좌선수(左旋水)와 우측으로 흘러 좌측에 있는 파구 쪽으로 흘러가
는 우선수(右旋水)가 있다.

또한 좌선수 혹은 우선수들의 물길이 만나서 빠져나가는 파구(破
口)는 눈으로 보이는 파구가 있고, 눈에 보이지 않는 파구의 2가
지 형태가 존재한다.

파구의 종류로는 정생향(좌측), 정왕향(우측), 정양왕(좌측), 정묘향
(우측), 태향태류(좌측), 절향절류(좌측), 쇠양태류(우측), 자생향(좌
측), 자왕향(우측), 문고소수(우측), 목욕소수(좌측) 등이 존재한다.

파구(破口)의 개수는 나경 4층에서 배합(配合)되는 쌍산(雙山)은 2
개이고, 11개의 파구 모양이 존재하므로 총 22개의 방향이 성립된
다. 이때 2개의 쌍산을 1개로 본다면 44개의 파구가 성립되고, 또
한 삼합(三合)의 4가지(목, 화, 금, 수국) 종류가 되므로 이들과 비
교해 보면 총 88개의 파구가 성립된다.

특히, 이들 파구 형태를 강조하는 이유는 음, 양택 앞에 흐르는 최
초 물길에서 파구 모양이 좌측으로 물이 빠져나가면, 음택이나 양
택의 정면 방향은 우측으로 결정해야 되고, 우측으로 물이 빠져나
가면 정면 방향을 좌측으로 결정해야 한다.

이때 방향을 판단하는 위치는 묘지(墓地)나 양택(陽宅)의 뒤에서
앞 방향 즉 좌향(坐向)에서 앞으로 보면서 물흐름과 파구(破口)를
판단한다.

이러한 파구의 길흉(吉凶) 판단은 '88향법 조견표'를 바탕으로 결
정해 주면 된다.

예를 들면, 양택(陽宅)이나 음택(陰宅)에서 좌향 즉 향(向)이 갑묘
(甲卯) 방향이고 앞에 있는 최초 물길은 우측에서 좌측으로(우선
수) 흐를 때 파구(破口) 방향이 임자(壬子)일 경우 길흉(吉凶)을 판
단해 보자.

이 경우 갑묘(甲卯)와 임자(壬子)이므로 <88향법 조견표>를 보고
판단해 보면 '대길(大吉) 壬破 : 沐浴小水(右水致左)'가 되어 아주
좋은 방향이라는 뜻이다. 이때 패철의 최종 방향 결정시 자(子)에

침입하지 않도록 해야 한다. 그러나 갑묘(甲卯) 방향에서 파구가
계축(癸丑)일 경우는 흉(凶)이 되어 아주 나쁜 방향이란 뜻이다.
다른 것들도 위와 같이 양택과 음택에서의 향(向) 즉 방향은 물이
빠져나가는 파구(破口)와 용(龍)에서의 방향과 방위각으로 길흉(吉
凶)을 판단해 주면 되는 것이다.

원래 '88향법 조견표'는 120개의 길흉(吉凶) 방향으로 구성되어 있
는 것이나, 여기서는 독자들에게 쉽게 활용시키기 위하여 길(吉)
방향은 대길(大吉)로 표시하였고, 흉(凶) 방향 모두는 흉에 대한
구체적인 내용은 기재하지 않고, 그냥 흉(凶)으로 표시만 하였다.

<88향법 조견표>

向 / 破口	壬子	癸丑	艮寅	甲卯	乙辰	巽巳
壬子	대길(大吉) 壬破 : 胎向胎流 (右水致左) ※子자에 침입하면 패절한다.	흉(凶)	흉(凶)	대길 (大吉) 壬破 : 沐浴小水 (右水致左) ※子자에 침입하면 패절한다.	흉(凶)	흉(凶)
癸丑	대길 (大吉) 自旺向 (左水致右)	흉(凶)	대길(大吉) 自生向 (右水致左)	흉(凶)	흉(凶)	대길 (大吉) 正生向 (右水致左)
艮寅	흉(凶)	대길 (大吉) 正墓向 (左水致右) 細小右水	대길 (大吉) 艮破 : 絶向絶流 (右水致左) ※寅자에 침입	흉(凶)	대길 (大吉) 正養向 (右水致左)	흉(凶)

			하면 패절한다.			
甲卯	흉(凶)	흉(凶)	대길(大吉) 文庫消水 (左水致右) ※卯자에 침입하면 패절한다.	대길(大吉) 甲破 : 胎向胎流 (右水致左) ※卯자에 침입하면 패절한다.	흉(凶)	흉(凶)
乙辰	대길(大吉) 正旺向 (左水致右)	흉(凶)	흉(凶)	대길(大吉) 自旺向 (左水致右)	흉(凶)	대길(大吉) 自生向 (右水致左)
巽巳	흉(凶)	흉(凶)	흉(凶)	흉(凶)	대길(大吉) 正墓向 (左水致右) 細小右水	대길(大吉) 巽破 : 絶向絶流 (右水致左) ※巳자에 침입하면 패절한다.
丙午	흉(凶)	대길(大吉) 丙破 : 衰向胎流 朝來左水穴後破 ※평지에는 발복하나, 산에서는 패절한다.	흉(凶)	흉(凶)	흉(凶)	대길(大吉) 文庫消水 (左水致右) ※午자에 침입하면 패절한다.
丁未	흉(凶)	흉(凶)	흉(凶)	대길(大吉)	흉(凶)	흉(凶)

	丙午	丁未	坤申	庚酉	辛戌	乾亥
				正旺向(左水致右)		
坤申	흉(凶)	흉(凶)	흉(凶)	흉(凶)	흉(凶)	흉(凶)
庚酉	대길(大吉) 庚破: 沐浴消水(右水致左) ※酉자에 침입하면 패절한다.	흉(凶)	흉(凶)	흉(凶)	대길(大吉) 庚破: 衰向胎流 朝來左水穴後破 ※평지에는 발복하나, 산에서는 패절한다.	흉(凶)
辛戌	흉(凶)	흉(凶)	대길(大吉) 正生向(右水致左)	흉(凶)	흉(凶)	흉(凶)
乾亥	흉(凶)	대길(大吉) 正養向(右水致左)	흉(凶)	흉(凶)	흉(凶)	흉(凶)

向破口	丙午	丁未	坤申	庚酉	辛戌	乾亥
壬子	흉(凶)	대길(大吉) 壬破: 衰向胎流 朝來左水穴後破 ※평지에는 발복	흉(凶)	흉(凶)	흉(凶)	대길(大吉) 文庫消水(左水致右) ※子에 침입하면 패절한다.

		하나, 산에서는 패절한다				
癸丑	흉(凶)	흉(凶)	흉(凶)	대길(大吉)正旺向(左水致右)	흉(凶)	흉(凶)
艮寅	흉(凶)	흉(凶)	흉(凶)	흉(凶)	흉(凶)	흉(凶)
甲卯	대길(大吉)甲破：沐浴消水(右水致左)※卯자에 침입하면 패절한다.	흉(凶)	흉(凶)	흉(凶)	대길(大吉)甲破：衰向胎流朝來左水穴後破※평지에는 발복하나, 산에서는 패절한다.	흉(凶)
乙辰	흉(凶)	흉(凶)	대길(大吉)正生向(右水致左)	흉(凶)	흉(凶)	흉(凶)
巽巳	흉(凶)	대길(大吉)正養向(右水致左)	흉(凶)	흉(凶)	흉(凶)	흉(凶)
丙午	대길(大吉)甲破：胎向胎流(右水致左)※午자에 침입하면 패절한다.	흉(凶)	흉(凶)	대길(大吉)庚破：沐浴消水(右水致左)※午자에 침입하면 패절한다.	흉(凶)	흉(凶)
丁	대길(大吉)	흉(凶)	대길	흉(凶)	흉(凶)	대길

未	自旺向 (左水致右)		(大吉) 自生向 (右水致左)			(大吉) 正生向 (右水致左)
坤申	흉(凶)	대길 (大吉) 正墓向 (左水致右) 細小右水	대길 (大吉) 坤破： 絶向絶流 (右水致左) ※申자에 침입하면 패절한다.	흉(凶)	正養向 (右水致左)	흉(凶)
庚酉	흉(凶)	흉(凶)	대길 (大吉) 文庫消水 (左水致右)	대길 (大吉) 庚破： 胎向胎流 (右水致左) ※酉자에 침입하면 패절한다.	흉(凶)	흉(凶)
辛戌	대길(大吉) 正旺向 (左水致右)	흉(凶)	흉(凶)	대길 (大吉) 自旺向 (左水致右)	흉(凶)	대길 (大吉) 自生向 (右水致左)
乾亥	흉(凶)	흉(凶)	흉(凶)	흉(凶)	대길 (大吉) 正墓向 (左水致右) 細小右水	대길 (大吉) 乾破： 絶向絶流 (右水致左) ※亥자에 침입하면 패절한다.

<용어 설명>

1. 右水致(倒)左(우수도좌 혹은 우선수) : 묘지(墓地)나 양택(陽宅)에서 좌(뒤)에서 향(앞) 방향 즉 뒤에서 앞으로 보았을 때,

앞에 흐르는 최초 물길이 우측에서 좌측으로 빠져나가는 것을 우수도좌 혹은 우선수라고 말한다. 이때 좌, 우측 물이 만나서 빠져 나가는 파구(破口)는 좌측도 될 수 있고, 우측도 될 수 있지만, 음택과 양택에서 방향(方向) 즉 향(向)은 최초 흐르는 물길 방향으로 결정하므로 우측이다.

2. 左水致倒右(좌수도우 혹은 좌선수) : 묘지(墓地)나 양택(陽宅)에서 좌(뒤)에서 향(앞) 방향 즉 뒤에서 앞으로 보았을 때, 앞에 흐르는 최초 물길이 좌측에서 우측으로 빠져나가는 것을 좌수도우 혹은 좌선수라고 말한다. 이때 좌, 우측 물이 만나서 빠져 나가는 파구(破口)는 좌측도 될 수 있고, 우측도 될 수 있지만, 음택과 양택에서 방향(方向) 즉 향(向)은 최초 흐르는 물의 방향으로 결정하므로 좌측이다.

※<참고> 향(向)과 파구(破口)의 방향은 <88향법 조견표>에 표시 되어 있는 우수도좌(右水致左)와 좌수도우(左水致右)의 위치를 바꿀 수는 없다. 즉, 우수도좌(右水致左)는 우수도좌(右水致左) 방향에 놓고 판단해야 되고, 좌수도우(左水致右)는 좌수도우(左水致右) 방향에 놓고 판단해야 된다. 예를 들면 향(向)이 임자(壬子)이고 파구(破口)가 을진(乙辰) 방향이면 정왕향(正旺向)의 대길(大吉)인데 이것은 앞에 흐르는 최초 물길이 좌측으로 돌아서 우측으로 빠져나가는 좌수도우(左水致右)일 경우에만 성립되는 것이지, 물길이 반대로 우수도좌(右水致左) 즉 우측으로 돌아서 좌측으로 빠져 갈 때는 흉(凶)으로 작용된다.

이제 <88향법 조견표>의 적용을 알았으니 '88향법 조견표'를 이용하여 파구(破口)에서 좌향(坐向) 즉 방향(方向)을 이용하여 음택과 양택에서 기준방향(基準方向)을 결정해 보자.

아래와 같이 예를 들어 알아보자.

예) 음택(陰宅)과 양택(陽宅)의 중심 부분에서 최초 좌향(坐向)의 방향을 결정하기 위해서 4층 나경으로 확인해본 결과 손사(巽巳)방향이었다.

이때 최초 산맥에 감싸고도는 물의 흐름을 확인해 본 결과 물은 좌에서 돌아서 우측으로 빠져 나가고 있었다. 즉 좌수도우

(左水到右)이고 파구는 우측에 있다.

이러한 조건에서 음택이나 양택에서 선택되어야될 방향(方向) 즉 기준방향(基準方向)은 어느 방향인가?

((풀이)) 음택(陰宅)과 양택(陽宅)의 중심 부분 즉 혈(穴)부분에서 최초 산맥에 감싸고도는 최초 물의 방향은 좌에서 우측으로(좌선수) 흐르기 때문에 양택과 음택의 방향 즉 좌향(坐向)은 '좌측' 방향으로 결정해야 한다.

이제 향(向) 즉 방향을 알았으니 룡(龍)과 혈(穴)이 존재하는 손사(巽巳) 방향과 파구(破口) 방향을 <88향법 조견표>를 통해서 확인해 보면 된다.

따라서 파구(破口)는 좌선수(左水致倒右) 이면서 대길 방향(方向)은 향(向)은 손사(巽巳)이면서 파구가 병오(丙午) 방향일 때만 성립되므로 4층 나경으로 손사(巽巳)와 병오(丙午)를 <88향법 조견표>에서 확인해 보면 '대길(大吉) 文庫消水(左水致右)'가 되어 대길(大吉) 방향이 된다. 이때 병오(丙午) 방향에서 오(午)자는 침입하지 말아야 한다.

지금까지는 음택(陰宅)과 양택(陽宅)에서 최초 물(水)이 만나서 빠져나가는 파구(破口)가 눈으로 보일 때, 좌향(坐向) 즉 방향(方向) 결정법을 <88향법 조견표>를 통해서 확인해 보았다.

그렇지만, 도시(都市) 혹은 기타 지형에서는 이러한 물이 빠져나가는 파구(破口)가 보이지 않거나 혹은 파구가 없기 때문에 찾을 수 없는 경우가 대부분이다.

이러한 경우에는 삼합(三合)을 측정하여, 3층과 4층 방위로 파구(破口)의 위치를 찾아서 방향 즉 향(向)을 결정해 주어야 한다.

즉, 나경 3층에서 결정된 삼합(三合)과 4가지의 木, 火, 金, 水局을 통하여 파국의 방향을 결정해 주면 된다.

삼합(三合)과 4층 방위에서 파구(물이 빠져 나가는 방위)는 다음과 같다.

삼합(4층 방위)			파구(물이 빠져 나가는 방위)
수국 (水局)	申 子 辰	坤申(帝旺龍, 長生向) 壬子(帝旺向, 長生龍) 乙辰(墓破)	물이 乙辰, 巽巳, 丙午 방위로 빠져나간다.
목국 (木局)	亥 卯 未	乾亥(帝旺龍, 長生向) 甲卯(帝旺向, 長生龍) 丁未(墓破)	물은 丁未, 坤申, 庚酉 방위로 빠져나간다
화국 (火局)	寅 午 戌	艮寅(帝旺龍, 長生向) 丙午(帝旺向, 長生龍) 辛戌(墓破)	물은 辛戌, 乾亥, 壬子 방위로 빠져나간다.
금국 (金局)	巳 酉 丑	巽巳(帝旺龍, 長生向) 庚酉(帝旺向, 長生龍) 癸丑(墓破)	물은 癸丑, 艮寅, 甲卯 방위로 빠져나간다.

예를 들면, 음택이나 양택에서 나경 3층을 측정해 보니 '木국으로 판단되었다면, 파구(破口)의 방향은 丁未, 坤申, 庚酉의 방향이 되는 것이다.

이렇게 파구의 방향을 알았으면, 좌선룡(左旋龍)에 우선수(右旋水) 혹은 우선수(右旋水)에 좌선룡(左旋龍) 원칙을 토대로, 최초 물이 흐르는 방향이 좌측에서 우측으로 흐른다면 향(向)은 좌측 방향이 되고, 반대로 우측에서 좌측으로 흐른다면 향(向)은 우측이 되어야 한다.

따라서, '木국으로 판명되었다면 丁未, 坤申, 庚酉 중 1개의 파구를 선택해서 <88향법 조견표>에 의거 룡(龍)의 혈(穴)이 존재하는 지점에서의 향(向)과 파구(破口)와의 관계를 길흉(吉凶)으로 판단해 주면 된다.

특히, 혈(穴)의 위치는 최초 물이 흐르는 방향(좌선수, 우선수), 향(向), 파구(破口)의 방위각으로 인해서 만들어진 것이기도 하다.

아래 그림은 삼합(三合) 방향 중 수국(水局), 목국(木局), 화국(火局), 금국(金局) 중 가장 좋은 정생향(正生向), 정왕향(正旺向)의 조건을 표시한 것이며, 특히 이들의 판단 조건의 기준이 될 수 있는 파구(破口)의 정확한 위치를 나타낸 것이다.

※<참고> 사진 출처 : 정통 풍수지리 교과서(고제희)

수국(水局)	목국(木局)	화국(火局)	금국(金局)
<88향법 방향> 우선수 : 乙辰(破口)-坤申(向) 좌선수 : 乙辰(破口)-壬子(向)	<88향법 방향> 우선수 : 丁未(破口)-乾亥(向) 좌선수 : 丁未(破口)-甲卯(向)	<88향법 방향> 우선수 : 辛戌(破口)-艮寅(向) 좌선수 : 辛戌(破口)-丙午(向)	<88향법 방향> 우선수 : 癸丑(破口)-巽巳(向) 좌선수 : 癸丑(破口)-庚酉(向)

혈(穴)의 자리를 판단하기 위한 파구(破口)의 정확한 위치

정상적으로 청룡의 끝지점을 水口로 판단

청룡 끝이 낮게 함몰되어 집, 도로, 냇물이 넘겨다보이면 그들이 보이지 않는 지점을 水口로 판단

월수 너머로 집, 도로, 냇물이 넘겨다보이면 그들이 보이지 않는 지점을 水口로 판단

나무가 청룡 너머의 집, 도로, 냇물을 차폐한다면, 나무의 1/2지점을 水口로 판단(나무는 바람을 60% 정도 막음)

도로로 청룡이 절단되어 바람의 흐름이 바뀌면 도로와 청룡이 만나는 지점으로 水口를 판단

저수지로 청룡 끝이 물에 잡기면 수명 위의 지점을 水口로 판단

<사진 설명>

※위의 사진은 삼합(三合) 즉 수국(水局), 목국(木局), 화국(火局), 금국(金局) 중 가장 좋은 정생향(正生向), 정왕향(正旺向)의 기준이 되는 방향 즉 향(向)과 혈(穴)을 잡을 때 기준이 되는 파

> 구(破口)의 정확한 위치를 설명한 것으로 이것들은 모두 <88
> 향법 조견표>의 일부분이다.

이렇게 해서 독자들은 양택이나 음택에서 좌선수와 우선수에서
파구(破口)는 물론 방향 즉 향(向)의 위치를 알았다.

참고로 양택(陽宅)이나 음택(陰宅)은 물론 합장(合葬)과 쌍분(雙墳)
에서 놓을 수 없는 방향(方向)은 아래와 같은데 이것들을 참고해
서 명당 혈(穴)을 찾을 때 꼭 활용해 주길 바란다.

음택(陰宅)이나 양택(陽宅)에서 놓을 수 없는 풍수 방향(方向)

- 방향(方向)이 맞지 않는 경우 => 88향법으로 흉(凶) 방향인
  경우 <※나경 8층 88향
  법 참조>
- 회두극좌(回頭剋坐) 방향일 경우 => 머리를 둘 수 없는 방
  향 <※5장 회두극좌 참
  조>
- 팔요황천살(八曜黃泉殺)에 해당되는 경우 => 황천수, 황천
  풍 방향 <※4장 1층 나
  경 사용법 참조>
- 집과 묘(墓)가 정면으로 바라보는 경우 => 묘(墓)와 집은 서
  로 정면 방향이면 안됨
  <※5장 묘(墓)와 집방향
  참조>

이렇게 해서 독자들은 양택이나 음택에서 방향 즉 향(向)의 위치
를 알았다.

이제 향(向)을 알았으니 혈(穴)의 위치를 찾아보자.

---

2. 방향 즉 향(向)을 알았으니 혈(穴)을 찾자.

혈(穴)을 찾는 방법은 형기풍수와 이기풍수에서 적용되는 양택(陽
宅)과 음택(陰宅)에서 제일 중요한 사항으로 찾는 방법 역시 무수
히 많이 존재하기 때문에 현장에서 모두를 적용하기는 불가능한
것이기도 하다. 지금까지 혈(穴)을 찾기 위해서 지형은 물론 나경

(패철) 등을 배워왔다. 요즘은 장례문화(葬禮文化) 변화는 물론 혈
(穴)을 찾는 방법으로 나경(패철) 대신 천기룡 등이 활용되고 있는
것 또한 사실이다. 혈(穴)이 존재하지 않는 곳에서는 아무리 방위
각이나 가상적인 조건을 따져봐도 헛수고에 불과한것이다.

그러나 여기서는 혈(穴)을 찾기 위한 방법으로 많이 활용되는 좌,
우선수에 의한 정혈법과 좌청룡, 우백호에 존재하는 임관봉을 기
준으로 판단해 보도록 한다.

우선 혈(穴)을 찾기 위한 관련 내용 들을 종합하면 아래와 같다.

- 산에서 내려오는 혈(穴)의 방향은 바람이 불어오지 않는 방
  향으로 치우쳐저 있기 때문에 나무의 나이테를 보면 나이테
  가 좁아져 있는 쪽이 혈(穴)이 존재하는 방향이다.
- 좌청룡과 우백호 중 백호의 위세가 청룡보다 높으면 혈은 위
  세가 강(强)한 백호쪽에 혈(穴)을 잡고, 반대로 청룡이 백호보
  다 더 높으면 혈은 청룡쪽에 혈(穴)을 잡는다. 또한 백호와
  청룡의 높이가 똑 같다면 혈(穴)은 중앙에서 잡는다.
- 패철의 천간(天干)에서 혈(穴)을 정했으면 방향 즉 향(向) 역
  시 천간(天干) 향(向)으로 결정하고, 지지(地支)에서 혈(穴)을
  정했으면 향 역시 지지(地支) 향(向)으로 결정한다. 그러나 천
  간과 지지가 함께 공존하면, 천간의 힘이 지지파보다 더 강
  (强)하므로 예상 혈(穴) 자리에서 보았을 때 나경에 표시된
  천간의 1개 총 길이의 50% 되는 지점 즉 5분금이 되는 곳을
  혈(穴) 자리로 결정 한다.
- 파구(破口)나 높은 임관봉에서의 혈(穴) 판단은 용(龍)에서 파
  구나 임관봉을 보았을 때 나경에 표시된 24방위 중 예상 혈
  (穴) 자리에서 선택된 해당 1개의 방향 길이의 50% 되는 지
  점 즉 5분금이 되는 곳이 혈(穴) 자리가 된다. 특히 파구(破
  口)의 기준점은 청룡이나 백호의 끝 지점, 물에 침몰 된 경우
  집이나 도로 등이 보이면 이들이 보이지 않는 지점, 저수지
  혹은 호수로 침몰 된 경우는 수면 위에 보이는 지점을 파구
  의 기준점으로 결정 한다.
- 혈(穴)을 찾고자 하는 산에서 오르락내리락하면서 앞에 있는
  조산(안산)을 보았을 안산의 높이가 사람의 눈썹 높이에 위

치하면 그곳이 혈(穴)의 지점이다.

- 혈(穴)을 찾고자 하는 산에서 오르락내리락하면서 좌, 우측에 존재하는 청룡과 백호의 높이가 어깨 높이가 되는 곳이 혈(穴)의 지점이다.
- 청룡과 백호의 높이와 위세가 서로 같지 않은 경우 낮은 곳을 선택해서 그곳의 높이가 어깨 위치가 되는 곳이 혈(穴)의 지점이다.
- 좌, 우측에 존재하는 청룡과 백호에서 물(水)이 보이면, 물이 보이지 않는 곳의 위치가 혈(穴)의 지점이다.
- 광중(묘지 깊이)에 따른 혈(穴) 찾기 즉 묘지(墓地)의 깊이는 혈(血)이 땅속으로 지나가는 자리에야만 한다. 아무리 좋은 명당이라도 혈이 지나가지 않는 곳에 시신을 안치한다면 사상누각이다. 일반적으로 묘지의 깊이는 1m~1m 80cm 정도가 맞다. 혈(穴)이 지나가는 곳은 흙의 색이 오색(五色)이다. 또한 산이 높은 곳은 혈(穴)이 낮게 움직이므로 묘지 깊이는 가급적 낮게 파고, 산이 낮은 곳에서의 혈(穴)은 깊게 움직이므로 묘지의 깊이를 다소 깊게 파는 것이 정상이다.

이제 룡(龍)에서 내려오는 혈(穴) 자리를 찾기 위해 좌, 우선수 물길은 물론 파구(破口)를 통하여 혈(穴) 자리를 찾는 정혈법(正穴法)과 좌, 우백호에 존재하는 큰 산 즉 임관봉을 기준으로 혈(穴) 자리를 찾기를 보기를 통해서 확인해 보면 아래와 같다.

※<참고> 사진 출처 : 정통 풍수지리 교과서(고제희)

좌, 우선수에 의한 정혈법(正穴法)으로 혈(穴)을 판단	좌, 우청룡에 존재하는 큰 산(임관봉)으로 혈(穴)을 판단
<조건> 임자룡(壬子龍)에서 파구(破口)쪽을 바라보니 파구는 경유(庚酉) 중 경(庚)의 위치에 존재하고 있다.	<조건> 임자룡(壬子龍)에서 백호쪽으로 보니 높은 건해봉(乾亥峰)이 존재하고 있다.

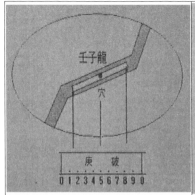

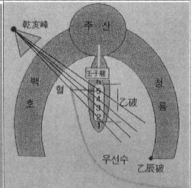

<설명>

임자룡(壬子龍)에서 본 파구(破口)의 위치를 나경으로 확인해 보니 경유(庚酉) 방향이었다. 따라서 임자룡에서 혈(穴) 자리는 경(庚) 아니면 유(酉)의 위치로 방위각을 선택해야 한다.

혈(穴)은 지지(地支)보다 천간(天干)의 것이 힘이 더 강(强)한 관계로 경(庚)과 유(酉) 중 힘이 강한 천간의 경(庚)을 선택한다.

이때 혈(穴)을 찾기 위한 조건은 임자룡(壬子龍)에 위치한 예상 혈(穴) 자리에서 나경으로 파구가 있는 경(庚) 자리를 보았을 때 나경 경(庚)의 총 길이 중 50%가 되는 지점 즉 5분금이 되는 지점을 혈(穴) 자리로 결정한다. 물론 임자룡(壬子龍)과 파구(破口)의 방위각 판단은 <88향법 조견표>에 만족해야 된다.

참고로 임자룡(壬子龍)에서 결

<설명>

수국(水局)에서 임자룡(壬子龍)을 거처 백호쪽으로 보니 높은 건해봉(乾亥峰)이 존재하는 경우, 임자룡에서 왔다 갔다 하면서 나경의 위치를 건해봉에 판단해 보면 천간 건(乾)과 지지의 해(亥)가 존재하는데 이때는 힘이 강(强)한 천간(天干) 건(乾)을 선택해 주고, 나경에 표시된 건(乾)의 총길이 중 50%되는 지점 즉 중앙의 5분금 지점을 임자룡(壬子龍)에 존재하는 혈(穴) 자리로 결정한다.

※<참고> 좌청룡, 우백호의 좌, 우측에 존재하는 큰 봉우리(임관봉)의 위치 기준은 아래와 같은데, 도시(都市) 등 현지 지형에서는 임관봉이 있을 수도 있고, 없을 수도 있다. 만약 임관봉이 없는 경우에는 아래 각국에 제시된 가상 임관봉 방향을 기준으로 혈(穴)

정된 혈(穴)의 위치에서 바라본 좌청룡과 우백호의 높이는 어깨 높이가 되어야 하고, 앞에 존재하는 안산의 높이는 눈썹 높이가 되어야 한다.	을 찾는다. -수국(水局) : 건해(乾亥)방향에 임관봉이 있다. -목국(木局) : 간인(艮寅)방향에 임관봉이 있다. -화국(火局) : 손사(巽巳)방향에 임관봉이 있다. -금국(金局) : 곤신(坤申)방향에 임관봉이 있다. 또한 룡(龍)과 임관봉의 방향은 <88향법 조견표>와는 무관하며, 좌향(坐向) 즉 방향(方向)은 단지 좌선수와 우선수의 물 흐름으로 결정한다.

(9) 9층(120분금 확인)

9층 120분금은 양택(陽宅)이나 음택(陰宅)에서 최종 마무리 작업을 하는 것이다.

이것은 집주인과 영혼의 명복은 물론 자손들 역시 대대손손(代代孫孫) 부귀왕정(富貴王丁)함을 성취하기 위한 최종 방향(方向) 작업이 납음오행(納音五行)이다.

납음오행은 사람의 출생 년월일시를 나타내는 60갑자 중 2개씩을 짝지어 하나의 오행으로 나타내는 것을 말하는 것으로 30개(60÷2)의 오행이 된다.

이것은 자연(自然)과 인간(人間)이 서로 반응하여 얻어지는 오행(五行)의 기운(氣運)을 판단하는 것이기 때문에 사주의 남녀간 궁합 등과 음택(陰宅)과 양택(陽宅)의 풍수지리(風水地理)에서 최종 방향(方向)을 설정할 때 사용된다.

나경 9층의 구조는 4층(24방위)에서 각각 5개의 분금이 추가되어 120개(24×5) 칸으로 구성되어 있는데, 이들 5개의 분금 중 3개 분금은 공란으로 구성되어 있고, 이 중 2개 분금만 60갑자 중 丙, 丁,

庚, 辛으로 구성되어 있기 때문에 총 분금은 60분금이다.

이때 공란으로된 3개의 분금은 나쁜 흉(凶) 방향이므로 사용할 수 없다.

분금을 사용할 때, 양택과 음택에서 자신(주인)이나 시신의 방향(方向) 판단은 아래 '납음오행(納音五行) 표'에 의한다.

<납음오행(納音五行) 표>

甲子 乙丑	▪해중금 (海中金) -바다 속에 감추어진 금으로 이름만 있고 형체가 없기 때문에 시작을 의미함	丙寅 丁卯	▪노중화 (爐中火) -큰 화로 불	戊辰 己巳	▪대림목 (大林木) -울창한 숲을 이룬 큰 나무(※金을 만나면 길)	庚午 辛未	▪노방토 (路旁土) -길기에 넓게 퍼진 흙(※木을 만나면 길)	壬申 癸酉	▪검봉금 (劍鋒金) -칼과 창의 금(※火를 만나면 길)
甲戌 乙亥	▪산두화 (山頭火) -산꼭대기에 타오르는 불(※水를 만나면 길)	丙子 丁丑	▪간하수 (澗下水) -산골짝이 좁은 틈사이로 흐르는 물	戊寅 己卯	▪성두토 (城頭土) -성(城) 꼭대기 흙(※평지목을 만나면 길)	庚辰 辛巳	▪백납금 (白蠟金) -땜납하는 금(※火를 만나면 길)	壬午 癸未	▪양류목 (楊柳木) -강가의 작은 버드나무(※사중토를 만나면 길)
甲申 乙酉	▪천중수 (泉中水) -샘 가운데 솟아나는 물	丙戌 丁亥	▪옥상토 (屋上土) -지붕의 흙(※평지목과 대림목을 만나면 길)	戊子 己丑	▪벽력화 (霹靂火) -벼락의 큰 불(※水를 만나면 길)	庚寅 辛卯	▪송백목 (松柏木) -산에 홀로 서있는 소나무와 잣나무	壬辰 癸巳	▪장류수 (長流水) -넓은 대지를 가로지르며 흐르는 큰 강물
甲午 乙未	▪사중금 (砂中金) -모래속에 작은 금(※火를 만나면 길)	丙申 丁酉	▪신하화 (山下火) -산 아래서 타오르는 작은 불	戊戌 己亥	▪평지목 (平地木) -들판에 서있는 큰나무(※金을 만나면	庚子 辛丑	▪벽상토 (壁上土) -벽에 붙어 있는 흙(※평지목을 만나면	壬寅 癸卯	▪금박금 (金箔金) -표면에 붙은 작은 금(※金기운이 미약하여 木이

				길)		길)		있어야하며, 火를 만나면 길하지만, 노중화는 크게 꺼린다)
甲辰 乙巳	▪복등화 (覆燈火) -호롱불, 촛불(※대해수, 천하수를 만나면 흉)	丙午 丁未	▪천하수 (天河水) -하늘 위에 존재하는 모든 이슬과 비(※土를 만나면 길)	戊申 己酉	▪대역토 (大驛土) -큰길에 존재하는 단단한 흙(※木을 만나면 길)	庚戌 辛亥	▪채천금 (釵釧金) -비녀속에 존재하는 작은 금(※火를 만나면 길)	壬子 癸丑	▪상자목 (桑柘木) -산뽕나무처럼 작은 잡목(※사중토, 노방토, 대역토를 만나면 길)
甲寅 乙卯	▪대계수 (大溪水) -큰 계곡에 흐르는 물	丙辰 丁巳	▪사중토 (沙中土) -모래속의 작은 흙(※木을 만나면 길)	戊午 己未	▪천상화 (天上火) -태양 같은 큰 불(※水를 만나면 길)	庚申 辛酉	▪석류목 (石榴木) -작고 질기고 매운 나무(※성두토와 옥상토를 만나면 길)	壬戌 癸亥	▪대해수 (大海水) -바다의 큰 물(※土를 만나면 길)

납음오행 방향 판단은, 자신(주인)이나 시신이 납음오행(納音五行)을 극(剋)하여 이기든지, 납음오행이 자신(주인)이나 시신을 생(生)해 주든지 아니면, 土土, 水水, 金金, 木木와 같이 상비(相比) 관계가 되어야만 길(吉)하고(※참고, 火火의 상비관계는 나쁨), 이와 반대로 납음오행이 자신(주인)과 시신을 극(剋)하거나 혹은 자신(주인)이나 시신이 납음오행을 생(生)하여 설기(힘이 빠지는 현상)되는 방향은 나쁜 흉(凶)으로 판단한다.

이제 납음오행을 통하여, 자신(주인)이나 음택에서 시신과 어떤 방향에서 작용을 하는지 판단해 보자.

우선 납음오행을 찾는 방법을 알아야 하는데 이것은 2가지가 있다. 이것은 년주의 고유수, 천간(天干)과 지지(地支)의 합(合)에 의하여 결정되는 것으로 이것을 계산으로 찾는 방법이 있고, 납음오행표를 보고 찾는 방법이 있다.

계산으로 납음오행을 찾는 방법은 아래와 같다.

<※참고> 납음오행(納音五行) 계산법

이는 년주(年柱)의 고유수로 결정하는데 년간이 甲乙=>1, 丙丁=>2, 戊己=>3, 庚辛=>4, 壬癸=>5가 되고, 년지는 子丑午未=>1, 寅卯申酉=>2, 辰巳戌亥=>3이 고유수가 된다.

이때 천간과 지지를 합(合)하여 1(木), 2(金), 3(水), 4(火), 5(土)로 결정되고, 합(合)하여 5가 넘는 경우는 5를 뺀 나머지 수가 납음오행(納音五行)의 선천수가 된다.

예를 들면, 1986년 6월 11일 밤 22:50분에 태어난 남자 이길동의 납음오행(納音五行) 선천수를 판단해 보자.

이길동의 년간은 병인년(丙寅年)이므로, 년간 병(丙)의 고유수는 2이고, 년지 인(寅)은 2이다. 따라서 둘을 합해보면 4가 되므로 이길동의 납음오행의 선천수는 4가 되고, 이는 화(火)이다. 이를 구체적으로 확인해 보면 노중화(爐中火)가 된다.

지금까지 납음오행(納音五行) 찾는 방법 중 계산법에 의하여 확인해 보았으나, 지금부터는 위에서 제시한 납음오행표를 보고 곧바로 판단해 보기로 하자.

이것은 아래와 같이 예제를 통하여 판단하고 활용하는 방법을 알아보자.

예) 1989년 기사생(己巳生)의 양택(집)이나 혹은 음택(묘지)에서 방향을 측정해보니 4층에서 壬丙방향이었다. 즉 임좌병향(壬坐丙向) 이것은 묘지(墓地)의 경우 시신의 머리 방향이 壬방향이고(양택의 경우 집 뒤쪽 방향), 다리 방향이 丙방향 이다(양택의 경우 집 앞쪽 방향).

이 경우 음택과 양택에서 최종 방위를 판단하고자 할 때, 나경 9층의 분금은 어떻게 놓아야 하는가?

((풀이)) 1989년생은 기사생(己巳生)이므로 '납음오행(納音五行) 표'에서 확인해 보면, 대림목(大林木)으로 木중에서도 큰 나무에 해당된다.

이제 임좌병향(壬坐丙向)을 확인해 보자. 나경 4층 壬丙방향은 9층에서 확인해 보면 각각 丁亥와 辛亥 방향이 된다. 최종 방향은 시신의 머리 방향이 壬방향이고, 다리 방향이 丙방향이다.

이것을 토대로 9층에서 확인해 보면, 시신의 머리 방향에 해당되는 壬은 辛亥와 丁亥이고, 다리 방향에 해당되는 丙은 丁巳와 辛巳가 된다.

이들을 각각 '납음오행(納音五行) 표'에서 확인해 보자.

시신의 머리 방향에 해당되는 辛亥와 丁亥 중 辛亥는 채천금(釵釧金)의 금(金)이 되고, 丁亥는 옥상토(屋上土)의 토(土)가 된다.

다리 방향에 해당되는 丁巳와 辛巳 중 丁巳는 사중토(沙中土)로서 토(土)가 되고, 辛巳는 백납금(白蠟金)으로 금(金)이 된다.

1989년 기사생(己巳生)은 대림목(大林木)의 '木'이므로, '木'과 이들 관계를 정리하면 아래와 같다.

1989년생 기사생(己巳生)	시신의 머리 방향(양택은 집 뒤쪽 방향)		시신의 다리 방향(양택은 집 앞쪽 방향)	
	작용	판정	작용	판정
木(기준)	辛亥 ; 金(金剋木)	흉(凶)	丁巳 ; 土(木剋土)	길(吉)
	丁亥 ; 土(木剋土)	길(吉)	辛巳 ; 金(金剋木)	흉(凶)

이들 관계는 양택에서는 자신(주인)이나, 음택에서는 시신이 납음오행(納音五行)을 극(剋)하여 이기든지, 납음오행이 자신(주인)이나 시신을 생(生)해 주든지 아니면, 土土, 水水, 金金, 木木와 같이 상비(相比) 관계가 되어야만 길(吉)하고, 이와 반대는 흉(凶)하다 (※참고, 火火의 상비관계는 나쁨).

따라서, 위의 조건을 판단해 보면 1989년 기사생(己巳生)의 경우 '木'이고, 시신의 머리 방향(양택은 집 뒤쪽 방향)에서 丁亥방향은 납음오행에서 옥상토의 '土'가 되기 때문에 木剋土가 되어 길(吉)하고, 시신의 다리 방향(양택은 집 앞쪽 방향)에서 丁巳은 사중토(沙中土)의 '土'가 되기 때문에 木剋土가 되어 길(吉) 방향이 된다.

따라서, 시신의 머리 방향은 丁亥방향에 맞추고, 시신의 다리 방향은 아래와 같이 丁巳방향에 맞추어야만 된다.

만약 1989년 기사생(己巳生)이 양택(陽宅) 즉 전원주택을 짓는 경우 최종 방향은 집 뒤쪽 방향은 丁亥방향으로, 집의 앞 방향은 丁巳방향에 맞추어야만 명당(明堂) 주택이 완성(完成) 되는 것이다. 따라서, 양택(陽宅)은 물론 음택(陰宅)에서 9층 120분금을 판단할 때는 납음오행(納音五行)에서 제시된 오행들의 실질적인 작용 내용으로 관계를 판단해 주어야 한다.

※<참고> 패철 사진 출처 : 풍수지리수첩(풍문당)

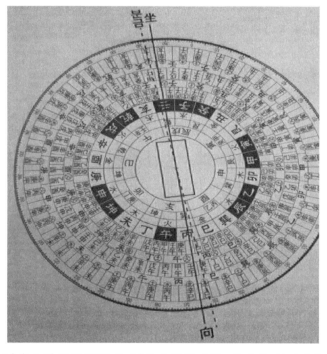

즉, 납음오행(納音五行)은 납음오행표에서 제시된 실질적으로 작용되는 오행(五行)들의 상생(相生)과 상극(相剋) 그리고 상비(相比) 관계를 판단하여 양택에서는 자신(주인)이나, 음택에서는 시신에게 왕생할 수 있는 조건을 만들어 주어야 한다.

이제 납음오행(納音五行) 원리에 입각하여 오행들이 실질적으로 작용되는 이치를 확인하고 판단해 보자.

우선 토(土)는 토극수(土剋水)가 되어 수(水)를 극(剋)하여 이기는

것이다. 그렇지만 토(土)중에서도 화분의 작은 토에 해당되는 己
(토)는 큰 강물 즉 壬(수)를 이길 수 없고, 오히려 壬(수)에게 수극
토(水剋土)가 작용되어 극(剋)을 당한다.

이번에는 이러한 의미에서 같은 불(fire) 기운에 해당되는 태양열
의 丙(火)과 모닥불의 丁(火)을 보자.

추운 겨울에는 태양열의 丙(火)의 불은 불로서의 기능을 상실되어
따뜻함을 느끼지 못하지만, 모닥불의 丁(火)은 따뜻함을 느끼게
된다. 그렇지만 여름이면 이들의 관계는 반대가 된다.

수(水)에 해당되는 대해수(大海水)와 천하수(天河水)는 큰 바닷물
과 하늘에 존재하는 이슬과 빗물이므로 모래속에 묻어있는 작은
흙에 해당되는 사중토(沙中土)의 경우 토극수(土剋水)의 원리가 적
용되는 것이 아니라, 수극토(水剋土)가 되어 오히려 대해수와 천
하수가 사중토를 극(剋)하게 되므로 토극수(土剋水)의 관계는 의미
가 없어지는 것이다.

또한 이들의 강한 물은 석류목(石榴木)과 같은 작은 질긴 나무와
는 수생목(水生木)으로 생(生)해주면 오히려 석류나무가 살지 못하
고 말라 죽고 만다. 따라서 이들 관계는 큰 오행(五行)이 작은 오
행(五行)을 생(生)해주는 경우이므로 상생관계가 성립되지 않는다.
이러한 원리로 강한 물에 해당되는 대해수(大海水)와 천하수(天河
水)는 수(水)를 극(剋)하는 토(土)를 만나야 형통하다.

금(金)은 나무 즉 목(木)을 극(剋)하므로 금극목(金剋木)이 된다.

그렇지만 금박금(金箔金)은 금박지 종이에 붙어 있는 아주 작은
금(金)이기 때문에 대림목(大林木)이나 평지목(平地木)과 같은 큰
나무를 자를 수도 없을 뿐만 아니라, 오히려 부러지기 때문에 금
극목(金剋木)으로 쇠가 나무를 이기는 것이 아니라, 목극금(木剋
金)이 되어 오히려 나무(木)에게 금(金)이 극(剋)을 당하게 된다. 따
라서 대림목과 평지목은 금(金)을 만나야만 나무를 다듬기 때문에
길(吉)하다.

사중금(砂中金)과 백납금(白蠟金)은 금(金)으로서 화(火)를 만나면
화극금(火剋金)이 되어 나쁜 극(剋)작용이 되지만, 그러나 이들은

화(火)를 만나면 오히려 길(吉)하다.

그 이유는 사중금은 모래 속에 존재하는 작은 금(金)이라, 이것은 화(火)로서 녹여 주어야만 금(金)의 형체가 형성되기 때문이며, 백납금은 땜납하는 금(金)이기 때문에 이것 역시 화(火)로 녹여주어야만 땜납을 할 수 있기 때문이다.

검봉금(劍鋒金)은 칼과 창으로 이것을 만들려면 쇠를 녹이는 화(火)를 만나야만 칼의 형체를 이룰 수 있기 때문에 이것 역시 화(火)를 만나야 길(吉)하다.

벽력화(霹靂火)와 천상화(天上火)는 벼락 종류의 큰 불과 태양 같은 큰불이기 때문에 이것은 오히려 수(水)를 만나야만 길(吉)하다.

이러한 원리로 산뽕나무처럼 약한 나무에 해당되는 상자목(桑柘木)은 사중토(沙中土), 노방토(路傍土), 대역토(大驛土)를 만나서 목극토(木剋土)로 극(剋)해여 힘을 얻어야 되기 때문에 이들의 만남은 길(吉)하다.

납음오행은 자연(自然)과 인간(人間)이 서로 반응하여 얻어지는 오행(五行)의 기운(氣運)을 판단하는 것이기 때문에 어쩜 자연과학(自然科學)으로서 현대(現代)를 살아가는 우리들에게 던져주는 의미는 신비스러움 자체이기도 하다.

독자들을 위하여 이러한 납음오행 관계를 쉽게 판단하기 위하여 몇 가지 한자(漢字)를 제시하였으니 상생(相生), 상극(相剋), 상비(相比) 관계 판단시 활용해 주길 바란다.

蠟(땜납 납)	釵(비녀 채)	鋒(칼끝 봉)
爐(화로 로)	釧(팔지 천)	榴(석류 류)
覆(덮을 복)	箔(발 박)	柏(잣나무 백)
霹(벼락 력)	柘(산뽕나무 자)	澗(산골물 간)

지금까지 독자들은 나경(패철) 서용법을 통하여 양택(집)과 음택(묘지)에서 적용되는 풍수지리(風水地理)를 모두 배웠다.

독자들은 여기서 알아야 될 사항은 천지(天地)의 작은 우주(宇宙)로서 정교하게 판단하고 활용할 수 있게 만들어진 나경(패철)을 이용함에 있어서 풍수(風水)의 기본 틀은 반드시 나경을 바탕으로

적용되어야만 되는 것이지, 추론(推論)이나 직감(直感)으로 행한다
면 우주 공간에 존재하는 자연과학(自然科學)을 무시하는 행위임
을 잊지 말자.

※참고사항

<<참고1>> 입, 하관시 피해야될 사람(회도살 판단법)

회도살(回到殺)이란?

초상후 입관이나 하관하는 것을 바라보면 충살(沖殺)을 맞는다고
해서 호충(呼沖)이라고 한다. 따라서 희도살에 해당되면 관이나
유골을 땅에 닿는 순간 3분 전후만 잠시 보지 않으면 충살 즉 회
도살(回到殺)을 피할 수 있다. 그래서 하관이나 입관시 지관들이
00띠는 보지 말라고 하는 것인데 회도살은 장일(葬日)이나 입관일
(入棺日)의 날짜에 따라서 4가지 띠만 해당 되는 것으로 이것의
판단은 아래와 같다.

장일(葬日), 입관일(入棺日)	회도살(回到殺) 띠
자일(子日)	寅(호랑이), 申(원숭이), 巳(뱀), 亥(돼지)
축일(丑日)	子(쥐), 午(말), 卯(토끼), 酉(닭)
인일(寅日)	辰(용), 戌(개), 丑(소), 未(양)
묘일(卯日)	寅(호랑이), 申(원숭이), 巳(뱀), 亥(돼지)
진일(辰日)	子(쥐), 午(말), 卯(토끼), 酉(닭)
사일(巳日)	辰(용), 戌(개), 丑(소), 未(양)
오일(午日)	寅(호랑이), 申(원숭이), 巳(뱀), 亥(돼지)
미일(未日)	子(쥐), 午(말), 卯(토끼), 酉(닭)
신일(申日)	辰(용), 戌(개), 丑(소), 未(양)
유일(酉日)	寅(호랑이), 申(원숭이), 巳(뱀), 亥(돼지)
술일(戌日)	子(쥐), 午(말), 卯(토끼), 酉(닭)
해일(亥日)	辰(용), 戌(개), 丑(소), 未(양)

예를 들어보자, 장일(葬日)이 갑오일(甲午日)일 경우 오일(午日)에
해당되므로 寅(호랑이), 申(원숭이), 巳(뱀), 亥(돼지)의 4가지 띠는
하관을 보지 말아야 된다. 입관도 동일하다.

원래 입관(入棺)이나 하관(下棺) 때 피해야될 사람들은 안장주당

(安葬主堂)으로도 판단해서 적용하는데, 요즘은 친인척 및 상주 감소, 장례문화 간소화 등으로 독자들은 적절하게 활용해 주길 바란다.

이렇게 안장에 따른 기초 작업이 끝났으면 상주(喪主)들에 의한 취토(取土) 작업이 이루어 진다.

<<참고2>> 취토(取土)

취토(取土)란? 하관후 시신을 덮기 전에 후손들에 의하여 흙을 덮거나 뿌리는 것을 말한다.

원래 취토는 하관시 최초 구덩이속 즉 광중(壙中)때 맏상주가 상복 자락에 최초 흙을 세 번 받아 하관의 맨 위, 중앙, 그리고 아래쪽에 차례로 흙을 덮을 때 사용되는 흙을 생토방(生土方)이라고 하고, 이후 친척들이나 장례 참가자들에 의하여 흙을 덮고 묘지(墓地)를 만들 때 사용되는 흙을 사토방(死土方)이라고 한다.

생토방(生土方) 흙과 사토방(死土方) 흙은 하관월에 따라 측정된 방위가 다른데, 요즘은 간략하게 이루어지는 경우가 많다.

참고로 월별 하관에 따른 생토와 사토때 사용되는 흙의 채취 방위는 아래와 같다.

하관월	1월	2월	3월	4월	5월	6월	7월	8월	9월	10월	11월	12월
생토방 (生土方) 방위	子(북)	巳(남)	卯辰(동,사방)	午(남)	申(서)	戌(사방)	午(남)	未(사방)	酉(서)	午(남)	申(서)	戌(사방)
사토방 (死土方) 방위	午(남)	亥(북)	戌亥(사방,북)	午(남)	寅(동)	辰(사방)	子(북)	丑(사방)	卯(동)	子(북)	寅(동)	辰(사방)

예를 들어보자, 음력으로 2022년 11월 11일 안장에 따라 사용되는 흙의 방위를 알아보자.

안장 즉 하관일은 11월이므로 최초 맏상주가 안장 때 맨 위, 중앙, 그리고 아래쪽에 흙을 덮을 때 사용되는 생토방(生土方) 흙은 서쪽 즉 신(申) 방향의 흙을 사용하고, 이후에 묘지(墓地)를 만들 때 사용되는 사토방(死土方) 흙은 동쪽의 인(寅) 방향 흙을 사용하면 된다. 따라서 이곳에 있는 깨끗한 흙을 취토와 묘지 봉분(封墳)에 사용하면 된다.

<<참고3>> 이장(移葬)시 주의점

- 묘지를 이장(移葬) 즉 개장(改葬)하는 날짜 즉 묘지이장택일 은 매우 중요하기 때문에 복단일(伏斷日), 중상일(重喪日) 등 의 나쁜 날짜에 옮기면 안되고, 윤달이나 손없는 날은 무조 건 다 좋은게 아니라, 나쁜 날도 있기 때문에 반드시 종합적 으로 판단해서 전문가와 상의해서 결정해야 된다. 그 이유는 나쁜 날의 경우 파산과 질병을 얻는 경우가 있기 때문이다.
- 이장(移葬)이나 화장(火葬) 처리해야 되는 흉지 묘지 판단은 무덤 풀이 말라 죽고, 무덤이 이유 없이 가라 앉는 경우, 뱀, 쥐, 벌레 구멍이 묘지에 많은 경우, 집안에 음행(淫行)이 발 생되고, 자손이 끊기거나, 어린 소년들이 죽거나, 고아, 과부, 불구자, 죄인, 패륜, 변사자, 가산 몰락, 사업실패, 소송 발생, 자손들이 화합하지 못할 때 등이 발생 되는 경우이다. 또는 집안에 재물(財物)은 풍족하나 인물이 없는 경우에는 장풍 (藏風)이 잘되는 따뜻한 곳을 찾고, 인물은 많으나 재물이 빈 한 경우에는 수세(水勢)가 길한 곳을 찾는 것이다.
- 묘지를 썼는데 6년안에 큰 재앙이 있으면 이장(移葬)해야 한 다(※집은 이사 가서 3년 안에 큰 재앙이 생기면 이사해야 한다).
- 이장(移葬) 등으로 묘지(墓地)를 파묘(破墓) 했을 때 다음 사 항일 경우에는 명당(明堂)이기 때문에 파묘를 중지하고 묘지 를 다시 원래대로 덮어놓아야 한다. 즉 땅속에 흙이 밝고 건 조하며 운기가 살아있는 경우, 유골이 황골(黃骨)되어 있는 경우, 나무 뿌리가 관을 감고 있으나, 관속에는 하나도 침입 되지 않는 경우, 자손들이 번성한 경우이다.
- 묘지 조성때 목관(木棺)은 탈관하지 않고 매장하므로 나무 뿌리, 개미, 쥐 등이 침범하여 목염(木炎)이나, 충염(蟲炎) 등 의 침입을 받기는 쉽지만 명당(明堂)일수록 목관을 사용해야 만 탈골 후 땅의 지기(地氣)를 제대로 받을 수 있다. 그러나 석관(石棺)은 관이 썩지 않으므로 나무 뿌리, 개미, 쥐 등의

목염이나 충염의 침입은 막을 수 있으나 돌의 차가운 성질로 인해서 결로(結露) 현상으로 물방울이 석관 속에 맺히고 수분이 서리는 단점이 있다. 따라서 묘지 조성전 풍수 지형을 보고 목관(木棺)과 석관(石棺) 사용을 판단함이 올바른 것이다. 즉, 땅 토질이 양호하고 주위에 나무뿌리 등이 없는 경우의 명당(明堂) 일수록 목관(木棺)이 좋고, 땅 토질이 푸석푸석하여 충(蟲) 즉 벌레들이 있고, 주위에 나무뿌리 등이 있는 경우에는 석관(石棺)이 좋겠다.

• 묘지를 파다가(광중) 물이 나오는 경우에는 반드시 다른 장소를 물색해야 한다.

• 묘지 설정에 따른 좋은 흙은 흙도 아니고 돌도 아닌 비석비토(非石非土)로 만지면 고운 입자로 잘게 부서지는 흙이 좋고, 오방색 즉 황색, 적색, 청색, 흑색, 흰색의 흙이 좋다.

• 이장되는 곳은 정확한 감정에 의거 진행되어야 하며, 좋지 못한 곳에 옮기거나 또는 지형이나 조건에 맞지 않는 석물(石物) 혹은 묘지 치장에 문제가 발생된다면 화(禍)를 자초하게 되는 것이니 이장(移葬)은 세심한 주의가 필요하다.

• 파묘 후에는 완전 100% 유골을 수거해야 되고, 유골은 탈지면과 향수(香水, 향나무 삶은 물), 소독수, 알코올로 깨끗이 닦아서 이물질을 제거해야 한다.

• 새로 이장되는 장소에서의 유골은 원래 구묘의 시신 위치 순서에 맞게 정확하게 배열해서 안장해야 된다(유골 배열이 잘못되거나 혹은 치아 등 일부 뼈 조각이 구묘 장소에 남아 있는 경우 그 부위의 잘못된 기(氣) 즉 동기감응이 발생되므로 후손에게 나쁜 영향을 미친다).

• 이장시 묘지 석물(石物)도 같이 옮기나, 이 경우도 아무렇게 설치하는 것이 아니라, 반드시 이장된 묘지에서 석물 방향 즉 좌향(坐向)이 맞아야 한다(※나경 사용법 참조).

• 파묘 후 묘지를 없애는 경우의 석물(石物)은 가급적 묘지 주인의 이름을 지우고 폐기 처리해야 한다.

• 파묘(破墓)된 곳이 아무리 좋은 명당터일 경우라도 새로운 묘지를 파묘된 곳에 조성하지 않으며, 또한 파묘된 흙으로 새로운 묘지를 조성하지 않는다.

• 이장(移葬)이나 합장(合葬)은 반드시 회두극좌(回頭剋坐) 방

향은 아니어야 하고, 명당(明堂)이어야 한다.

<<참고4>> 부부 합장(合葬), 쌍분(雙墳) 판단법

합장(合葬)과 쌍분(雙墳)의 장단점은 합장(合葬)의 경우 같은 조건에서 좋은 혈(穴)에 놓을 수 있고 묘지 관리가 편리한 반면, 쌍분의 경우는 혈(穴)이 비켜 나갈 수 있는 단점이 있고, 묘지 관리가 다소 어렵다. 통상적으로 합장(合葬)의 경우 부부 금술이 좋으면 합장하고, 그렇지 못한 경우는 쌍분으로 한다란 것은 모두 근거 없는 학설이며, 합장과 쌍분의 판단은 묘지 방향(方向)을 잡을 수 없는 회두극좌(回頭剋坐) 방향을 바탕으로 묘지(墓地)를 판단한다. 이와 관련된 부부 합장과 쌍분 판단 방법은 아래와 같다.

<부부 합장과 쌍분 판단법>

 -부부 중에 먼저 운명한 분의 묘지(墓地)가 있는데, 후에 운명한 분이 먼저 간 묘지 방향(方向)과 회두극좌(回頭剋坐)에 걸리지 않으면, 먼저 모신 분의 묘지는 그대로 두고 20cm~50cm 간격으로 여자의 오른쪽이 남자를 두고, 먼저 운명한 분의 묘지와 같은 좌향(坐向)으로 부부 합장(合葬)을 한다.

 -부부 중에 먼저 운명한 분의 묘지(墓地)가 있는데, 후에 운명한 분이 먼저 간 묘지 방향(方向)과 회두극좌(回頭剋坐) 방향에 걸리면, 먼저 모신 분의 묘지는 그대로 두고 옆에 새로운 좌향(坐向)을 잡아 먼저 운명한 분과 쌍분(雙墳)으로 한다.

 -부부 중에 먼저 운명한 분의 묘지가 흉(凶)하고 나중에 운명한 분이 회두극좌(回頭剋坐) 방향에 걸리는 경우 혹은 나중에 운명한 분의 묘지 위치를 먼저 운명한 분의 위치 주변에 놓을 수 없는 경우에는 다른 이장(移葬) 장지를 찾아 합장(合葬)과 쌍분(雙墳)을 선택한다.

<부부 합장(合葬) 방법>

 -누운 상태에서 여자의 오른쪽이 남자를 두며, 합장 묘지의 지형을 보고 회두극좌(回頭剋坐) 방향을 판단해서 합장을 결정한다.
 -부인이 2명일 경우 3명의 합장 방법은 중앙이 남자이고, 남자의

왼쪽을 정실부인이며 남자의 오른쪽을 부실부인을 합장한다.

-부인이 3명일 경우 4명의 합장 방법은 중앙이 남자이고, 남자의 왼쪽을 첫째 부인을 남자의 오른쪽을 2째 부인을 안장하고, 남자의 머리 위쪽으로 3째 부인을 안장한다.

<부부 쌍분(雙墳) 방법>

-누운 상태에서 여자의 오른쪽이 남자의 묘지(墓地)를 두며, 쌍분 묘지의 지형을 보고 회두극좌(回頭剋坐) 방향을 판단해서 쌍분을 결정한다.

-지형 등으로 인해서 부득이하게 부부(夫婦)의 묘지를 수평(水平)으로 쌍분(雙墳)을 조성하지 못하고(누운 상태에서 여자의 오른쪽이 남자), 부부의 묘를 상하(上下) 혹은 부부의 위치가 좌, 우로 바뀌는 경우 즉 여자의 왼쪽이 남자인 경우에 쌍분 위치는 부인(夫人)의 묘(墓)가 남자의 묘보다 다소 산 위쪽에 둔다. 풍수(風水)적으로 본다면 부부(夫婦) 무덤은 좌, 우 혹은 우, 좌 남녀 위치가 바뀌었다고 해도 무해(無害) 하다.

-부인이 2명일 경우의 쌍분은 2명의 부인 중 회두극좌(回頭剋坐) 방향을 살펴 회두극자가 아니 경우 정실 혹은 부실에 상관없이 1명은 남자와 합장으로 하고, 다른 한명은 합장된 남편 묘의 왼쪽에 하나의 쌍분으로 한다.

-부인이 2명일 경우의 3명이 모두 회두극좌(回頭剋坐) 방향일 경우에는 3개의 쌍분으로 하는데 이때 중앙은 남자, 남자 왼쪽은 정실부인 그리고 남자 오른쪽은 부실부인의 묘를 쌍분으로 조성한다.

특히 이장(移葬)이나 합장(合葬)은 시행전 나쁜 중상일(重喪日), 중일(重日), 복일(復日) 등에 해당되는지 확인후 진행하고, 시행전 산신제(山神祭), 제사(祭祀) 등의 절차에 의거 진행한다. 합장(合葬)시 흉(凶)한 시간은 다음과 같다.

-갑일(甲乙일)=>신유시(申酉時) -병정일(丙丁일)=>축오신술시(丑午申戌時)	-무계일(壬癸일)=>축묘사시(丑卯巳時) -경오일(庚午일)=>축진사시(丑辰

-무기일(戊己日)=>진술유시(辰戌酉時)　巳時)

<<참고5>> 역장(逆葬) 및 묘지와 집의 방향

역장(逆葬)이란? 후손의 묘(墓)가 조상의 묘 위쪽에 위치하는 것을 말하는 것으로 지방에 따라서는 금기시한다.

그러나 율곡 이이(栗谷 李珥) 선생 등이나 다른 유명인사 들의 경우 조상의 묘지(墓地)보다 오히려 위쪽에 위치해 있다. 따라서 역사적으로 보면 역장(逆葬)의 경우도 자연스러운 장례문화란 사실이다.

그러나 묘(墓)와 집이 서로서로 정면으로 바라보고 있을 경우에만, 집과 묘는 먼저 조성된 것이 해롭다. 즉 먼저 집이 있는데 이후에 집의 정면으로 바라보는 묘를 쓰면 묘는 흉하고 집은 패절 한다. 또한 먼저 집이 있는데 이후에 정면으로 바라보는 묘를 쓰면 묘는 흉하고 집은 패절 한다.

그러나 묘와 집은 서로서로 정면으로 바라보지 않는 경우에는 상관이 없다. 예를 들면 묘(墓)가 집의 뒷면을 바라보는 경우는 묘와 집이 서로서로 정면으로 마주 바라보지 않기 때문에 무방하다.

<<참고6>> 장례(葬禮), 이장(移葬), 합장(合葬), 가족묘(家族墓), 납골당(納骨堂) 택일시 주의점

장례(葬禮) 행사 즉, 일상적 장례(葬禮), 이장(移葬), 합장(合葬), 가족묘(家族墓), 납골당(納骨堂) 조성에 따른 택일은 중상일(重喪日), 중일(重日), 복일(復日)을 제외하고 행(行)해야 한다. 그 이유는 이들 날짜의 경우 상(喪)에 따른 장례가 계속 이어진다고해서 나쁜 일정으로 보기 때문에 중상일, 중일, 복일은 장례행사를 할 수 없다. 그러나 중상일, 중일, 복일이지만 부득이한 사정으로 3일장 혹은 5일장을 치르는 경우에는 이를 없애주는 중상일진압제살법(重喪日鎭壓制殺法)을 적용해서 장례행사(일상 장례, 이장 등)를 치르면 된다(※참고로 중상일(重喪日), 중일(重日), 복일(復日)의 경우 불교(佛敎)는 불교 방식 되로 행하고, 개신교는 무시함).

▫ 중상일(重喪日), 중일(重日), 복일(復日)

월(음)	1월	2월	3월	4월	5월	6월
중상일 (重喪日)	갑(甲)	을(乙)	기(己)	병(丙)	정(丁)	기(己)
중일 (重日)	사해 (巳亥)	사해 (巳亥)	사해 (巳亥)	사해 (巳亥)	사해 (巳亥)	사해 (巳亥)
복일 (復日)	경(庚)	신(辛)	무(戊)	임(壬)	계(癸)	무(戊)
중상일 (重喪日)	7월	8월	9월	10월	11월	12월
중일 (重日)	경(庚)	신(辛)	기(己)	임(壬)	계(癸)	기(己)
복일 (復日)	사해 (巳亥)	사해 (巳亥)	사해 (巳亥)	사해 (巳亥)	사해 (巳亥)	사해 (巳亥)

예를 들면, 장례날이 음력 2025년(乙巳年) 1월 14일(辛亥日)일 경우를 판단해 보자. 14일은 신해일(辛亥日)이기 때문에 1월의 해(亥)에 해당되어 중일(重日)에 해당되기 때문에 장례는 물론 이장, 합장, 가족묘 조성 등의 행사를 치를 수 없는 날이다. 이 경우는 중상일진압제살법(重喪日鎭壓制殺法)을 적용시키면 된다.

▫ 중상일진압제살법(重喪日鎭壓制殺法)

일상 장례(葬禮), 이장(移葬) 등을 치르는 날이 장례를 치를 수 없는 중상일(重喪日), 중일(重日), 복일(復日)일 경우 중상일진압제살법(重喪日鎭壓制殺法)을 적용시켜서 장례를 치르면 된다. 이것은 월별로 쓰여진 중상일진압제살법의 내용을 경명주사(붉은 글씨)로 두장을 써서, 한 장은 시신(屍身) 우측 부위에 놓고, 나머지 한 장은 하관하기전 시신 밑바닥 좌측 가슴 부위쪽에 놓으면 나쁜 중상일, 중일, 복일이 제거된다. 월별로 적용시키는 중상일진압제살법은 아래와 같다.

구분	중상일진압제살법
1, 2, 6, 9, 12월에 중상일, 중일,	육(六) 경(庚) 천(天) 형(刑)

복일일 경우	
3월에 중상일, 중일, 복일일 경우	육(六) 신(辛) 천(天) 정(廷)
4월에 중상일, 중일, 복일일 경우	육(六) 임(壬) 천(天) 뢰(牢)
5월에 중상일, 중일, 복일일 경우	육(六) 계(癸) 천(天) 옥(獄)
7월에 중상일, 중일, 복일일 경우	육(六) 갑(甲) 천(天) 복(福)
8월에 중상일, 중일, 복일일 경우	육(六) 을(乙) 천(天) 덕(德)
10월에 중상일, 중일, 복일일 경우	육(六) 병(丙) 천(天) 양(陽)
11월에 중상일, 중일, 복일일 경우	육(六) 정(丁) 천(天) 음(陰)

<<참고7>> 회두극좌(回頭剋坐) 방향 판단법

회두극좌란?

사람이 우주에 태어나면서 24방위 중 머리를 둘 수 없는 흉(凶)한 방향(方向)을 회두극좌라고 한다. 회두극좌 방향 판단은 남녀의 구분이 없으며 살아서는 양택(陽宅) 즉 집의 방향은 물론 잠잘 때 침대 방향과 사업장 및 책상 방향도 회두극좌 방향으로 머리를 둘 수 없고, 죽어서 땅에 묻힐 때도 머리를 두어서는 안 되는 방향을 말한다. 즉 천하의 명당(明堂)을 잡고서도 그 사람의 회두극좌(回頭剋坐) 방향에 해당 되면 그 자리에 묘를 쓰지 못하는 것이다. 만약 조상의 묘지(墓地)가 회두극좌 방향이라면 산 사람에게는 흉(凶)하고 장자와 장손은 살충(殺沖)을 받아 패절 한다.

특히 회두극좌(回頭剋坐)는 부부의 묘를 쌍분(雙墳), 합장(合葬) 혹은 몇 개의 묘(墓)로 결정 할것인가?를 판단하는 절대적인 기준으로 활용되고 있다. 회두극좌의 판단은 아래와 같이 태어난 년(年)과 양력(陽曆)을 기준으로 한다.

출생년(양력)	머리를 둘 수 없는 회두극좌(回頭剋坐) 방향	
• 기사(己巳), 무인(戊寅), 정해(丁亥), 병신(丙申), 을사(乙巳), 갑인(甲寅), 계해(癸亥)년에 태어난 사람	• 임향(壬向), 자향(子向), 계향(癸向) 방향	북쪽
• 경오(庚午), 기묘(己卯), 무자(戊子), 정유(丁酉), 병오(丙午), 을	• 미향(未向), 곤향(坤向), 신향	남서쪽

묘(乙卯)년에 태어난 사람	(申向) 방향	
▪ 신미(辛未), 경진(庚辰), 기축(己丑), 무술(戊戌), 정미(丁未), 병진(丙辰)년에 태어난 사람	▪ 갑향(甲向), 묘향(卯向), 을향(乙向) 방향	동쪽
▪ 임신(壬申), 신사(辛巳), 경인(庚寅), 기해(己亥), 무신(戊申), 정사(丁巳)년에 태어난 사람	▪ 진향(辰向), 손향(巽向), 사향(巳向) 방향	동남쪽
▪ 계유(癸酉), 임오(壬午), 신묘(辛卯), 경자(庚子), 기유(己酉), 무오(戊午), 갑자(甲子)년에 태어난 사람	▪ 중궁(中宮)으로 흉(凶)한 방위가 없다.(※나쁜 방향이 없다).	중(中) ※나쁜 방향이 없다.
▪ 을축(乙丑), 갑술(甲戌), 계미(癸未), 임진(壬辰), 신축(辛丑), 경술(庚戌), 기미(己未)년에 태어난 사람	▪ 술향(戊向), 건향(乾向), 해향(亥向) 방향	서북쪽
▪ 병인(丙寅), 을해(乙亥), 갑신(甲申), 계사(癸巳), 임인(壬寅), 신해(辛亥), 경신(庚申)년에 태어난 사람	▪ 경향(庚向), 유향(酉向), 신향(辛向) 방향	서쪽
▪ 정묘(丁卯), 병자(丙子), 을유(乙酉), 갑오(甲午), 계묘(癸卯), 임자(壬子), 신유(辛酉)년에 태어난 사람	▪ 축향(丑向), 간향(艮向), 인향(寅向) 방향	동북쪽
▪ 무진(戊辰), 정축(丁丑), 병술(丙戌), 을미(乙未), 갑진(甲辰), 계축(癸丑), 임술(壬戌)년에 태어난 사람	▪ 병향(丙向), 오향(午向), 정향(丁向) 방향	남쪽

※<참고> 회두극좌(回頭剋坐)는 머리 방향만을 판단해서 24방위를 적용시키는 것이지 일직선 상에 놓여 있는 다리 방향은 머리 방향이 아니기 때문에 회두극좌 방향에 포함시키지 않는다. 예를 들면 무진(戊辰) 생의 경우 회두극좌의 머리 방향은 병향(丙向) 즉 남쪽이지만, 다리 방향에 해당되는 북북쪽은 기사(己巳), 무인(戊寅) 생들에게 회두극좌가 해당되는 방향이 된다.

예를 들면 기사(己巳)생은 임(壬), 자(子), 계(癸) 방향 즉 북쪽은 머리를 둘 수 없는 회두극좌(回頭剋坐) 방향이 되어 자신의 집 방향과 묘지(墓地) 방향은 물론 부부 합장(合葬), 침대, 사무실, 사업장, 책상 등의 머리 방향을 둘 수 없다.

<<참고8>> 동총운(動塚運) 판단법

묘지(墓地)를 이장(移葬)하거나 혹은 사초(莎草, 잔디 및 봉분 작업) 즉 묘지가 허물어져 새로운 봉분과 잔디 작업을 해야되는 경우 혹은 새로운 비석(碑石)이나 석물(石物)을 묘지에 조성하는 경우 또는 이장(移葬) 혹은 합장(合葬)을 해야되는 경우가 발생되는데, 이때의 결정은 반드시 동총운(動塚運)으로 판단하고 그 결과를 보고 결정해야만 화(禍)를 막을 수 있다.

동총운 판단은 반드시 묘지(墓地) 현장에서 패철(나경)으로 4층 자오정침 즉 지반정침(地盤正針)으로 남북(南北)을 맞춘 후 정확한 묘지 좌향(坐向) 즉 방향(方向)을 판단해서 결정해야 된다(※풍수지리 나경 사용법 참조). 동총운(動塚運) 판단은 아래와 같다.

묘지의 방향 (패철로 판단)	壬子坐->丙午向 癸丑坐->丁未向 丙午坐->壬子向 丁未坐->癸丑向	乙辰坐->辛戌向 巽巳坐->乾亥向 辛戌坐->乙辰向 乾亥坐->巽巳向	艮寅坐->坤申向 甲卯坐->庚酉向 坤申坐->艮寅向 庚酉坐->甲卯向
대리운(大利運) (길함)	辰, 戌, 丑, 未 年	②寅, 申, 巳, 亥 年	子, 午, 卯, 酉 年
소리운(小利運) (평함)	子, 午, 卯, 酉 年	辰, 戌, 丑, 未 年	③寅, 申, 巳, 亥 年
중상운(重喪運) (흉함)	①寅, 申, 巳, 亥 年	子, 午, 卯, 酉 年	辰, 戌, 丑, 未 年

동총운(動塚運) 판단 결과 흉(凶)한 년도에 해당되는 중상운(重喪運)이면 당해 년도는 이장, 사초, 비석, 합장 작업은 할 수 없고, 대리운(大利運)이나 혹은 소리운(小利運)이면 이장, 사초, 비석, 합장 작업을 할 수 있다.

이제 동총운 판단법을 예를 들어보자,

2022년은 임인년(壬寅年)이다. 이때 이장(移葬)할 수 있는가?

풀이) 임인년(壬寅年)은 지지(地支)가 ①寅(인)이므로 이장될 묘지의 방향(좌향)이 壬子->丙午, 癸丑->丁未, 丙午->壬子, 丁未->癸丑 방향의 경우 흉한 중상운(重喪運)에 해당되고, 乙辰->辛戌, 巽巳->乾亥, 辛戌->乙辰, 乾亥->巽巳인 경우는 ②寅(인)은 길한 대리운(大利運)에 해당되며, 艮寅->坤申, 甲卯->庚酉, 坤申->艮寅, 庚酉->甲卯인 경우에는 ③寅(인)은 평한 소리운(小利運)에 해당된다.

따라서, 2022년은 임인년(壬寅年)에서는 묘지의 방향이 壬子->丙午, 癸丑->丁未, 丙午->壬子, 丁未->癸丑 방향인 경우 흉한 중상운(重喪運)에 해당되므로 묘지 이장(移葬)은 물론 사초, 비석, 합장 작업을 할 수 없다.

그러나 2023년 계묘년(癸卯年)에서는 묘지 방향이 壬子->丙午, 癸丑->丁未, 丙午->壬子, 丁未->癸丑인 경우에는 지지 묘(卯)가 소리운(小利運)에 해당되므로 이장(移葬)할 수 있다.

독자들은 이장이나, 사초, 비석, 합장을 할 경우 반드시 동총운(動塚運)을 판단후 실시해 주고, 비록 동총운이 맞다고 하더라도 이장(移葬)이나 합장(合葬)을 할 경우는 자손들 간에 서로 의견이 일치해야 하고, 윗대조 묘를 이장할 경우는 문중의 합의를 얻어야 한다는 사실을 잊지 말자.

실전 사주·풍수 정석

초판1쇄 인쇄	2022년 5월 20일
초판1쇄 발행	2022년 5월 26일
지은이	황국현
펴낸곳	뱅크북
등록번호	제2017-000055호

서울특별시 금천구 가산동
시흥대로123다길
전화번호 02)866-9410
전송번호 02)855-9411
이메일 san2315@naver.com

ISBN : 979-11-90046-37-4